罗平汉 著

土地改革运动史

1946-1948

人民出版社

目　录

一、研究缘起

1946 年至 1949 年的解放战争，与土地改革紧密联系在一起。以往党史界在讨论这一个问题的时候，总是对土地改革及土地改革运动的意义作充分肯定，认为土地改革彻底消灭了封建剥削，实现了亿万农民的翻身解放，也极大地调动了农民参军参战的热情，为解放战争的胜利奠定了基础。但近些年来，社会上开始出现一些对土地改革否定性的声音。因此，怎样重新审视土地改革和土地改革运动，仍是当下中共党史研究中不能忽视的问题。这也是笔者撰写本书的动因。

1. 从为地主"平反"说起

中国共产党的全部历史，可以分为革命时期和执政时期两个阶段。从 1921 年成立至 1949 年革命成功在全国执政，中共为之奋斗了 28 年，这 28 年中，又有 22 年即 1927 年至 1949 年革命主要是在农村进行的，走的是农村包围城市的道路。长期在农村开展革命，毫无疑问，革命的主要依靠对象只能是农民，如何组织动员农民参加和支持革命，就成了中共最为重要的问题，而要组织和动员农民，必须给农民以看得见的物质利益，于是，改变旧的土地关系以满足农民对于土地的要求，就成了中共组织动员农民革命最重要的方式。因此，十年国共内战时期的"打土豪分田地"的土地革命、抗日战争时期的减租减息，以及解放战争时期的土地改革，都是在围绕土地问题做文章。其实，不论"打土豪分田地"还是减租减息，本质上都属于土地改革的内容。

以往主流学术界对土地改革是充分肯定的。这些年来，关于中共党史的通史性著作很多。在这类著作中，得到学界普遍认可的当数胡绳主编的《中国共产党的七十年》。该书在谈及解放战争时期解放区开展的土地改革运动时认为：在如此广阔的范围内进行土地改革，是中国几千年历史上一次翻天覆地的社会大变革。它从根本上废除了在中国大地上盘根错节的封建制度的根基，使长期遭受地主阶级残酷压迫和剥削的农民大众翻身作了主人。中国共产党领导中国人民，不仅在反对帝国主义的斗争中，而且在反对封建主义的斗争中，创造出了过去中国任何政党不曾有过的丰功伟绩。[①]

作为《当代中国丛书》之一的《中国的土地改革》一书则认为，解放区进行的土地改革，"在中国历史上第一次大规模地废除封建土地制度，使农民和土地直接结合，这就从根本上动摇了旧中国半殖民地半封建的社会基础"，"土地改革是人民战争的基础，土改的各个阶段都反映着战争的形势变化，而解放战争的伟大胜利正是中共中央土地改革政策成功的集中体现"，"土地改革的胜利还为新民主主义政权

---

① 胡绳主编：《中国共产党的七十年》，中共党史出版社1991年版，第277页。

的建立奠定了经济基础，提供了干部队伍。"①

但是，近些年来，社会上开始出现一些对土地改革的不同评价。例如，有人写文章说找到了小说《半夜鸡叫》中地主周扒皮的原型，此人本名周春富（小说中周扒皮本名就叫周春富），家居辽东半岛中西部的复县（今瓦房店市）黄店屯（小说中的周扒皮是黄家店人）。周春富的祖辈也是"闯关东的"，周家到了周春富这一辈，并不算富裕，虽然从父辈继承了一些土地，但不多。由于周春富不注重浮财的积累，而是认为"只有土地才是结结实实的保障，地里出一家人的吃喝，子孙也能受益。于是，这个勤俭、精明的农家子弟，开始一点点地攒钱、置地。他的勤俭甚至到了苛刻的程度"。据说周春富吃穿都很寒碜，裤腰带都不舍得买，是用破布条搓的。

与《半夜鸡叫》中的周扒皮不同的是，周春富并没有半夜装过鸡叫，也不是那种只督促长工干活的东家，自己也从不闲着，且"他家人养成了习惯，冬天天没亮点了火油灯，家里人做饭的做饭，喂牲口的喂牲口"，东家的人都起来了，伙计们自然也不能赖在被窝里了，而且"周家人和长工一样干活，一大早就赶马车出去，回来挂一胡子霜"。周春富有5个儿子，"大儿子干农活，二儿子管家，三儿子赶车，几个儿子都有分工，个个勤快。脑子也灵，都能挣钱"。多年的努力之下，原本地不多的周春富到1947年的时候，已经有了约240亩土地，雇用了三五个到七八个长工，但没有出租土地，并且还有油坊、磨坊、染坊、粉坊以及一个杂货铺。据说，周春富对长工并不像高玉宝笔下的周扒皮那样苛刻，一个长工一年能挣八石粮食，够养活全家，给短工的工钱也是一天能买十

---

① 杜润生主编：《当代中国的土地改革》，当代中国出版社1996年版，第260页。

斤米，而且周春富"不是恶人，不霸道"。1947 年 12 月，黄店屯来了土改工作队，在划阶级成分时，周春富被定为地主，随后被"镇压"了。[①]

这篇文章发表之后，引起了不小的社会反响，用某些媒体的话说是"颠覆了以往的地主形象"，与此相伴随的是引发了一些人对于土地改革的必要性与正当性的质疑。有人认为，地主并非以往宣传的那样丑恶，他们恰恰是乡村社会的精英，他们中的许多人是勤劳俭朴、经营有方而发家致富的，地主的负面形象都是以往的宣传杜撰出来的，以至于有人提出要为地主们"平反"的问题。

2010 年第 8 期的《书屋》杂志发表一篇题为《地主：一个百年难尽的话题》的文章，其中写道：其实，地主在那个社会不是完全阻碍社会发展的力量，他本身有许多积极因素。绝大多数地主们青少年时期都受过严格的教育，是农村中文化素质较高的群体，他们读的是四书、五经，"孔孟之道"、"己所不欲，勿施于人"、"老吾老以及人之老，幼吾幼以及人之幼"，新一代或者上新式大学，或者到国外留学，有的儒家思想深入骨髓，有的民主自由思想铸造人格，成为新的绅士，百分之九十五以上的具有怜贫恤老、救济鳏寡孤独、助教兴学、救灾赈灾、修桥补路、兴修水利、调解纠纷、倡导文化活动（舞龙灯、赛龙舟、唱大戏等）的善举。举凡农村中一切需要钱、物的公益事业、慈善事业，他们都带头发起、热情赞助并充当捐资、献物、出力的主角。经过较好教育进入官场、文坛、教育界、商场、工厂等上层社会的，大多数是地主家的子弟。因此，当年的地主阶层，集政治精英、经济精英和文化精英于一体，理所当然地成为社会的主流。那些

---

① 杜兴：《"周扒皮"的 1947》，《先锋国家历史》2008 年第 15 期。

读书不多无意于仕途的读书人，回到乡梓后，因其品德、学问，主持正义，办事公平，往往被推举为地方领袖，掌握着村、乡、区的地方事务的管理权。而当年的政府（县级以上）是那样软弱，既没有"社会救济"概念，又没有过问地方事务的经济实力。因此，大量地方事务便责无旁贷地落在本乡本土有声望的富绅（地主）的肩头上。当年地主将土地出租，解决了贫苦农民的就业问题，与资本家办工厂给城市贫民提供就业机会，与当今外资进入中国解决城乡富余劳动力的就业问题是一码事。地主收租是土地投资的回报，工商企业利润提成是资本的回报，同样是一码事。总之，"当年，地主阶层以其财富、道德、学识和声望，责无旁贷地担负了政府职能缺失部分的职责，在农村中起着稳定社会的砥柱作用。"而土地改革的结果，"流氓、地痞、盗贼这些在'土改'中跻身'干部'队伍，使农村基层领导彻底恶质化"，成为新中国成立以来农业生产长期搞不好的根源。①

提出要为地主"平反"的，更多的是一些网络博文。如有博文说："土地改革的实质是剥夺中国存在近 2000 年的士绅阶级的合法财产，无偿得到了土地的混混和无赖抽大烟的自然要跟着共产党闹革命了"。还有人在网上发表公开信，"呼吁中共拿出勇气面对土改的历史错误，还地主及其后代以公道"，并且认为中国农村的贫困和中共的土改有着直接的关系。当年农村的地主其实是乡土中国的精英；用现在的话说，至少也都是"种田能手"。对他们的斗争和剥夺表面上看是把土地"公平"地分给了农民，但实际上严重破坏了中国农村的生产力。三十多年来中国的农村改革和当前的土地经营权流转等于承认了当年

---

① 王宏任：《地主：一个百年难尽的话题》，《书屋》2010 年第 8 期。

"土改"政策的失败，实际上是经过了 60 多年又转回了原点。

更有人认为，土改是中国历史上的第一大冤案，也是世界史上的第一大冤案，它严重违背了人类历史的基本规律及人性价值。还有网文认为，地主其实是当时农村先进生产力的代表，地主集中土地，更有利于农业的集约经营和规模化生产，能比将土地分散给农民耕作更有效率，更有利于现代农业的发展。

也有人认为，土地改革固然是一个国家实现工业化的重要前提，但没有必要使用革命即暴力的方式去解决农民的土地问题，而可以用一种和缓的非暴力的方式，比如由政府出面将地主的土地加以征购，然后以有偿的方式分配给农民。这样，地主得到土地价款可以投资工商业，农民也由此可以得到土地，这是一种地主与农民"双赢"而且有利于工业化进程的方式。而中共采取的是没收地主土地无偿地分配给农民的方式，并且在土改过程中发生了激烈的阶级斗争，造成了历史的遗憾。

土地改革是中共当年进行革命的重要方式，也是革命过程中组织动员农民的重要手段，对土地改革如何评价，在很大程度上关联到中国革命是否有其必要性和正当性，是中共党史研究中一个不可回避的问题。

2. 地主、富农的界定

毫无疑问，进行土地改革的前提是农村阶级成分的划分。20 世纪 40 年代后期和 50 年代初期中国大陆进行的土地改革运动，主要的内容是没收地主阶级的土地分配给无地或少地的农民。要研究土地改革运动的是非得失，就必须首先对何为地主作一点讨论。

农村主要有两大对立的阶级，即地主与农民，而农民又分不同的阶层，其中可以细分为富农、中农、贫农和雇农。什么人应划为地主和富农，1933 年 10 月，毛泽东写作的《怎样分析农村阶级》一文对此分别作了这样的界定：

占有土地，自己不劳动，或只有附带的劳动，而靠剥削农民为生的，叫做地主。地主剥削的方式，主要的是收取地租，此外或兼放债，或兼雇工，或兼营工商业。但对农民剥削地租是地主剥削的主要方式。有些地主虽然已破产了，但破产之后仍不劳动，依靠欺骗、掠夺或亲友接济等方法为生，而其生活状况超过普通中农者，仍然算是地主。军阀、官僚、土豪、劣绅是地主阶级的政治代表，是地主中特别凶恶者。富农中亦常有较小的土豪、劣绅。帮助地主收租管家，依靠地主剥削农民为主要的生活来源，其生活状况超过普通中农的一些人，应和地主一例看待。依靠高利贷剥削为主要生活来源，其生活状况超过普通中农的人，称为高利贷者，应和地主一例看待。

富农一般占有土地。但也有自己占有一部分土地，另租入一部分土地的。也有自己全无土地，全部土地都是租入的。富农一般都占有比较优裕的生产工具和活动资本，自己参加劳动，但经常地依靠剥削为其生活来源的一部或大部。富农的剥削方式，主要是剥削雇佣劳动（请长工）。此外，或兼以一部土地出租剥削地租，或兼放债，或兼营工商业。富农多半还管公堂。有的占有相当多的优良土地，除自己劳动之外并不雇工，而另以地租债利等方式剥削农民，此种情况也应以富农看待。富农的剥削是经常的，许多富农的剥削收入在其全部收入中并且是主要的。

中农许多都占有土地。有些中农只占有一部分土地，另租入一部分土地。有些中农并无土地，全部土地都是租入的。中农自己都有相当的工具。中农的生活来源全靠自己劳动，或主要靠自己劳动。中农一般不剥削别人，许多中农还要受别人小部分地租债利等剥削。但中农一般不出卖劳动力。另一部分中农（富裕中农）则对别人有轻微的剥削，但非经常的和主要的。

贫农有些占有一部分土地和不完全的工具；有些全无土地，只有一些不完全的工具。一般都须租入土地来耕，受人地租、债利和小部分雇佣劳动的剥削。中农一般不要出卖劳动力，贫农一般要出卖小部分的劳动力，这是区别中农和贫农的主要标准。①

按照这个标准，作为周扒皮原型的周春富虽然一家有土地二百余亩，但从他自己及家人参加劳动且雇佣长工数人而土地不出租且经营油磨坊等的情况看，他应当划为富农兼工商业者（在农村进行阶级成分的划分是一个复杂的问题，很容易将地主与富农混淆，以至于简单地以土地财产的多少作为划分阶级的标准，从而把本应划为富农的农民当作地主看待，这个问题后文还会提及）。至于小说中的"周扒皮"，作者没有交代他家的土地占有情况，但从小说一开篇所说的三十来户人家的黄家店有一半是周家的佃户判断，其成分应当属于地主。

---

① 《毛泽东选集》第一卷，人民出版社 1991 年版，第 127—128 页。

可见，地主与富农的共同特点是对农民进行剥削，其不同之处在于地主剥削的主要方式是收取地租，富农剥削的主要方式是雇工。同时，地主与富农还有一个重要的差别，那就是地主不劳动，或只有附带劳动，而富农自己劳动，这是区别地主与富农的主要标准。这里所说的劳动，在普通情形下，全家有一人每年有三分之一时间从事主要劳动，叫作有劳动。全家有一人每年从事主要劳动的时间不满三分之一，或每年虽有三分之一时间从事劳动，但非主要劳动，均叫作附带劳动。富农虽然属于农民阶级的范畴，但这个阶层带有剥削性质，所以人们习惯将之与地主并列，称之为地主富农，其实富农与地主并不是同一个阶级。

说起地主，人们自然容易联想到四个人，即小说《半夜鸡叫》中的周扒皮、歌剧《白毛女》中的黄世仁、泥塑《收租院》中的刘文彩、芭蕾舞剧《红色娘子军》中的南霸天（《半夜鸡叫》和《收租院》曾进了小学课本，《白毛女》《红色娘子军》拍成了电影，产生了广泛的社会影响）。这是当年文艺作品中塑造出来的四个典型的地主形象，也是相当多的中国人对于地主最深刻的记忆。

其实，不论是周扒皮，还是黄世仁、南霸天和刘文彩，都是文学家、艺术家塑造出来的艺术形象。艺术是允许虚构的。文学家、艺术家塑造艺术形象时当然也要忠实于历史，但艺术创作可以进行合理的加工，也就是从艺术创作的原则上，是允许将各种坏地主、恶霸地主的种种恶行集中在"周扒皮""南霸天"等人物身上加以体现，成为恶霸地主各种恶行之集大成者。虽然这些艺术形象或许可以找到具体的原型，但与现实中的地主不是完全画等号的，即是说他们是艺术化了的地主形象。这四个典型地主形象中，只有刘文彩不是虚构的人物，而是确有其人。当然，作为泥塑《收租院》中的刘文彩，应当讲也是艺术人物。至于以往在刘文彩庄园建立的"地主庄园陈列馆"中，对于刘文彩罪恶的陈列是否有不实的地方，那是另外一个问题。

准确地说，这四个艺术形象应当称为恶霸地主，并且是集恶霸地主罪恶之大成者。

应当指出的是，恶霸与地主是两个不同的概念。按照1950年8月中央人民政府政务院《关于划分农村阶级成分的决定》规定，恶霸是指"依靠或组成一种反动势力，称霸一方，为了私人的利益，经常用暴力和权势去欺压与掠夺人民，造成人民生命财产之重大损失，查有实据者"[①]。恶霸横行乡里，欺男霸女，为非作歹，无恶不作，恶霸尤其是恶霸地主最为农民所痛恨，但恶霸并非都是地主，地主也不是人人都是恶霸，那种同时具有地主和恶霸两种身份者，便是通常讲的恶霸地主。毛泽东在1948年年初曾有过推算，地主和旧式富农占全国人口的十分之一，全国共有三千六百万人。[②]如果其中地主占一半，那么全国的地主总数在一千八百万至两千万人，其中可称为恶霸地主者毕竟是少数。据当年的调查，在农村中恶霸地主一般只占地主的十分之一。

从阶级属性来看，地主是剥削阶级，这些人在土地改革中之所以被划为地主，主要是因为他们利用自己所占有的土地，对农民进行剥削。但是，作为每一个体的地主，作为个体的人，自然是千人千面。因此，地主的品行是恶还是善，人品是好还是坏，无须说是各不相同

---

① 中共中央文献研究室：《建国以来重要文献选编》第1册，中央文献出版社1992年版，第406页。

② 《毛泽东文集》第五卷，人民出版社1996年版，第23—25页。

的。人作为具体的社会个体，不论他出身属于哪个阶级，同一个阶级的人，个人品德与品行可能是千差万别的。有的地主为非作歹、欺男霸女、鱼肉乡邻，成为恶霸地主。也有的地主，一方面出租土地剥削农民，另一方面又办学堂、修道路从事社会公益，甚至在灾荒之年还做点办粥厂施舍穷人之类的善事。刘文彩一方面利用其担任川南禁烟查缉总处长、川南捐税总局总办等职务时搜刮来的钱财，大肆购置土地成为远近闻名的大地主，另一方面又花巨资兴办有名的文彩中学，甚至还设立"清寒补助金"，定向资助那些家境贫寒的学生。但有一个基本的事实不能否定，刘文彩有良田万顷，家中珍宝无数，生活奢华富足，他的大量财富既非劳动所得致富，也非靠经营工商业发家，而且是通过占有大量土地过着不劳而获的生活。

当然，地主并非清一色，农民中也有少量好逸恶劳、偷鸡摸狗之类的"二流子"。但从总体上看，因为地主占有土地，可以凭借土地收取地租剥削农民；而贫雇农由于缺少土地或根本没有土地，不得不租种地主的土地而接受地主的剥削，所以二者之间构成了剥削与被剥削的关系，土地改革的根本目的就是要改变这种社会关系。

其实，地主与农民的身份不是固定不变的。大体说来，除了那种祖、父辈本身是地主，靠继承上辈的土地财产成为地主者外，一个人地主身份的形成，大致可以分为这样几种情况：

一是在科举时代出身贫寒的普通知识分子，通过获取功名得到官职，"一年清知府，十万雪花银"，由此积累一定数量的财富，在官场失意或告老还乡后购买土地成为地主。当然，这种情况随着科举制度的废除不再产生。

二是进入北洋军阀统治时期后，中国出现了大大小小各类军阀，他们依仗军事实力和政治特权，强占或用极低的价格购买大量土地成为大地主。袁世凯在河南彰德、辉县等地有田产4万亩。徐世昌在河南辉县也有田5000亩。山东军阀靳云鹏在邹县、济宁一带占有土地3万亩；直系军阀王占元在鲁西北和冀南占有土地5万亩。阎锡山在山西省占有土地不下20万亩。西北军阀马鸿逵有土地10万余亩。[①]各类军阀的亲信或家人也用同样的办法搜刮土地。刘文彩就是依仗其弟刘文辉（曾任川军第一混成旅旅长、第九师师长、国民革命军第二十四军军长等职）积累财富购置土地成为大地主的。不过，这类地主占有的土地数量虽大，但他们人数并不多。

三是普通农民上升为地主者。这些人原本就是普通农民，由于某种机缘，慢慢积累了一些财富，购进了若干土地，随着土地的增多自己耕种不了，乃将土地出租给其他农民以收取地租，当地租剥削达到一定量的时候，这样的农民也就演变为地主了。

对于这个问题，毛泽东1930年进行寻乌调查时就已经作了剖析。据毛泽东的调查，在江西寻乌县，大地主只占地主全数的1%，中地主占19%，小地主占80%。寻乌的小地主包含两个部分。一部分是从所谓老税户传下来的，这部分人的来源多半是由大中地主的家产分拆，所谓"大份分小份"，即由大中地主分成许多小地主。这部分的人数在整个地主阶级中占32%。除上述老税户部分外，另有一个占地主全数48%的不小的阶层，那就是所谓"新发户子"。这一个阶层的来历，与从老税户破落下来的阶层恰好相反，"是由农民力作致富升上来的，或由小商业致富来的。他们的经济情形是一面自己耕种

---

① 参见章有义：《中国近代农业史资料》第2辑，三联书店1957年版，第13—19页。

（雇长工帮助的很少，雇零工帮助的很多），一面又把那鸾远的瘦瘠的土地租与别人种而自己收取租谷。他们看钱看得很大，吝啬是他们的特性，发财是他们的中心思想，终日劳动是他们的工作。他们的粮食年有剩余，并且有许多不是把谷子出卖，而是把谷子加工做成米子，自己挑了去大圩市，以期多赚几个铜钱。他们又放很恶的高利贷，所有放高利贷者，差不多全属这班新发户子。"①

这说明，农民与地主的身份并非固定不变的。地主如果破产，就有可能下降为贫农乃至雇农；即便祖辈是大中地主，但经过诸子继承家产分拆之后，大地主变成中地主，中地主变成小地主，小地主再分家就可能变成一般农民。普通农民也有可能由于"力作致富"或"由小商业致富"而上升为地主。小说《半夜鸡叫》中的周扒皮原型周春富其实就是这种人。像周春富这样由农民上升为地主者，在中国农村并非个别现象。但一个农民一旦上升为地主，其本人可能仍过着勤俭的生活，但其必定将土地出租给农民以收取地租从而带有剥削性质，而且其家中有劳动能力的人主要不从事生产劳动，或者不从事主要劳动，其身份也就从普通劳动者演变成剥削阶级了。

当下有人认为，从生产力发展的角度来看，土地集中在地主手中，有利于集约经营和规模化生产，有利于农业生产效率的提高。因此，地主阶级不应该打倒，旧的土地制度没有必要改变。

对于这个问题，毛泽东在寻乌调查中已作了解答。他在调查中发现："收租二百石以上的中等地主，收租五百石以上的大地主，他们对于生产的态度是完全坐视不理。他们既不亲自劳动，又不组织生

---

① 《毛泽东文集》第一卷，人民出版社1993年版，第197页。

产，完全以收租坐视为目的。固然每个大中地主家里都多少耕了一点田，但他们的目的不在生产方法的改良和生产力的增进，不是靠此发财，而是为了人畜粪草堆积起来了弃之可惜，再则使雇工不致闲起，便择了自己土地中的最肥沃者耕上十多二十石谷，耕四五十石谷的可以说没有。这种地主家中普通都是请一个工人，只有'万户'以上的大地主而又人丁单薄的方才请两个工人。为使工人不致'闲嬲'（'嬲'，当地读廖，'东走西走'或'玩下子'的意思），除开做杂事外，便要他耕点田。"① 由此可见，这种以收租坐视为目的之地主，集中在他们手中的土地并非为了集约经营与规模生产。至于说地主是种田能手，恐怕有些想当然。地主一般不劳动，而只有附带的劳动，即便一个人在未成为地主之前是种田能手，但一旦演变成地主，就会减少劳动甚至不劳动，种田能手如果不种田或少种田，就不是劳动者了。

其实，关心土地改良和生产工具改进的不是地主而是富农。因为地主占有土地的目的，不是自己耕种，而是出租给农民，然后收取一定数量的地租。既然土地已经租给他人耕种，他自然不必关心土地的经营状况，也不会关心土地改良与生产工具改进的情况，他所关心的是地租的收取。与地主将土地租给他人耕种不同的是，富农则是雇佣长工或短工到自己的土地上进行劳作，如果土地得到了改良，生产工具得到了改进，生产效率得到了提高，土地的收益也就会相应增多，而他付给雇工的工钱是一定的，这就意味着富农的收入也会增多。从这个角度看，虽然地主与富农都集中了一部分土地在自己手中，而且都是通过占有他人的劳动进行剥削，但地主集中土地并非为了集约经

---

① 《毛泽东文集》第一卷，人民出版社 1993 年版，第 192 页。

营和规模化生产，所关心的也是地租的收取而非农业生产的改进，客观上有利于农村生产力发展的不是地主而是富农。正因为如此，不论是"五四指示"，还是《中华人民共和国土地改革法》，对于地主与富农都采取了区别对待的政策。从是否有利于生产力发展这个角度，在革命的过程中该不该将地主阶级打倒，答案似乎不难得出。

从阶级属性上来说，地主属于剥削阶级，是革命的对象。通过土地改革，地主赖以剥削他人的土地已被没收分配给农民，被剥夺土地的地主身份发生了变化，他们同样依靠自己的劳动获取生活来源，逐步向劳动者转化。因此，在土地改革完成、地主经过一段时间的改造之后，应给予应有的公民权利。

对于这个问题政策本来是明确的。1948年1月15日，毛泽东在西北野战军前委扩大会议上的讲话中明确指出："我们对封建剥削要非常恨，但地主本人还是劳动力，经过改造过几年还有选举权。对地主要安置好，安置不好会出乱子，我们就不可能取得胜利。"① 在这次会议上，任弼时更是具体提出："地主劳动五年、富农不剥削三年即可改变成分"，"因为他们的土地财产（富农的是征收其多余财产，不是全部财产）已经平分了，又有这许多年的劳动，是可以把人加以改造的。"② 当时，一些解放区也明文规定，地主在经过一定的年限之后改变成分。1948年2月，中共晋冀鲁豫中央局发出《关于土地改革整党与民主运动的指示》，其中提出："关于成分转化问题，地主在当地民主政权成立以前，已经转入劳动，或其他成分满一年者，或在当地民主政权成立以后，已经转入劳动或其他成分满五年者；旧富农在

① 《毛泽东文集》第五卷，人民出版社1996年版，第23—24页。
② 任弼时：《土地改革中的几个问题》，《人民日报》1948年3月28日。

当地民主政权成立以前已经转变为其他成分满一年者，或在当地民主政权成立以后已经转变为其他成分满三年者，应依其转变后的情况，改变其成分。"[1]

1950 年 8 月 4 日，政务院第 44 次会议通过《关于划分农村阶级成分的决定》，其中规定：凡地主成分，在土地改革完成后，完全服从政府法令，努力从事劳动生产，或作其他经营，没有任何反动行为，连续五年以上者，经乡人民代表大会通过，县人民政府批准后，得按照其所从事之劳动或经营的性质，改变其地主成分为劳动者的成分或其他成分。其不努力从事劳动生产或作其他经营，或有任何反动行为，或有违抗人民政府法令行为者，则不在此例。老解放区的富农在土地改革完成后合于上述条件满三年者，亦得以同样的方式改变其成分。不合于上述条件者，则不得改变。[2]

1951 年 5 月 10 日，中共中央致电有土地改革任务的各中央局，提出"在土地改革业已完成、对地主的斗争已经相当彻底的地区，领导上应该说服农民主动地向那些表示服从的地主和缓一下，以便争取多数地主参加劳动，耕种自己所分得的土地，维持自己的生活。对于地主阶级中的知识分子或有其他技能，可能从事教书或其他职业者，应允许他们从事其他职业，或分配教书工作给他们。对于确实没有农业劳动力，而能做生意者，可以允许他们做生意"。"在他们从事农业劳动时，如有实际困难，亦应帮助他们解决，他们的底财，可以允许

---

[1] 《中共晋冀鲁豫中央局关于土地改革整党与民主运动的指示》，《人民日报》1948年 2 月 29 日。

[2] 《中央人民政府政务院关于划分农村阶级成分的决定》，《人民日报》1950 年 8 月 21 日。

他们挖出来，投资生产，不再没收，他们以后生产所得，不论多少，均不再没收。"① 在此之前，中共中央华北局提出："新区富农，一律按人民待遇。老区富农，一般应经过群众同意恢复其公民权。地主中如有劳动积极、表现进步者，或已具备改变成分条件者，经群众同意亦可恢复其公民权，并可吸收其中有代表性者参加各界代表会议，以利团结和生产。"② 应当说，这些规定对于改造地主富农，促进社会的稳定和生产的发展都是有益的。

在 1957 年反右派运动之前，对地主富农的政策基本上是和缓的。从 1953 年起，农村掀起了大规模的农业合作化运动，对于地主富农也规定在"本县和本乡的劳动农民已经有四分之三以上参加了合作社的时候，对于已经依照法律改变成分的过去的地主分子，和已经多年放弃剥削的富农分子，可以经过社员大会审查通过、县级人民委员会审查批准，个别地接受他们入社"③。到1956年，全国大多数地区的地主富农被批准加入农业合作社。据有关资料统计，老解放区原来的地主富农被评为正式社员的一般占50%左右，候补社员占40%左右，管制生产的占 10%左右。新解放区原来的地主富农被评为正式社员的一般占20%左右，候补社员占 60%左右，管制生产的占 20%左右。④

遗憾的是，进入 20 世纪 60 年代初，由于中苏关系的破裂，毛泽

---

① 《中央关于土改后地主分子参加劳动问题的指示》(1951 年 5 月 10 日)，《建国以来刘少奇文稿》第 2 册，中央文献出版社 2005 年版，第 325—326 页。

② 《华北局关于执行中华人民共和国土地改革法与保护过去土改成果的指示》(1950年 6 月 24 日)，《中国土地改革史料选编》，第 642 页。

③ 《农业生产合作社示范章程草案》，《人民日报》1955 年 11 月 11 日。

④ 参见冯建辉：《党对地主富农及其子女政策的变迁》，《炎黄春秋》2000 年第 12 期。

东日益注重反修防修的问题，并且认为苏联党变修国家变色，是赫鲁晓夫不重视阶级斗争造成的，因此日益强调阶级斗争的重要，并且在1962年的中共八届十中全会上提出阶级斗争要"年年讲，月月讲"。从1963年起，又在全国城乡开展以阶级斗争为主要内容的社会主义教育运动，即城市的"五反"和农村的"四清"。本来，农村"四清"的重点是解决一部分干部出现特殊化和腐败的问题，但当时却认为部分干部的腐化变质是阶级斗争的反映，是地主富农对这些干部的腐蚀拉拢造成的。1963年5月中共中央《关于目前农村工作中若干问题的决定（草案）》（即"前十条"）在强调必须高度重视阶级斗争问题时，列举了阶级斗争的诸种表现，如"被推翻的剥削阶级，地主富农，总是企图复辟，伺机反攻倒算，进行阶级报复，打击贫农、下中农"；"被推翻的地主富农分子，千方百计地腐蚀干部，篡夺领导权。有些社、队的领导权，实际上落在他们的手里。其他机关的有些环节，也有他们的代理人"[①] 等。因此，社会主义教育运动固然主要是为了解决基层干部存在的问题，但由于将地主富农当作部分干部腐化变质在下面的根子，于是在"追根子"的过程中，使一部分地主富农在运动中受到了冲击。有的地方还开展"民主革命补课"，补划了一些所谓"漏网的地主富农"。不过，相对而言，社会主义教育运动还是在局部进行的。进入"文化大革命"后，"以阶级斗争为纲"的观念进一步被强化，地主富农企图"变天"被严重夸大，为了防止阶级敌人"复辟"，地主、富农成为专政即"革命"的对象，再度遭受打击与斗争，这就将阶级斗争进一步严重扩大化了。地主富农

---

① 中共中央文献研究室：《建国以来重要文献选编》第16册，中央文献出版社1997年版，第315页。

固然曾剥削农民，但经过长时间的改造之后，他们中的大多数早已放弃了剥削，成为自食其力的劳动者，就应该具有基本的公民权利而不应再对其加以歧视。

中共十一届三中全会恢复了实事求是的思想路线，随后对社会关系进行重大调整。1979年1月，中共中央作出关于地主、富农分子摘帽问题和地、富子女成分问题的决定，规定凡是多年来遵守政府法令、老实劳动、不做坏事的地主、富农分子，经过群众评审，县革命委员会批准，一律摘掉帽子，给予农村人民公社社员的待遇。地主、富农家庭出身的农村人民公社社员，他们本人的成分一律定为公社社员，享有同其他社员一样的待遇。从此，地主、富农成为一个历史概念。

3. 旧中国土地占有情况

土地改革本身不能增加新的土地，只能是对现有土地进行再分配。所以，进行土地改革的前提，是农村的土地占有状况不合理，人口占少数的地主、富农占有大量的土地，并通过出租土地或雇工耕种而剥削他人劳动，贫雇农却因土地不够甚至没有土地，只得租种他人的土地或出卖劳动力而受人剥削。如果说农村的土地并不集中，地主没有集中较大数量的土地，贫雇农也并非无自己的田可耕，自然没有必要进行一场几乎涉及农村全部人口的土地改革运动。

很长一段时间，在论证土地改革必要性时，基本上是认为不到农村人口百分之十的地主富农占有百分之七十至八十的土地，而占人口百分之九十的雇农、贫农、中农，只占有百分之二十至三十的土地。

1947 年 12 月，中共中央在陕北米脂县的杨家沟召开扩大会议。此时各解放区的土地改革正在如火如荼地开展，毛泽东在其《目前形势与我们的任务》的报告中，用了很长的篇幅谈及土地改革问题，并且指出："地主富农在乡村人口中所占的比例，虽然各地有多有少，但按一般情况来说，大约只占百分之八左右（以户为单位计算），而他们占有的土地，按照一般情况，则达全部土地的百分之七十至八十。"[①]对于这个比例数，毛泽东早在 1930 年所作的《兴国调查》中已经得出，他当时了解到的情况是，兴国第十区即永丰区土地的分配情况是地主 40%，公堂 10%，富农 30%，中农 15%，贫农 5%，而其中的公堂土地又实际掌握在地主、富农手中；而该区的人口成分，地主占 1%，富农占 5%，中农、贫农、雇农、手工工人、小商人、游民共占 94%，故而得出结论："真正的剥削阶级（地主、富农），人数不过百分之六，他们的土地却占百分之八十，公堂土地又许多在富农掌握中，若不平分富农的土地，多数人土地不足的问题便难解决。"[②]

1950 年 6 月，中共中央决定在新解放地区开展土地改革，中央人民政府为此制定了《中华人民共和国土地改革法》。刘少奇在中央人民政府会议上就这部法律的内容作说明时指出："就旧中国一般的土地情况来说，大体是这样：即占乡村人口不到百分之十的地主和富农，占有约百分之七十至八十的土地，他们借此残酷地剥削农民。而占乡村人口百分之九十的贫农、雇农、中农及其他人民，却总共只占有约百分之二十至三十的土地，他们终年劳动，不得温饱。这种情形，经过了最近十余年来的抗战和人民解放战争之后，是有了一些变

---

① 《毛泽东选集》第四卷，人民出版社 1991 年版，第 1251 页。

② 《毛泽东农村调查文集》，人民出版社 1982 年版，第 199—200 页。

动，除开已经实行了土地改革的地区不说外，有一些地区的土地更加集中在地主的手中，例如四川及其他地区，地主占有土地约占百分之七十至八十。而在另外一些地区，例如长江中游和下游地区，土地占有情况则是有一些分散的。根据我们最近在华东及中南一些乡村的调查材料来看，一般的情况大体是这样：地主占有土地及公地约占百分之三十至五十，富农占有土地约占百分之十至十五，中农、贫农、雇农占有土地约占百分之三十至四十，小土地出租者占有土地约占百分之三至五。乡村中全部出租土地约占百分之六十至七十。富农出租土地约占百分之三至五，富农自耕土地约占百分之十。这就是说，乡村中百分之九十的土地是中农、贫农及一部分雇农耕种的，但他们只对一部分土地有所有权，对大部分土地则没有所有权。"①

那么，当年地主、富农占有的土地是否果真那么集中？实际上，对于农村土地的占有情况，早在 20 世纪 20 年代和 30 年代，就有机构和学者进行过调查，当然结果并不完全相同。

据国民党农民部土地委员会 1927 年 6 月发布的对全国土地占有概况的估计，当时占人口总数 6.3% 的地主，占有土地总数的 62%；占人口总数 8.1% 的富农，占土地总数的 19.44%；占人口总数 10.8% 的中农，占土地总数的 13.26%；占人口总数 55% 的贫农、雇农等其他劳动人民，只占土地总数的 6.16%。按照这个统计，全国地主、富农占人口总数的 12.4%，占有的土地为 81.44%。② 这大概是地主、富农占有 80% 的土地之说的最初来源。

根据陈翰笙 20 世纪 30 年代初组织的调查，在河北定县，自耕农

---

① 刘少奇：《关于土地改革问题的报告》，《人民日报》1950 年 6 月 30 日。
② 《第一次国内革命战争时期的农民运动资料》，人民出版社 1983 年版，第 4 页。

占 70%，佃农仅占 5%，然而经过调查的 14617 农户之中，有 70% 的农户占有耕地不到全数的 30%。其中无地可耕的农户占 11.8%；全家土地 25 亩以下者占 59.7%，户均土地 10.09 亩；25 亩以上 50 亩以下者占 18.3%，户均土地 32.8 亩；100 亩以上 300 亩以下者占 2.1%，户均土地 153.5 亩；300 亩以上者只占农村户数 0.2%，户均土地 469.1 亩。保定调查的 10 个村 1565 户农户中，65% 的农户不是无地可耕就是耕地不足，其中地主、富农占农户总数的 11.7%，占有 41.3% 的土地，而 88.3% 的中农、贫农及雇农只占有 58.7% 的土地。在江南，土地集中的情况也很严重。无锡的地主仅占农村户口 6% 以下，却占耕地 47%，占户口 69% 的贫农和雇农，占有的土地仅为 14.2%。在浙江临安县，贫农占人口的 48%，所有耕地仅占 13%。而在中原的河南南阳县，有 65% 人口都是贫农，他们所有的耕地，仅占全部农地的五分之一。广东占 74% 的贫农占有耕地不及五分之一，同时 2% 的人家，却占有耕地二分之一以上。[①]

此后，钱俊瑞、薛暮桥等人也相继对全国土地占有情况作过调查与分析。1934 年钱俊瑞以陶直夫的笔名发表《中国现阶段的土地问题》一文，估计全国有耕地为 14 亿亩，全国耕地有直接所有权耕作关系的户数为 6000 万户，其中地主 240 万户，占全国总户数的 4%，占有土地 7 亿亩，占全国土地的 50%；富农 260 万户，占户数的 6%，占有 2.52 亿亩，占全国土地的 18.%；中农 1200 万户，占户数的 20%，占有土地 2.1 亿亩，占全国土地的 15%；贫农及其他阶层 4200 万户，占户数的 70%，占有土地 2.38 亿亩，占全国土地的

---

① 《陈翰笙文集》，中国社会科学出版社 2002 年版，第 37—41 页。

17%。地主富农占全国总户数的 10%，占全国土地的 68%。[①]

1935 年，薛暮桥根据国民政府农村复兴委员会等机关 1933 年对广东、广西、浙江、江苏、河北、陕西 6 省的调查，对各类农户占有土地的情况作了推算，结论是地主占全国总户数的 3.5%，土地的45.6%；富农占总户数的 6.4%，土地的 18%，二者合起来人口占约10%，土地占 63.6%。中农占总人口的 19.8%，占土地的 17.4%；贫农及雇农占总人口的 70.5%，占土地的 18.4%。中农及以下各阶层占总人口的 90%，但只占有土地的 35.8%。[②]

新中国成立后，为启动新解放地区的土地改革，华东、中南、西南及西北等有土改任务的各大区，均组织了大规模的农村土地情况调查。据中南土改委员会的调查，中南地区的土地占有可分为三种情况，一是土地最分散的地区。根据湖北沔阳县小河口村、武昌县黄土坡村、石山村，河南宝丰县官营村、洛阳孙村，江西高安 10 个乡、弋阳县复兴乡等 21 个村的调查，地主占人口的 3%，占有全部土地的 15%（包括学田、族田、会社田等公田）；富农占人口的 5%，占土地的 15%；中农以下阶层约占人口的 92%，占有土地的 60%。二是土地集中程度一般的地区。根据湖北汉阳三区第一行政村、黄陂县石桥村，河南洛阳冢头村，江西宜春新坊村，湖南沅陵信平乡，广东龙川水背村等 25 个村的调查，地主占人口的 3%强，占土地的30%（包括公田）；富农占人口的 5%至 6%，占土地的 15%；中农以下阶层占人口的 90%以上，占有土地的 50%。三是土地集中地区。根据湖北黄陂新义村、河南潢川罗弯地村、江西南昌一个村、湖南

---

① 《钱俊瑞选集》，山西人民出版社 1986 年版，第 225 页。

② 薛暮桥：《旧中国农村经济》，农业出版社 1980 年版，第 19 页。

湘阴县和丰乡等 23 个村的调查，地主占人口的 3％ 至 4％，占土地的 50％（包括公田），最多的达到 90％（包括公田）；富农占人口的 5％，占土地的 15％ 以上；中农以下阶层占人口的 90％ 以上，占土地的 20％—30％。在中南各省中，湖南、广东两省的土地集中程度最大，其土地集中地区约占全省农村人口的 70％ 至 80％；其次为湖北省，土地集中地区约占全省人口的 40％；江西、河南两省的土地则比较分散。[①] 根据这个调查，中南在土地最集中的地区，地主、富农占人口的 8％，占土地的 70％ 至 80％，而在土地最分散的地区，地主、富农的人口亦占有 8％ 左右，而占有的土地为 30％。

又据华东区的统计，全华东地区共有地主 485428 户，占总户数的 3.07％，人口 2612643 人，占总人口的 4％，共有土地 37265955.29 亩，占有土地的 26.17％，平均每人占有土地 14.26 亩。半地主式的富农 50924 户，占总户数的 0.32％，人口 271102 人，占总人口的 0.41％，共有土地 1952643.21 亩，占土地总数的 1.37％，人均占有土地 7.20 亩。富农 306061 户，占总户数的 1.94％，人口 1794629 人，占总人口的 2.75％，共有土地 8321251.86 亩，占土地总数的 8.84％，人均占有土地 4.64 亩。地主富农占总户数的 5.33％，占总人口的 7.16％，占土地的 33.38％，人均土地 10.73 亩。中农、贫农、雇农共有 13572677 户，占总户数的 85.83％，人口 55734914 人，占总人口的 85.3％，共有土地 74263893.01 亩，占土地总数的 52.15％，其中中农人均占有土地 2.01 亩，贫农人均占有土地 0.86 亩，雇农人均占有土地 0.34 亩。其余的土地分别为工商业者、小土地出租、手工业

---

① 张根生：《从中南区农村情况看土地改革法》，《人民日报》1950 年 9 月 6 日

工人占有，或为公田。华东地区的公田占全部土地的 10.32%。[①]

情况比较特殊的是陕西关中地区。这里"农村土地不很集中，地主占农村户口不到百分之一，加上富农共占百分之六左右，共占土地百分之二十左右；中农占户口百分之四十到五十，占土地百分之五十到六十。"[②]

由此可见，虽然当时中共领导人在其报告中作了不到 10% 的地主、富农占有 80% 的土地，占 90% 人口的中农及以下社会阶层只占有 20% 的土地的估计，但通过各地的具体调查，除了少数土地特别集中的地区地主占有土地的 70% 至 80% 外，大多数地区地主、富农占有的人口少于 10%，占有的土地在 30% 至 50% 之间。

从 20 世纪 80 年代后期开始，有学者对地主、富农占有 80% 的土地提出质疑，认为抗战以前全国土地分配的基本轮廓为：无地户约占农村总户数的 30% 至 40%，有地户中地主、富农占有土地的 50% 至 60%，中贫农占 40% 至 50%。稳妥一点说，地主、富农占地 60% 左右，中贫农占 40% 左右。[③]

此后，陆续有学者就此发表自己的意见。有研究者提出，中国地域广阔，情况复杂，但就多数地区看，约占人口总数 10% 的地主、富农，占有土地总数的 50% 至 52% 左右，约占人口总数 90% 的劳动

---

① 华东军政委员会土地改革委员会：《华东区土改成果统计》（1952 年 12 月），中国社会科学院、中央档案馆：《1949—1952 中华人民共和国经济档案资料选编》（农业经济体制卷），社会科学出版社 1992 年版，第 10 页。

② 《关中新区工作的检讨和当前任务——习仲勋同志在关中新区地委联席会上的总结报告》，《人民日报》1949 年 8 月 30 日。

③ 章有义：《本世纪二三十年代我国地权分配再估计》，《中国社会经济史》1988 年第 2 期。

人民，占有土地总数的 48% 至 50% 左右，在解放前几十年间，各地区地权变化的情况很复杂，但总的来说，地权是越来越分散，并非越来越集中。[①]

亦有研究者指出，就全局看土地分配大体有两种不同情况：第一种情况是土地不太集中区，地主、富农占农户总数的 6% 至 10%，占有耕地 28% 至 50%。第二种情况是土地高度集中区，占农户 9% 的地主、富农，占有 65% 的土地。但是，这种土地高度集中区包括的范围很小，户数甚少，没有代表性，不能反映全国问题。从全局看，旧中国之地主、富农只占有全国 28% 到 50% 的耕地，他们从来没占有 60% 以上之耕地，但个别县、乡是例外。[②]

还有学者通过对 20 世纪 30 年代以来的中国农村调查统计资料进行分析，提出地主占有土地的比例多在 30% 至 40% 之间（简单平均是 36%），而且这其中还包括了族田、学田等公田，因而 60% 以上的土地是掌握在自耕农的手中。在某些地区（主要是在北方），地主占有土地的比重还不到 30%。鉴于地主实际取得的地租只占与佃农约定租额的七八成左右，同时，由于地租额并不像通常所说占有产量的 50%，而大约只有 40% 左右，实际地租率则只有单位面积产量的 30% 左右。地主所得仅为农业总产出的 12% 或更低些，那么农业无疑就是一个"低效益"或"低质行业"；购买土地也不一定是为了"盈利"或赚取"高额地租"，在一些地方，甚至不过是一种"保值"的手段。[③]

---

① 郭德宏：《旧中国土地占有状况及发展趋势》，《中国社会科学》1989 年第 4 期。

② 乌廷玉：《旧中国地主富农占有多少土地》，《史学集刊》1998 年第 1 期。

③ 高王凌：《租佃关系新论——地主、农民和地租》，上海书店出版社 2005 年版，第 179 页。

有研究者通过对 20 世纪 20 年代至 40 年代东南地区的土地占有情况进行研究，发现该地区 7%左右的地主、富农占地达 30%—40%，而占人口一半左右的贫苦农民仅占土地的 20%左右。地主与贫农平均占地比普遍在 10 倍以上，相当多的农民拥有的土地无法维持自身的生存。而由于这一地区复杂的地权结构，尤其是公田的大量存在，一半左右的农民为维持生存不得不和地主、富农及公堂土地发生租佃关系，承受着 40%—50%的租佃负担。[1]

总体来看，这些年来，学术界根据历史文献和档案史料，对新中国成立前的土地占有情况重新进行了估计分析，虽然这些数据各不相同，但都基本上认为当时土地集中的情况并没有以往宣传的那样严重，地主、富农并非占有 80%的土地，而多认为只占有 50%以下的土地。

不过也有学者认为当时农村土地实际是分散的，并不存在土地集中的问题。有研究者利用关中地区的土地改革资料，对 20 世纪 40 年代后期关中农村经济社会进行研究，提出封建社会的"关中模式"，认为清初至民国较长时期内关中地区的经济社会状况和土改前一致，即"关中无地主"，"关中无租佃"，"关中有封建"[2]。还有研究者认为，20 世纪三四十年代的一些乡村调查，特别是陈翰笙所领导的中央研究院社会科学研究所的无锡调查，总是强调土地占有的集中化与土地使用的分散化同时并存，以此说明当时土地制度的不合理。土地占有

---

① 黄道炫：《1920—1940 年代中国东南地区的土地占有——兼谈地主、农民与土地革命》，《历史研究》2005 年第 1 期。

② 详见秦晖、金雁：《田园诗与猜想曲——"关中模式"与前近代社会的再认识》，语文出版社 2010 年版。

集中与分散的标准不一或研究方法不同，所得结论也不一样。但无论如何，对于农地经营规模的细小化，时人一般是认可的。1933 年春，中国农村经济研究会在中央研究院社会科学研究所无锡 11 村调查的基础上，又进一步对孙巷、庄前、大鸿桥、北麾、庙庵、谈家 6 个村的农业经营进行了调查，事后对 3 个村的材料进行了分析，发现"全部使用土地有 80% 左右属于中农、贫农，他们每户平均使用土地不到 10 亩；另一方面，地主、富农使用土地只占 20%。而且他们每户平均使用土地也还不到 20 亩"。因此，"所谓的地主、富农家庭土地经营面积也十分狭小，已经说明土地占有的集中化是不存在的。"[①]

土地的占有关系是一个复杂的问题。有的地区土地集中的程度高，有的地方土地则相对分散。对于这个问题，不论是 20 世纪 30 年代学者们的调查，还是 20 世纪 50 年代初各地为配合土地改革而进行的调查，均有材料说明。特别是具体到某一个局部地区，有的村庄或许一户地主也没有，而有的村庄可能集中了一批地主。

虽说当年中国农村土地集中的情况并非以往宣传的那样严重，但地主、富农所占有的土地远远多于中农更不用说贫农，恐怕是一个历史事实。地主、富农占有 30% 至 40% 的土地，是多数学者认可的数字，考虑到地主、富农所占的人口一般在 10% 以内，仅此简单推算，地主、富农的土地也是三四倍于普通农民。问题在于中农及以下各阶层占有的人口达 90%，而且并非这 90% 的人口占有地主、富农之外的 60%—70% 的农村土地，如果除掉其中 10% 左右的公田和城镇工商业者在农村占有的土地，中农及以下各阶层占有的土地可能在

---

① 张佩国：《近代江南的农家生计与家庭再生产》，《中国农史》2002 年第 3 期。

50%至60%之间。而在中农、贫农和雇农三者间，据华东地区的统计，中农占全部农村人口的36.4%，占全部土地的33.65%；贫农占全部人口的45.71%，全部土地的18.01%；雇农占全部人口的3.19%，全部土地的0.49%。也就是说，占全部人口近50%的贫雇农，所占有的土地不到20%。如此推算，地主、富农占有的土地10倍于贫雇农。所以，即使地主、富农占有的土地根本没有达到以往所说的80%而是减半，中国农村的土地占有状态仍不能说是合理的。正如有学者所指出的："在土地分配存在着相当不平衡的情况下，作为基本的生存要素，拥有更多的可以自主的土地是农民衷心的期盼。所以，当土地革命广泛开展后，没收地主土地在农民中平分，对农民具有极大的吸引力。"[①]

农民除了占有的土地远远少于地主、富农之外，其他生产资料亦严重不足，如没有耕畜或者畜力很少，造成生产效率的低下。而且农民的生产资金普遍短缺，常常需要借贷才能解决生产、生活中遇到的困难，当年农村的借贷又往往是高利贷形式，使得许多农民背上沉重的债务负担。经济地位决定社会地位。农民特别是贫雇农由于土地不足，收入有限，一年辛苦劳作勉强维持温饱，遭到天灾人祸日子则更加艰难。他们的这种经济地位决定了他们生活在乡村社会的底层，基本处于没有"话语权"的状态。但是，每个生活在社会底层的人都渴望改变自己的经济地位，都希望获得社会地位的平等和应有的尊严，即在乡村社会有自己的"话语权"。中共最初的成员主要是知识分子，俗语说："秀才造反，十年不成。"可这句话在中共身上却不灵验，最

---

① 黄道炫：《1920—1940年代中国东南地区的土地占有——兼谈地主、农民与土地革命》，《历史研究》2005年第1期。

根本的是他们果断地脱下了自己的长衫，深入农村组织动员农民。对于当时的中国农民来说，他们不但希望得到土地，也盼望得到平等与尊严，中共的工作就是告诉他们，只要他们与自己一起革命，就能够得到他们这些盼望已久的东西，以农民为主体的中国革命也就由此发生。

4. 土地改革之意义

土地改革更主要的目的是解放农村生产力，为国家工业化扫清道路。只有消灭了封建土地制度，才能实现国家的工业化，这个历史过程世界各国皆然。当然，封建土地制度的改变方式可以有多种，既可用革命的即暴力的方式，也可以用和平的改良的方式。如果从给社会带来的震荡而言，后者的影响肯定要小于前者。中国大陆之所以用革命的方式完成土地制度的变革，很大程度上与国共内战有关。"五四指示"制定之时，解决农民土地问题的方式主要是清算、动员地主献田和由政府征购地主的土地，其中的清算虽然也有斗争的成分，但这几种方式总体上讲还是和平土改。当时的考虑也是国共内战还没有全面爆发，国共之间的谈判还在进行，中共方面对和平还抱有希望，故而没有采取十年内战时期那种直接没收地主土地的政策，其中一条重要的原因就是不愿因土改而过分刺激国民党。1946年10月，国民党军队占领晋察冀解放区的首府张家口，随后又不顾中共与民盟的反对宣布将召开国民大会。1946年11月中旬，周恩来率中共代表团从南京返回延安，历时一年多的国共谈判彻底破裂，在土改问题上也就不再存在刺激国民党的问题，所以土改的方式也就由清算等形式转变为直接没收地主的土地。

一个不能回避的问题是，土改的目的是为了解放生产力，可是老区土改之后有的地方生产并没有马上发展，甚至有的地方还有所下降，对于这个现象如何解释？有研究者认为："由于政策不明确、指导思想不对头、组织引导不当以及流氓分子的煽动等原因，一些地方在土地改革中发生了破坏工商业、破坏生产设施等过火现象。由于对地主、富农特别是富农打击过重，造成了中农的恐慌，也曾使一些中农乱宰杀牲畜，毁坏生产工具。至于地主、富农由于抗拒或报复，有意地进行破坏，那更是必然发生的现象。所有这些对生产力的直接破坏和损害，不能不影响生产力的发展。"[①] 这个分析是有道理的。

不但如此，由于土地改革运动延续的时间过长（从"五四指示"发布到1948年上半年结束，大体两年时间），运动的过程过多（经过了清算、复查、平分土地、纠"左"到最后确定地权），结果农民把许多本应用于生产的时间与精力放到参加运动上。而且由于运动始终在进行当中，地权没有确定，农民对于土地没有归属感，也不愿在已分得的土地上有较大的投入。由于"左"倾错误的影响，一些地方对地主、富农实际上没有区别对待，将富农的土地财产也没收了，甚至将中农"长余"的土地也拿了出来，这就不能不影响富农及中农的生产，而这两个阶层在农业生产中有着极其重要的地位。另外，由于1947年全国土地会议通过的《中国土地法大纲》决定：乡村中一切地主的土地及公地，由乡村农会接收，连同乡村中其他一切土地，按乡村全部人口，不分男女老幼，统一平均分配；地主及其家庭，分给与

① 郭德宏：《土地改革史若干问题论纲》，《近代史研究》1987年第3期。

农民同样的土地及财产。这样，乡村一些原来不从事或者较少从事农业生产的地主、手工业者以及少量的无业游民，也分得了同等数量的土地，他们中的有些人并没有多少农业生产的经验与能力，他们经营土地的产出自然会低于原租种地主土地的贫雇农。还应看到，解放区进行土地改革时，正是战争最激烈的两年，人民解放战争经历了由战略防御到战略反攻的转变，与此相伴随的是解放区承担极其繁重的战争勤务，大量的青壮年劳动力除被动员参军之外，还被作为支前民工直接开赴前线，这就意味着从事农业生产的劳动力大为减少，从而影响农业生产的发展。所以，土改之后，有的地区农业生产短期内没有大的发展甚至还有下降，是由许多原因造成的。

由于中国半殖民地半封建社会特殊的国情，决定了中国共产党进行的革命，不能以城市暴动的方式一举取得政权，而只能在农村积聚革命力量，走农村包围城市的道路。因此，自1927年国共合作破裂、确立武装反抗国民党反动统治的总方针后，中共长期在农村开展武装斗争，农村成为中国革命的主要区域。

既然革命的重心在农村，这就决定了革命的参加者主要是农民。组织动员农民参加革命，成为革命成功的先决条件。虽然那是一个产生革命激情的年代，也是一个产生革命理想主义者的年代，对于革命的组织者、发动者而言，革命是为了实现自己崇高的理想，他们中的许多人可以为了自己心目中的理想献出所有的一切。然而，长期劳作于偏僻农村的农民，则不可能有革命组织者那种崇高的理想和坚定的信念，更不会有天然的革命自觉。中国农民在通常情况下总是惯于忍受，历史上农民揭竿而起的事例虽然屡有发生，但这种情况往往出现于农民走投无路之时。以蒋介石为首的南京国民政府建立后，农民的处境没有丝毫的改善，但客观而言，农村的现状也并未因南京政府的建立而迅速恶化。于是一个重大的问题摆在革命的组织者和领导者面前：怎样才能动员农民参加革命。

农民能否参加革命，启发他们的阶级觉悟固然重要，但农民考虑更多且更直接的则是参加革命能否带来实际的利益。如果革命带来的只有危险与牺牲，而不能改善其经济条件与政治地位，农民是不可能投身于革命的。同时，革命的目的虽然是解放生产力并最终发展生产力，但革命本身是对现存社会制度的冲击与摧毁，因而在革命的进程中可能会造成对生产力的破坏。也就是说，革命本身不能促进生产，发展经济，增加社会财富。革命的组织者和领导者所拥有的仅是革命的勇气、胆识和信念，而除此之外别无长物，要让农民从革命中得到物质利益和政治权益，就只能对现有的社会经济资源和政治资源进行再分配。唯一可行的办法，就是把地主阶级的土地和其他财产没收之后分配给农民，同时打破旧有的农村社会秩序，剥夺地主阶级（乡绅）原在农村的社会控制权，让参加革命的农民分享对乡村社会的领导权利。1930年毛泽东在作兴国调查时就发现，中农和贫农之所以参加革命很勇敢，就中农而言，这个阶层在土地革命中是得利的：平分土地后他们的土地不但不受损失，而且多数还分进了部分土地；过去娶亲要花很多钱，几乎等于中农的全部财产，土地斗争后，婚姻自由，娶亲不要钱；过去办丧事要花很多钱，有些中农由此负债破产，土地斗争后破除了迷信，这个钱也不用花了；土地革命后地主和富农的权利被打倒，中农不再向他们送情送礼了，也可节省一项费用。更重要的是，"过去，中农在地主、富农统治之下，没有话事权，事事听人家处置；现在却和贫雇农一起有了话事权"。贫农在土地革命中则是得利最大的阶层，因为他们分了田（这是根本利益），分了山，革命初起时，分了地主及反革命富农的谷子，物价便宜了能吃便宜米，废除了买卖婚姻可以娶到老婆，最根本的是"取得了政权"，成为"农村政权的主干"和"农村中的指导阶级"①。可见，农民为什么拥护革命，因为革命给他们带来了物质利益和政治权利。所以1927年至1936年的国共内战中，土地关系的变动就成了中共动员农民参加革命的最有效方式，而这段历史也就被称为土地革命战争时期或国共十年内战时期。

进入抗日战争时期，中共的土地政策发生了重大改变，由十年内战时期没收地主土地的政策转变为减租减息政策。因为抗日战争是一场民族战争，需要动员全民族抗日，即使地主，只要他不愿当亡国奴，有抗日要求，也要团结争取他参加抗日民族统一战线，使其为抗战出力。这样一来就出现了一个难题：要农民抗日，必须给农民物质利益；要地主抗日，不能再沿用过去没收地主土地的政策。于是，中共提出了减租减息的政策。土地还是地主的，但要减轻农民的负担。这样，地主的根本利益没有受到损害，农民也从减租减息中得到了实际的好处，因为减轻了负担，并且地主不得随意退佃。

1945年8月抗战胜利后，虽然全国人民热切地盼望和平，不希望再发生战争，但国共两党的领导人都清楚，战争是难以避免的。自抗战进入相持阶段后，国共之间已是摩擦不断，有时甚至快到了重新内战的边缘。经过八年抗战，国共两党的力量其实都得到了发展。虽然人民希望和平，中共也为和平付出了巨大的努力，但无奈醉心于专

---

① 《兴国调查》（1930年10月），《毛泽东农村调查文集》，人民出版社1982年版，第217、221页。

制独裁的蒋介石一心要用战争的方式解决共产党问题，因而抗战一胜利，内战的硝烟便再起。到了 1946 年春夏之际，形势已经基本明朗了，中共也只得在力争和平的同时加紧做应对全面内战的准备。在经过长期的战争之后，如何动员解放区农民继续参军参战，成为中共领导人不得不着重考虑的首要问题。而抗战期间在土地问题上减租减息这种地主与农民都能接受的政策，显然不能再维持了，因为租息其实已没有可再减的空间，农民的要求是从地主手中得到土地。"五四指示"虽然名义上还是利用减租减息做文章，但目的是实现"耕者有其田"，变革土地关系。

在全面内战即将爆发之际，土地改革的启动就显示出了特别重大的意义。一方面，它满足了农民的土地要求，使他们深切地感到，只有中国共产党，才能使他们真正成为土地的主人，从而坚定了他们跟共产党走的决心；另一方面，中共又告诉他们，要保卫自己刚刚获得的土地，保卫胜利果实，仅仅推翻了本村的地主还不够，还要打倒地主阶级的总后台蒋介石。对于当时解放区的普通农民来说，他们对于国民党与蒋介石的印象是相对抽象的。那么，怎样将抽象的蒋介石变成具体的蒋介石，中共除了广泛宣传战争的自卫性质外，还通过土地改革运动使农民认识到，其实他们身边的地主及其爪牙，就是南京的蒋介石在本村本乡的代理人，就是一个个小蒋介石。不彻底打倒南京的蒋介石，村里的小蒋介石就会组织"还乡团"进行反攻倒算。而要打倒蒋介石，就必须武装起来保卫解放区，大家都去参军参战，打败来犯的国民党军队。因此，伴随着土地改革运动的深入，各解放区掀起了参军参战的热潮。

不可否认，在中共领导的解放区，由于卓有成效的宣传鼓动工作，农民有着较高的政治觉悟，但是，国内战争毕竟不同于反侵略战争，已经不能再用民族战争为旗帜动员农民。要使解放区农民参军参战，就必须揭示这场战争的必要性和正义性，必须使他们明了这场战争的胜败，不仅关系到共产党的成败，而且与他们自身的利益密切相关。要让农民参加战争必须给其以看得见的物质利益，中共在没有外援的情况下，除了土地关系的重新调整和社会财富的重新分配外，并无其他资源可供利用，于是，进行土地改革就显得尤为必要。这次国共内战，以国民党的彻底失败而告结束，其结果，国民党失去了在大陆的统治，中共赢得了全国执政地位。这其中，当然有诸多的原因，但最重要的还在于通过土地改革，使解放区的亿万农民成为中共的坚定支持者。

土地改革还实现了中共基层组织与农村基层政权的有机融合，使党的基层组织植根于中国社会的最底层。自古以来，中国的国家权力基本上只延伸到县一级单位，至于县以下的广大农村并无政权组织。南京国民政府建立后，国民党曾大力推行保甲制度，并以此为依托，开始了对中国基层政权的建设，企图使国家权力下移至乡村。但国民党在这方面的努力并不成功，"即使从国民党的角度出发，保甲制的实行也是完全的败笔。""从实行的效果看，只是将国家政权在形式上伸延到了每家每户，但实际上则是将原来土豪劣绅地方势力的恶行合法化，并且背在了国家政权的身上。"[①] 至于国民党组织自身，虽然在抗战期间"党机器的组织触角延伸到了县以下乡村基层社会，其组织扩张和渗透能力达到了它建党和执政以来的鼎盛。然而，由于国民党

---

① 张鸣：《乡村社会权力和文化结构的变迁（1903—1953）》，陕西人民出版社 2008 年版，第 112 页。

党机器长期以来所积淀的组织功能障碍和内在积弊并没有得到很好的梳理和清除，战时党组织在量上的膨胀和扩张，不仅没有展示出党力的强健和壮大，相反组织的涣散随着组织的扩充而同步增长"①。这就意味着国民党不论党的组织还是其控制的政权组织，其实都没有在广大乡村生下根来，对中国社会的控制基本上止于县一级，其社会动员能力在乡村甚为微弱，以至于征兵都不得不用抓壮丁这种拙劣而极易引起民怨的办法。

中共自从建立农村根据地之后，就十分重视根据的基层政权建设。早在十年内战时期，就曾规定县以下设区、乡、村工农兵代表大会（即苏维埃），分别为区、乡、村最高权力机关。抗日战争和解放战争时期，各解放区在县以下也普遍设立区、村政府。与此同时，在区（乡）、村各级亦相应地建立党的组织，但在土地改革运动前，村一级的党组织和党员身份基本不公开，普通民众虽然知道村中有党的组织，但往往不清楚村中究竟何人是党员，党员和党组织只在暗中发挥作用。各解放区在进行土地改革的同时，还开展了对原来乡村政权的改造。1947 年在土改复查和平分土地的过程中，曾一度建立以贫农团为核心的农会，取代了原村一级基层政权班底，并对原来的乡村干部用"搬石头"的方式进行整肃，这自然扩大了打击面。但中共很快意识到"搬石头"的严重性，发现将原有的干部当作阻挠土改的"石头"全部搬掉并不妥当，于是立即进行了纠偏，要求老区和半老区将贫农团改组为贫雇农小组，建立县以下各级农民（或人民）代表会作为土地改革运动领导机关，然后在此基础上实行普选，成立乡村人民

---

① 王奇生：《战时国民党党员与基层党组织》，《抗日战争研究》2003 年第 4 期。

代表会议或代表大会，并改选乡村政府。同时，中共在土地改革运动的后期决定结合土改开展整党，并将原来长期处于秘密状态的党组织和党员身份公开。这样，党支部不再是隐于乡村政治活动的幕后，而是直接活跃于前台，形成了基层政权组织和基层党的组织并行的乡村权力运行机制。随着党组织的公开，党支部逐渐取代村政府在乡村的权威。这种体制的出现，大大强化了中共对乡村社会的领导能力。

　　土地改革运动不止是农村以土地为核心的社会财富的重新分配，同时也是在变动土地所有关系的过程中进行各种社会资源的再分配，是一次前所未有的乡村社会改造。近代以来，中国农村的领导权控制在乡绅阶层手中。乡绅阶层"主要由科举及第未仕或落第士子、当地较有文化的中小地主、退休回乡或长期赋闲居乡养病的中小官吏、宗族元老等一批在乡村社会有影响的人物构成"[①]。普通的农民特别是其中的贫雇农，除了整日考虑自己的温饱生计，在乡村社会基本上无甚地位，没有话语权利，这些人占了农村的大多数。随着土地改革的进行，原有的乡绅阶层多被划为地主阶级，变成了要打倒的目标，而一向生活于农村社会底层的贫雇农，组织了贫农团，一时成为乡村社会的主宰。土地改革运动用革命的形式，释放了农民对地主的阶级仇恨，使他们产生了改天换地的感觉。

　　曾亲历过解放区土改的美国友人韩丁在他的《翻身——中国一个村庄的革命纪实》一书的扉页中，曾写了这样一段话："每一次革命都创造了一些新的词汇。中国革命创造了一整套新的词汇，其中一个重要的词汇就是'翻身'。它的字面意思是'躺着翻过身来'。对于中

---

　　① 　沈葵：《近代中国乡绅阶层及其社会地位》，《光明日报》2001 年 11 月 13 日。

国几亿无地和少地的农民来说，这意味着站起来，打碎地主的枷锁，获得土地、牲畜、农具、房屋。但它的意义远不止如此。它还意味着破除迷信，学习科学；意味着扫除文盲，读书识字；意味着不再把妇女视为男人的财产，而建立男女平等关系；意味着废除委派村吏，代之以选举的乡村政权机构。总之，它意味着进入一个新世界。"

自然，"翻身""解放"这样的词汇，并不是农民的创造，但农民很快接受和认同了土改等于"翻身""解放"的阐释，并变成其内心的认知与感受。中共在组织、发动这场运动之初，就将土改赋予了"解放""翻身"的含义，一些地方的土改工作队被称为"翻身队"，土改运动又被称为"翻身运动"，随后进行的土改复查则称为"翻身大检查"。土改等同于"翻身""解放"的话语阐释，是土改运动能够成功发动、广大农民踊跃参加的重要原因。农民们清楚，他们的翻身与解放，固然离不开自己起来同地主阶级斗争，而他们之所以有能力、有权力进行这种斗争，则是因为背后有中共这个强大的支持者。于是，农民也就很自然地将"翻身""解放"同党联系起来，认为这一切都是党带来的，必须听党的话，跟着党走。正是这种认识的产生，使中共获得了农民对自己执政地位的充分认同。从这个意义上讲，土地改革运动获得了巨大成功。本书的写作就是试图对一历史过程进行回顾与梳理。

二、"五四指示"

抗日战争时期，中共的土地政策由十年内战时期的"打土豪、分田地"转变为减租减息，以适应建立和巩固抗日民族统一战线的需要。尽管减租减息使农村的土地关系发生了很大变化，但在全面内战有可能爆发的情况下，如何给解放区农民新的物质利益，使之积极支持和参加战争，成了中共的当务之急。为此，中共中央决定对土地政策作重大调整，于 1946 年 5 月 4 日出台《关于土地问题的指示》即五四指示，明确提出要实现"耕者有其田"。

1. 减租减息政策评估

十年内战时期，没收地主土地分配给无地少地的农民，是中国共产党最重要的经济政策，当时开展革命最响亮的口号是"打土豪分田地"，所以这个历史阶段又叫土地革命战争时期。进入抗日战争阶段后，中共政策上最大的改变，就是提出建立广泛的抗日民族统一战线，以团结包括地主在内的全国各阶级、各阶层的人们共同抗日。在这种情况下，十年内战时期没收地主土地的政策显然不能再延续下去。

还在全面抗战爆发前的 1937 年 2 月，中共中央在《致国民党三中全会电》中，就明确提出停止没收地主土地的政策。但是，随着全面抗战局面的到来，红军将改编为国民革命军到华北前线去抗日，这就面临一个如何改善农民生活以调动农民抗日积极性的问题。为此，中共中央提出在抗日时期实行减租减息政策，并列入了 1937 年 8 月在洛川召开的扩大的政治局会议通过的《抗日救国十大纲领》之中。从此，减租减息就成为中共在抗战阶段主要的农村政策。

抗战初期，各抗日根据地刚刚建立，重点尚放在抗战的发动与战勤动员以及改造旧政权上，对于农民负担的减轻，主要通过反对贪污，废除苛捐杂税，实行合理负担等方式解决，至于减租减息政策，多数还停留在宣传动员阶段。1939 年抗日战争进入相持阶段，国民党挑起第一次反共高潮，各抗日根据地也开展了大规模的减租减息，但这时，一些人把少数顽固派发动的反共摩擦，看作了整个地主阶级的动向，认为地主难有继续抗日的可能，于是变相地没收分配地主的土地，"把减租减息合理负担变成土地革命。"① 在晋西北、冀南、鲁西等地区的反顽固斗争中，甚至提出"无地主不顽固，无顽固不汉奸"的口号，出现对地主乱打乱杀乱没收，把地主逼往敌区顽区，与我尖锐对立的现象。针对这种情况，1940 年 12 月，中共中央明确提出："必须向党员和农民说明，目前不是实行彻底的土地革命的时期，过去土地革命时期的一套办法不能适用于现在。现在的政策，一方面，应该规定地主实行减租减息，方能发动基本农民群众的抗日积极性，

---

① 中央关于建立与巩固华中根据地的指示（1940 年 11 月 1 日），中央档案馆：《中共中央文件选集》第 12 册，中共中央党校出版社 1991 年版，第 544 页。

但也不要减得太多。地租，一般以实行二五减租为原则；到群众要求增高时，可以实行倒四六分，或倒三七分，但不要超过此限度。利息，不要减到超过社会经济借贷关系所许可的程度。另一方面，要规定农民交租交息，土地所有权和财产所有权仍属于地主。不要因减息而使农民借不到债，不要因清算老账而无偿收回典借的土地。"①

　　为使减息政策得到正确的贯彻，1942年1月，中共中央于作出《关于抗日根据地土地政策的决定》（以下简称《决定》），承认农民是抗日与生产的基本力量，也承认大多数地主有抗日的要求，强调现在只能减轻封建剥削而不能消灭封建剥削，既要减租减息又要交租交息，并且要奖励富农生产和联合富农。《决定》强调，对于地主与农民间双方的合理要求必须满足，但双方都应服从于整个民族抗战的利益。在处理农村纠纷中，党与政府的工作人员，不是站在农民或地主的某一方面，而是根据上述基本原则，采取调节双方利益的方针。政府法令应有两方面的规定，不应畸轻畸重，一方面，要规定地主应该普遍地减租减息，不得抗不实行；另一方面，又要规定农民有交租交息的义务，不得抗不缴纳。一方面要规定地主的土地所有权与财产所有权仍属于地主，地主依法有对自己土地出卖、出典、抵押及作其他处置之权；另一方面，又要规定当地主作这些处置之时，必须顾及农民的生活。一切有关土地及债务的契约的缔结，须依双方自愿，契约期满，任何一方有解约之自由。2月4日，中共中央又发出《关于如何执行土地政策决定的指示》，强调"联合地主抗日，是我党的战略方针。但在实行这个战略方针时，必须采取先打后拉，一打一拉，打中

---

① 《毛泽东选集》第二卷，人民出版社1991年版，第767页。

有拉，拉中有打的策略方针"，并且明确指出"减租是减今后的，不是减过去的，减息则是减过去的，不是减今后的，大体上以抗战前后为界限"①。随后，各抗日根据地开展了广泛深入的减租减息运动。

减租减息政策在不破裂与地主关系的前提下，减轻了农民负担。陕甘宁边区土地租佃条例规定，活租按原租额减 25％ 至 40％，减租后租率不得超过 30％，土地副产物归承租人。华中解放区的淮北区规定，原来对半分即租率为 50％ 的，减为租率 35％，减租率为 30％；原租率为 40％ 的，减为 30％，减租率 25％；原租率为 30％ 的，减为 25％，减租率 17％。② 据晋察冀根据地北岳区第二、五专区统计，1940 年减租额即达 12290 余石。③ 据晋绥根据地 1941 年 10 个县统计，一年内共减租 1002149 大石（1 石等于 300 斤），减租佃户 17812 户，平均每户减租 57 大斗。④ 又据对晋绥根据地的兴县、河曲等 19 个县的不完全统计，从 1943 年冬到 1945 年秋两年中，减租农民达 56175 户，减租 50970 石，每户平均减租 0.91 石。⑤ 减租前与减租后的租率比较，晋察冀根据地一般减少三分之一以上。晋冀鲁豫根据地的晋东、晋中、冀西、黎城、漳北等地区，战前租率最高达收获量的 72％，最低的也达 40％，平均为 54％，实行减租减息后，最高

① 中央档案馆：《中共中央文件选集》第 13 册，中共中央党校出版社 1991 年版，第 295—300 页。

② 陈廷煊：《抗日根据地经济史》，中国社会科学出版社 2007 年版，第 144—145 页。

③ 方草：《中央土地政策在晋察冀边区之实施》，《晋察冀边区财政经济史资料选编》（农业编），南开大学出版社 1986 年版，第 50 页。

④ 续范亭：《晋西北行政公署成立三周年》，中共吕梁地委党史资料征集办公编：《晋绥根据地资料选编》第一集，第 42 页。

⑤ 财政科学研究所编：《革命根据地的财政经济》，中国财政经济出版社 1985 年版，第 143 页。

的为 37.5%，最低的为 30%，平均为 33.3%，减率比此前大为减少。[1]
与此同时，农民所受的高利贷剥削也有所减轻。据 1940 年 6 月北岳
区对 15 个县统计，利息减少额为 320600 余元。1941 年统计，晋西
北 12 个县共减息 8842 元（银元），山西、河北、山东 3 省战前利率
多在三分左右，减息之后一般只有一分左右，降低了三分之二。[2]

减租减息政策不但减轻了农民负担，而且还使抗日根据地的土
地关系发生了很大变动，通过各种形式使地主的一部分土地转移到农
民手中。据陕甘宁边区 1945 年调查，葭县高家寨子村 1941 年以来，
全村贫农、中农共买进土地 72 垧，卖出土地 9 垧，净进土地 63 垧，
典进、赎回土地 163 垧，典出、抽走土地 101 垧，净进土地 62 垧。
1940 年地主占有全村耕地 71.66%，至 1943 年，地主占有的耕地下
降到 66.27%。[3] 绥德县杨家塔村 13 户地主，四年中卖出土地 619 亩，
占土地总数的 31%。相反，农民大量买地，米脂县印斗区三乡某村
41 户农民，中农 3 户有土地 130 垧，其他 38 户贫农都是租种地主的
土地，自有土地只有 40 垧，1943 年、1944 年两年共买入土地 180 垧，
增加土地 4 至 5 倍。[4]

据中共中央晋绥分局调查研究室 1945 年冬至 1946 年春对老区

---

[1] 黄韦文：《关于根据地减租减息的一些材料》，《解放日报》1942 年 2 月 11 日。

[2] 中华人民共和国财政部《中国农民负担史》编辑委员会：《中国农民负担史》第三卷，中国财政经济出版社 1990 年版，第 193 页。

[3] 华子扬：《生产大运动与边区人民经济生活》（1944 年 8 月 19 日），陕甘宁边区财政经济史编写组等：《抗日战争时期陕甘宁边区财政经济史料摘编》第二编（农业），陕西人民出版社 1981 年版，第 347—348 页。

[4] 贾拓夫：《关于边区土地政策问题的报告》（1945 年 3 月 15 日），陕甘宁边区财政经济史编写组等：《抗日战争时期陕甘宁边区财政经济史料摘编》第二编（农业），陕西人民出版社 1981 年版，第 348 页。

9个县20个村7年来（新政权建立以来）土地及阶级关系的调查，"地主分化没落，人数减少，经济力量大大削弱"。这20个村原有地主62户，占总户数的5.2%，调查时减少至27户，占总户数的2%，地主占总户数的比重下降到3.2%。原有的62户地主中，能够保持地主地位的只有22户，约占1/3，其余的40户改变了原来的经济地位，其中6户转为富农，29户变为中农，3户变成贫农，1户变为其他，还有1户绝户。这20个村地主占有的土地总量，也由1939年的38.5%，下降到1946年的5%，减少了33.5%，每户平均减少土地416.2亩。与地主人数减少相伴随的是中农大量增加。这20个村原有中农375户，占当时总户数的31.3%，调查时增加到795户，占总户数的59.9%，在总户数中，中农的比重增加到28.6%。这些新增加的中农中，有240户是由贫农上升的，占现有中农总数的30%，由雇农及工人上升的25户，占3.2%。这充分说明，经过减租减息，晋绥地主的土地已有相当一部分转移到了农民手中。①

据晋察冀边区北岳区28县88个村的调查，抗战前占农村总户数将近大半的贫雇农，每户平均有2.5亩至7.5亩的耕地，而只占总户数2.02%的地主，占有土地平均每户达97亩以上。地主、富农在农村总户数中占9.29%，占有的土地为38.04%，占有的水地为45.7%，而中农、贫农、雇农和工人占总户数的85.34%，占有土地61.01%，占有水地52.93%。经过减租减息，据对其中24个村的调查，1937年至1942年，当出的837.57亩土地中，地主、富农599.04亩，贫雇农和中农235.53亩；在当入的1019.87亩土地中，地主富农90.2亩，

---

① 晋绥分局调查研究室：《农村土地及阶级变化材料》，1946年编印，第3—4页。

而中农及以下阶层 929.67 亩。据北岳区的典型调查，地主的总户数由 2.42% 下降到 1.91%，占有的土地从战前的 16.43% 下降到 1942 年 10.17%。[1]

山东解放区滨海区的莒南县大店、筵宾、沟头三区，1941 年后成为根据地的中心地区，由于实行减租碰息政策，"封建势力已被削弱，农民普通上升。"[2] 据调查，1937 年这三个区的各阶层的土地占有情况如下：

阶层	户数	百分比	人口	百分比	地亩	百分比
地主	169	6.78	957	7.30	34403.85	58.97
富农	173	6.95	1171	8.84	6038.89	10.35
中农	717	28.78	3868	29.52	11158.09	19.13
贫农	931	37.37	4817	36.77	5555.36	9.52
雇农	157	6.30	642	4.90	176.43	0.30
手工业	124	4.98	627	4.79	333.07	0.57
商人	163	6.55	750	5.72	388.14	0.67
自由职业	9	0.36	50	0.38	50.89	0.09
流氓	48	1.93	220	1.68	80.57	0.14
外出					153.12	0.26
合计	2491	100	13102	99.9	58338.5	100

从上表看，占农村人口不到 7% 的地主，占有农村近 60% 的土

---

[1] 方草：《中共土地政策在晋察冀边区之实施》（1944 年 12 月 23 日），《中国土地改革史料选编》，第 200—204 页。

[2] 《莒南县三区十一村阶级关系的变化》（1945 年 8 月 5 日），中共山东省委农村工作部、农业合作化史编写办公室：《山东党史资料——抗日战争时期山东滨海区农村经济调查》，1989 年编印，第 207 页。

地，而占人口 70% 的中农和贫雇农，占有的土地不到 30%。经过减租减息，这三个区的土地关系发生重大变化，下表是这三个区各阶层土地增减情况（单位为亩）：

阶层	户数	百分比	地亩数	百分比	增减的户数	增减的地亩数
地主	202	6.86	12333.89	29.40	33	-22069.96
富农	240	8.15	4956.76	11.81	67	-1082.22
中农	886	30.01	12750.58	30.39	189	1592.49
贫农	983	33.36	8761.86	20.89	52	3206.50
雇农	158	5.36	793.88	1.83	1	617.36
手工业	130	4.41	849.25	2.02	6	518.18
商人	173	5.81	1042.50	2.48	10	654.36
自由职业	9	0.03	83.25	0.01		32.36
流氓	51	1.13	225.45	0.05	3	144.88
外来	114	3.86				
合计	2946	98.98	41797.42	98.88	361	-16386.05

从上表中可以看出，经过减租减息，地主占有土地的比例大幅度降低，而贫农占有的土地比例则有较大提高。

又据对晋察冀的北岳、晋冀鲁豫的太行、晋绥、华中的盐阜和山东的滨海五个解放区的统计，战前各阶级阶层的户数是地主占 3.6%，富农占 7.2%，中农占 28.4%，贫农占 54%，雇农占 5%，战后地主与富农分别下降为 2.4% 和 6.7%，中农上升到 38%，贫农下降到 47%，雇农下降到 2.5%。各阶级阶层占有土地的情况是，战前地主占 29.5%，富农 21%，中农占 29.5%，贫农占 19%，雇农占 0.8%，战后则是地主占 13.5%，富农 17.5%，中农占 42.5%，贫农占

22.5%，雇农占 0.6%。[1] 其他解放区的老区的情况也大体差不多。这说明，经过减租减息，地主不但户数在减少，他们占有的土地也大幅度下降，中农的数量和他们占有的土地都有较大幅度的上升，贫农的数量在下降而占有的土地略有上升。

虽然减租减息使各解放区的土地占有关系发生了很大变化，但从总体上来看，减租减息后农民的土地仍少于地主富农，封建土地关系依然存在。例如，苏北的淮海区在反奸清算、减租减息之后，全区有地主 11052 户，占有土地 1342950 亩，平均每户 120 亩左右；以每户 8 口人计算，人均拥有土地 15 亩多，相当于中农的 5 倍。晋冀鲁豫的太行区反奸减租后，地主人均土地仍有 13.7 亩，中农为 3.1 亩，而贫农只有 2.1 亩，地主人均土地相当于中农的 4.5 倍、贫农的 6.5 倍。[2] 苏北解放区阜宁县钱庄乡全乡 542 户，地主仅 1 户，占全乡户数的 0.2%；富农 27 户，占 5%；中农 217 户，占 40%；贫农 297 户，占 54.8%。该乡各阶级人口的比例与户口相同，而在土地的占有上，贫农仅占全乡土地的 29.3%，平均每户 8.53 亩，每人 1.83 亩；富农土地虽然只占全乡的 11.9%，但平均每户有 38 亩，人均 6.5 亩，为贫农的 3.5 倍；地主尽管只有 1 户，但占有土地 1021.2 亩，占全乡土地的 11.9%，人均占有土地 87.6 亩，约为全乡贫农人均土地的 47.9 倍。[3]

---

① 李候森：《农民大解放中——解放区农村阶级关系的变化》（1945 年 5 月 22 日），《中国土地改革史料选编》，第 224 页。

② 《中共中央关于向民盟人士说明我党土地政策给周恩来、董必武的指示》（1946 年 7 月 19 日），中央档案馆：《解放战争时期土地改革文件选编》，中共中央党校出版社 1981 年版，第 20 页。

③ 曹荻秋：《在土地改革中拉平问题与对中富农政策的研究》（1946 年 8 月 4 日），《中国土地改革史料选编》，第 279 页。

实现"耕者有其田"是中共的一贯主张。十年内战时期实行的土地革命，是用直接没收地主土地的方式来解决农民土地问题。抗战时期为了团结地主一道抗日，采取了相对温和的减租减息政策，但这并不意味着中共放弃了"耕者有其田"的理念。1940 年 1 月，毛泽东发表著名的《新民主主义论》一文，其中指出："这个共和国将采取某种必要的方法，没收地主的土地，分配给无地和少地的农民，实行中山先生'耕者有其田'的口号，扫除农村中的封建关系，把土地变为农民的私产。农村的富农经济，也是容许其存在的。这就是'平均地权'的方针。这个方针的正确的口号，就是'耕者有其田'。在这个阶段上，一般地还不是建立社会主义的农业，但在'耕者有其田'的基础上所发展起来的各种合作经济，也具有社会主义的因素。"[1]

1945 年 4 月的中共七大上，毛泽东在其书面政治报告中又重申："抗日期间，中国共产党让了一大步，将'耕者有其田'的政策，改为减租减息的政策。这个让步是正确的，推动了国民党参加抗日，又使解放区的地主减少其对于我们发动农民抗日的阻力。这个政策，如果没有特殊阻碍，我们准备在战后继续实行下去，首先在全国范围内实现减租减息，然后采取适当方法，有步骤地达到'耕者有其田'。"[2]

为什么要解决农民的土地问题，最终实现"耕者有其田"，1944 年 7 月 14 日，毛泽东在会见英国记者斯坦因时的一段谈话，便是很好的说明。斯坦因问毛泽东："你所考虑的新民主主义经济和新民主

---

[1] 《新民主主义论》（1940 年 1 月），《毛泽东选集》第二卷，人民出版社 1991 年版，第 678 页。

[2] 《论联合政府》（1945 年 4 月 24 日），《毛泽东选集》第三卷，人民出版社 1991 年版，第 1057、1076 页。

主义社会的主要内容是什么?"毛泽东回答说:"新民主主义的主要经济特征是土地革命。即使是现在抗日是我们的主要任务的时期，也是如此。因为中国的农民是主要的被剥削者，他们不仅受中国反动派的剥削，在敌占区还受日本帝国主义者的剥削。正是由于在我们作战的区域实行了新民主主义，我们才从一开始就在各地成功地抵抗了日本军队，因为新民主主义的各项改革符合农民大众的利益，而农民大众构成了我们作战力量的基础。"毛泽东同时强调:"在没有进行土地改革的中国其他地区，仍然是封建土地所有制下的分散的个体小农经济，农民被土地束缚着，没有自由，彼此很少往来，过着愚昧落后的生活。这种经济是中国古代封建主义和独裁专制的基础。未来的新民主主义社会不可能建立在这样的基础上，中国社会的进步将主要依靠工业的发展。""因此，工业必须是新民主主义社会的主要经济基础。只有工业社会才能是充分民主的社会。但为了发展工业，必须首先解决土地问题。没有一场反对封建土地制度的革命，就不可能发展资本主义，西方国家许多年前的发展已十分清楚地表明了这一点。"[1]

由此可见，中共进行土地改革（从广义上来讲，没收地主土地分配给农民和实行减租减息都是土地改革的形式）的目的，实际上具有两个层面，一是以此调动农民参加中共领导的革命的积极性，二是为实现国家的工业化扫清道路。土地改革并非仅"是中共为了与国民党争天下进行社会动员的手段"，从根本上讲是中共革命理念使然。

---

[1] 《同英国记者斯坦因的谈话》（1944 年 7 月 14 日），《毛泽东文集》第三卷，人民出版社 1996 年版，第 183—184 页。

2. "五四指示"前夕的中国政局

在抗战胜利后的一个时期，中共并没有立即改变减租减息政策，相反，仍将之作为组织、动员群众的重要内容。1945 年 8 月 11 日，中共中央作出《关于日本投降后我党任务的决定》，指出："今冬明春，必须在一万万人民中，放手发动减租（已经减好的照旧），在一切新解放区一律减租，放手发动与组织群众，建立地方党地方政府与提拔地方干部，以便迅速确立我党在基本群众中的基础，迅速巩固一切新解放区。但是绝对不可损害中农利益（中农也是基本群众），富农除封建剥削部分实行减租外，不应加以打击，地主须使之可以过活。没收分配土地是过早的。某些地区已经分配者不再变动，但对地主必须设法救济，对富农必须设法拉拢，对中农受损者必须补偿损失。"① 同年 11 月 27 日，中共中央又指示各地："在一切解放区发动群众减租与发展生产，为争取当前斗争胜利的重要关键。"②

因为减租减息是各解放区执行了多年的政策，因此，大反攻前已经解放的老区，减租"主要是清算过去违反减租法令的额外剥削，实行退租与订立新约"③。而大反攻后新解放的地区，自 1945 年秋冬起，主要是发动群众开展对汉奸、特务的控诉、清算运动，用这种方式使群众"收回被汉奸伪人员霸占的土地财产，索回被掠夺讹诈贪污的款

① 《中共中央关于日本投降后我党任务的决定》(1945 年 8 月 11 日)，中央档案馆：《中共中央文件选集》第 15 册，中共中央党校出版社 1992 年版。以下引自《中共中央文件选集》者，不再标注编纂者和出版单位、出版时间。

② 《中央关于抓紧进行减租运动和生产运动的指示》(1945 年 11 月 27 日)，《中共中央文件选集》第 15 册，第 229—230 页。

③ 《减租减息是一切工作的基础》，《解放日报》1946 年 3 月 26 日。

项等"①，并在反奸清算的基础上实行减租减息。

1946 年上半年的中国，是一个特殊的历史阶段，国内的政局仍处在密云不雨的状态之中，国共是和还是战具有很大的不确定性。

1 月 10 日，有中国共产党、国民党和民盟代表参加的政治协商会议召开。同一天，国共两党又签订了停战协议。中共中央对当时形势的发展曾一度给予乐观的估计。在停战协议签订的当天，中共中央指示各级党委、解放区各级政府和各级部队指挥员："本党代表与国民政府代表对于停止国内军事冲突之办法、命令及声明，业已成立协议，并于本日公布在案。凡在中国共产党领导下之一切部队，包括正规军、民兵、非正规军及游击队，以及解放区各级政府，共产党各级委员会，均须切实严格遵行，不得有误。""全中国人民在战胜日本侵略者之后，为建立国内和平局面所作之努力，今已获得重要之结果。中国和平民主新阶段，即将从此开始。"②

1946 年 2 月 1 日，中共中央发出毛泽东修改审定的《关于目前形势与任务的指示》（以下简称《指示》），对形势作了乐观的估计。《指示》指出："重庆政治协商会议，经激烈争论之后，已获得重大结果。决定改组政府，并通过施政纲领，宪草原则，又决定召开立宪国民大会，整编全国军队，实行军党分立，军民分治，以政治军及议会制、内阁制、地方自治、民选省长等项原则。由于这些决议的成立及其实施，国民党一党独裁制度即开始破坏，在全国范围内开始了国家民主化。这就将巩固国内和平，使我们党及我党所创立的军队和解放区走

---

① 《努力发动解放区群众》，《解放日报》1946 年 1 月 9 日。

② 《中共中央关于停止国内军事冲突的通告》（1946 年 1 月 10 日），《中共中央文件选集》第 16 册，第 15 页。

上合法化。这是中国民主革命一次伟大的胜利。从此中国即走上了和平民主建设的新阶段。"《指示》明确表示："政治协商会议的各项决议，现已陆续公布"，"在我们自己方面，则准备为坚决实现这些决议而奋斗"。

既然中国即将"走上和平民主建设的新阶级"，斗争形式自然也应相应地发生转变，中共中央为此指示全党："中国革命的主要斗争形式，目前已由武装斗争转变到非武装的群众的与议会的斗争，国内问题由政治方式来解决。党的全部工作，必须适应这一新形势。""我党即将参加政府，各党派亦将到解放区进行各种社会活动，以至参加解放区政权，我们的军队即将整编为正式国军及地方保安队、自卫队等。在整编后的军队中，政治委员、党的支部、党务委员会等即将取消，党将停止对于军队的直接指导（在几个月之后开始实行），不再向军队发出直接的指令，我党与军队的关系，将依照国民党与其军队的关系。""我们还要准备将全党的工作转变到非武装的群众的与议会的斗争中去，用心去学习与组织合法斗争及上层统一战线与下层统一战线工作的配合，把党的工作推进到全国范围去，推进到一切大城市去，并在广大范围内，参加全国经济建设，使国家工业化的工作。"①《指示》对和平民主建设的新阶段即将到来的乐观情绪跃然于纸上。这也说明，当时中共方面对国内和平是抱着极大的诚意的，真心希望抗战胜利之后中国进入和平民主建设的新阶级，并且作出了军队改编、进入议会的准备。

同一天，刘少奇在延安干部会议上作关于时局问题的报告。报

---

① 《中央关于目前形势与任务的指示》（1946 年 2 月 1 日），《中共中央文件选集》第16 册，第 62—66 页。

告对形势的估计同样表现出很乐观，其中说，目前的时局已经开创了一个新的局面。重庆的政治协商会议已获得了重大的成果。政协会议通过的决议案基本上是好的。这些决议案在政治协商会议上通过、成立以及它的实行，就会做到在全国范围内使国民党的一党独裁开始破坏，全国民主化开始实现，使我们中国变为一个民主化的国家，进一步巩固国内和平，并且使我们的党和我们党所建立的军队及解放区在全国范围内走向合法化。这是中国民主革命的历史上一次伟大的胜利。从此中国就走上和平民主建设的新阶段。①

这时，中共中央还开始着手参加国民政府的准备。2月6日，刘少奇主持中共中央政治局会议，讨论周恩来关于国府委员及宪章审议委员人选的请示电。会议一致通过后，中共中央即复电中共谈判代表团，同意周恩来、董必武、吴玉章、秦邦宪、何思敬五人为宪草审议委员的中共方面人选；国府委员中共人选仍照周恩来在延安所提毛泽东、林佰渠、董必武、吴玉章、周恩来、刘少奇、范明枢（山东解放区著名开明绅士，时任山东省参议会参议长）、张闻天八人，如范明枢不能去则提彭真；同意以周恩来、林伯渠、董必武、王若飞分任行政院副院长、两部部长及不管部部长。

2月9日，毛泽东接见美联社记者时说：政协会议成绩圆满，令人兴奋。今后当然还有困难，但相信各种障碍都可以扫除。总的方面，中国走上民主舞台的步骤已经部署完成。各党当前任务，最主要的是在履行政治协商会议的各项决议，组织立宪政府，实行经济复兴。共产党于此准备出力拥护。对于政治的及经济的民主活动，将无

---

① 中共中央文献研究室：《刘少奇年谱》下卷，中央文献出版社 1996 年版，第 16 页。

保留，出而参加。

然而，中共期待的这种"和平民主建设的新阶段"并没有真正到来，迎来的是蒋介石的背信弃义与倒行逆施。2月10日，即在毛泽东接见美联社记者的第二天，重庆便发生了校场口事件，国民党特务以暴力捣毁各民众团体在校场口广场举行的庆祝政协成功大会，与会的知名人士郭沫若、李公朴、施复亮等竟被打伤，大会被迫中止。

2月21日上午，北平国民党特务以所谓"冀省难民还乡请愿团"名义，纠集逃亡地主、流氓等千余人，在东四牌楼一带举行反共示威，散发反共传单。当天下午，这些人又包围北平军事调处执行部办公处所在地协和医院，闯入并捣毁军调处办公室，殴打中共办事人员，守门宪警竟不加阻拦，使暴徒扬长而去。

2月22日，在国民党特务操纵和煽动下，重庆沙磁区部分学校学生七千余人进行反苏、反共游行，随后捣毁《新华日报》营业部及民主同盟机关报《民主报》营业部，打伤《新华日报》职员4人及《民主报》职员5人，此后数日内，成都、昆明的《新华日报》营业分销处也相继被国民党特务暴徒捣毁。

3月7日，国民党六届二中全会举行第八次大会，在检讨政协报告时，谷正纲、潘公展等人声称要共产党"放弃割据之政权""放弃武力夺取政权之野心""不应以种种问题束缚领袖"。

这时的局势是：一方面，国民党军队不停地向解放区进行蚕食进攻；另一方面，除东北外，关内大规模的军事冲突还没有发生，由国民党、共产党和美国三方组成的军事调处执行部，也不停地派人到各冲突地区进行调处。但是，这只是暴风雨前短暂的宁静，蒋介石正是利用这段时间抓紧全面内战的准备，和平民主发展的可能性正在迅速消逝。

随着蒋介石破坏政协决议和停战协定的行动不断加快，中共中央对和平民主新阶段已经到来的乐观情绪迅速消退，认识到蒋介石专制独裁的本性并没有改变，战争的危险有可能超过和平的可能，要求全党在全力争取和平的同时，认真做好应对内战爆发的准备。

3月15日，中共中央政治局召开会议，讨论国际国内时局问题。毛泽东在发言中指出：资产阶级和苏和共派包括两部分人，资产阶级的中派和左派，如蒋介石就是中派。他的主张有两条：第一条是一切革命党全部消灭之；第二条是如果一时不能消灭，则暂时保留，以待将来消灭之。而左派则和蒋介石不同，如张东荪等人。这两派今天都是能和我们合作的，因为中派有"暂时保留"一说，这就产生了妥协的可能性。毛泽东同时又说：蒋介石的这两条，"第一条很清楚，第二条是人们容易忘记的，稍为平静一点就忘了。二月一日到九日就忘了，校场口事件以后就不忘记了。"他还说："我们的军队是要缩编的，但不是缩编得越少越好，一些同志不知道这些，需要说清楚。"[①] 主持会议的刘少奇在作总结时肯定了毛泽东的分析，提出中共的态度是："打起来，有了准备；不打，更好。"[②]

同一天，中共中央发出《关于目前时局及对策的指示》，要求"除开审慎应付东北问题外，华北、华中各地应即提起警觉，密切注意顽方动态，并在军事上作必要准备，加强整训，加强侦察，严防反动派突然袭击。如果反动派发动进攻时，必须能够在运动中坚决、彻底、

---

① 《关于时局的四条分析》（1946年3月16日），《毛泽东文集》第四卷，人民出版社1996年版，第97—98页。

② 转引自中共中央文献研究室：《毛泽东传（1893—1949）》，中央文献出版社1996年版，第755页。

干净、全部消灭之"。同时要求各地将减租、生产两件大事抓紧推动，以"造成解放区不可动摇的群众基础和物质基础"①。

3月18日，中共中央发出《关于坚决反对国民党反动派破坏政协决议的指示》，提醒各战略区主要负责人："最近时期一切事实证明，蒋介石反苏、反共、反民主的反动方针，一时不会改变的，只有经过严重斗争，使其知难而退，才有作某些较有利于民主的妥协之可能。""停战协定、政协决议、整军方案我们是不愿其破坏的。但反动派必欲破坏，只要使人民了解这是由国方破坏的，而不是由我方破坏的，那对于中国的前途，也会是有好处的。因此，我们不破坏它们，但我们决不怕反动派破坏，我们反对分裂、反对内战，但我们不怕分裂、不怕内战，我们在精神上必须有这种准备，才能使我们在一切问题上立于主动地位。"②

4月16日，在重庆的周恩来致电中共中央并转东北局说，蒋介石表面愿求妥协以欺骗国人，暗中布置军事，阴谋甚大，马歇尔来后态度如何，尚难断定。4月18日，毛泽东以中共中央名义致电各中央局，通报了周恩来来电的内容，要求各地"准备一切条件，应付任何事变。各战略区主要负责人不得中央许可，不要离开队伍"③。5月1日，中共中央发出关于练兵的指示，指出："国民党反动派除在东北扩大内战外，现正准备发动全面内战，在此种情况下，我党必须有充

---

① 《中央关于目前时局及对策的指示》（1946年3月15日），《中共中央文件选集》第16册，第93—94页。

② 《中央关于坚决反对国民党反动派破坏政协决议的指示》（1946年3月18日），《中共中央文件选集》第16册，第97—98页。

③ 中共中央文献研究室：《毛泽东年谱（1893—1949）》下卷，人民出版社、中央文献出版社1993年版，第69页。

分准备，能够于国民党发动内战时坚决彻底粉碎之。"① 既然蒋介石准备发动全面内战，中共除了要加强军事斗争（如练兵）准备之外，还面临一个如何进一步组织动员解放区群众（主要是农民）参加与支持战争的问题。

3. "五四指示" 的制定

战争是大量人力物力的消耗。经过八年抗战，中国共产党及其领导的人民武装力量有了巨大的发展，但敌强我弱的基本态势没有根本改变。到 1946 年 7 月，国民党方面拥有总兵力 430 万人，其中正规军 200 万人；共产党方面总兵力约 127 万人，其中野战军 61 万人，双方总兵力之比约为 3.4 ∶ 1。国民党统治着全国约 76% 的面积、3.39 亿人口，还控制着所有的大城市和绝大部分的铁路交通线，拥有几乎全部近代工业和雄厚的人力物力资源；而解放区的土地面积只占国土总面积的 24%，人口约 1.36 亿，近代工业很少，基本上处于经济比较落后的农村。

在八年抗战中，各抗日根据地的群众作出了巨大的贡献，也作出了很大的牺牲。尽管实行了减租减息，根据地的军队机关学校开展大生产运动，但根据地群众仍承担了较重的战勤负担。同时，经过长期的战争之后，广大群众希望有一个和平的环境安心发展生产，不希望看到新的战争，但是战与和的决定权并不在中共一方而取于蒋介石集团，战争的危险客观存在，不能不做战争的准备，而且在双方实力不

---

① 《关于练兵的指示》（1946 年 5 月 1 日），《毛泽东文集》第四卷，人民出版社 1996 年版，第 114 页。

对等的情况下，战争有可能是长期的。这时，中共虽然控制了少数中小城市（如张家口、烟台、临沂），但活动的区域仍然主要是在农村，主要的依靠力量也自然是农民。因此，一旦国民党发动大规模内战，如何动员解放区广大群众特别是农民参加与支持战争，就成为中国共产党人的头等大事。[①]

对于农民来说，土地是他们赖以生存的基础。1927 年大革命失败之后，中共长期以农村为主要活动舞台，组织动员农民的主要方式也是围绕土地做文章出政策。在当时中共领导的解放区中，除了陕甘宁边区部分地区曾是十年内战时期进行过土地革命分配过土地之外，其他地区都只实行过减租减息。减租减息只是削弱了封建剥削但没有从根本上消灭封建剥削，正如前文所提及的，实行减租减息之后，解放区的土地占有关系发生了很大的变化，相当多的农民由于减租减息减轻了负担增加了收入，因而赎回或购进了部分土地，但由于各种原因，仍有一部分农民没有土地或土地不足，相当一部分地主的土地也因为减租减息和实行合理负担（地多意味着负担尤其是交纳爱国公粮多）被变卖，但相对而言其土地的占有量仍远远多于一般农民。因

[①] 对于这个问题，有学者认为，"五四指示"发出不久，中共中央于这年 6 月 1 日作出"全国内战不可避免"的判断，但真的到了"大战在即"的时刻，在要不要利用激烈的土改方式来动员农民问题上，却变得犹豫起来。原因在于：其一，毛泽东相信中共尚未做好全面战争的准备，故一方面坚持寸土必争、寸步不让，另一方面却不希望马上开战；其二，毛泽东从战争需要和新区巩固的重要性出发，认为解决土地问题至关重要，但由于他此时的基本思想还是和，而非想战，故深知维护统一战线和联合中间势力的重要性，因而中共中央一度提出发行土地公债，有代价地征收地主土地分配给农民这种温和的土改方案，并且在陕甘宁边区试行了和平赎买土地。见杨奎松：《中共也曾试过"和平土改"——有关战后中共和平土改的尝试与可能问题》，《南京大学学报》（哲社版）2007 年第 5 期；又见杨奎松：《读史求实——中国现代史读史札记》，浙江大学出版社 2011 年版，第 39—61 页。

此，即使是经过多年减租减息的老解放区，虽然封建土地占有关系受到了很大的削弱，但"它仍然影响着广大农民的生产情绪和革命积极性的发挥"[1]。山东解放区乳山县1942年就实行了减租，但到1946年年初，农民仍普遍要求合理解决土地问题。其原因：一是1942年减租的租约将要期满，农民担心失去这部分租地难以生活；二是在减租清算中，地主恶霸抵还给农民的土地财产多未订立转权契约，农民顾虑没有保障，要求政府给予证据，以防地主抵赖倒算；三是减租减息过程中，部分地主愿将其出租的土地低价卖给农民，但村干部考虑到减租政策，再三劝说双方保持租佃关系，农民要求政府妥善处理；四是相当多的农民将投入自卫战争，希望参战前解决家庭的土地问题。[2]

抗战胜利后，中共在各解放区开展大规模的反奸清算，不但大汉奸的土地财产被没收，而且还对一般地主是否切实进行了减租减息予以清算，并开展退租退息，有的地主由于无法退出租息只能以土地相抵偿。所以，随着反奸清算、减租减息的群众运动进入高潮，"农民要求突破减租减息所规定的具体政策，直接分配土地。这种情况的出现，其直接原因是新区在除奸反霸斗争中收回了一批土地。新区几年来土地关系变动中又有许多不合理的因素需要调整。但更为重要的因素是减租减息是党在抗日战争时期中的土地政策，日本侵略者被打败了，干部群众便要求突破它，以便更直接满足农民的土地要求"[3]。

---

① 杜润生：《中国的土地改革》，当代中国出版社1996年版，第172页。

② 杜润生：《中国的土地改革》，当代中国出版社1996年版，第173页。

③ 太行革命根据地史总编委：《太行革命根据地史料丛书之五——土地问题》，山西人民出版社1987年版，第33—34页。

1941 年延安整风之后，中共对自己成立以来的历史曾进行过系统的回顾与总结，可以说延安整风就是以历史问题为突破口的。延安整风的一个重要成果，便是 1945 年 4 月中共六届七中全会通过了《关于若干历史问题的决议》。这个决议对大革命后期和十年内战时期的中共历史作了政治结论，其中认为 1927 年大革命之所以失败，就在于陈独秀等人"拒绝执行共产国际和斯大林同志的许多英明指示，拒绝接受毛泽东同志和其他同志的正确意见，以至于当国民党叛变革命，向人民突然袭击的时候，党和人民不能组织有效的抵抗"[①]。这里所说的毛泽东的正确意见，主要是他在《湖南农民运动考察报告》中对农民运动的高度赞扬和对农民在革命中重要性的充分肯定。自中国革命必须走农村包围城市道路成为全党共识之后，中共党内对于农民问题始终高度重视，尤其是经历过大革命失败的中共领导人，自然对当年陈独秀消极对待农民运动造成的严重后果记忆犹新。

在 1945 年 4 月中共七大上，毛泽东在口头政治报告中，一再提醒全党必须注意农民问题，指出："所谓人民大众，主要的就是农民。不是有一个时期我们忘记过农民吗？一九二七年忘记过，当时农民把手伸出来要东西，共产主义者忘记了给他们东西。抗战时期，这种差不多相同性质的问题也存在过。靠什么人打败日本帝国主义？靠什么人建立新中国？力量在什么地方？有些人在这个时候弄不清楚，给忘记了。"他还说："无产阶级领导，主要应当领导农民，他不要农民，当农民伸出手来的时候，就泼冷水，因为地主也伸出手来了。地主说：共产党，你可不行！于是乎，共产党就夹在地主与农民中间，最

---

① 《关于若干历史问题的决议》，《毛泽东选集》第三卷，人民出版社 1991 年版，第954 页。

后接受了地主的影响，向农民泼冷水。反帝反封建不要农民，还有什么反封建？没有反封建，还有什么反帝呢？"①

"五四指示"制定之时，中共与国民党的关系在一定程度上类似于大革命后期，两党的关系表面上还在维系，国共谈判还在进行，但国共关系究竟走向何方，有没有彻底破裂的可能，这是中共领导人不得不考虑的重大问题。如果国共关系最终破裂，国共之间的矛盾只得通过战争的方式才能解决，就必须争取农民成为中共坚定的支持者，没有农民的参与和支持，解放区就难以巩固，战争所需要的人力物力就难以保证，甚至兵员的扩充都是问题。而要争取农民，在经过多年的减租减息之后，单靠这一政策，已经难以调动农民的积极性，而中共手中并没有其他资源，唯有围绕土地所有权去做文章。

毛泽东曾经说过："一切空话都是无用的，必须给人民以看得见的物质福利。"②农民是讲实际的。经过八年的抗日战争，解放区农民已经付出了巨大牺牲。他们之所以愿意付出这样的牺牲，一方面，抗击外敌是每个中国人的责任，凡是有爱国心的中国人，应该有钱出钱有力出力，尽自己的一份力量去维护民族尊严；另一方面，中共在根据地实施减租减息、精兵简政、大生产运动等政策与举措，努力减轻了农民的负担。为了应对可能发生的国共内战，迫切需要进一步地组织动员农民，而即将到来的战争毕竟是国内战争，实际上也是国共两党之间的斗争，需要有新的动员组织群众方式，而除了 1945 年大反攻后新解放的地区，经过多年的减租减息，老解放区的租息减少空间

---

① 《毛泽东文集》第三卷，人民出版社 1996 年版，第 305、307 页。

② 《经济问题与财政问题》（1942 年 12 月），《毛泽东文集》第二卷，人民出版社 1993 年版，第 467 页。

已很少，这时，中共唯一可做文章者就是土地所有权的转换，只有以此作为"看得见的物质福利"，才能使解放区农民能够坚定地站在中共一方。在这种情况下，怎样解决农民的土地问题，日益严重地摆到了共产党人面前。因此，中国共产党"不能没有坚定的方针，不能不坚决拥护广大群众这种直接实行土地改革的行动，并加以有计划的领导，使各解放区的土地改革，依据群众运动发展的规模和程度，迅速求其实现"①。可以说，这是"五四指示"决定解决农民土地问题、实行"耕者有其田"的根本动因。对此，参与过"五四指示"讨论的薄一波回忆说，一方面"群众已经提出了自己的实际要求，并且为实现这些要求已开始自发地行动起来"，中共中央必须对群众的这种要求将采取何种态度和政策作出明确的回答；另一方面，"一些地方出现了新的要求和新的做法（如当时一些根据地农民已不满足于减租减息，而是迫切要求分给土地），而另一些地方可能还暂时没有出现这种新的要求和做法，或者虽已经有了，但具体的要求和做法上不尽相同"，这就需要中共中央决策层出台一个统一的政策。②"五四指示"就是在这种背景下制定出来的。

"五四指示"的制定，是中国共产党土地政策的重大转变。这一政策的制定，是抗日战争胜利后国内主要矛盾转化的产物。

抗日战争时期，民族矛盾上升为主要矛盾，阶段矛盾下降为次要矛盾。当时，摆在中国共产党人面前的任务，是如何团结各阶级、各

---

① 《关于土地问题的指示》（1946年5月4日），《刘少奇选集》上卷，人民出版社1981年版，第377页。

② 薄一波：《七十年的奋斗与思考》上卷，中共党史出版社1996年版，第403—404页。

阶层一切可以团结的人们，结成最广泛的抗日民族统一战线，将日本帝国主义驱逐出中国。在中华民族面临亡国灭种的严重状态下，地主阶级作为中华民族的成员，他们中的大部分人同样不愿做亡国奴，亦有抗日的要求，有参加抗日民族统一战线的可能。在这种情况下，中国共产党主动地放弃了土地革命战争时期的没收地主阶级土地财产的政策，代之以减租减息的政策。

抗战胜利后，阶级的对立再一次明显地凸显出来。八年抗战蒋介石最不愿，也万万没有想到的是，坚持敌后抗战的共产党人和人民军队不但没有被日本人所消灭，反而比抗战前壮大了几十倍，因而他也就下定决心要彻底解决中共问题。这时，阶级的对垒已经分明了。一方是代表广大工人、农民、小资产阶级和民族资产阶级利益的中共，另一方是代表大地主大资产阶级利益的国民党蒋介石集团。这时，国共双方都在争取力量。就地主阶级作为一个整体而言，他们抗战胜利后的政治立场无疑倾向国民党蒋介石（尽管他们中仍有一部分开明绅士反对蒋介石的独裁统治）。对农民阶级来说，他们所要求于中共的，最大的愿望就是得到祖祖辈辈梦寐以求的土地。因为只有有了土地，才能改变他们受剥削、受压迫的境地，才能得到自由和解放。抗战时期，为了打倒民族敌人，他们接受了减租减息的政策。但日本帝国主义被打倒后，他们已不再满足于这个政策，而是要求实现"耕者有其田"了。如果他们的要求得不到满足，中共就会有失去农民这个人口最多的阶级的支持。

消除封建剥削制度本是中国资产阶级应该完成的历史使命。但中国软弱的资产阶级无力完成这个使命，只好由无产阶级及其政党共产党来完成。解决农民的土地问题，不但是动员广大农民支持革命战争的需要，也是中国发展资本主义最终实现现代化的需要。在一个封建剥削占统治地位的国度里，资本主义是无法充分发展的，更谈不上实现现代化。因此，满足农民的土地要求，实现"耕者有其田"，不但是完全正义的，也是合乎中国历史发展要求的。

到1946年3月，中共中央开始考虑将减租减息发展到直接解决农民土地问题，实现"耕者有其田"。这年3月15日，中共中央政治局举行会议，着重研究时局和对策问题。讨论解放区的土地政策和经济政策，是此次会议的内容之一。会上，中共中央书记处书记任弼时说："华北和华中各地农村的群众运动已经起来了。如果按照抗战时期的减租减息办法，目前运动中许多地方妨碍了中农利益，对富农和中小地主斗争过火了，是'左'了；但是群众要求解决土地问题，若限于减租减息的办法，又右了。问题不是责备同志，而是中央是否批准。"为此，任弼时主张在彻底减租清算的名义下，克服某些过火斗争现象，争取今年内基本上解决农民的土地要求。他强调，这是巩固解放区的一个重要步骤。毛泽东对任弼时的主张表示赞同，他说："国民党不能解决土地问题，所以民不聊生。这方面正是我们的长处。现在有了解决的可能，这是我们一切工作的根本。"[1]

但到这时，中共中央虽然开始意识到仅靠减租租息，难以从根本上解决农民土地问题，但还没有公开提出实行"耕者有其田"的主张。中共领导人自然清楚，要组织动员群众，就必须给予群众以新的物质利益，各解放区特别是其中的老区在经过比较彻底的减租减息之后，农民的愿望与要求实际上已经超越了减租减息，而是希望能进一步解

---

[1]　中共中央文献研究室：《任弼时传》，中央文献出版社、人民出版社1994年版，第585页。

决土地问题。但同时也应看到，虽然当时和平民主的可能性在丧失，中共领导人已将其注意力更多地转到准备应对内战方面，但此时全面内战毕竟还未发生，和平与战争的两种可能都存在，他们对于形势仍是两种估计。因此，在和平仍有可能争取的情况下，既要调动农民继续支持中共的积极性，又不能对曾在抗战过程中有过一定合作的地主阶级过分打击，要解决这一矛盾，中共领导人认为，还是只能通过彻底的减租减息去满足农民要求，调动他们的积极性。

3月26日，中共中央机关报《解放日报》发表《减租减息是一切工作的基础》的社论，指出："和平民主道路上还有严重的困难和阻碍需要克服，国民党内法西斯反动派和敌伪残余势力依然还有强大的力量，依然在拼命企图破坏全国及解放区人民的和平民主事业，这就必须依靠广大人民、首先是农民群众的力量来粉碎他们的破坏企图。"正因为如此，社论认为，如果不实行减租减息，就不可能从经济上削弱封建势力的根深蒂固的基础，就不可能使农民真正得到民主革命的利益，就不能使农民体会到解放区的民主政府和国民党一党专制的政府的根本差别，就不能使解放区的民主政府得到广大人民更热烈的拥护，就不能提高群众的积极性来参加解放区的生产运动及一切民主建设工作。所以，减租减息成为一切工作的基础。

4月11日，毛泽东就如何纠正群众工作中的错误问题致电中共中央华东局副书记、新四军军长兼山东军区司令员陈毅，指出："首先应当注意的是侵犯中农利益，一经发现，必须迅速纠正；其次是除减租减息外过分地打击了富农与中小地主，亦必须注意于适当时机加以纠正。""至于给汉奸、豪绅、恶霸、反动分子以严重打击，只要是真正群众的行动，则不是错误而是必需。大城市中豪绅地主的大声叫喊是必然现象，我们绝不应为其所动。但是到了群众斗争已经胜利、清算减租已经实现之时，党便应当劝告群众，对地主阶级由打的政策改变为拉的政策。例如让逃亡地主还乡，给地主以生活上的出路，并联络开明绅士参加某些工作等。拉的政策，其目的在于减少反对力量，使紧张空气和缓下来，因此是必需的。但应注意不要拉得过早，损害群众利益与影响群众情绪。"① 当时中共中央一方面意识到发动组织群众的重要性，但同时也不希望破裂与地主的关系，注意不要因过火的政策导致地主走向对立面。

如何使解放区的减租减息运动进一步深化，中共中央决定召开一次有各中央局、中央分局领导人参加的工作会议，就此问题进行专题研究。4月初，中共晋冀鲁豫中央局副书记薄一波、华中分局书记邓子恢和山东分局副书记黎玉到了延安。

邓子恢来延安之前，华中分局曾在淮安县石塘区搞了发动农民向地主算账的试点，组织了全区四千多个佃户，到淮安城里"请"了五六十个地主下乡，清算他们在敌伪统治时期的非法敲诈。毛泽东和刘少奇在听取邓子恢关于清算试点的汇报后认为："目前各地发动的算账运动，对大地主、恶霸及汉奸化了的地主是可以进行的，但不要普及到中小地主及富农。"②

4月20日，邓子恢在给华中分局的电报中说："今天我们主要口号是减租减息，至于清算旧账，一般是对付汉奸及少数恶霸来提，不要向一般中小地主普遍算旧账。这会引起整个地主阶级之恐慌，而感

---

① 《纠正群众工作中错误的几个问题》（1946年4月11日），《毛泽东文集》第四卷，人民出版社1996年版，第103—104页。

② 《邓子恢传》编辑委员会：《邓子恢传》，人民出版社1996年版，第315页。

到无所底止。"因为地主的所有财产，差不多都是非法剥夺农民而来，如果普遍向地主算旧账，可能使大多数地主倾家荡产。减租减息有一定的限度，而算旧账无所底止，会使地主感到不知如何是好，从而造成恐慌，因此，"今后各地对算账斗争应慎重其事。"①

由此可见，尽管此时中共领导人已经意识到，解决农民土地问题必须摆上议事日程，但同时又认为，对于地主富农还只能限于减租减息，除此之外不能对其"过分打击"，还没有下决心实现从减租减息到"耕者有其田"的转变。

随后，中共中央召开一系列汇报会，听取薄一波、邓子恢、黎玉等人的汇报。在刘少奇主持的汇报会上，薄一波、邓子恢、黎玉汇报了各地发动群众反奸清算、彻底减租减息的情况。在汇报中，各解放区负责人提出：

第一，在反奸清算、彻底减租减息的群众运动中，贫雇农迫切要求解决土地问题，超过了减租减息的范围。只要批准群众的这一要求，今年内就基本上可以解决土地问题，实现"耕者有其田"，消灭封建土地制度。

第二，根据一些地方出现的"左"的错误，需要从政策上规定一系列的照顾。比如：照顾中农利益，分给中农斗争果实；照顾富农的自耕部分；照顾"军干属地主"（抗日军人及抗日干部之家属中属于地主成分者），多留一些土地，政治上替他们保留面子；照顾中小地主，多留一些土地；照顾开明绅士；照顾被汉奸恶霸利用人员的贫苦出身

---

① 邓子恢：《从石塘区斗争来检讨我们的斗争策略》（1946年4月20日），《中国的土地改革》编辑部：《中国土地改革史料选编》，国防大学出版社1988年版，第245页。以下引自该书者，不再标明编纂者和出版单位、出版时间。

者；照顾地主富农开设的工商业，除大汉奸大恶霸开设的由行署以上政府没收外，其他一律不动；照顾一切可以团结的知识分子，家庭是地主者多留一点土地，家庭是劳动人民者多分点斗争果实；照顾地主人员的生活出路，对豪绅、恶霸、大地主，除依法处死者外，也要留给土地，给他们饭吃，对逃亡地主应争取其回家并给予生活出路。

第三，鉴于敌我斗争异常尖锐，对外不宜讲土地改革，仍以减租清算名义实现"耕者有其田"。

在听取汇报后，刘少奇说："批准农民土地的要求，事关重大，须改变中央关于土地政策的决定（即 1942 年 1 月中共中央政治局会议通过的《关于抗日根据地土地政策的决定》），因而请你们来延安汇报情况，进行讨论。现在，群众要求土地，而且实际做了。但不能各搞各的，须要有一个统一的政策。应发一个指示，以便各地有所遵循。"[1]

薄一波等人的汇报，促使中共中央下决心改变以往的土地政策，由减租减息转变为直接解决土地问题。4 月 26 日，中共中央致电晋察冀中央局并程子华（时任中共冀热辽中央分局书记、冀热辽军区司令员兼政委）："现在山西、河北、山东、华中均有极广大群众在清算及减租斗争中直接解决土地问题，我党不能不拥护群众此种土地改革行动，现中央正召集各区负责同志讨论这个问题。"[2]邓子恢也于同一天致电华中分局其他领导人："华中目前群众发动应大胆放手，不应束手束脚，不要过早纠正过左，不要害怕改变土地关系。"[3]

---

①　薄一波：《七十年的奋斗与思考》上卷，中共党史出版社 1996 年版，第 400 页。

②　中共中央文献研究室：《刘少奇年谱》下卷，中央文献出版社 1996 年版，第 38 页。

③　《邓子恢传》编辑委员会：《邓子恢传》，人民出版社 1996 年版，第 316 页。

在刘少奇的主持下，薄一波、邓子恢、黎玉等参与讨论，由胡乔木执笔起草了《中共中央关于土地问题的指示》。

5月4日，刘少奇主持召开中共中央会议。参加会议的有毛泽东、任弼时、林伯渠、徐特立、康生、薄一波、邓子恢、黎玉、胡乔木等。

会上，任弼时首先发言，他重申了3月15日中央政治局会议上关于土地问题的看法。接着是康生发言。康生说："减租清算运动的实际内容是农民要求土地。没收汉奸土地，是比较少的情况，主要是清算。结果，地主把土地折价给农民，但有各种偏向。这是一个极重大的问题。是否批准农民的要求，同时提出各种政策，请大家仔细考虑。"[1]

刘少奇在发言中说："土地问题今天实际上是群众在解决，中央只有一个1942年土地政策的决定，已经落在群众的后面了。今天不支持农民，就要泼冷水，就要重复大革命失败的错误，而农民也未必'就范'。失去农民又依然得罪了地主，对我们将极不利。另一方面，要看到这是一个影响全国政治生活的大问题，可能影响统一战线，使一部分资产阶级民主派退出与我们的合作，影响我们的军队、干部与国民党军队的关系，影响国共关系与国际关系。要说服群众，使他们了解只有遵守各项正确的原则，才能得到真正巩固的利益。除中农必须坚决联合，富农不可侵犯，一切必须要照顾的地方都要照顾到，以便运动得以正确地进行。土地问题的方针，今天就作这样的决定，实行耕者有其田。"[2]

林伯渠、徐特立也都表示赞成改变以往的土地政策，实行耕者有其田。

---

[1] 薄一波：《七十年的奋斗与思考》上卷，中共党史出版社1996年版，第401页。
[2] 中共中央文献研究室：《刘少奇年谱》下卷，中央文献出版社1996年版，第42页。

这时，毛泽东要薄一波、邓子恢、黎玉发言。薄一波说："这个文件在晋冀鲁豫解放区不会引起什么大的波动，因为实际上群众已经做了。有了这个文件，'左'的错误可以减少，特别是党内思想可以统一起来。"邓子恢、黎玉也谈了各自的看法。

会议的最后，毛泽东作了发言。他主要讲了八个方面的问题：

（一）解决土地问题的方针，七大讲的是减租减息，寻找适当方法实现耕者有其田。当时七大代表多数在延安太久，各地新的经验没有能够充分反映。现在中央的这个指示，就是群众所创造的适当方法，为中央所批准的。

（二）国民党统治地区人多，有大城市，有外国帮助，他大我小。但是，他有一大弱点，即不能解决土地问题，民不聊生。我们只有依靠人民同他们作斗争。如能在一万万几千万人口中解决土地问题，即可长期支持斗争，不觉疲倦。

（三）解决土地问题，是一个最根本的问题，是一切工作的基本环节，全党必须认识这一点。

（四）不要怕农民得到土地。农民的平均主义，在分配土地以前是革命的，不要反对，但要反对分配土地以后的平均主义。平均分配土地一次不要紧，但不能常常平分下去。旧式富农实际上要侵犯一些的，新式富农则不应侵犯。

（五）现在类似大革命时期，农民伸出手来要土地，共产党是否批准，今天必须表明态度。

（六）土地改革时期，不要怕自由资产阶级动摇，只要我们实行了土地改革，农民得到土地，我们的力量更强大，则更能巩固地团结他们。

（七）暂不宣传"耕者有其田"，仍叫反奸清算、彻底减租减息，将来一定要宣传。

（八）对工商业政策和工人运动与此不同，应该是劳资合作、劳资两利口号，工人与厂方共同订出生产计划，做到原料足，成本低，产品多，销路广，实现发展生产、繁荣经济。解放区的工厂，不论是公营的还是私营的，利润必须比国民党区域高才行，否则，解放区外面的资本家不来。只管工人眼前的、片面的利益，不顾资本家乃至公营工厂的死活，那是自杀。这个道理希望各地同志切实说明。[①]

4."五四指示"的内容

会议经过讨论，通过了《中共中央关于土地问题的指示》（因是5月4日通过的，故简称"五四指示"）。"五四指示"开宗明义：各地党委在广大群众运动面前，不要害怕普遍地变更解放区的土地关系，不要害怕农民获得大量土地和地主丧失土地，不要害怕消灭农村中的封建剥削，不要害怕地主的叫骂和诬蔑，也不要害怕中间派暂时的不满和动摇；相反，要坚决拥护农民一切正当的主张和正义的行动，批准农民获得和正在获得的土地。中共中央要求各地党委必须明确认识到，解决解放区的土地问题是目前最基本的历史任务，是目前一切工作的最基本的环节。必须以最大的决心和努力，放手发动与领导群众来完成这一历史任务。

---

① 中共中央文献研究室：《毛泽东年谱（1893—1949）》下卷，人民出版社、中央文献出版社1993年版，第78—79页。

那么，怎样实现"耕者有其田"呢？"五四指示"没有沿袭土地革命战争时期没收地主全部土地的办法，提出应采取多种多样的方式解决农民的土地问题，如：没收和分配大汉奸土地；减租之后，地主自愿出卖土地，佃农以优先权买得其土地；由于在减租后保障了农民的佃权，地主乃自愿给农民七成或八成土地，求得抽回三成或二成土地自耕；在清算租息、清算霸占、清算负担及其他无理剥削中，地主出卖土地给农民来清偿负欠。"五四指示"认为，使用上述种种方式来解决土地问题，使农民站在合法和有理地位，各地可以根据不同对象分别采用。所以，"五四指示"虽然明确提出了"耕者有其田"的口号，除了直接没收大汉奸的土地之外，对于地主的土地并不是简单地加以没收之后分配给农民，而是"在广大群众要求下，我党应坚决拥护群众在反奸、清算、减租、减息、退租、退息等斗争中，从地主手中获得土地，实现'耕者有其田'"。这也就是，主要通过算账而非直接的面对面斗争的方式，将地主的土地转移给农民。

由于制定"五四指示"之时，"和平要破坏，内战要爆发，和平似乎还能争取，我们没有放弃争取暂时和平的企图，但同时用极大的力量，甚至用全力准备战争，所以当时的方针，是争取和平，准备战争"[①]。在这种情况下，为了争取一切可能争取的社会力量，减少变革农村土地关系中的阻力，巩固并扩大反蒋统一战线，"五四指示"强调在实现"耕者有其田"的运动中，必须"坚决用一切方法吸收中农参加运动，并使其获得利益，决不可侵犯中农土地。凡中农土地被侵犯者，应设法退还或赔偿。整个运动必须取得全体中农的真正同情或

---

① 《刘少奇在全国土地会议上的报告记录》，1947 年 8 月 20 日。

满意，包括富裕中农在内"。"一般不变动富农的土地。如在清算、退租、土地改革时期，由于广大群众的要求，不能不有所侵犯时，亦不要打击得太重。应使富农和地主有所区别，对富农应着重减租而保存其自耕部分。""五四指示"明确指出："如果侵犯中农土地或打击富农太重，或不给应该照顾的人们以必要的照顾，那会使农村群众发生分裂，因而就不能保持百分之九十以上人口和我们党一道，就要使贫农、雇农和我们党陷于孤立，就要增加豪绅、地主和城市反动派的力量，就要使群众的土地改革运动受到极大的阻碍，这对于群众是很不利的。"[①]

"五四指示"还规定，对于抗日军人及抗日干部的家属之属于豪绅地主成分者，对于在抗日期间，无论是在解放区还是在国民党统治区，与共产党合作而不反共的开明绅士及其他人等，在运动中应谨慎处理，适当照顾，一般应采取调解仲裁方式，给他们多留下一些土地，替他们保留面子。对于中小地主的生活应给予相当照顾，对待中小地主的态度应与对待大地主、豪绅、恶霸的态度有所区别，应多采取调解仲裁方式解决他们与农民的纠纷。集中精力同汉奸、豪绅、恶霸作坚决的斗争，使他们完全孤立并拿出土地来；但仍应给他们留下维持生活所必需的土地，即给他们饭吃。对于汉奸、豪绅、恶霸所利用的走狗之属于中农、贫农及其他贫苦出身者，应采取争取分化政策，促其坦白反悔，不要侵犯其土地；在其坦白反悔后，须给予应得利益。对一切可能团结的知识分子，必须极力争取，给予

---

① 《中共中央关于土地问题的指示》（1946 年 5 月 4 日），中央档案馆：《解放战争时期土地改革文件选编（1945—1949）》，中共中央党校出版社 1981 年版，第 1—6 页。以下引自该书者，不再标注编纂者和出版单位、时间。

学习与工作机会。

保护民族工商业是中国共产党在新民主主义革命时期的一项重要政策。在反奸清算的过程中，一些地方就曾出现了侵犯民族工商业的现象。如何处理地主兼工商业者的土地财产，是一个政策性极强的问题。

中国自古以来就有"重农抑商"的传统思想，而在农村又有相当一部分地主通过地租和高利贷剥削积累财富后，在城市里经营工商业，甚至本人也居住在城镇中，由其代理人经营在乡下的田产。太行解放区武安县九个区中的四个区，有三分之二的租佃关系在城里，尤以城关五区最多，如该区杜庄村有四分之三的土地在城里的地主手中，而这些地主一般都兼营工业或商业。这些地主，在八年抗战中，有的人成为汉奸，他们勾结恶霸，靠贩卖毒品、勒索群众发了财，并利用灾荒年强迫农民卖地，反过来又把负担转嫁给农民。对于这些有恶霸行为的汉奸、地主，没收他们的土地是理所当然的。但农民对城里的地主有很深的仇恨。过去地主们说："城吃乡是平常的，乡吃城万不能。"许多农民在反奸清算中想把这种情况翻过来，认为"乡不吃城就翻不了身"。于是，各地都发生了农民进城找地主减租清算的现象。城里的店员、工人看到农民进城斗地主得了利，也要求参加斗地主的斗争。这样一来，势必发生侵犯工商业的情况。①

针对这一问题，"五四指示"明确规定：除罪大恶极的汉奸分子的矿山、工厂、商店应当没收外，凡富农及地主开设的商店、作坊、工厂、矿山，不要侵犯，应予以保全，以免影响工商业的发展。不可

---

① 太行革命根据地史总编委：《太行革命根据地史料丛书——土地问题》，山西人民出版社 1987 年版，第 34 页。

将农村中解决土地问题、反对封建地主阶级的办法，同样地用来反对工商业资产阶级。不可将农村中清算封建地主的办法，错误地运用到城市中来清算工厂、商店，凡是出现了这种现象的地方，应立即停止，以免引起重大恶果。

"五四指示"要求群众尚未发动起来解决土地问题的地区，应迅速发动群众，务必在1946年年底以前使问题全部或大部获得解决，不要拖到1947年。但在进行斗争时，必须完全执行群众路线，酝酿成熟，真正发动群众，由群众自己动手来解决土地问题，绝对禁止使用违反群众路线的命令主义、包办代替及恩赐等办法。在农民已经公平合理得到土地之后，应巩固其所有权，发扬其生产热忱，使其勤勉节俭，兴家立业，发财致富，以便发展解放区生产。在解决土地问题后，凡由于自己勤勉节俭，善于经营，因而发财致富者，均应保障其财产不受侵犯。因此，不可无底止地清算和斗争，妨害农民的生产兴趣。凡政权不巩固、容易受到摧残的边沿地区，一般不要发动群众起来要求土地，就是减租减息亦应谨慎办理，不能和中心区一样，以免造成红白对立及受到摧残。

为了贯彻落实"五四指示"，中共中央要求各地召开干部会议，总结经验，讨论"五四指示"的内容，向一切党的干部印发并解释"五四指示"；根据当地具体情况，确定实施"五四指示"的计划；调动大批干部，加以短期训练，派到新区去进行这一工作。同时各地应当教育干部，特别是区乡干部，发挥共产党员为人民服务的精神，不要利用自己的领导地位取得过多的利益，以免引起群众不满，转向同干部作斗争。

"五四指示"制定之际，关内虽然还比较平静，而关外的东北国共双方正打得难解难分。4月下旬，东北民主联军与国民党军队在四平展开激战。中共领导人十分看重四平的得失，认为四平保卫战的胜败关系到和与战的全局。4月26日，毛泽东为中共中央起草给林彪并告彭真的电报中说："马歇尔已提出停战方案，有停战之可能。望加强四平守备力量，鼓励坚守，挫敌锐气，争取时间。"他在第二天为中共中央起草给林彪的电报中，更是提出要"化四平为马德里"①。5月1日，毛泽东在给林彪的电报中又说："东北战争，中外瞩目，蒋介石已拒绝马歇尔、民盟和我党三方同意之停战方案，坚持要打到长春。因此，我们必须在四平、本溪两处坚持奋战，将两处顽军打得精疲力竭，消耗其兵力，挫折其锐气，使其以六个月时间调集的兵力、武器、弹药受到最大消耗，来不及补充，而我则因取得长、哈，兵力资财可以源源补充，那时便可能求得有利于我之和平。"②中共领导人当时希望通过四平保卫战的胜利争取时间，并在谈判桌上取得有利地位，实现国内和平。

当时国共双方虽然在东北处于大打状态，但是，和平之门毕竟还没有完全关死。美国特使马歇尔仍在中国各地穿梭调处国共矛盾，一些中间人士也在两党之间穿针引线，希望国共关系不要完全破裂。中共中央决心进行四平保卫战的目的，很大程度上也是"求得有利于我之和平"。这就决定了"五四指示"只能是一个过渡性质的土地纲领。它一方面要求各地下决心解决农民土地问题，实现"耕者有其田"；

---

① 中共中央文献研究室：《毛泽东年谱（1893—1949）》下卷，人民出版社、中央文献出版社 1993 年版，第 73 页。

② 中共中央文献研究室：《毛泽东年谱（1893—1949）》下卷，人民出版社、中央文献出版社 1993 年版，第 76 页。

另一方面又明确规定对中小地主应给予"相当照顾"，甚至对于抗日军人及抗日干部家属之豪绅地主身份者也予以"适当照顾"，并且"一般不变动富农的土地"，目的就在于尽可能地缩小打击面和减轻土地改革带来的社会动荡，且不过分刺激代表地主阶级利益的蒋介石集团。正如刘少奇后来所说的："从'五四指示'当时的情况和环境条件来看，要求中央制订一个彻底平分土地的政策是不可能的。因为当时全国要和平，你要平分土地，蒋介石打起来，老百姓就会说，打内战就是因为你共产党要彻底平分土地。当时广大群众还没有觉悟到和平不可能，还不了解与蒋介石、美国和不了。假如只根据我们共产党的了解，认为与蒋介石和不可能，与美国和不可能，因而就决定不和政策，那就会脱离广大群众。为了既不脱离全国广大人民，又能满足解放区群众要求，二者都要照顾，使和平与土地改革结合起来，结果就产生了'五四指示'。"①

过去一些论著认为，"五四指示"具有某些不彻底性，如未能明确宣布废除旧的土地制度，对中小地主、富农照顾过多等。从这个意义上讲，"五四指示"确有它不彻底的一面。但如果考虑它出台的具体历史条件，就不难发现这种"不彻底性"在当时其实是必要的。如果"彻底"了，反而起不到应有的作用。虽然彻底消灭剥削制度是中国共产党既定的方针，但对承载这种剥削制度的地主阶级，由于他们中的一部分人曾在抗战中参加过统一战线，并作为"三三制"政权的参与者，进入了抗日民主政权；或其子女成为党和军队的干部而成为抗日军干属。因此，对地主阶级中的这部分人给予适当的照顾也是必

---

① 《在全国土地会议上的结论》（1947 年 9 月 13 日），《刘少奇选集》上，人民出版社 1981 年版，第 386 页。

要的。至于"五四指示"对中小地主的照顾，也主要是在于孤立极少数的汉奸、豪绅和恶霸，避免树敌太多。

"五四指示"的制定者们当时就有意识地保留这种"不彻底性"。"五四指示"指出：农民用反奸、清算、减租、减息、退租、退息等方式取得土地，"和内战时期在解决土地问题时所采取的方式大不相同"，它对抗战时期的减租减息政策虽然"有重要的改变"，但并"不是全部改变，因为并没有全部废止减租政策"。这就是说，"五四指示"的基本精神虽然是要发动农民进行土地改革，普遍地变更土地关系，消灭农村中的封建剥削，实现耕者有其田，但是解决的方式除对大汉奸的土地直接没收分配外，一般并不像土地革命战争时期那样直接没收地主土地分配给农民。这就说明，"五四指示"所主张的是一种有限度的土地改革，是从抗战时期的减租减息向彻底的土地改革转变的一个过渡性政策。[①] 正是由于"五四指示"的过渡性，使得它有利于统一全党的认识，说服民主人士，争取社会舆论，组成广泛的反封建统一战线。

"五四指示"无疑是中共土地政策的重大改变，历史上著名的土地改革运动也是以这个指示的通过为启动标志的，但由于中共的基本方针是"准备战争，争取和平"[②]，既然要争取和平，在土地政策上就必须相对和缓，所以"五四指示"中对地主有相当的照顾，解决土地问题的主要方式，是在继续执行减租减息政策的基础上开展反奸清算与减租减息，目的还在于维持抗战时期与地主阶级形成的统一战线，为此，中共中央认为各解放区可行土地改革之实，但不宜大张旗鼓地

---

① 郭德宏：《中国近现代农民土地问题研究》，青岛出版社 1993 年版，第 396 页。
② 《习仲勋同志在土地会议总结报告提纲》，1947 年 11 月 23 日。

就此进行宣传。

5月13日，中共中央发出《关于暂不在报纸上宣传土地改革的指示》，认为中央5月4日关于土地问题的指示，将要更加促进各解放区的群众运动，实现土地关系的根本改变，极大地巩固解放区，极大地增加我们反对国民党政治进攻与军事进攻的力量，农民的土地要求与土地改革的行动，是完全正当的与正义的，并且符合孙中山"耕者有其田"的主张及政协决议（即《双十协定》），对于中国政治的进步与经济的发展，完全必要。"但在目前斗争的策略上，我们在各地的报纸上除公开宣传反奸、清算、减租、减息的群众斗争外，暂时不要宣传农民的土地要求、土地改革的行动以及解放区土地关系的根本改变，暂时不要宣传中央1942年土地政策的某些改变，以免过早刺激反动派的警惕性，以便继续麻痹反动派一个时期，以免反动派借口我们政策的某些改变，发动对于群众的进攻。"[①] 中共中央指示各解放区，为了推动当前的群众运动，各地报纸应尽量揭露汉奸、恶霸、豪绅的罪恶，申诉农民的冤苦。各地报纸应多找类似《白毛女》这样的故事，不断予以登载，应将各处诉苦大会中典型的动人的冤苦经过事实加以发表，以显示群众行动之正当和汉奸、恶霸、豪绅之该予制裁。在文艺界中亦应鼓励《白毛女》之类的创作。中共中央同时要求，各地应迅速将"五四指示"当作党内文件，印发给做群众工作的干部及其他广大干部阅读，使广大干部明白党的政策，迅速实现土地改革。

5月17日，中共中央就如何深入清算运动解决农民土地问题致

---

① 《解放战争时期土地改革文件选编（1945—1949）》，第10页。

电冀热辽分局："在土地高度集中，无地和少地农民占绝大多数的热河①地区，中央'五四指示'更加适用，望坚决执行。减租还应进行，但只靠减租不能解决土地问题，应利用清算减租，清算负担，清算抢掠霸占，清算黑地挂地，清算劳役及其他剥削等各种方式，使地主土地大量转移到农民手中。"至于大汉奸土地，应坚决明令没收分配给无地和少地的农民。对于大地主所隐藏的黑地，抗日政府应当在法律上否认其所有权，这样使农民清算黑地时更有合法根据。对于经营地主的土地，应当坚决拥护雇农要求土地的迫切要求，运用反奸、清算等各种方式，使经营地主的土地，转入到雇农和无地少地的农民手中。②

在"五四指示"前的反奸清算中，有的地方曾出现过侵犯中农利益的现象。在土地改革中能否稳定中农，不侵犯中农的利益，是决定这场运动成败的一个关键。而要稳住中农，就必须妥善处理富农的土地问题。"五四指示"明确规定一般不应动富农的土地。8月8日，中共中央在给华东局的指示中，再次重申了不动富农自耕地的原则，指出：在土地改革中，必须自觉地向富农让步，坚持不动富农自耕地的原则，对待一般中小地主亦应与对待汉奸、豪绅、恶霸有所区别，在土地问题已经解决的地方，应保障一切地主必需生活，除少数反动分子外，应对一切地主采取缓和态度。中共中央认为，这样做，有利于孤立地主，稳定中农，顺利进行土地改革；同时也为了减少敌对分子，使解放区内部巩固，以便能更广泛动员各阶层群众，粉碎蒋介石

---

① 旧省名。辖今河北东北部、辽宁西部及内蒙古赤峰市。1914年设热河特别区，1928年改设省，省会承德市。1956年撤销，分别并入河北、辽宁及内蒙古。
② 《解放战争时期土地改革文件选编（1945—1949）》，第12页。

的进攻，与京沪蒋区广大反蒋阶层和民主分子的反内战反独裁运动密切配合，扩大对解放区的同情，孤立蒋介石反动派的政治地位。

9 月 21 日，中共中央在关于山东地区土地改革的指示中强调，在反奸清算中要特别注意：（一）保障地主在土地改革后的必需生活，给他们留下不少于中农或多于中农每人所有的半倍到一倍的土地；（二）一般不动富农的土地，坚决实行"五四指示"的原则；（三）中农必须使之在土地改革中得到利益，决不能侵犯中农利益，如中农的土地被侵犯者，必须退还和赔偿。[①]

从这些政策规定可以看出，当时中共中央关于土地改革的方式是相对和缓的，是希望既适当照顾地主又尽量满足农民的土地要求。

随着"五四指示"的传达和贯彻，一场涉及各解放区亿万人口的土地改革运动由此拉开序幕。

---

① 《解放战争时期土地改革文件选编（1945—1949)》，第 35 页。

三、运动的展开

"五四指示"后，各解放区立即启动大规模的土地改革运动。虽然"耕者有其田"是土地改革要达到的目标，但在贯彻"五四指示"时，各解放区采取的并非直接没收地主土地分给农民的办法，而是以减租减息的名义做文章，通过清算实现土地由地主转移到农民，同时动员开明绅士献田，在陕甘宁边区还进行了土地征购的试点，总体上使用的还是和平土改方式。

1. 贯彻"五四指示"

"五四指示"下达后，各解放区立即组织各级干部学习指示精神，统一思想认识，并制定一系列的配套文件，推动土地改革的进行。

1946 年 6 月 10 日，中共晋冀鲁豫中央局在邯郸召开土地会议。会议由中央局书记邓小平主持，刚刚从延安返回的薄一波传达了"五四指示"的精神，提出了贯彻执行"五四指示"的具体意见。会议决定：继续放手发动群众，以反奸清算、彻底减租减息的方式，使贫苦农民从地主手中夺回土地，实现耕者有其田；在解放区的腹心地区，要在七、八、九三个月发动大规模的群众运动，力争实现土地改革；在边沿区，集中力量斗争汉奸、恶霸，坚决打击"还乡团"，将汉奸、恶霸、"还乡团"的土地分给无地少地的贫苦农民，发动民兵和游击武装，一手拿枪，一手搞反奸清算斗争；既要坚决地解决贫雇农的土地问题，又要团结中农，同时注意不侵犯地主、富农的工商业。会上，邓小平、刘伯承都指出：内战的危险已十分严重，必须做好一切准备，对付全面内战。要坚决地贯彻中央"五四指示"，尽快实现"耕者有其田"，以取得广大农民群众对自卫战争的支援。①

邯郸土地会议后，晋冀鲁豫中央局下辖的冀鲁豫区党委要求全区各地坚决贯彻"五四指示"和中央局土地会议精神，争取在六个月内完成新解放区的土地改革，在老区则以生产运动为中心，在少数减租减息不彻底的地区，抓紧生产空隙继续进行查减。6月15日，冀鲁豫行署发出《关于发动群众工作的再次指示》，对减租减息和反奸清算的内容作出明确规定：（一）没收大汉奸的财产，除留一部分维持其家庭生活外，分配给复员、退伍、荣誉军人，贫苦军属、工属和贫苦群众；（二）恶霸、地主非法所得及其非法行为使群众遭受的一切损失，应予清算和赔偿；（三）依政府减租减息法令规定的租额与年限彻底减租，其超经济额外剥削应予清算；（四）1912年以后成立的租佃契约，从契约成立之日起，按政府减息法令予以清算；（五）地主隐瞒的黑地或为逃避负担假卖、假当的土地一经查出，按原有地总数计算，追交其历年所欠的全部负担，并依情节轻重给以一至十倍的处罚；（六）豪绅地主灾荒期间以贱价取得群众之土地，准予群众

---

① 薄一波：《七十年的奋斗与思考》上卷，中共党史出版社1996年版，第407页。

赎回。①

晋冀鲁豫中央局所辖的中共太岳区党委亦于 7 月 12 日至 8 月 28 日召开群众工作会议，根据"五四指示"和中央局邯郸会议精神，结合太岳区的实际，提出了"统一思想，集中力量，继续贯彻反奸清算、减租减息、退租退息、反复查减，以实现耕者有其田"的土地改革方针，要求在土地改革中一定要放手大胆，走群众路线，动员群众自己解放自己。这次会议确定：在老区已经基本上实现耕者有其田的地区，巩固农民的地权，发展生产，消灭空白区；在群众发动尚不充分的地区，继续深入群众，发现问题，根据群众的觉悟与要求，领导群众进行减租减息，退租退息。在新区，普遍深入地开展减租减息、退租退息斗争，反复查减。在边沿区，主要开展反屠杀、抓丁、抢粮、支差、苛捐杂税、贪污、霸占、"兵农合一"等，以解救群众，保护群众的生命财产安全。②太岳区党委还就土地改革中的如何团结中农、保护工商业、照顾抗日军人和干部家属，以及对封建剥削阶级中的不同对象采取不同政策等，作了具体的政策规定。

6 月 19 日至 7 月 22 日，中共中央晋绥分局在兴县召开高干会议，研究全面内战爆发后解放区的各项工作，其中包括土地改革工作。贺龙在会上作了《关于时局和任务》的报告。报告将建设人民军队、发动群众解决土地问题、开源节流解决财政问题，作为晋绥边区的主要任务。贺龙指出："我们解决土地问题，土豪劣绅一定要骂我们，但

---

① 冀鲁豫边区革命史工作组：《冀鲁豫边区革命史》，山东大学出版社 1991 年版，第 580—581 页。

② 中共山西省委党史研究室：《太岳革命根据地简史》，人民出版社 1991 年版，第 373—374 页。

不管他们如何叫骂，农民的土地问题一定要解决。过去是用流血的办法解决土地问题，今天是不用流血的办法。""只有真正把土地问题解决了，群众斗争的积极性就会高涨起来。即使蒋介石打我们五年、十年、一百年也不怕。"[①]

晋绥高干会议认为，自 1943 年以来，边区的减租减息运动获得了很大成绩，老区有 80％的农民基本上获得了土地，不少地区群众运动已有基础；在反攻后新收复的地区，大部分已经普遍进行了反奸清算斗争，其中一部分地区已展开了减租运动，群众亦已开始发动。会议要求把"发动群众减租减息，使农民获得土地翻身发财，发展生产，解决（边区）五百万人民的穿衣吃饭问题"作为中心工作之一。会议同时认为，在支持农民从地主手中取得土地的斗争中，也存在着政策思想不明确，错误地损伤了一部分中农的利益，干部包办代替、强迫命令等问题。这些问题在一些地方还比较严重，因而阻碍了群众自觉性的增长，形成了土地改革的程度与群众发动的程度不一致。为此，晋绥分局要求充分认识这些问题的严重性，认真接受经验教训，把全边区的群众真正发动起来，深入进行土地改革。[②]

高干会议之后，中共晋绥分局派出工作组奔赴边区各县，选择不同类型的有代表性的区、村，进行阶级关系和土地情况的调查。在此基础上，晋绥分局研究室于 9 月起草了《怎样划分农村阶级成分》的文件。这是晋绥解放区土地改革历史上一份重要的文献。

《怎样划分农村阶级成分》一开头就强调正确划分阶级成分的重要性，并直言不讳地承认："我们在执行政策当中，发生了严重的侵

---

① 《贺龙文选》，军事科学出版社 1996 年版，第 443 页。

② 《晋绥边区高干会胜利结束》，《晋绥日报》1946 年 8 月 1 日。

犯中农利益和过分的伤害富农利益的错误。这固然一方面是因为许多同志不了解党的阶级政策，或者认识得不明确；但是另一方面，因为很多同志不懂得怎样划分阶级成分，把中农划成富农，把富农划成地主，搞错了的也不少。"① 针对这一情况，这个文件明确提出："划分阶级第一个最重要的标准是根据剥削关系和剥削的性质。"文件根据山西农村的特点和抗日战争以来边区阶级关系的变化情况，依据调查的数据、例证，作出了划分农村各阶级的具体标准，并举出实例进行说明。对于划分农村阶级成分时容易弄错的经营地主与富农、富农与富裕中农、地主兼商人的区分，作出了明确的界定。

　　"五四指示"下达后，在晋绥边区的新收复区，地主由于害怕农民斗争，常常采用各种各样的应付办法，如地主们联合起来向公家人（干部）献出坏地保留好地，"或者轻轻屈服，满口应承，或者表面分地，实际原封不动。"在这种表象之下，一些干部便认为地主已经"放下武器""缴械投降"，或者说地主"不敢应战""不敢硬战"，于是"草草把土地接受过来，或者形式分地了事，而忽视群众的发动和教育"②。晋绥边区的老解放区则经过多年的减租减息，地主的土地已基本转移到农民手中，但仍有 20% 左右的农民缺地或缺少好地，因而希望得到土地或增加好地。然而，老解放区的农民仍习惯于用买卖的方式取得土地，而不懂得土地可以通过无代价的方式获取。这样，老解放区虽然许多地方已基本上解决了土地问题，但各县仍存在若干土

---

① 晋绥边区财政经济史编写组、山西省档案馆：《晋绥财政经济史料汇编——农业编》，山西人民出版社 1986 年版，第 328 页。

② 晋绥边区财政经济史编写组、山西省档案馆：《晋绥财政经济史料汇编——农业编》，山西人民出版社 1986 年版，第 345 页。

地问题没有解决的空白村。即使已经解决土地问题的村子，无地缺地的农民虽是少数，但缺少好地而又要求有好地的翻身农民占大多数。

针对这种情况，10月26日，中共中央晋绥分局又发出《关于发动群众解决土地问题的补充指示》（以下简称《补充指示》）。《补充指示》指出："解决农民土地问题，实现耕者有其田，其目的在于通过土地问题的解决，提高农民的阶级觉悟，使之乐于并敢于积极起来在我党的领导下，坚决进行革命斗争。"[1]"不管新区和老区，要教育所有干部了解：封建地主的统治，是根深蒂固的，对于他们，不能有丝毫的轻敌观念；农民受封建制度的麻痹，也是长期的，不能看得过于轻易。必须明确了解，一切为解决土地问题而解决土地问题的做法是不对的，一切只见于干部活动，不见群众运动，强迫包办的、恩赐的做法都必须避免。"[2]

《补充指示》对晋绥边区的土地改革作了一系列具体政策规定：

对于有动产（如有银洋商业等）的地主，留给相当于中农的土地，家无动产者，留给较多于中农的土地；是抗属烈属干属的地主及开明地主，可酌量留到多于普通地主半倍至一倍的土地。老区过去的土地转移，多采用买卖的方式，地主出卖了土地，保存动产，以后又逐渐积蓄动产，这就增加了农民斗争地主的要求，但如果再向地主斗底财元宝，只有逼死或逼跑他们，因此，对于地主的积蓄，只能采取诱导奖励的办法，使之投资生产；地主的工商业则应予保留。

---

[1] 晋绥边区财政经济史编写组、山西省档案馆：《晋绥财政经济史料汇编——农业编》，山西人民出版社1986年版，第344页。

[2] 晋绥边区财政经济史编写组、山西省档案馆：《晋绥财政经济史料汇编——农业编》，山西人民出版社1986年版，第346—349页。

对于旧富农，要注意区分勤劳起家与靠剥削起家二者的不同，而采取不同的政策。对于前者，除了封建部分由政府平价征购分给农民外，其余部分不动。富农的成分，应依目前的经济状况来定，对于已经缩小下降的富农，经济上不能再按其旧成分对待。

土地主要是分配给抗属、烈属、干属、复员军人及无地少地的农民，使他们能够满足土地要求。在分配上应尽可能不完全打乱，可采取抽肥搭瘦、抽多补少的方式，以村为单位进行调剂。在分配时，中农也应尽量使之得到一些利益。干部及积极分子不能多分，要让他们懂得真正为农民服务，以免脱离群众。现役正规军人，可给本人分配一个半人的土地，以鼓励前线战士奋勇杀敌；作战中牺牲了的正规军人、游击队员、民兵及干部，仍旧作为人口，分得一份土地，以示对遗族的抚恤。贫苦的旧军、伪军家属应得到和普通农民一样多的土地，并向其家属说明，如果本人回家也分得土地。

《补充指示》结合"五四指示"的精神，针对晋绥边区的具体实际，为晋绥土地改革的展开作出了许多具体的政策规定，从而有力地推动了全边区土地改革的顺利进行。

7月1日，中共晋察冀中央局发出《关于传达与执行中央"五四指示"的决定》，要求全区分老解放区、新解放区和边沿区，根据不同的情况贯彻"五四指示"。

该文件规定，在面积和人口均占全区半数的新解放区，继续放手发动群众，有计划地消灭封建剥削，把地主土地转移给农民。在斗争中要特别注意团结大多数，将斗争的火力集中在汉奸、大地主、豪绅、恶霸身上。老解放区因为土地已经大量分散，中农比重激增，农民的生活已有相当改善，这些地区解决土地问题的重点，是确定租种和典当地主土地的农民取得土地所有权。对抗战以后发展起来的新富农，必须将之看作基本群众，不得调剂其土地，或用其他任何方法侵占其财产。对待中小地主，在斗争方法上，应采取调解、仲裁、农民与地主公开谈判等方式，把地主的土地转移给农民，以免过大地引起社会波动，妨碍大生产运动的进行。对于极少数顽固不化的大地主，应采取群众斗争的方式，使之就范。在边沿区的一些地区，如果国民党统治力量薄弱，敌我斗争不尖锐，应进行减租减息，经过反对汉奸、豪绅、恶霸的斗争，使一部分土地转移到农民手中；但在国民党兵力强统治时间久而人民政权新近建立且不巩固的地区，则不但不能执行耕者有其田的政策，就是减租减息也应慎重进行。边沿区的群众斗争应以反对国民党军队烧杀、勒索为主，重点打击汉奸、豪绅、恶霸，以免树敌太多，使群众遭受过重摧残。

晋察冀中央局在这个决定中，还就族田、教堂土地等十二个具体问题如何解决，提出了原则意见。

"五四指示"下达后，中共中央华东局于5月中旬至6月上旬，在山东解放区首府临沂召开地委书记、军分区以上负责人参加的会议，传达"五四指示"精神。

由于华东局书记饶漱石随北平军事调处执行部驻徐州小组在外，副书记黎玉在延安开会未回，会议由华东局副书记、山东军区司令员陈毅主持。会议认为，不能把"五四指示"决定实现耕者有其田，与此前实行的减租减息政策对立起来，二者都是正确的。前者是后者在执行中的发展与提高，没有减租减息的政策，也就不可能有今天的耕者有其田政策。要防止对"五四指示"作断章取义的理解，不能只赞成解决农民的土地问题，而忽视各种必要的照顾；也不能只强调

"五四指示"规定的照顾情况，而不坚决地解决农民的土地问题，必须坚持原则的坚定性和策略的灵活性。

在会议结束时，陈毅作了《如何贯彻中央"五四指示"》的长篇总结。陈毅在讲话中回顾了中国共产党在大革命时期、十年内战时期和抗日战争时期的土地政策，从历史的角度充分肯定了实现耕者有其田政策的重大意义，强调在土地改革中必须坚决地吸收中农参加，而决不可侵犯中农利益，决不能把对农村封建势力的斗争方式搬到城市里用以对待资产阶级，而应对其采取保护的政策。陈毅号召各地迅速行动起来，在1946年秋冬完成土地改革的任务。

随后，山东解放区的各战略区都相继召开地委、县委书记会议，传达"五四指示"，部署本地区的土地改革。例如，鲁中区党委在博山召开土地改革试点工作会议，决定选择莱芜的口镇、大王庄，沂源的鲁村、北麻，沂北的杨家城子，泰宁①的楼德、东良庄等村庄，作为土地改革试点，以便积累经验，逐步推广。

在"五四指示"传达到山东各地之际，全面内战已经爆发。当时，山东各级党委和政府不得不将中心工作放在组织参军、参战和夏收夏种上，对于土地改革工作仅限于试点和干部培训，到1946年七八月，山东解放区多数地区的土地改革才陆续展开。

8月8日，中共中央致电陈毅、黎玉和张云逸，要求山东解放区加快土地改革步伐。8月下旬，华东局在各地土地改革试点取得初步经验的基础上，召开土地会议，经过反复讨论酝酿，制定了《关于彻底实行土地改革的指示》，并于9月1日发给各地执行（故该指示又

---

① 旧县名。在山东省中部偏南。抗日战争时由泰安、宁阳两县析置。1952年改称祖阳县，1956年撤销，划归新泰、宁阳和泰安三县。

简称为"九一指示"）。

"九一指示"指出："特别在今天一切为争取自卫战争胜利前提之下，更须迅速从土地改革运动基础上，开展各方面工作和发动人民为保卫解放区，粉碎国顽进攻。也只有在自卫战争胜利条件之下，才能保证农民已得的土地与土地改革政策的实行。因此，支持前线，补充兵员工作，又必须与土地改革紧密地结合着。"华东局认为，必须根据不同的地区，按不同的情况，确定土地改革工作的缓急先后：土地已经解决而非战争的地区，除加强生产外，应充分注意发展与巩固农会和民兵，并培养提拔群众干部，发展巩固党的组织，改造区村政权与掌握民兵武装，有组织有计划地支援前线与扩军。如已清算而未彻底解决土地的地区，应迅速清理斗争果实，与复查公平合理统一分配，以发动群众充实各种组织，支援前线与补充兵员。如根本未实行土地改革地区或空白村，应迅速以全力实行，发动群众支持前线和参军。指示特别强调："在土地改革过程中，对一切应照顾的人给以必需的照顾，真正保持农村中百分之九十以上的人民和我们站在一道。并给地主留下生活，以缓和其逃亡，分化其内部。"[①]

"九一指示"提出了五种实现耕者有其田的办法：

（一）没收和分配敌伪公地和大汉奸（曾经死心塌地替敌人服务，为群众所痛恨者，准予没收，但对一般从属罪恶较小者应有区别）的土地，没收地主黑地及霸占土地（没收黑地的范围，仅限于地主对民主政府瞒报之土地，决不能没收富农、中农、贫农之黑地）。没收的方式，应从下面的群众反奸诉苦运动与上面政府法令互相结合，既

---

① 《华东局关于土地改革的指示》（1946 年 9 月 1 日），《中国土地改革史料选编》，第301 页。

不能单纯以政府法令没收分配，又不能单纯由群众没收而不经政府处理。

（二）发动农民向地主阶级减租减息、退租退息，并清算抗战期间所欠农民的负担、劳役、侵吞敲诈、利涨准折，以汉奸恶霸豪绅为主要对象，作坚决斗争。对中小地主则多采取反省调解仲裁方式，凡有人证或有物证皆可清算，清算后地主则出卖土地来清偿负欠。

（三）动员与鼓励抗工属及中小地主献田给农民，献出土地都应交给政府、农会或土地分配委员会，经过群众讨论统筹公平分配，不得私相接受。凡自愿献田者，皆应加以表扬。

（四）为满足农民土地要求，顺利实行耕者有其田，并争取全国广大阶层对土地改革政策的同情，对于地主土地超过一定数额者，由政府依法令征购之，其具体办法由政府公布。在执行中必须把群众清算运动与政府征购互相结合，相辅而行。如在新解放区，应以清算为主，清算后地主尚有余额土地者再行征购。老解放区曾经清算而地主尚有余额土地者，一般采取征购办法，勿再从事清算，以免地主发生疑惧。但空白村应将清算与购买结合处理。

（五）凡祠堂、庙宇，天主教、基督教的土地，应根据当地情况，农民公意及族人意见妥为处理。如农民要求分配时，除留下一些地作为祭祀、传教和居留人维持生活外，其余一律分配。凡清真寺的土地应以回民公意解决之，学田除原为封建势力借名霸占应清算分配外，一般可保留全部或其一部，作为办学基金。凡已经分配给群众者，应给以批准。如原来无学田之村庄，而在群众自愿条件之下，可由群众讨论酌量留一部分作为学田．至于社会慈善事业（如育婴堂、孤儿院、医院等）之土地，一般均以不动为适宜。

"九一指示"规定，以一村或数村为单位，组织土地分配委员会，进行土地分配。分配的步骤为：第一步进行人口、土地登记；第二步，根据不同的对象，决定取得土地的不同办法，将应拿出的全部土地，一律交土地分配委员会分配；第三步，由土地分配委员会评定土地等级，确定具体分配办法，召开村民大会公布并组织讨论；第四步，复查出榜，将土地分配情况张榜公布，征求村民意见；第五步，确定地权，烧毁老契，重立新契；最后是召开庆祝大会，动员群众保卫胜利果实。

"九一指示"还对分得土地的对象和对各色人等的照顾作了具体的规定。如地主拿出来的土地，首先必须分给无地及少地的雇农、贫农和中农，以满足他们的土地要求；对于革命战士及抗工烈属、荣誉军人与复退员军人及其家属，除应按人口分得土地一份外，还应得到较近较好的土地；在土地改革运动中，决不能清算到中农身上，决不可侵犯中农土地，而应用一切方法吸收全体中农参加，使其分得应得之斗争果实；一般不动富农的土地，如在清算、退租、土地改革时期，为群众要求不能不有所侵犯时，也不能打击过重，只能采取仲裁办法，清算其封建剥削部分而保全其自耕部分；没收汉奸土地与财产，除汉奸本人外，其家属仍应每人留下一亩半至二亩土地及必要房屋家具以维持生活；豪绅恶霸大地主清算后，其本人及家属每人留一亩半至二亩土地，其房屋家具可抵偿一部，留用一部；中小地主可留下比中农多半倍的土地（如中农每人三亩，中小地主可留四亩半），其房屋、农具、耕牛一般不抵偿负欠，如特别多，又为农民所必需者，可以采用征购办法，但须慎重处理；抗日军人及抗日干部家属之属于绅豪地主者，应鼓励其献田与部分征购。为照顾其家属，可比中农多留一倍土地（如中农每人三亩，则留六亩），房屋、家具、农具、耕牛均不动；抗日军人及抗日干部家属之属于绅豪地主者，应鼓励其献田与部分征购，为照顾其家属，可比中农多留一倍土地（如中农每人三亩，则留六亩），房屋、家具、农具、耕牛均不动；等等。对于各色人等照顾的内容，在后来山东解放区的土地改革中曾引起不同的看法。

根据"九一指示"，山东省政府于10月10日颁布有关土地改革的布告，强调要"扶持与满足农民的正当要求，进一步实行土地改革，把土地从封建剥削者手中转为农民所有，使农民从封建的土地关系中解放出来，使农业生产力获得解放，达到我山东解放区人人丰衣足食，并进而繁荣工商业，以顺利地发展新民主主义经济，就成为山东民主政府当前最基本的政策之一"。布告共公布了11条规定：

（一）没收日伪公地，大汉奸土地、地主匿报的黑地及霸占的公地，统一分配给无地少地的农民；

（二）农民可向豪绅、恶霸、封建地主进行减租减息、退租退息，找工找负担，清算侵吞霸占等，讲理算账，收回土地；

（三）开明地主与军、工、烈属是地主的，自愿献出土地给农民时，政府应加以表扬，对其生活并须加以特别照顾；

（四）地主土地经清算后，仍超过一定数额者，由政府征购之；

（五）祠堂、庙宇、教会等公有性耕地，根据当地农民族人及教友的公意处理之，尽可能分配给农民，学田可保留一部或全部为办学基金，公山、公荒、官地等尽量分配给农民以便开垦或植树造林，社会福利事业（如育婴堂、孤儿院、残废院等）所用的土地应予保留；

（六）地主与富农清偿对农民负欠时，其所偿付的土地仅限于封建剥削部分，工商矿业不得连带清算；

（七）富农土地一般不予清算和征购，富农是汉奸、恶霸群众要求清算负欠时，只能处分其封建剥削部分，保全其自耕部分，禁止侵犯在减租生产运动中勤劳发家的新型富农的土地；

（八）凡城市工人、手工业者、自由职业者、教员、技师、小职员、小商贩等不是地主的，其土地应免于清算与征购；

（九）为保证地主土地改革后的生活，于清算负欠后，无论其能否清偿，均应根据具体情况酌留相当中农或富裕中农的土地，并保留农具耕牛的一部或全部；

（十）土地经清算、献田及没收后，应立即公平合理统一分配给荣誉军人、军工烈属及无地少地的农民，务使耕者有其田；

（十一）农民获得土地后，地权即归农民所有。[①]

虽说中共中央华东局的"九一指示"各色人等作了许多照顾性规定，然而随后不久中共渤海区党委《关于彻底执行土地改革的补充指示》却在很大程度上突破了华东局的规定。渤海区党委强调，无论是清算、献田、没收，只是取出土地的方式，目的是要取得土地，如果地主把土地拿出来，在方式上即不必斗争；如果不肯拿出来，即要与他作斗争，清算也好，退租退息也好，算负担、找黑地、没收也好。即便无账可算，也要采取适当方式使地主拿出土地来，"不怕与顽固地主破裂，不怕得罪他，不怕无'法律根据'，一定要拿出地主的土地来，一次不成再来一次，直到消灭封建剥削的地主阶级为止。必须掌握这个精神，土地改革才能迅速开展，目的在于取得地主的土地及多余的房屋、牲口、农具。"该指示同时强调，"对分地力求其平的方针"，应

---

① 山东省档案馆、山东省社科院历史所：《山东革命历史档案资料选编》第十七辑，山东人民出版社 1984 年版，第 464 页。

大胆提出"有账大家算，有力大家出，有地大家分"的口号，土地改革的基本方针即人人有田耕，人人得其平。在不损害中农利益，不过分损害富农自耕田的原则之下，达到人人有田耕，人人得其平。

渤海区党委提出的解决土地问题的四项具体政策是：（一）地主必须把其地清算出来，然后再按照应得的份地留给（和农民平分）。中小地主、经营地主也是如此。抗属地主、开明士绅尽量动员其献田（留地应多于分地农民之份地），但献出的田应统交土地分配委员会，也不能任其愿献多少即多少，献好留坏等。（二）富农对其出租、承租、佃耕土地必须拿出来分，其自耕地原则上不动，但在"多的太多"及"农民要求分"的条件之下，可以接受其献田。（三）中农其自耕土地可以完全不动，但其佃耕地还应拿出来分。在分配果实中，应照顾到中农一般的分到利益，如钱、粮之类。（四）为了保证贫雇农及下中农得到土地，可以使他们与大地主达到多少均平、肥瘦均平地去分地，如土地特别少的地方，则公田少留或不留。指示还较早地提出了平分土地的问题，指出：在中农不多而贫雇农占绝对多数的地方，在贫雇农坚决要求平分全村全部土地时，"要赞助这种平分地的运动，因为这是最彻底最革命而又最简便的办法。不过分平分中农，要照顾到中农自耕地不要动，富农不要打击过重。"[1] 渤海区党委的这些规定，大大突破了中共中央"五四指示"与华东局"九一指示"的相关内容，对各类人员不再强调加以照顾。

5月24日，参与"五四指示"制订的中共中央华中分局书记邓子恢，一回到华中解放区的首府淮安，就立即召开华中分局委员会

---

① 《渤海区党委关于彻底执行土地改革的补充指示》（1946 年 10 月 28 日），《山东党史资料》1989 年第 2 期。

及各地委书记联席会议，传达"五四指示"精神，部署华中解放区的土地改革运动。5月28日，华中分局发出《关于贯彻党中央"五四"关于土地政策新决定的指示》，要求"必须掌握中央土地政策新指示的基本精神，在于解决解放区的土地问题，在于取消解放区内残存的封建土地占有制，消灭封建剥削，实现耕者有其田；在于用一切方法使广大农民能从地主手中获得土地，使农民从封建的土地关系上解放出来。因此封建剥削是否基本消灭，广大农民群众是否从地主手中获得足够的土地，这是今后检查各地执行中央指示是否彻底，群众是否充分发动的基本标准"①。

华中分局要求在实行耕者有其田的运动中，必须严格掌握党在农村的阶级政策，并给一切应当照顾的人以必要的照顾，如没收和清算得来的土地，应当首先分配给无地和少地的农民，尤其是贫苦的抗属、烈属、干属及复员军人；绝对不可侵犯中农利益，不能对中农算旧账；一般不变动富农自耕的土地，如群众要求与富农斗争，而不得不侵犯富农利益时，也不能打击过重，只清算其封建剥削部分等。

6月16日，华中分局又发出《关于解决土地问题的补充指示》，针对"地主出身的党政军干部，及与合作之开明士绅，因土地被清算，家庭困苦，以致在思想上情绪上起变化"，为了妥善处理这些人，"以求使我党之土地政策得以顺利实现"，要求对地主出身的干部"在思想上加以说服教育，使他了解到为了革命，为了更提高农民积极性，以制止内战，保卫和平民主，保卫解放区，我们不能不实现耕者有其田。因此我们不能不让出土地，不能不放弃优裕的家庭生活，而过着

---

① 《中国的土地改革》编辑部等：《中国土地改革史料选编》，国防大学出版社1988年版，第254页。

一般人的生活"，对于多年合作的党外人士"应经过座谈会或个别谈话方式，把党的土地政策公开告知他们，劝他们自动献田，自动算账，取得群众谅解。他们有怀疑误会地方，应耐心以解释，对困难加以帮助。"同时强调，"一方面加强对他们的思想说服，另一方面还需在实际生活上对其加以适当照顾，主要是在分配土地中，在群众同意之下，可以分得比较好一些、近一些、齐整一些的土地，但不宜过多过好，以免脱离群众。"①

6月30日，华中分局再次发出《关于在紧张的战争动员情况下，抓紧时间进行土地改革的指示》，要求各级党组织"无论战争动员如何紧张，决不应放松土地改革，这是发动农民参加战争支援战争的基本一环"。"只要农民得到土地，他便会为保卫既得的土地而拼命，否则他对战争便不是那样积极甚至旁观，如此则战争将受失败。"因此，"必须时刻抓住时机不能以任何借口而松懈下来。"②

在中共中央发出"五四指示"之前，中共中央东北局就根据东北地区的特点，于3月20日作出了《关于处理日伪土地问题的指示》，指出："为了彻底肃清敌伪残余势力与遗毒，为了适应农民要求，为了改善农民的生活，提高农民的生产热情，迅速进行春耕，以保证东北人民有充足的粮食与发展东北的经济建设起见，除普遍彻底进行二五减租，改上缴租为下缴租，废除押租制，实行减息为一半外，必须将过去日伪所集中之土地立即妥善处理，使农民有地可耕。"

《关于处理日伪土地问题的指示》规定：所有东北境内的一切日

① 《华中分局关于解决土地问题的补充指示》（1946年6月16日），《中国土地改革史料选编》，第263页。

② 《中共华中分局1946年6月30日的指示》，《江苏党史资料》第三十五辑。

伪地产、开拓地、满拓地（开拓地和满拓地是伪满时期由"开拓总局"和"满洲拓殖会社"用强制手段从中国农民手中低价购进的土地）及日本人和大汉奸所有地产，应立即无代价地分配给无地和少地的农民所有，以利耕种，以增民食，并免至荒芜。上述被分配之土地如有纠纷时，应由当地民主政府召集当地人民及有关方面合理解决。对于被没收土地的汉奸家属之未助敌作恶者，或曾当汉奸而确已悔过自新者，应在人民群众同意下，酌量分配或留给一定数量之土地耕种，以维持其生活。①

中共中央发出"五四指示"后，东北局机关报《东北日报》发表《解决土地问题是深入群众运动的中心环节》的社论，其要点是：

（一）放手解决土地问题是目前发动群众运动的中心环节。我们党必须坚决地拥护农民获得土地这一要求，不仅要减租减息，尤其要坚决地分配敌伪及汉奸之土地，实现耕者有其田。

（二）在运动中，不仅要使贫雇农、贫民积极参加，而且要用一切方法使中农参加运动，并使其获得利益，决不可侵犯中农的土地。

（三）一般不动富农的土地，佃富农如所耕地全部为满拓地或大汉奸之土地，在分配土地时，也必须分得一份。

（四）凡是尚未发动分配敌伪汉奸土地的地方，应迅速发动群众起来，解决土地问题，决不能再有什么迟疑和犹豫的现象。应该做到在最短的时期内，认真发动群众，完成上述任务。

（五）分配土地必须把握下列两个原则：第一是最多数的贫苦农民多得利益；第二是能真正发动群众，组织群众，改造政权，发展农

---

① 《关于处理日伪土地问题的指示》，《东北日报》1946 年 4 月 6 日。

民自卫武装。①

"五四指示"传达到东北解放区之际，正值国民党调集大军向东北民主联军控制的本溪、四平街等地大举进攻，并先后侵占了长春、四平街、吉林（市）等地，东北民主联军主力被迫撤退到松花江北岸，形成了关内小打、关外大打的局面。在这种情况下，东北解放区还没有可能深入开展土地改革运动。

国民党军队占领松花江以南的地区后，由于战线拉长，兵力分散，继续组织大规模的进攻有困难，不得不于6月6日与中共方面达成暂时休战15天的协议（休战协议后来延长到月底）。在此后近四个月的时间，东北的局势相对平静。东北各级党组织利用这段时间，加紧开展巩固根据地的各项工作。

7月初，东北局在哈尔滨召开扩大会议，总结前一阶段的工作，统一思想认识。7月7日，会议讨论并通过了陈云起草的《关于东北形势与任务决议》（简称"七七决议"）。

"七七决议"指出：创造根据地的主要内容是发动农民群众。因此，强调城市轻视农村的观点，是与事实和要求不相符的，必须加以肃清。发动农民的方法，是发动反奸清算、减租减息、分粮分地的斗争，并使中央关于土地问题的"五四指示"迅速普遍执行。只要广大的农民发动起来了，并积极参加自卫战争，就能建立不可战胜的阵地。"七七决议"要求东北全党全军造成干部下乡的热潮，克服干部中的错误思想，使干部认识到东北斗争的尖锐性和长期性，认识到能否发动农民是东北斗争成败的关键，农民不起来，共产党在东北有

---

① 《解决土地问题是深入群众运动的中心环节》，《东北日报》1946年5月21日。

失败的可能。"七七决议"号召各级干部和广大共产党员"跑出城市，丢掉汽车，脱下皮鞋，换上农民衣服，不分文武，不分男女，不分资格，一切可能下乡的干部要统统到农村中去，确定以能否深入农民群众为考察共产党员品格的尺度。一切深入农村者给以鼓励，不愿到农村去的给以批评，造成共产党员面向农村、深入农民的热潮"①。

在这之后，东北局的主要领导分头到各地传达会议精神。7月13日，东北局副书记陈云专程从哈尔滨赶到齐齐哈尔，参加西满分局会议，传达东北局扩大会议精神，陈云在讲话中强调："发动农民是建立东北根据地的关键"，"干部下乡。不分男女、新老及哪一级干部，都要下去。军队每个团都要抽三分之一指战员下乡。要当参谋，参群众之谋。城市、机关、学校工作都可放松一点，受些损失都可以。乡村工作的比重应占全部工作的百分之八十。"②陈云还号召广大干部深入到群众斗争中去上大课，"不论是中央委员还是区委委员，都是群众一级的干部，大官要做小事。"③

一个星期后，西满分局作出了《关于农民土地斗争的指示》，决定动员80％—90％的干部到农村中去，发动农民进行改天换地的土地斗争，以实现农民的土地要求，取得土地，取得武装，取得政权。《关于农民土地斗争的指示》明确规定：紧紧依靠贫雇农，斗争策略应该集中火力对准汉奸、大地主、恶霸，向他们作坚决的斗争，对于富农一般不侵犯其利益，团结中农，决不可侵犯中农利益，将开拓地、满拓地及敌伪政府军队会社、汉奸恶霸、军阀、官僚、外籍逃亡

---

① 《中国土地改革史料选编》，第270页。
② 《陈云文选》第1卷，人民出版社1995年版，第316页。
③ 《陈云文选》第1卷，人民出版社1995年版，第318页。

地主、匪首窝主的地产以及其他地主"自动"交出或群众要求交出的地产，以自然村（屯）或行政村为单位，按人口平均分给无地和少地的农民。在工作方法上，必须走群众路线，发动群众自己动手，反对"清官断"的包办恩赐办法，集中力量选择重点，创造典型，"使农民翻身的土地斗争，成为广泛的轰轰烈烈的大运动"。

8 月 23 日，东北局又作出《关于深入进行群众土地斗争的指示》，制定了分地斗争中对各阶层的具体政策：

大汉奸、大地主、恶霸、顽匪头，是农村的封建堡垒，也是国民党反动派的主要社会基础，必须发动群众，集中火力，首先向他们进行坚决的斗争，分配其土地，甚至可没收其财产。但对其家属仍应按普通农民留下一份土地。

对一般中小地主，可经过群众酝酿，采取调解仲裁的方式，使其拿出土地。并且允许他们保留的土地可多于普通农民的一倍。

对一般地主经营工业、商业不侵犯。而对房屋、牲畜、农具、粮食等附属财产除酌予保留一份外，均应分配。

对经营地主应酌量分配其一部分土地、耕畜，但仍保持其当地一般富农的地位。

对富农除分配其出租土地外，不得侵犯其利益。

对中农应用一切办法吸收其参加斗争，给他分配清算斗争的果实。

雇农和贫农是斗争的先锋与骨干，必须把他们充分地发动起来，才能彻底解决土地问题。

该指示强调："总之，我们的政策是：使得雇农、贫农和中农结成巩固的同盟，照顾富农，分化地主阶级，集中力量打击大地主、大汉奸、恶霸、土匪头子。"

为贯彻执行"五四指示"，各解放区在很短的时间里，相继召开各种会议，传达指示精神，进行组织动员，作出一系列的具体政策规定，从而保证了土地改革运动的迅速推进。

2. 动员组织群众

"五四指示"下达后，各解放区派出大量的干部，深入到农村，深入农民当中，开展轰轰烈烈的土地改革运动。

虽然在"五四指示"之前，冀鲁豫边区的农民通过查减（检查减租减息，主要在老区）和反奸清算（主要在新区）等方式，取得了一定数量的土地，但由于"五四指示"明确提出要实现"耕者有其田"，公开表示要满足广大无地或少地农民的土地要求，大大激发了广大农民参加土地改革运动的热情。为了开展好土地改革运动，冀鲁豫也还组织大批干部下乡，如湖西地区的鱼台县、湖西地委和鱼台县委共抽调了 573 名干部，结合区乡干部成立了 68 个工作组，每相隔 3 里至 5 里就有一个工作组，深入基层发动群众。

冀鲁豫各地在发动群众进行土地改革时，主要采取了以下步骤：（一）建立健全领导土地改革的群众组织。没有组织农会的地方先以行政村为单位，以贫雇农为骨干，普遍建立农会，并吸收中农参加；已建立农会的地方，则根据农会的组成成分和表现，或充实、改组农会，或将原农会宣布解散后重新组织农会。由农会具体领导土地改革斗争，在农会的领导下建立妇女会、儿童团、自卫队和模范班等其他群众组织。（二）对党员、村干部和积极分子进行土地改革训练，进行"贫下中农与地主到底谁养活谁"，"没收地主土地，实现土地还家是不是合理"的翻身道理大讨论，增强斗争必胜的信心。仅筑先^①一县受训人员即达 4 万人。（三）区、村层层召开农民大会。首先以区为单位召开农民万人大会，会前选好的苦主带头诉苦，从而激发到会群众纷纷要求诉苦。就在这种群情激愤、一致要求报仇雪恨的口号声中，宣布对全区罪大恶极的汉奸、恶霸予以镇压。在全区群众大会后，再由土改工作队深入各村进行发动。

"五四指示"传达到太行山区后，太行区党委立即召开会议，学习指示精神，部署全区土地改革工作。仅在 1946 年 7 月，全区就组织有 1700 人参加的"翻身队"，分赴农村帮助群众翻身。太岳区党委要求全区专区一级各系统集中 50% 至 60% 的干部，县区除农会的全体干部外，政府、武委会、公安局等集中 70% 的干部，在统一领导下，投入土地改革运动，利用一夏一冬的时间完成这一任务。

晋察冀中央局下属的冀晋区党委在 1946 年 8 月全区土地会议后，各地先后在干部中进行了深入的传达与动员，陆续开办了大批的区村干部训练班，并要求各级党委、政府、武委会及治安部门，都必须以 2/3 的力量投入土地改革工作。此外，区党委还组织了 3 个共约 300 人的大型工作队，分赴各地帮助进行土地改革。

东北局作出"七七决议"后两个月的时间里，东北各地共有 1.2 万名干部下乡，解放区的大部分县份都组织了工作团。如黑龙江省委根据本省的具体情况，作出四项决定：一、采取"剥笋政策"，先搞大的封建堡垒，在政治经济上搞垮封建统治，满足农民要求，实现耕者有其田。二、把清算与解决土地问题结合起来，用清算的办法达到

---

① 1940 年为纪念抗日英雄范筑先将军，聊城县改名为筑先县；1949 年复名聊城县，属平原省；1952 年 11 月平原省撤销，改属山东省。

土地还家的目的。三、反对"清官断"，克服包办的做法和恩赐的观点，真正走群众路线。四、采取"蝗蝻"政策，以老干部带领土改积极分子，滚雪球式地组织工作团，集中力量，创造典型，取得经验，以点带面，推动全局。全省抽调了 1000 余名干部，由省、地负责干部带队下乡。嫩江省[①] 的四个地委也派出了 800 多名干部。合江省[②] 农村进行土地改革工作的干部达到 1500 人。

虽然得到土地是广大农民的强烈愿望，但他们长期以来一直生活在社会的底层，而地主们在农村往往是有头有脸的人物，且地主与农民之间还难免有着宗族、亲戚等各式各样的关系，要让他们一下子面对面地与地主进行斗争，又难免有种种顾虑。

吉林省磐石县大榆树屯的农民，在民主政府公布了分配敌伪土地的法令后，开始都有些将信将疑，他们说："不要花一个钱就可分得土地，做梦也想不到会有这样的便宜事，一定不是真的。""大约是公家自己种不了，才暂时分给老百姓。"更有些坏分子故意造谣迷惑群众："这就是施行'共产'，分了公地还要分私地！"还有的说："共产党是先甜后苦，现在是先分土地，将来就要'出荷'[③] 出劳工，要受种种限制。"[④]

土地改革发动之初，山东解放区黄县广大贫苦农民普遍存在两种

---

① 旧省名。辖今黑龙江省西部。1945 年设置，省会齐齐哈尔市。1949 年撤销，并入黑龙江省。

② 旧省名。辖今黑龙江省东部。1945 年设置，省会佳木斯市。1949 年撤销，并入松江省。1954 年松江省撤销，并入黑龙江省。

③ "出荷"：日本占领中国东北时的一种低价强行征购粮食的政策，在日文中是交货、发货、送货之意。

④ 蒋南翔：《磐石县的分地工作》，《东北日报》1946 年 6 月 15 日。

思想顾虑：一种是由于旧观念的影响，存有向地主要地不合情理、不好意思的想法。有的群众说："向地主要地，把人家腿肚子上的肉割在咱身上能行吗？""地是应该要回来的，可是老街旧邻怪不好意思的。"另一种是由于国民党发动内战，存在怕"变天"的思想。如有的贫苦农民说："把地要回来，国民党来了怎么办？"①

冀中区九地委在一份文件中说："因耕者有其田是一新的工作，群、干对此多很模糊。不少的人认为是平均地权，致使富农恐怖，中农怀疑，贫苦群众也存在'正统'与'变天'思想，如有的说：'人家的肉安在自己身上长不住，穷富在命'，'斗争了人家，国民党过来了呛不住了'。"②

怕"变天"是解放区农民普遍存在的心态。各解放区都是在敌后抗日根据地的基础上发展而来的，解放区的人民受尽了日本人和汉奸的蹂躏，日本投降后，发动农民反奸清算比较容易，但群众对国民党的仇恨就没有那么强烈，而且内战开始后，一般的群众认为国民党的力量大，担心共产党打不过国民党。现在跟着共产党分地主的土地，万一将来国民党来了为地主撑腰怎么办？农民怕"变天"，不是认为共产党不好，而是担心解放区变成国民党的天下。

由此可见，土地改革运动能否成功，首先在于能否把农民发动起来。

1946年5月26日，一支由松江省③宾县县委书记马斌亲任队长、

---

① 张可盛、殷华：《黄县的土地改革运动》，《山东党史资料》1990年第1期。

② 河北省档案馆：《河北土地改革档案史料选编》，河北人民出版社1990年版，第98页。

③ 旧省名。1945年抗日战争胜利后建立。辖今黑龙江省东南部，省会哈尔滨市。1954年撤销，并入黑龙江省。

14 名工作队员组成的民运工作队，来到了位于哈长线上、松花江北岸的陶赖昭屯。这里照本地干部的说法，是陶赖昭地区的封建堡垒，反动派活动最厉害。

工作队到了陶赖昭后，乡长本打算将工作队安排在当地一个大粮户（东北方言，粮户即地主）家住下，但工作队没有同意，理由是住在大粮户家不便开会，也脱离群众，最后决定住在乡公所旁的一个古庙里。

傍晚，干部分散到群众家访问，打算从群众个别谈话中了解情况，发现积极分子。但是由于反动地主造谣威胁，有的基本群众随着粮户的车马跑了。街上见不着车马，见不着青年人，各围墙门口站着三四个老头、老太婆和小孩子，最奇怪的是在十字路口，总有老头子拿着树棍子踱来踱去。后来知道那是粮户放的游动哨。

天黑之际，分散下去的干部相继回来，大家了解到的情况是，全屯土地在 200 垧以上的地主和 100 垧以上的地主各有 5 户，全屯共500 多户人家，其中有 400 多户属于赤贫，即卖工夫扛活的人，而工作队进村时村长说，全屯只有 2 户土地在 200 垧以上，3 户在 100 垧以上。

马斌当晚决定，第二天第一个任务就是稳定基本群众，告诉他们不要跑，解释共产党的部队不抓夫，出勤务政府给工价；第二个任务是各组联合卖工夫扛活的及租种粮户土地的小户分组开会，研究群众要求，提出口号及确定斗争对象；第三天组织大会，布置斗争；第四天开斗争会。

可是，第二天工作队干部再去找基本群众时，青年更少了，昨天同工作队谈过话的也走了，工作队后边跟着地主派来的老头子，监视和威胁基本群众，使其不敢接近工作队，工作队干部情绪大受打击。工作队考虑到，如果由自己通知基本群众开会，易使积极分子孤立，乃决定通过乡政府通知一切卖工夫扛活的、租种土地的农民来开会。

尽管如此，群众还是顾虑重重，到会的群众不足40人，而且来的尽是老头子、老太婆、残疾人及要饭的。这样一来，工作队员的情绪更受打击，大家觉得从来没有开过这样的会，也从未遇到过这种局面。那么，这个会还开不开呢？大家觉得，会还是应当开，来的毕竟是基本群众，他们自然有其痛苦和要求，通过他们可以宣传工作队的意见。

会上，干部问："今天开会的是什么人，有有钱的没有？"

会场上个别人说："没有！"

"那么这天开的是个穷棒子会。"干部又问："穷棒子在'满洲国'的时候能不能开会？"

还是个别人回答说："不能开。"也有人说："以前都是有钱人开会，他们说了算，我们穷棒子算啥！"

听了这话，干部们开始有了些信心。于是就说到过去有钱人开会讨论的是"出荷"、劳工、献纳，今天开会是说穷人的痛苦和要求。讲到这时，群众的情绪高涨起来，便你一言，我一语，他们自己说开了。

此时正值青黄不接的时候，最要紧的是解决群众的吃饭问题。于是，干部有意将话题转到积谷的问题上。在伪满时期，这里曾设有义仓，由种地人出谷，年年累积，以防灾荒。陶赖昭屯共有积谷27万多斤。在伪满时期，穷人不分昼夜，不论风霜雨雪都要轮流为义仓打更，为的是饥荒时能吃义仓的积谷。可是，日本投降后，村里的警察署长摇身一变成了维持会会长，他和粮户们合谋，除二成作维持会办公费用外，其余的粮食被地主和部分中农分掉了，穷人们白辛苦了一场。

工作队干部抓住这件事问开会的群众："这个粮食是谁的呢？"群众说："是国家的，我们不吃给国家也甘愿，不能给粮户。"

干部又问："现在给谁拉去了？"

群众答："大户拉去了。"

"穷人拉了没有？"

"一粒也没有拿到。"

"该不该要？"

"看官家意思。"

"官家要看老百姓的意思，你们说啥算啥。"

"那也不能不讲理呀。"

干部又问群众，粮食是国家的，为什么粮户们能私分，为什么给饱人不给饿人，为什么一定要打更却得不到粮食？最后，干部对群众说："粮食该要不该要？"群众说："该要！"又问："敢不敢要？"群众异口同声地说："敢要！""什么时候要？""现在就要！"见群众已经发动起来，工作队就要求来开会的群众明天再邀些人，带着口袋来。

当天夜里，工作队决定全体队员分散住到基本群众家里开展发动工作，并立即逮捕和镇压坏人，首先将曾当过伪警察和伪村长助理的副区长逮捕，使老百姓相信现在的政府是真正为穷人撑腰的政府。

工作队来的第三天，即5月28日，这天正好是赶庙会的日子，一大早就来了一百多号人，但依然是以老头子、老太婆、小孩子为多，青壮年只来了二十来个，不过毕竟比第一次开会的人来得多得多。这次群众是想看看是不是真正能分到粮食。

会上，有三个寡妇诉说屯长是如何吓唬她们丈夫出劳工，结果把人命送了，其他人也说了一些摊派不公的事，群众的情绪比头一天开会高了许多。接着，来开会的群众提出要去取粮，可义仓的粮都被粮户们分了，到哪里去取呢？事先工作队对到义仓拉粮的人的情况作了了解。拉了粮的一百多户中，有不少是中农，工作队考虑到中农的粮可不退，确定只斗少数几家大户。开始，群众对到大户家取粮有顾虑，他们对工作队说："由你们民主联军通知一下送来就成。"工作队干部说："通知不会送来，他会说没有车拉。"有人说："拿着口袋到人家去不像样。"工作队说："去了顺便就背回去，这才切实。"群众还是不敢去，最后商量的结果是由积极分子带着大家先到一家去拉，一家拉了，其他的人才会给。

到谁家好呢，大家决定到既是屯长又是粮户的吴国顺家去。到了吴家门口，吴国顺不让进院门，群众就一面交涉一面挤了进去，然后每人分了一斗粮食。就这样，陶赖昭屯的群众被发动起来，并由到粮户家取粮发展到反奸清算。[①]

马斌原为松江军区政治部的民运部长，先后调任宾县县委书记、哈东地委书记。当时，北满分局的负责人帮助宾县总结了一套发动群众和做群众工作的经验，还写了题为《发扬马斌式的群众工作》的社论，登载在《东北日报》上。马斌工作队的特点是，每到一处，都住在赤贫家里，与农民同吃同住，关心群众疾苦，群众把他们当作自己人。他们真正是一个屯一个屯地做工作，并把在工作中发现的贫雇农

---

① 马斌：《陶赖昭战地群众工作经过》，《东北日报》1946 年 7 月 4 日。

积极分子组织起来到新区去开辟工作。这样一来，很快就发展到一大片。东北局副书记陈云很赞赏这种做法，在号召广大干部下乡开展工作时，曾形象地把这种集中使用干部，组织工作队一片一片开展工作的做法称为"蝗虫政策"。①

东北局机关刊物《群众》还特地介绍了宾县的分地经验。宾县解决土地问题的办法是：1. 汉奸地主的土地，反共反人民反动的地主的土地，作为汉奸胡匪给以暴力（群众性的）或和平式的没收土地。2. 一方面由群众酝酿斗争要求土地，另一方面宣传耕者有其田的主张，使某些地主被迫拿出土地交给农民。3. 对普通地主则仍然实行认真的减租减息增资和匀地租种，在退租退息、反对抛弃、反对霸占中，算出钱粮，无钱无粮以土地抵偿。宾县在发动群众开展反奸清算中，对大地主与中小地主采取不同的政策。因为大地主家庭人口多，"总有个把人当过汉奸，甚至数个当汉奸"，而且因地主的家庭关系复杂，因而"容易找到理由解决其土地"，所以"对大地主不应有任何的姑惜（息），即使在政治上找不出什么显著的毛病，在对基本群众的经济剥削上仍然有很多毛病，如果比较开明，即可再提耕者有其田口号，经群众酝酿要他把地拿出来"；在宾县，占地50至100垧的中地主数量更多，对这类地主，只有政治上有毛病（汉奸胡匪）为群众极端痛恨者，"先镇压之，可以没收其动产，甚至驱逐出屯"而对其他地主，则照顾其家庭生活，不没收其动产，留给其房子，"不至于逼他们坚决反对我们"；对小地主，则继续实行减租减息政策。②

---

① 张秀山：《松花江畔的暴风骤雨——记松江土改和根据地建设》，中共中央党史资料征集委员会：《辽沈决战》下，人民出版社1988年版，第71页。

② 《宾县分地经验》，《群众》1946年第2期。

解放区各级党组织在领导农民开展土地改革中认识到："农民翻身是翻天覆地的大事，不是什么轻而易举的事，欲翻身必先翻心。只有翻透心才能翻透身，挖穷根吐苦水算总账是翻心的主要问题。"[①] 因此，发动和动员群众是土改能否成功的关键环节，而诉苦算账又是发动群众最常用的方法。

1946 年 5 月中旬，"五四指示"刚刚传达到太岳区不久，晋城县的三区就在坪头村召开一千多人参加的诉苦大会，到会的有债户、佃户、雇工、羊工、贫苦妇女等，多半是过去斗争中的带头人，其中有些是村干部。大会开了 5 天，有 721 人诉苦、找穷根，经过这次大会，"群众觉悟与斗争决心有很大提高"。

据晋冀鲁豫中央局机关报《人民日报》报道，在诉苦大会上：

> 幸壁小组李商保老汉一家三口，哭诉地主把自己财产剥削尽净，害得全家无家可归时，全组下泪；雇工赵全正就想起了自己过去受剥削欺侮的苦境，一夜没睡觉，清早在被子里大哭起来。刘村妇女常银兰诉说地主陈祖秉向她收租，把她赶出自己的家门，大冬天在庙里受冻，卖掉亲生儿子。瘦能村周保兴诉说他爹在宁夏当铜匠，起五更睡半夜干了二十多年，不够债主周士和的利钱，当初借周士和不过五元银洋，结果把家产卖光，又卖了妹子来还账！坪水村王水和他娘（一个穷老太太）本是来听会，也随着呜咽着诉起自己的苦来。

> 为使诉苦的人更清楚地认识自己痛苦的根源是封建剥削，领

----

① 《中共冀中区党委关于土地改革第一阶段几个问题的经验介绍》，1946 年 12 月 1 日。

导上进行了及时的启发，让大家展开讨论。比如马坪头村李海水，当过十六年长工，他觉得这是"命"，并以为地主还不错，曾给他娶了个媳妇。领导上提出"为什么人家给他娶媳妇"的问题，大家根据事实热烈争论起来，最后李海水恍然大悟：人家不是为他娶媳妇，而是要用个老妈子和做饭的！同时也拿这拴住了他，让他死心受一辈子！①

冀中区的宁晋县发动群众诉苦时，从小组诉苦开始，一直诉到农民大会，并在各式各样的会议上诉苦。通过诉苦，群众"越诉越痛、越痛越伤、越伤越气、越气越起火、越起火劲越大，经过诉苦群众的情绪高起来，斗争自然易于掀起"②。

3. 清算与献田

土地改革的目的在于实现"耕者有其田"。那么，田从哪里来？"五四指示"后的土地改革中，各解放区除了没收大汉奸和恶霸地主的土地外，主要是采取清算、地主献田和征购等方式来解决农民的土地问题。其中，清算是最普遍的方式。

采取清算的办法解决农民的土地问题，即利用清算租息，清算额外剥削（如大斗进小斗出），清算无偿劳役，清算转嫁担负（如应由地主担负之地亩捐，转嫁于农民担负），清算霸占吞蚀，清算人权污辱（如地主强奸和霸占农民妻女）等种种方式，使地主的土地在偿还

---

① 《一个诉苦大会》，《人民日报》1946 年 6 月 5 日。
② 《中共冀中区党委关于土地改革第一阶段几个问题的经验介绍》，1946 年 12 月 1 日。

欠债、交纳罚款、退回霸占、赔偿损失等合法名义下，折算或出卖到农民手里。1946 年 5 月 19 日，中共中央情报部在给中共中央东北局指示中，介绍了关内各解放区开展清算运动的经验，并且认为："清算运动不仅可以用来清算敌伪及汉奸土地，而且可以用清算方式解决地主阶级的土地。"① 随后，各地在关于贯彻"五四指示"的过程中，都对如何开展清算作出了具体的规定。

中共中央华中分局提出，根据华中各地的情形，为了实现耕者有其田，应执行如下办法：（一）毫不犹豫地没收和分配大汉奸用地，包括汉奸原有土地及倚仗敌势欺压霸占侵吞及购买之全部土地；（二）彻底实行减租减息，允许地主以土地抵偿债务，在保障佃权中允许地主与农民按三七或二八比价分地自耕，押租重者，可按押租退田；（三）发动农民与地主清算旧账，目的在算出地主阶级土地，对象是汉奸豪绅、恶霸、地主及高利贷主。内容大致是算租息、算剥削、算负担、算霸占、算敲诈、算侵吞，有物证可以算，有人证亦可以算，清算后一律以土地抵还；（四）赞助地主献田给农民，不问其动机如何，献出土地都应交给农会，经过群众讨论统筹公平分配；（五）基础不巩固的边区，在减租减息运动中鼓励农民赎田买田；（六）清查地主瞒报土地分给农民。②

6 月 15 日，冀鲁豫行署发出《关于发动群众工作的再次指示》，对减租减息和反奸清算的内容作出明确规定：（一）没收大汉奸的

---

① 《中共中央情报部关于解决土地问题的方式给东北局的指示》（1946 年 5 月 19 日），《解放战争时期土地改革文件选编（1945—1949）》，第 13 页。

② 《华中分局关于贯彻党中央"五四"关于土地政策新决定的指示》（1946 年 5 月 28 日），《中国土地改革史料选编》，第 254 页。

财产，除留一部分维持其家庭生活外，分配给复员、退伍、荣誉军人，贫苦军属、工属和贫苦群众；（二）恶霸、地主非法所得及其非法行为使群众遭受的一切损失，应予清算和赔偿；（三）依政府减租减息法令规定的租额与年限彻底减租，其超经济额外剥削应予清算；（四）1942年以后成立的租佃契约，从契约成立之日起，按政府减息法令予以清算；（五）地主隐瞒的黑地或为逃避负担假卖、假当的土地一经查出，按原有地总数计算，追交其历年所欠的全部负担，并依情节轻重给以一至十倍的处罚；（六）豪绅地主灾荒期间以贱价取得群众之土地，准予群众赎回。①

中共中央华东局在《关于彻底实行土地改革的指示》（即"九一指示"）中指出，应通过没收敌伪和大汉奸土地及大汉奸的黑地和霸占的土地，清算地主阶级在抗战期间所欠农民的负担、劳役、侵吞、敲诈、利涨准折，以汉奸恶霸豪绅为主要对象，"凡有人证物证皆可清算，清算后地主则出卖土地来清偿债务"，清算之后地主尚有余额土地者由政府征购等方式，实现耕者有其田。②

从上述各解放区的文件中可以看出，在"五四指示"之后各地进行的土地改革中，清算是解决农民土地问题的主要方式。那么，清算是如何具体进行的，晋冀鲁豫解放区的冀南区鸡泽县的北风正村便是一例。

北风正村共有210户，898人。其中地主18户，富农21户，

---

① 冀鲁豫边区革命史工作组：《冀鲁豫边区革命史》，山东大学出版社1991年版，第580—581页。

② 《华东局关于土地改革的指示》（1949年9月1日），《中国土地改革史料选编》，第302页。

共占全村总人口的 26.25%，占有全村土地的 52.5%；中农、贫雇农合计占全村人口的 73.73%，占有全村土地的 47.5%。这个村以前为游击根据地，1944 年解放后，曾通过减租清债、反贪污恶霸运动，有部分群众赎回了土地，使地主富农的封建剥削有所削弱。土地改革开始时，这个村的地主人均占有土地 11.61 亩，且是地质最好的土地，而雇农、贫农和中农人均只有土地 3.4 亩，且多是地质不好的土地。因此，群众普遍要求彻底进行减租清算，解决土地问题。

从 1946 年 5 月起，北风正村按照"五四指示"的精神，开展清算运动。此次清算的内容是：没收罪大恶极的汉奸、恶霸、国民党特务、地主的土地财产；清算不法地主富农假当、假卖、逃避负担的土地，及他们吞没的公地、绝户地等；清算不法地主的黑地和负担不公、贪污、讹诈、欺压群众等问题；追算一般地主富农封建剥削的地租、工资、利息、劳役剥削等；赎回农民因灾荒、欺压被迫失掉的土地、房屋、牲畜等。

清算的做法是：对 5 户罪大恶极的汉奸、恶霸、国民党特务、地主，在经群众斗争后没收其土地财产，但给其家庭每人重新分配 4 亩多的土地，留给生活出路；对一般地主，只进行说理算账，按其家庭土地、财产及生活状况赔偿群众，算账后一般给予其留给人均 6 亩多的土地；对 5 户孤寡地主，群众没有算账，每户仍留有人均 11.19 亩的土地。对富农只算工资、利息，有其他非法损害群众利益者，只清算其封建剥削部分，保留其自耕部分，21 户富农共被清算出土地 191 亩，其中有 87 亩是卖出还账的。

通过清算，该村共算出土地 1247.72 亩，基本群众分得 973.19 亩，其中 9 户富裕中农得地 13 亩，失地 12 亩；86 户中农得地 301 亩，失地 50 亩；6 户贫苦中农得地 25.7 亩；60 户贫农得地 553.75 亩；10 户雇农得地 99.52 亩。清算之后，全村 18 户地主中除 1 户 6 口人有 60 多亩地外，其余的地主人均 6.99 亩，从数量上看比农民土地多，但其土地质量较差。旧富农人均土地 6.66 亩，较清算前减少了 1.75 亩；富裕中农人均土地 6.657 亩，比原来增加了 0.016 亩；中农人均 5.624 亩，比原来增加了 0.79 亩；贫农人均 4.34 亩，增加了 2.25 亩；雇农人均 4.54 亩，增加了 4.33 亩。[①]

土地改革运动的初期，除了用清算的方法使地主拿出土地财物之外，还有一部分开明绅士和中小地主主动献田，即将一部分或大部分土地交给民主政府分配给农民。

抗日战争时期，各解放区在政权建设上普遍实行"三三制"原则，各级抗日民主政府和参议会中，都有相当数量的开明绅士（拥护抗日的地主），有的还担任了比较重要的职务，如陕甘宁边区的李鼎铭担任边区政府副主席，晋绥边区的刘少白担任边区参议会的副议长。同时，也有相当数量的地主富农家庭出身的知识分子和青年学生，投身革命，经过几年的锻炼，他们中不少人加入了共产党，成为各级干部。"五四指示"宣布在解放区实行"耕者有其田"的政策后，一部分开明绅士主动献田，也有一些地主家庭出身的干部劝说其家庭献出了部分土地。

例如，晋冀鲁豫解放区的太岳区翼城县委书记王唐文，家庭是垣曲县的著名地主，"五四指示"后，王唐文即动员家庭主动向佃户进

---

① 《北风正村如何实现了耕者有其田》（1946 年 8 月 24 日），《中国土地改革史料选编》，第 288—291 页。

行减租减息，由垣曲农会组织村干部佃户 200 余人到他家进行了 5 天的详细清算，王家将庄田 8 处共土地 500 余亩、窑房 30 座、耕牛 20 头、粮食 50 余石、现洋 300 元，退还给 30 余家佃户，家中仅留土地 38 亩、窑房 6 座。垣曲县经济局长文中流亦说服其父将 3 处庄田 200 余亩、耕牛两头、草棚 3 座、窑 12 孔献出，只留下 8 亩土地维持生活。[①] 在太行区也有不少干部自动献田或说服家庭献田，"有和顺公安局副局长郝殿桐献田 90 亩，武乡一区东庄村妇救常委赵焕莲劝夫献田 50 亩，平顺县政府督学董之庆献田 5 亩，壶关参议会副议长郭暑新献田 6 亩及房一座，和顺二区高邱村武委会主任郭乃和献田 26 亩，村长郭所周献田 27 亩、房 12 间。左权剧团团长赵怀义动员其父献出元宝 15 个、银洋 150 元、羊 50 只。""又该县石台头村地主李金柱拿出土地 20 亩献给自己的雇工与两户赤贫，并交出原契纸，以表决心。"[②]"磁县六区南贾璧、上寨、水峪子、北岔口四村，即有干属及开明士绅献出 277 亩，县政府科员王汇同志献田 30 亩，房子 24 间，平汉铁路局副局长田裕民同志之父田际虞先生献出田 151 亩，深得群众拥护。"[③]

"五四指示"传达后不久，苏皖解放区开明绅士及各级干部便开展了献田运动。苏北名绅、苏皖边区临时参议会议员邹鲁山首倡献田，自动献出 110 亩土地，分给无地贫民，仅留 20 亩作为家庭生活必需。淮宝县县长万立谷献田 20 亩，中共淮宝县委宣传干事佟陇余献田 80 亩，县仓库负责人高慈航献田 100 亩，南宁区长万寿康献田

① 《各地党员干部首起模范，纷纷献田给贫苦农民》，《人民日报》1946 年 8 月 1 日。

② 《彻底帮助群众翻身，太行干部献田成热潮》，《人民日报》1946 年 9 月 4 日。

③ 《冀南太行干部热烈献田》，《人民日报》1946 年 9 月 14 日。

2000亩。中共淮安县委干部许邦宪说服家庭献田900亩。中共射阳县委组织部长陈宗烈，将家里400多亩地，除留下兄弟两家人口需用之五六十亩外，也全部分给佃户；该县海河区小尖村开明地主路皮祯，献出良田100亩；新坍区地主徐以达将其1100多亩田全部献出。苏皖边区政府民政厅厅长陈荫南也将其土地1135亩交给农会，分赠给少地无地农民耕种。他在赠送土地时致函称："我在边区工作与广大农民同胞相处八年，得一深刻认识：言抗日必须靠农民，言建国亦须靠农民，广大农民为我国革命之基本动力……应使无地或少地之农民获得土地，加紧生产，提高生产力与进一步提高生产情绪。"对陈荫南献田之举，华中《新华日报》曾发表社论予以称赞，认为"这是解放区的光荣"①。

1946年7月下旬，时任晋察冀解放区察哈尔省高等法院院长的阮慕韩（中共党员），协同叔父在其老家怀来县柴沟堡召集群众大会，当场宣布除留少部分自耕外，愿将全部土地3200亩无代价分给贫苦农民耕种。中共晋察冀中央局为此致函阮慕韩予以奖贺。继阮慕韩献田之后，宣化县县长李锋也将祖田130余亩献出。中共宣化县一区区委书记冷天贵亦献田54亩。该县常庄子村地主张志解、张志孝，段地堡村地主刘成章、马右荣等，献田463亩。宣化三区马神庙街地主王正明亦献田54亩。②

据《东北日报》报道："继安东省副主席刘澜波之后，副主席吕其恩、实业厅长李大璋二氏说服家庭，献出祖田。李厅长于4月间即

① 《实现孙中山耕者有其田主张，苏皖士绅干部热烈献田》，《人民日报》1946年7月27日。
② 《察哈尔高等法院院长阮慕韩献田三千余亩》，《人民日报》1946年8月2日。

说服家庭献出 220 亩，7 月又献出 360 亩。李厅长家有十几口人，不足 700 亩祖产，剩余几十亩由患肺病的一个残疾弟弟经营……吕副主席……最后下了决心全家 12 口人只留下 48 亩，把 110 亩亲手置下的良田献给县政府和县农会，委托他们去献给无地少地的贫苦农民。"①"（安东）凤城城厢区的开明地主士绅，纷纷献田，拥护政协'耕者有其田'决议。截至 8 月 27 日，十天间献田的地主，计有省行政委员蔡贡之、省参议员鄂禹忱、县行政委员赫文博、翰墨村军属伊聚五及王贯一、佟关氏等 40 人，共献田 20300 亩零 1 分，另外献出房屋 291 间半，献田最多的为王贯一，计旱田 1021 亩，山地、山林、山场 4968 亩 5 分。"②

其他各解放区也有一些开明绅士自动献田。据统计，到 1946 年 8 月，各解放区开明绅士等共献地 33200 余亩。③

除了开明绅士和干部家属主动献田外，也有部分普通地主基于各种原因献田。例如东北解放区的吉北地区，从 1946 年 9 月至 11 月三个月的土地改革运动中，共分配了 16.3652 万垧地给了 30 万无地或少地的农民，这批土地中，"斗争出来的土地占 66%。献地占 34%"。献地的情况有三种：一种是"由于清算斗争所逼迫"，地主们认为天下已经不是富人的了，地在自己手中反正也保不住，有的地主则是怕负担重，"地多怕麻烦怕惹事"，"这种被迫献地的占大多数"；另一种是投机的，把较坏的地拿出来好地留下，"小恩小惠做好人，使群众不向自己斗争"；再有一种是自愿，他们赞同耕者有其田的政策，

---

① 《安东刘吕主席等倡导下，献田运动广泛展开》，《东北日报》1946 年 9 月 7 日。
② 《安东凤城开明地主士绅献田两万三百余亩》，《东北日报》1946 年 9 月 10 日。
③ 杜润生：《中国的土地改革》，当代中国出版社 1996 年版，第 168 页。

"认识了土地政策是趋势，这种人多属知识分子"，但这种人"是个别的"①。

1946年10月以后，随着内战的全面升级，在国共两党的较量中，阶级营垒日益分明，献田的方式取得土地不但数量有限，不能满足农民的土地要求，也容易模糊阶级界线，不能有效地动员广大农民同地主阶级作斗争，故此后土地改革中不再采取献田的方式。

4. 陕甘宁边区的土地征购

1946年5月4日，中共中央发布《关于土地问题的指示》即"五四指示"，决定将抗日战争时期的减租减息转变实行"耕者有其田"的土地政策。这是中共土地政策的一个重大改变，中共党史上著名的土地改革运动亦由此启动。"五四指示"提出的实现"耕者有其田"方式，主要是"群众在反奸、清算、减租、减息、退租、退息等斗争中，从地主手中获得土地"②。陕甘宁边由于其特殊性，则一度试行过利用土地公债征购地主土地由农民承购的方式。

最早提出这个问题的，是1946年6月27日毛泽东起草的给周恩来、叶剑英的电报，其中说："中央正考虑由各解放区发行土地债券发给地主，有代价地征收土地分配农民。其已经分配者，补发公债，如此可使地主不受过大损失。惟汉奸、土豪劣绅、贪官污吏、特务分

① 《吉北土地斗争情况》（1946年12月17日），《吉北的曙光》，中共吉林省委党史研究室1990年编印，第190页。

② 《关于土地问题的指示》（1946年5月4日），《刘少奇选集》上卷，人民出版社1981年版，第378页。

子不在此例。你们可向中间派非正式地透露此消息。"①

7月19日，中共中央在《关于向民盟人士说明我党土地政策给周恩来、董必武的指示》中也说："我党中央正在研究和制定土地政策，除敌伪大汉奸的土地及霸占土地与黑地外，对一般地主土地不采取没收办法，拟根据孙中山照价收买的精神，采取适当办法解决之，而且允许地主保留一定数额的土地。对抗战民主运动有功者，给以优待，保留比一般地主更多的土地。"②

同一天，中共中央发出《关于要求各地答复制定土地政策中的几个重要问题的指示》，就土地改革中的几个重要问题征求各中央局、分局的意见，并提出解决农民土地问题的若干具体办法，其中明确提出"地主土地超过一定数额者由政府以法令征购之"，并提出了具体的征购设想。如地主可保留一定数额的土地免于征购，其保留数额，根据各地土地的多寡，由各地政府规定，但为了真正使地主在土地改革后能够生活，可以考虑地主每人所保留的土地等于中农每人所有平均土地的两倍（即超过一倍，如中农每人三亩，地主每人可保留六亩）；凡在抗日期间，在抗日军队与抗日民主政府中服务及积极协助抗日军队与抗日民主之地主，应给以优待，每人保留免予征购之土地，可多于一般地主所保留者之一倍左右；每户超过一定数额的土地之大地主，其超过定额之土地，以半价或半价以下递减之价格征购之；政府征购地主土地的地价，由各县政府和当地地主与农民代表大

①　中共中央文献研究室：《毛泽东年谱（1893—1949）》下卷，人民出版社、中央文献出版社1993年版，第99页。

②　《中共中央关于向民盟人士说明我党土地政策给周恩来、董必武的指示》（1946年7月19日），《解放战争时期土地改革文件选编（1945—1949）》，第19页。

会参照当地土地市价与土地质量之不同评议规定。对于征购办法，中共中央设想由政府发行土地公债，交付地主地价，分10年还本。公债基金或者由得到土地的农民担负一部分，农民每年向政府交付一定数量的地价，分为10年至20年交清，另一部分由政府在自己的收入中调剂。或者根本不要农民出地价，由政府在整个财政税收中调剂。除公债办法外，在抗日战争期间，地主负欠农民的债务，农民亦可当作交付地价折算。[①]

中共中央还在同月起草了《为实现耕者有其田向各解放区政府提议》，交各地区讨论并征求意见，其中也提出："凡地主的土地超过一定数额者，其超额部分由政府发行土地债券，并以法令征购之。"至于地主保留土地的数量、土地价格、公债基金的来源等，与7月19日指示大体相同。中共中央还向各解放区提议：除了法庭依法判决剥夺其公民权者外，所有依法被征购、征收土地的地主，其公民权不受侵犯，凡依法实行并积极赞助土地改革的地主应予奖励。不论是地主还是农民，依法保留之土地及分得之土地的地权及其他财产的所有权均受政府法律的保障，不得侵犯。[②]

随后，有的解放区也提出可用征购地主土地的办法实现耕者有其田。中共中央华东局在这年9月1日作出的《关于土地改革的指示》提出："为满足农民土地要求，顺利实行耕者有其田，并争取全国广大阶层对我党土地改革政策的同情，对于地主土地超过一定数额者，

[①] 《中央关于要求各地答复制定土地政策中的几个重要问题的指示》（1946年7月19日），《中共中央文件选集》第16册，第253—254页。

[②] 《中共中央为实现耕者有其田向各解放政府的提议》（1946年7月），《解放战争时期土地改革文件选编（1945—1949)》，第21—26页。

由政府依法令征购之，其具体办法由政府公布。在实行中必须把群众清算运动与政府征购互助结合，相辅而行。如在新解放区，应以清算为主，清算后地主尚有余额土地者再行征购。老解放区曾经清算而地主尚有余额土地者，一般采用征购办法，勿再从事清算，以免地主发生疑惧。"① 同年 10 月 25 日，中共领导的山东省政府发布《山东省土地改革暂行条例》，亦提出地主土地经清算、献田后所余超过规定数额者，由政府酌量征购，并规定了征购办法。②

接到中共中央 7 月 19 日的指示后，各解放区对此意见并不一致。据同年 9 月 21 日中共中央对山东解放区土地改革所作出的指示："中央关于征购土地提议，有些地区要求暂缓发表，以免影响群众的反奸清算运动。有些地区要求提早发布，其主要目的是为了在老区内解决抗日地主、抗属地主的土地。"③ 这里所说的"有些地区要求暂缓发表"就目前所公布的材料来看，主要是东北解放区。因为同年 8 月 30 日，中共中央东北局致电中共中央，认为东北根据地尚未建立，目前的中心是要放手发动群众，集中火力打击大汉奸、豪绅、恶霸大地主、顽匪头子，并在群众压力下，迫使一般地主拿出土地，使无地和少地的农民直接地无代价地获得土地，否则将不可能在年底以前创造初步根据地的规模。"因此如果最近中央以发行土地公债征购地主多余土地

---

① 《华东局关于土地改革的指示》（1946 年 9 月 1 日），《中国土地改革史料选编》，第302 页。

② 见《山东省政府关于公布山东省土地改革暂行条例的命令》（1946 年 10 月 25 日），中共山东省委党史研究室：《解放战争时期山东的土地改革》，山东人民出版社 1993 年版，第 215 页。

③ 《中共中央对山东土地改革的指示》（1946 年 9 月 21 日），《中国土地改革史料选编》，第 315 页。

的办法，即公开发布，则我们提议，在东北可在实际上推迟一个时期执行。"① 由于各解放区对此意见不一，中共中央乃"将各地意见研究之后，认为目前暂不公布为有利，等过了阳历年各地将土地问题基本解决之后，再看情况决定发布问题"②。

就在"五四指示"发布不久，全面内战爆发。尤其这年 10 月 11 日，国民党军占领晋察冀解放区首府张家口，国民党政府于当天宣布于 11 月 12 日召开所谓的国民大会。在这种情况下，国共关系的完全破裂已不可避免，通过谈判的方式实现国内和平的可能不复存在。11 月 21 日，毛泽东与刘少奇、周恩来谈话，认为"前一段时间，在中国人民中间以及在我们党内都存在着内战打不打得起来的问题，人们都希望国共不打仗，现在这个问题已经解决了""剩下的便是我们能不能胜利的问题了"，而"要胜利就要搞好统一战线，就要使我们的人多一些，就要孤立敌人"。那么，如何对待农村的地主阶级，毛泽东明确提出："搞土地改革并不影响我们团结地主，抗战时期减租减息也得罪了地主，但仍可以团结他们。"③ 正是基于既要进行土地改革，以进一步动员和组织广大农民，同时搞好统一战线，团结争取地主的考虑，陕甘宁边区于 1946 年冬进行了土地征购的试点。

陕甘宁边区采取征购的办法进行土地改革，是由其特殊情况决定的。这里有一半地区在土地革命战争时期就已经建立根据地，早已

---

① 《东北局关于土地问题对各阶层政策的意见》（1946 年 8 月 30 日），《中国土地改革史料选编》，第 309 页。

② 《中共中央对山东土地改革的指示》（1946 年 9 月 21 日），《中国土地改革史料选编》，第 315 页。

③ 《要胜利就要搞好统一战线》（1946 年 11 月 21 日），《毛泽东文集》第四卷，人民出版社 1996 年版，第 196—198 页。

分配了土地，在这些地区，地主和旧富农已基本不存在。另一半地区虽未经土地革命，但在抗日战争时期已进行比较彻底的减租减息，地主和旧富农的剥削受到了很大削弱，而且边区也未被日军占领过。鉴于这种特殊性，陕甘宁边区决定以征购这种和缓的方式贯彻"五四指示"。

自中共中央提出通过发行土地债券以法令征购地主土地的方案后，陕甘宁边区就开始考虑采用土地公债的方式解决土地问题的具体办法。据习仲勋 1947 年 11 月在边区土地会议上的报告，陕甘宁边区的土地征购，"去年 8 月酝酿，11 月试办，12 月公布条例，目的仍是坚决最后消灭封建。只是试着探索出一种比较稳妥的办法。"[①]

陕甘宁边区于这年八、九月间开启了试行土地公债的调查。笔者在陕西省档案馆见到一份无作者署名、时间为 1946 年 9 月 17 日的《关于利用公债办法解决土地问题的初步调查——绥德县延家岔土地问题调查之一》。据这份调查材料介绍，该村共有 91 户 428 人，其中地主 17 户，中农 16 户，贫雇农 58 户，共有土地 846.5 垧（其中包括地主在外村的 283.5 垧），以全村人口计 428 人计，平均每人有 1.98 垧地，不足 2 垧。全村共有窑洞 267 孔、房子 24 间。抗日战争期间，该村的土地关系发生了很大的变化，1940 年时延家岔全村共有土地 1792 垧，而此时只剩下 530.5 垧，6 年共出卖 1261.5 垧。这主要是由于减租减息政策和合理负担政策的影响，地主占有的土地多，意味着需要交纳的爱国公粮亦多，于是将土地典卖而将所得收入用于发放高利贷，导致地主占有的土地大为减少。与此同时，地主出卖的土地大多

---

① 《习仲勋同志在土地会议总结报告提纲》，1947 年 11 月 23 日。

转入贫雇农手中。

延家岔村 1943 年以来土地变动情况（单位为垧）

年份	共典卖土地			典买成分及土地数							
	本村	外村	合计	中农		贫农		雇农		佃农	
				户数	地数	户数	地数	户数	地数	户数	地数
1943	33.5	275.5	309	25	94.5	38	190.5				
1944	66	317	383	21	75.5	36	185.5	2	1.5		
1945	36	188	780.5	11	49.5	14	79.5	1	2	1	2
合计	135.5	780.5	1472.5	57	219.5	88	455.5	3	3.5	1	2

从上表可以看出，该村 1943 年以来地主的土地大量减少，中农和贫农的土地有了较大增加，但贫雇农的土地仍然偏少，仅为全村平均数的四分之一多一点，而地主的土地是贫雇农土地的 10 倍多，这也从一个侧面反映出当时解决农民的土地问题有其必要性。

据调查组了解，17 户地主从其政治面貌来看大体可分"开明""抱中间态度"和"比较狡猾"三类，他们对于解决土地问题的态度也是不尽相同。开明的地主对于解决土地问题提出了两种意见：一是献地，理由是献地完全出于自愿，地主献出的地交由公家处理；二为政府用公债购买，他们说，用公债购地对穷人好，穷人一下拿不出钱，给地分几年还地价，这是非常妥善的办法，但公家绝不能把地给"二流子"，一定要交给老实的穷苦人。至于地价评定权应交给农会，由农会根据土地的好坏分上、中、下三等定价。也有少数地主提出，公债买地价格应该高些，因为不是当下交易，而是分开几年交，地价低了太吃亏了，如私人买地 1 垧 1 石 5 斗米，公债买地应是 1 石 8 斗才好。至于留地，地主们的意见是由农会按家庭人口、劳动力、是否有别的职业等确定，有劳力的应多留地，没劳力的少留地。抱中间态度的地主说，还是献地好。献地出于自愿，省得公家麻烦。比较狡猾的地主则说，要解决土地问题干脆实行分配土地的办法，给地主留 5 年的度用，剩余的一概归公所有。贫雇农阶层都赞成用公债的办法购买地主多余的土地，然后合理分配给农民。他们说："公债买地不光给穷人解决土地问题，就是对地主也有利。他们的地虽然减少了，可还有钱在呢，这对他们来说比过去土地革命强。"还有的贫雇农说，用公债解决土地问题比减租来得快，如果土地问题解决了，什么问题都解决了。全村 17 户中农，有 11 户对用什么方式解决土地问题发表了意见，其中 7 户赞成用公债的方式，4 户认为还是献地的方式好。①这份材料大体反映出了社会各阶层对于土地征购的态度。

1946 年 10 月底至 11 月初，陕甘宁边区第三届政府委员会召开第二次会议。边区政府主席林伯渠在政府工作报告中指出："在土地未分地区，为了迅速适当满足无地或少地农民的土地要求，应普遍进行查租和贯彻减租保佃，并试行土地公债，征购地主超额土地，在现耕基础上调剂给无地和少地农民，以达到耕者有其田。"②就是在这次会议上，边区政府副主席、著名开明绅士李鼎铭就减租情况及土地问题作报告时亦强调：历年来边区土地已有很大变化，地主土地已大部转移到农民手里，但有一部分地主仍占有相当数量的土地，

---

① 《关于利用公债办法解决土地问题的初步调查——绥德县延家岔土地问题调查之一》，1946 年 9 月 17 日。

② 林伯渠：《在第三届政府委员会第二次会议上的报告》（1946 年 10 月 29 日），甘肃省社会科学院历史研究室编：《陕甘宁革命根据地史料选辑》第 3 辑，甘肃人民出版社 1983 年第 1 版，第 181 页。

进行着残酷的封建剥削，因此，今后必须继续贯彻减租，并且建议"为了实现耕者有其田，试行土地公债，以调整地主超额土地的办法，交由政委会讨论并订出初步试行办法"①。11月5日，陕甘宁边区政府委员会作出决议："贯彻土地改革，实现耕者有其田。这一工作是发动群众积极参军参战发展生产的中心一环，也是一切备战工作的枢纽。本会一致同意李副主席发言中提出的在土地未经分配区域以贯彻减租，并采用土地公债征购地主超额土地的办法，以消灭封建剥削，实现耕者有其田。"②

1946年9月底，陕甘宁边区政府通过试行土地公债的决议后，便开始拟定《陕甘宁边区土地公债试行办法草案》。在最初拟定的办法草案中，试图一方面解决农民土地问题，另一方面又不破裂与地主的关系，给予地主留下较多的土地。如笔者见到该草案的1946年10月30号稿第四条规定，地主应留地额，依下列规定：

一、一般地主留地为按其家中每人平均亩数比当地中农每人平均亩数多百分之五十至一倍（即中农每人6亩，地主每人是9亩至12亩），并注意留给部分近地与质量较好之地。

二、雇人耕种之地主应留地额按其家中每人平均数比当地中农每人平均数多一倍至二倍（即中农每人6亩，地主每人12亩至18亩），但出租部分不在此例。

三、自力耕种之地主，除将其自力耕种的土地全部留下外，仍按

---

① 《李鼎铭文集·纪念·传略》，中共中央党校出版社1991年版，第62页。

② 《陕甘宁边区政府第三届第二次政府委员会决议》（1946年11月12日），陕西省档案馆、陕西省社会科学院合编：《陕甘宁边区政府文件选编》第11辑，档案出版社1991年版，第16页。

前一款之规定留给一般地主应留之地。

另外，最初拟定的条例草案第五条提出，在抗日战争及自卫战争中对边区建设有功勋者，或者参加 3 年以上革命工作之干部，其家庭系地主者，应予留地比当地中农多一倍至两倍，但只限于本人及直系亲属。第六条提出，地主家庭为鳏寡孤独者，留地时应予酌情照顾；第七条提出，地主家在边区外者，应按其区外之家庭生活状况及参照上述第四条标准，酌予留给适当的土地，其留给部分，在地主未来边区经营前，由当地政府代为经营。这些对于地主照顾性的规定，边区政府在正式发布征购土地条例时有很大的改变（如地主留地不是中农平均亩数多 50% 至 1 倍，而是明确为多 50%；对雇人耕种之地主应留地额按不另作特殊规定等）。

1946 年 12 月 20 日，陕甘宁边区政府正式公布《陕甘宁边区征购地主土地条例草案》（以下简称《条例草案》），要求"在未经土地改革区域，发行土地公债，征购地主超过应留数量之土地，分配给无地或少地之农民，达到耕者有其田之目的"。

关于征购的对象及地价的确定，《条例草案》规定：凡地主之土地超过下列应留数量者，其超过部分均得征购之。（一）一般地主留给其家中每人平均地数应多于当地中农每人平均地数之百分之五十。（二）在抗日战争及自卫战争中著有功绩之地主，留给其家中每人平均地数应多于当地中农每人平均地数之一倍。（三）地主自力耕种之土地不得征购。《条例草案》还规定：地主如经献地后，所留土地超过应留地数者，其超过部分仍须征购之。不足应留地数者，由县政府呈请边区政府酌予补发部分公债。富农土地不得征购。一切非地主成分因无劳动力而出租之土地，亦不得征购。

征购地主土地的地价，由当地乡政府协同乡农会及地主具体评定。其评定标准，按各地地价与土地质量之不同，最高不得超过该地平年两年收获量的总和，最低不得低于该地平年一年收获量。地广人稀区域或新开荒地的地价评定标准，不受前项规定的限制。《条例草案》同时规定：被征购土地的地价，采用超额递减办法，地主每人平均所得地价在 5 石以下者，给全价；超过 5 石以上至 10 石者，将超过 5 石之数目，减给 80%；超过 10 石以上至 15 石者，将超过 10 石之数目，减给 60%；超过 15 石以上至 20 石者，将超过 15 石之数目，减给 40%；超过 20 石以上至 25 石者，将超过 20 石以上之数目减给 20%；超过 25 石以上至 30 石者，将超过 25 石以上之数目减给 10%；超过 30 以上者，其超过部分不再给价。

关于土地的承购，《条例草案》规定：政府征购的土地，按征购原价的半数分配给无地或少地的农民。承购地价分十年付清，家境贫苦无力缴付者，经县政府呈请边区政府批准后可予免付。土地的承购应以现耕为基础，进行合理调剂，使每人所有土地数量与质量，达到大体的平均。原耕地之贫苦佃农及雇农，家境贫苦之革命死难者之遗族，现役军人之直系家属及复员退伍军人，有承购土地之优先权。以上人员每口承购的土地数，连他自己的土地，一共不得超过当地中农每人平均地数。土地承购以乡为单位，在可能与必要时，县政府可在邻近乡进行调剂之。①

1946 年 12 月 28 日，陕甘宁边区政府发出指示信，再次强调："为深入战争动员奠定胜利的坚实基础"，必须"迅速彻底完成土地改革"，

---

① 《陕甘宁边区征购土地条例草案》，《人民日报》1946 年 12 月 26 日。

土地未分配地区，"以贯彻减租并采用土地公债征购地主超额土地"。指示明确表示，现在凡已普遍完成彻底减租的地区如绥德分区各县，首应普遍征购分配；陇东分区之庆阳、合水、镇原三县，安边、富县及关中分区各县未分配土地地区，应在继续发动群众深入查检的基础上进行征购分配，务须于1947年春耕之前彻底完成土地改革。[①]

《陕甘宁边区征购地主土地条例草案》公布后，陕甘宁边区的绥德、庆阳、关中三个分区随即派出干部，组成工作团，深入未经分配过土地的县、区、村开展土地征购试点。米脂县河岔区六乡、绥德新店区贺家石村的试点有其代表性。

米脂县河岔区六乡有456户，共有土地10096垧（包括地主在外乡的土地），全乡共有地主77户。河岔区六乡地主集中在杨家沟村，该村共有地主63户。这77户地主占有土地最多时曾达3万余垧，"近年来由于减租减息和负担政策的实施，土地就逐渐减少了"。截至实行土地公债试点时，77户地主占有土地8240垧。之所以选择杨家沟作为试点，因为这里"地主最集中，斗争最复杂最尖锐，问题最多"，同时杨家沟地主的土地分布于米脂各区及绥德等县，"为了取得广泛经验，与便于其他地方的普办"。

此次试点是从1946年11月29日开始的，共费时24天。参加工作团的共有57人，其中延安工作团12人，绥德分区4人，米脂区乡干部29人，全团分为4个工作组。试办过程大体分为宣传动员、调查讨论研究和征购地主土地三个阶段。

宣传动员主要是"一般的时事教育与条例解释"。针对"地主盼

---

① 《陕甘宁边区政府指示信》（1946年12月28日），甘肃省社会科学院历史研究室编：《陕甘宁革命根据地史料选辑》第三辑，甘肃人民出版社1983年版，第203页。

变天，农民怕变天"，在时事教育中，对地主的教育主要是"打破幻想，使他们认识我们的力量及政策"，对农民"主要是使他们认识共产党有必胜的力量"。同时向地主说明土地问题一定要解决，土地公债的办法即照顾农民又照顾地主，公债明年就能抵交公粮，对农民的宣传"着重挖穷根，并教育阶级观念"，并明确告诉农民实行土地公债不是平分土地。

在宣传过程中，分别召开地主会和农会会。在地主会上，工作团进行条例解释后即征求地主的"疑问与意见，了解他们的态度"，而且要做到"多发问少解释"。地主马醒民第一个发言，说土地征购条例很完善，很细致，不过土地问题做起来很复杂，不容易。工作团的人就问他："办的当中，你们觉得有哪些困难？"有地主提出，定土地的上、中、下就难，他们的土地到了农会手中就会没有上地，并且提出公债能不能抵交全年的公粮、公债票是否要拿出实物来还债、现在没有办法交公粮是否让卖地、地主中的老弱孤贫是否留一样的地、留的地是否可以自己处理、留的地不能够还债怎么办等一系列问题。提出这些问题后，地主们纷纷诉苦。工作团表示这些问题会具体调查研究，同时为避免将宣传会变成地主诉苦会，工作团主动转变话题，便问地主们土地公债实行后怎样生活，得自己种地还是雇人种地，以后是经商还是干别的？于是有的地主说，自己雇了长工，慢慢学会种地；也有的说，我们这些人读书多，经商不会，希望政府能帮助找些工作；还有的说，慢慢地学做些事情，不能像以前那样住在家里。

据工作团了解，进行土地公债的宣传后，各阶级阶层的态度明显不同。地主们"表现很稳重，很少发表自己的意见"，但对工作团说话都很注意，并且"都是哭穷，租子收不齐，公粮交不出，债务还不起，对土地公债表面上赞成，实质上怀疑和不满"；因为条例明确宣布不征购富农的土地，但富农们仍然"表现不放心"；中农则觉得自己轮不到买地，因而"态度平淡"；贫苦农民"都很兴奋"，认为这下可以翻身了，同时要求地主的地不要全部留在乡上，否则农民无地可分。

试点的第二阶段是定成分，同时确定土地的等级与地价。由于该乡地主的土地许多在外乡，一时无法确定土地的等级，试点时间又不能太长，于是工作团决定一律以中地一年的常产量作为地价，其中水地定价分两种，自来水地每垧地价为1石2斗米，非自来水地为每垧9斗米。石窑每孔6斗至2石米不等，土窑每孔4斗米，房子每间最高1斗米，至于马棚、厕所、碾磨等则随窑房不另作价。

试点的第三阶段为征购与承购。在正式征购前成立征购委员会，乡政府委员和农会主任为当然委员，在并全乡大会上选出地主与农民的代表参加征购工作。由于农民不但想买地主的地，甚至富农的地也想购买，工作团明确宣布要保存和发展富农经济，"不能有平产观念"；对地主则宣布全乡中农平均每人土地3垧，在此基础上给地主每人多留50%至1倍，并动员他们参加劳动或投资工商业。在征购过程中，根据地主土地的多少，确定留地数量，留哪块地，留在本村还是外村，最后评定征购窑房。给地主留地，根据条例的规定，分为6种情况：（一）参加革命为军、工属的地主，每人留地4垧半至6垧；（二）老弱孤寡亦留4垧半至6垧；（三）在国民党地区的地主每人留地3垧，但在外有威望者多留些；（四）根据地主的家庭人口多少劳动力情况酌情再加减；（五）破产得厉害的地主可适当照顾；（六）地主留地包括自种地和雇人耕种地。

该乡土地征购的结果，全乡77户地主中，被征购者65户，共征购土地 6950 垧（其中包括祠堂地和坟地 232 垧），征购窑 226 孔，房 39 间。[①]

绥德县新店区一乡贺家石村也进行了土地公债的试点。该村属于新占区一乡第四行政村，下分 9 个代表区。该村的地主都姓党，已传到 5 代，最盛时（清同治年间）曾达九千多垧地，到 1940 年新政权成立前，土地还有两千多垧，该村的农民则大部分为地主家的佃户。

贺家石村实行土地公债前各阶层土地占有情况

阶级成分	户数	人口	劳动力	占有土地（垧）	每人平均（垧）	每个劳动力平均（垧）
地主	7	57	3.5	1433	25.14	40.34
富农	1	15	1	58	3.566	58
富裕中农	3	17	3.5	72	4.235	20.57
中农	45	234	49	159	3.243	15.46
贫农	45	341	86	159	1.095	4.22
赤贫	3	9	2.5			
雇农	5	12	5.5	0.5	0.04	0.09
其他	1	4	0.5			
总计	110	689	151.5	1881.5	3.912	17.79

说明：表中劳动力为全劳力，两个半劳力算作一个全劳力；其他为一木匠。

工作团入村后分成三个组，分别召开三个会议，即地主会、乡村干部会和农会会。地主在会上都保持沉默，不表态，"但从他们当时

---

① 米脂县委、政府：《米脂县河岔区六乡土地公债试办总结》，1947 年 1 月 14 日。

情形及事后反映来看，都不痛快"，他们认为该献的地已经献了，其余的地应给留下，现在又有搞征购，有点过分。而乡村干部们因为多数出身贫苦，工作团说明来意后，"他们非常高兴，表示对这一工作信心很高。"至于普通农民，"大家情绪非常高，对常年产量、地价、给地主留多少地、承购土地如何分配，以及窑洞征购等问题，都热烈地讨论，提出了具体的意见。"他们提出，对于没有劳动力生活较差的地主，每人可留5垧地，而生活好的地主，最多留3垧地就可以了；买地的时应先给抗属，其次是给没地的人，最后给少地的人，至于二流子只要安心务农，也可以买些地。

在发动群众的基础上进行农户调查和定成分。调查的方式分两种：一为召开群众座谈会，二为挨家挨户到群众家里去了解情况。调查结束后，召集干部、积极分子、公正老汉来校正了解到的群众材料，地主的材料则专门召开农会干部会进行校正，其目的是搞清楚每家每户土地的数量与质量。接着再召开农会干部与村民代表联席会，逐家逐户评定成分。

定好成分之后进行土地的征购与承购。首先确定中农的土地标准为每人平均2.5 垧，主要依据是绥德全县每人平均占有耕地为 2.5 垧左右，而且本村的中农中，除失去劳动力的老年人、抗工属及富裕中农外，最高的每人平均3 垧，中等的中农家庭 2.5 垧左右，最低的为2 垧，所以中农每人平均土地为 2.5 垧比较合适。关于地价问题，因条例规定每垧地价最高不能超过两年的收获，最低不能低于一年的收获，经农会讨论，决定每垧地地价为一年半之常年收获量。[①]

---

① 《绥德县新店区贺家石村试行土地公债情况》，1946 年 12 月 11 日。

贺家石村每垧土地的常年产量及地价（该村土地全部为山地，地价以细粮石为单位）

土地等级	每垧地市价	每垧地常年收获量	现评价
上地	1	0.3	0.45
中地	0.7	0.2	0.3
下地	0.4	0.1	0.15

贺家石村土地征购后地主留地情况（单位为垧）

地主姓名	人口	劳力	土地总数	出典土地	自耕土地	雇人耕种土地	出租土地	每人应留土地	每家应留土地	实留土地	征购土地
党仲勋	13	1	101	22	15.835	47.625	15.5	5	65	63.5	37.5
党志义	10	1	154	72	15.5	15.5	51	4	40	40	114
党志倬	5		106	71.5		21	13.5	5	25	25	81
党志伟	10		40	3		25	12	4	40	40	
党述曾	6	1.5	54		31.5	10.5	17	5	30	33	21
党志仁	7		100	25		35	40	5	35	35	65
党思明	6		97.5	22		60	15.5	5.83	35	36	61.5
总计	57	3.5	652.5	215.5	62.835	214.625	164.5	4.82	270	272.5	380

贺家石村土地承购情况（单位为垧）

成分	户数	人口	劳动力	自地	典入地主地	承购总数	每人平均承购数	现共有土地数	现有土地每人平均数
贫农	56	228	61.5	167.5	135.5	240.5		537.5	2.35
赤贫	3	9	2.5			21	2.33	21	2.33
雇农	5	12	5	0.5	3	16.5	1.3	20	1.67

成分	户数	人口	劳动力	自地	典入地主地	承购总数	每人平均承购数	现共有土地数	现有土地每人平均数
其他	3	26	3	75.8	3	5	0.19	83.5	3.21
总计	67	275	72	243.8	141.5	283	1.03	662	2.407

从以上表中可以看出，该村 7 户地主除 1 户外，其余 6 户均有土地被征购，被征购多者达到人均十余垧，少者人均 3 垧多。征购前地主人均土地 11.5 垧，征购后人均 4.8 垧，减少了一半以上。征购前中农以下各阶层人均土地 0.89 垧，征购后人均土地 2.4 垧。征购前地主土地是中农以下各阶层的近 13 倍，征购后仅为 2 倍。

陕甘宁边区陇东分区在合水县板桥乡也进行了土地征购试点。试点从 1946 年 11 月 27 日开始，总共进行了 20 天的时间。工作队进乡后，首先调查了解地主自耕与出租土地的情况。随后"开了一个干部会议，研究了征购的办法，如地主留地、土地常年产量与地价窑价等以后，由乡农会长、乡长、地主商定地价"。试点中，确定的土地常年产量为川台地每亩 2 斗，原地每亩 1.5 斗，山地每亩 5 升，瓦岗川地每亩 1 升。地价按常年产量一年半计算。该乡实际上只征购了第二行政村大地主郭维藩家的土地。郭家有 40 口人，减租前占地 2493 亩，减租时退地 560 亩，此次试点中被征购土地 723 亩，留下土地 500 亩，人均留地 11.9 亩。土地的承购以行政村为单位，该乡共有三个行政村，郭家佃户主要在第二行政村，第一、第三两个行政村基本没人租种郭家土地，根据陕甘宁边区政府土地征购条例草案"土地之承购以现耕为基础"的规定，土地只能分配给第二行政村的佃户与少地农民。第二行政村佃、雇、贫、中农共 54 户，310 口人，自有地 668 亩，新承购 696.9 亩。由于该乡一般农户平均每人有地 2 亩左右，征购得来的土地按佃户平均每人 4 亩进行分配，已有土地超过 4 亩者不分，不足 4 亩者补给缺额。①

　　1946 年 12 月 24 日至 1947 年 1 月 9 日，中共中央和西北局派康生、陈伯达、胡乔木、马文瑞等组成土改工作团，到陇东庆阳县高迎区六乡（即王家原）进行土地征购的试点。参加试点的还有中共陇东地委书记李合邦、分区副专员李培福，中共庆阳县委书记刘泽西、县长杨福祥，中共高迎区委书记赵志明及该乡干部等。该乡共有 1033 人，耕地 9793 亩，有 540 人无地或少地，17 户地主拥有土地占全乡总耕地的 54%。工作团进乡后，首先深入群众宣传试行土地征购的政策，对全乡土地情况进行摸底调查；然后培养选择积极分子，组成征购分配委员会，在此基础上召开群众大会，进行诉苦清算斗争；接着根据地主占地的实际情况，确定征购其超额土地的数量、认购土地的贫雇农的户数和各户的认购数量，进行土地的征购与承购。全乡共征购土地 1900 余亩，分给 68 户无地及 22 户少地的农民，平均每人购地 5 至 6 亩。地主每人留地至少 9 亩，仍超过当地中农土地的 50%。②

　　通过土地公债征购地主土地这种自上而下的方式解决农民土地问题，自然有其优点，最为重要的是"这种办法全国人都不反对，黄炎培、梁漱溟也赞成，中外记者都赞成，连蒋介石也不反对，因为这是孙中山书上讲的"，"但这一办法也有危险性和缺点，我们是可以不发

---

　　① 合水县政府：《合水县城区析桥乡试行土地公债工作总结》（1946 年 12 月 15 日），中共庆阳地委党史资料征集办公室编：《庆阳的土地革命运动》1992 年编印，第 417—419 页。

　　② 《马文瑞传》编写组：《马文瑞传》，当代中国出版社 2005 年版，第 236 页。

动群众也可以办的，因为买卖关系不发动群众，是包办代替，恩赐观点，不走群众路线，行政去做，简单地完成任务，有些同志拿政府公布的条例问地主卖不卖，他说卖，就买了，然后交给干部，这样做，半点钟就可以解决成了。"[1] 说半点钟就可以解决土地征购问题自然有些夸张，但土地征购容易产生干部包办代替和群众产生恩赐观点则是事实，而且地主也常常会卖出坏地留下好地。基于战争将是长期性的考虑，中共中央认为要最终打倒蒋介石，就必须充分发动和组织农民支持战争，而发动与组织农民最好的方式就是土地改革，但土地征购这种自上而下的方式，一方面规定"以现耕为基础"，往往只有利于原佃户，而不利于多数农民，另一方面也确实不利于发动与组织农民。因此，到1946年年底，随着国共关系的彻底破裂，中共的土地政策也开始有所变化，这时起考虑更多的不单是如何解决农民的土地问题，而是在实现"耕者有其田"的同时更好地组织发动农民开展与地主的斗争，并且日益倾向于平均分配土地。

这年12月26日，中共陇东地委发出《关于征购土地问题的补充指示》（以下简称《指示》），明确指出在土地征购中必须采取群众路线，不能"只有干部恩赐、包办代替及强迫命令行事"，因此，在调查地主土地时，必须发动群众积极参加，在征购中，"对地主抵赖不卖，争提地价，多留土地，争留好地，不废旧约等行为，必须发动群众，撕破脸皮，进行斗争，以取得应有果实。"《指示》同时认为，土地分配如果仅以现耕为基础，"不仅只能解决少数人的问题，且不应得地之佃富农，得到土地；甚至多租者多得，少租者少得。故在征购

---

[1] 《康生同志关于土地改革问题的报告材料》，1948年（具体时间不详）。

土地中，一般应以乡为单位，将一切无地少地的贫苦农民，调查清楚，分给一定数量之土地。"《指示》也改变了原条例草案中不动富农土地的规定，提出"凡生活富裕而出租土地较多之大富农，可斟酌征购其出租之若干部分"①。中共陇东地委认为在土地征购应"撕破脸皮，进行斗争"，表明对于地主的政策重心已发生变化，由重在团结而转变为重在斗争。

1947年1月24日，中共中央西北局发出《关于发动群众彻底解决土地问题的指示》。该指示一方面承认"这一时期经验证明，征购形式很好"，但同时又指出："征购只能在群众斗争深入的基础上去实行，形式是公债征购。内容则是退租算账，算账算来的是大部分，征购买出的只是残余，看来是由上而下的法律办法，实质却是由下而上的群众斗争。如无深入的群众斗争，压倒地主，则地主不会拿出土地。土地改革的第一个问题是使群众发动起来，地主屈服下去！所有把征购看成一种恩赐，只由干部包办代替，或不经过群众彻底查租算账斗争，便简单去实行征购，都不能达到彻底解决土地问题的目的。"②对于土地的分配，该指示明确提出，不论农民、工人、乡村贫农或小手工业者、小商人、教员以至巫神等，凡要求土地的都应公平分给。原则是没地的都可得到土地。最好把算账斗争所得土地和献地征购地统统拿出来平均分配，大家都得到利益。指示同时强调，这种平均分配，并不去变动中农的土地，故不等于平分一切

---

① 中共陇东地委：《关于征购土地问题的补充指示》（1946年12月26日），《陇东的土地革命运动》，第295—296页。

② 《西北局关于发动群众彻底解决土地问题的指示》（1946年1月24日），《中国土地改革史料选编》，第332页。

土地。只有这样，才能争取百分之九十的农民赞成并参加到土地改革运动中来。

这个指示与陕甘宁边区政府 1946 年 12 月 12 日发出的条例草案相比，在土地分配政策上发生了很大的变化：第一，改变了一般地主留给其家中每人平均地数应多于当地中农每人平均地数的 50% 的规定，而是"对地主，既要彻底取消其封建剥削，又要适当留给土地，使他们有活路。地主留地可以比一般中农稍多，但应按当地土地情况和群众要求以及其本身情况而定。当地人少地多的可多留一点，否则少留，地主本身动产多或有工商业的可少留，否则多留一点"。第二，改变了"富农土地不得征购"的规定，而是提出"对富农，原则是一般的不去变动，而在地少人多的情况下，征购其出租地的一部分，则是可以的。但切忌打击过重，决不可损及其富农经济部分，否则，他们跑向地主方面，中农也会恐慌，那就是很冒险的"①。

2 月 1 日，中共中央政治局召开会议，讨论国内形势和党的任务问题。会议讨论通过的毛泽东起草的《迎接中国革命的新高潮》党内指示中，专门讲到土地问题，认为各解放区已有约三分之二的地区实现了耕者有其田，这是一个伟大的胜利，但还有约三分之一的土地问题没有解决，必须放手发动群众。同时，在已实现耕者有其田的地方，"还有解决不彻底的缺点存在，主要是因为没有放手发动群众，以致没收和分配土地都不彻底，引起群众不满意。"② 而在关于这份党

---

① 《西北局关于发动群众彻底解决土地问题的指示》（1946 年 1 月 24 日），《中国土地改革史料选编》，第 332 页。

② 《迎接中国革命的新高潮》（1947 年 2 月 1 日），《毛泽东选集》第四卷，人民出版社 1993 年版，第 1215—1216 页。

内指示的说明中，毛泽东明确表示西北局和边区政府应该继续解决土地问题，使一切无地的农民都得到土地。"已经分过土地的地方，如果有多数人没有得到土地，只是少数人得到，应该考虑重分，这样可以得到多数群众的拥护。要使农民同地主撕破脸，而不是和和气气。对地主打了再拉，不打只拉就不好。现在有一批干部实际上站在地主方面，应该对他们进行教育。"① 在这里，尽管毛泽东也讲到对地主要又打又拉，但他更看重的已是土地改革能不能完成、农民能不能发动起来的问题，而要发动农民，就要让农民敢于同地主撕破脸皮，敢于同地主进行斗争。

陕甘宁边区的土地征购政策也随之发生了实质性的变化。1947年2月5日，中共中央西北局发出《关于修正土地征购条例的指示》，认为陕甘宁边区政府土地征购条例拟制时，"因对土地改革运动的实际发展了解尚少，有若干不妥之处，其中第11条，'土地之承购以现耕为基础'，实与贫雇农要求的平均分配原则相背，妨碍广大群众的发动。第五条'富农土地不得征购'以及地主留地办法'不征购地主自耕土地'等也未尽合乎实际要求，在执行中必须改变。"这一指示尤其强调："条例只是一种工具，即是以政府法令形式用来支持群众的正当要求，要善于运用来推动群众斗争，而不要束缚群众斗争。""征购是好办法，但切戒干部包办，作为政府恩赐，变成简单的买卖关系。征购必须与群众诉苦清算斗争结合起来。""所谓清算，不只是算土地，而包括勾旧账销旧约以及算一件东西算一句话。这样使最大多数群众都发动起来，彻底把地主压服，同时，也使中农得到

---

① 《对中国革命新高潮的说明》（1947年2月1日）《毛泽东文集》第四卷，人民出版社1996年版，第222—223页。

利益，哪怕得一件旧东西，出一口气也好，吸收他们进来，保持百分之九十农村人口参加并同情这一运动。""清算出来的和征购出来的土地应统一平均分配给无地少地的人，口号应是'大家斗争，大家得利'。"① 尽管西北局指示中并没有否定土地征购的办法，但征购已成为组织动员农民的"一种工具"、一种手段，因而如有更好的"工具"既能解决农民土地问题，更能组织发动农民，征购这种方式被放弃也就成为必然的了。

1947年2月8日，陕甘宁边区政府公布《征购地主土地修正条例草案》，取消了原《条例草案》第二章第二条第三款"地主自力耕种之土地，不得征购"的规定；将原草案第十一条"土地之承购，应以现耕为基础，进行合理之调剂。使每人所有土地之数量与质量达到大体的平均"，修改为"征购土地之分配，应按人口分配给无地或少地之贫苦人民，使每人所有之土地数量与质量，达到大体的平均"；取消了原《条例草案》第二十五条"土地上之树木及果园，属于佃户栽种者归佃户。属于地主栽种者归地主。荒山自生之森林，随地处理。购地价者，应将不足之部分补给公债"的规定。

同一天，中共中央发出《关于陕甘宁边区若干地方试办土地公债经验的通报》，认为陕甘宁边区若干地方试办土地公债证明，这是解决农民土地问题、最后取消封建土地关系、满足无地少地农民土地要求的最好办法之一。采用由政府颁布法令以公债征购地主土地的办法，如果与群众的诉苦清算运动相结合，不但不会减弱群众运动，而且使群众的清算更加站在合法地位，使群众感觉到有政府的

---

① 《西北局关于修正土地征购条例的指示》(1947年2月5日)，《中国土地改革史料选编》，第334—335页。

法令保证而更敢于斗争，使地主感觉到非拿出全部余额土地不可。用清算、献地等办法，常不能把地主余额土地算完、献完，或献出坏地保留好地，如果再加以公债征购的办法，则地主无法保留多余的土地，且可使农民避免某些理由不充足的清算，使农民得到的土地更有合法的保证。但通报同时强调，征购"要与诉苦清算配合起来，不能看作是一种单纯的买卖关系"，并且不能用公债征购的办法去代替清算献地等，"而是在采用清算、献地等办法之外，再增加一个征购的办法，多一个办法总比少一个办法要好"[①]。从这里可以看出，尽管中共中央认为征购是进行土地改革的"最好办法之一"，但征购必须与诉苦清算相结合，征购是为了群众"更敢于斗争"，而不是简单地进行土地买卖。

1947 年 3 月初，国民党集结了 25 万人的兵力，对陕北进行所谓的"重点进攻"，并于 3 月 15 日占据延安。"战争起来对土地改革的执行不能不有影响"，陕甘宁边区"各地在战争起来后都把土地改革停止下来了"[②]。这时，陕甘宁边区的土地改革被迫停止，通过土地公债征购地主的方式自然也随之中断。

陕甘宁边区对地主实行土地征购后，中共中央曾考虑将这一办法推广到其他解放区。1947 年 1 月 10 日，刘少奇就土地改革的几个问题征询意见致电各解放区负责人，请其考虑并搜集意见后答复。其中第一个问题便是"是否由各解放区政府各自颁布法令，发行土地公债，征购一切地主多余的土地，无代价分给农民，以便采用一般合法方式

---

① 《中共中央关于陕甘宁边区若干地方试办土地公债经验的通报》（1947 年 2 月 8 日），《中国土地改革史料选编》，第 338 页。

② 《习仲勋同志在土地会议上的总结报告提纲》，1947 年 11 月 23 日。

最后取消地主这一个阶级？颁布土地公债法令之时期，是否已到？是否要影响那些土地改革尚未深入的地区及将来新发展地区？因为在这些地区还是要用反奸清算等方式来使地主拿出土地"[1]。

就目前公布的材料，只有晋冀鲁豫解放区就刘少奇提出的问题作了明确回答。1947年2月18日，晋冀鲁豫中央局副书记薄一波在其报告中提出："颁布法令发行土地公债征购土地办法，在我区似不迫切需要。因我区土地问题是采取直接的、平均分配的办法解决，谁都认为分配土地是应该的，是大势所趋，清算就是分配土地（农民认为这是土地还家），这在地主及农民中间均已认为合法合理。但颁布这样的法令亦无妨害，对解决干部家属及民主人士等的土地问题有好处；且可给群众多一层合法斗争的工具亦有好处。"[2]而晋冀鲁豫解放区进行土地改革，主要采取的是清算的办法，"对地主的清算相当彻底，普遍的办法是'出题目做文章'，把地主的土地财产全部搞出来，组织管理委员会，实行彻底平分"，随后还开展"填平补齐"，"对地主追究运动极猛烈，土地、房屋等公开财产全部重新分配，地下所埋藏的现金、衣物、器具等亦全部追出"，以满足贫雇农的要求，对地主则"先行扫地出门，然后由群众评议，赠送一些坏地、坏房以示宽大"[3]。

5月1日，刘少奇将薄一波的报告批转给各解放区，肯定了晋冀鲁豫的做法，他在批语中指出："晋冀鲁豫农民群众的彻底的革命行

---

① 中共中央文献研究室：《刘少奇年谱》下卷，中央文献出版社1996年版，第62页。

② 《薄一波关于晋冀鲁豫解放区土地改革情况的报告》（1947年2月18日），《解放战争时期土地改革文件选编（1945—1949）》，第54—55页。

③ 《薄一波关于晋冀鲁豫解放区土地改革情况的报告》（1947年2月18日），《解放战争时期土地改革文件选编（1945—1949）》，第51页。

动，应给我们全党各级领导机关及领导同志以严格的、有益的教育，证明我们许多同志对于群众运动的顾虑、惧怕、不敢放手，因而在指示和决定上规定一些限制和阻碍群众行动的办法是错误的"，必须迅速纠正那种落后于群众，甚至阻碍群众的"右倾机会主义的错误"。批语同时提出，对于地主必须根据 90% 以上的农民群众的意见来处理。对于中小地主及抗日地主、干部家属地主的照顾，必须是出于群众的自愿。"由领导上规定要留给这些地主多于中农一倍两倍土地的规定是错误的，群众痛恨的恶霸地主必须让群众彻底斗争清算他一切土地财产，然后留给他最后生活。"① 这时，中共中央已经撤出了延安，刘少奇率中央工委来到晋察冀中央局所在地阜平。根据当时党内的分工，毛泽东留在陕北指挥全国战争，刘少奇领导中央工委"进行各项工作"②，各解放区土地改革也就由刘少奇负责领导与指导。这份批语意味着采取土地公债征购地主土地、由农民承购来解决农民土地问题的办法不再被采用，转而采取没收地主的土地财产平均分配给农民的办法。

尽管如此，以上事实证明，"五四指示"后，中共试图通过发行土地债券、征购地主土地这种有偿而不是无偿没收的方式，去满足一部分无地或少地农民的土地要求，也就是通过和平的方式进行土地改革，并不是土地改革运动一启动，中共就以激烈的阶级斗争和暴力方式进行土改，只是因为蒋介石集团顽固地坚持反共反人民的立场，一

---

① 《刘少奇转发薄一波关于晋冀鲁豫区土地改革情况报告的批语》（1947 年 5 月 1 日），《解放战争时期土地改革文件选编（1945—1949）》，第 49 页。

② 中共中央文献研究室：《毛泽东年谱（1893—1949）》下卷，人民出版社、中央文献出版社 1993 年版，第 179 页。

意孤行发动大规模内战，为了迅速动员广大农民支持革命战争，中国共产党才不得不采取没收地主阶级的土地分给农民的政策。

5. 土地改革的初步成效

1946 年 5 月中共中央发出"五四指示"后，各解放区都开展了轰轰烈烈的土地改革运动，至 1947 年春，全解放区约有 2/3 的地区完成了土地改革，另有 1/3 的地区由于战争环境，尚未进行土地改革。

通过半年多的土地改革运动，广大解放区的土地关系发生了很大变化，大批无地少地的农民得到了土地。以冀东地区为例，经过清算复仇、减租减息运动，部分农民从地主手中取得了一些土地，地主占有的土地开始分散。但是，农村的土地关系并没有得到根本改变，大部分土地仍然掌握在少数地主、富农手中。冀东全区占农村 10% 的地主、富农仍然占有全部土地的 50% 左右；占农村人口 90% 的中农、贫雇农只占全部土地的 50%。该区的平谷县，占总户数 4.5% 的地主、富农占有全县土地的 59.4%，而占总户数 78.6% 的贫雇农只占有全部土地的 24.7%。昌黎县大滩村的地主赵子丰，一家占有土地 7000 亩，相当于全村贫雇农户均土地的 150 倍。[①]

在贯彻"五四指示"期间，冀东解放区能够进行土地改革的 8190 个村庄中，有 7096 个村庄进行了土地改革，占 86.64%，从 11272 户地主、17536 户富农手中清算出土地 1869524 亩、粮食 2258

---

① 中共唐山市委党史研究室：《冀东革命史》，中共党史出版社 1993 年版，第 430 页。

万斤、边币 26500 万元、房屋 11531 间、牲畜 3177 头及大批其他实物，有 350 万人口（占冀东解放区人口的 80%）分到了胜利果实，其中分到土地的农民有 170 多万人，有 150 多万农民的土地占有量达到了中农水平。[1]

至 1946 年 12 月，山东解放区约有 1000 万农民，从地主手中收回土地 464 万亩。其中渤海区至 1947 年 4 月，全区 2 万个村，即有 1.6 万多个村初步进行了土地改革，全区 870 万人口，约有 200 万农民，分得土地约 200 万亩。[2]

到 1946 年 11 月中旬，山东解放区滨海区的 8 个县中，100% 的村庄完成了清算任务的有莒县、临沭两县，完成了 90% 至 95% 的有竹庭、郯城、日照、临沂 4 县。全区共清算出土地 269606.912 亩，荒山、场园、菜园等 9721.1 亩，房子 9242 间（不包括郯城县），另有树 20121 棵、现金 215075 元、牛驴猪 354 头、粮食 39654 斤。被清算的 5794 户中，包括大地主 978 户、中小地主 1662 户、富农 3080 户、恶霸汉奸 74 户。共有 48646 户农民得到土地，通过清算，"一般的做到了消灭地主（从土地上来说）与赤贫户（从土地及其他营业来说），实现了耕者有其田的历史任务"。如日照县山字河村，原有 30 余户地主，29 个佃户，清算后平均每人 3 亩地以上的 4 户，2 亩地以上的 40 户，一亩地以上的 47 户。在东海全县 542 村有 471 村实行清算，据 348 村统计，35940 户农民得到土地 65530 亩。通过清算，地主手中的土地数量与农民已大体差不多，如竹庭县现一般地主

---

① 中共唐山市委党史研究室：《冀东革命史》，中共党史出版社 1993 年版，第 432 页。

② 王卓如：《对半年来土地改革运动的初步总结及今后如何彻底复查》，1947 年 4 月 20 日。

家平均每人在 3 亩地左右，"保证了中农以上的生活。"①

1947 年 3 月，中共鲁南区党委调研室曾对平邑县一区讲礼村土地改革情况作过一个比较详细的调查。通过土地改革，赤贫户和贫农的生活水平上升，地主生活则迅速下降。该村最穷户刘文柱，原来母子 2 人，只有 2 亩荒山，终年要饭。1944 年减租减息时分到些东西，又增加了工资，这年吃点糠和菜，未要饭。刘母自己纺织挣到一件棉袄与盖被，但还缺 3 个月的口粮，经过土地改革，分到 4 间房子和 4.4 亩地，吃住已不成问题。贫农孙贵宝，过去 8 口人，2 亩地，抗战前曾逃荒到费县干过 2 年活，回来后还是全部吃糠，除打短工和干活以外，没有其他收入来源。1942 年开始减租减息后，因增加工资生活水平逐渐上升，挣了钱，置了些地，在土地改革中又分到一些地。现在全家共有土地 18 亩，已上升为中农，不但够吃够用，还喂一头牛。地主刘文珍，全家 7 口人，土地改革前有土地 27.6 亩，土地改革后剩下 20.07 亩。过去除吃用外能余粮食 1 石 4 斗（每斗 130 斤），余花生 500 斤，每年能穿新衣，每年至少吃面 3 个月，"平常客来吃 4 样菜，上客吃 6 样菜。现在地少了，还尽够吃用的，遇婚丧喜事就不够了，上客来吃二、三个菜，普通客便饭，所缺粮食以卖树木卖牲畜去顶。平常每年吃 15 至 30 天的细粮，除过节就不吃细粮了，衣服补补连连穿旧的，现已开始吃糠，每 10 斤粮食要充 2 斤糠。"②

---

① 《滨海地委关于土地改革的初步总结（节录）》（1946 年 11 月 20 日），《山东党史资料》第 34 期。

② 鲁南区党委调研室：《平邑县一区讲礼村土改调查材料》（1947 年 3 月 13 日），《山东党史资料》1988 年第 3 期。

表一：讲礼村土地改革中出地户情况

斗献	阶层	户数	出地(亩)	出场		出园		出宅基		出房屋	出北海币	出树木(棵)
				块	亩	块	亩	块	亩			
被斗户	大地主	1	102									
	中小地主	5	22.8	2	2.2	1	1			瓦屋5间	一万	49
	中农	3	4							草屋7间	三万	10
	合计	9	128.8	2	2.2	1	1			12间	四万	59
献地户	大地主	1	0.66									
	中小地主	6	10.53				0.9			草屋2间		
	富农	3	3.8	2	0.915	3	0.2	1	0.25			
	中农	4	10.5			1		1	0.1			小树行一个
	合计	14	25.49	2	0.915	4	1.1	2	0.35	2间		小树行一个

表二：讲礼村土地改革各阶层土地增减情形

阶层	户数	人口	增地		减地		所得场地宅基及浮财				
			户	亩	户	亩	场地		宅基		其他
							块	亩	宅	亩	
地主	11	51			7	46.59					
富农	12	35			5	13.22	1	0.4	1	0.2	
中农	80	311	14	12.46	6	22.55	16	3.31	11	2.39	北币400元
贫农	26	104	19	37.54			5	0.95	7	1.38	
赤农	3	3	3	11.85					1	0.2	草屋2间
合计	132	504	36	61.85	18	82.34	22	4.66	20	4.17	草屋2间

表三：讲礼村土地改革改后人口地亩分配表

阶层	户数	人口	典出		典入		所耕地（亩）	自有地（亩）	个人所有土地（亩）			牛	驴
			户	亩	户	亩			最高数	最低数	平均数		
地主	10	51					161.5	161.5	7.635	2.831	3.166		3
富农	7	12			1	1.5	67.84	66.34	8.03	3.65	5.528		
中农	91	373	1	2.4			928.255	930.455	6.45	1.611	2.495	16	24
贫农	12	59			1	3.6	96.807	93.207	2.55	0.914	1.579	1	2
合计	120	474	1	2.4	2	5.1	1254.402	1251.702	8.03	0.914	2.641	17	29

晋察冀解放区的冀中中心地区，截至 1947 年 1 月，土地改革已

大体完成，据高阳、肃宁等 37 个县市统计，完成土地改革的村庄已达 6287 处，占全部村庄数的 83%。据饶阳以村为单位统计，参加运动户数最高者占总户数的 97%，最低者占 89%。据安国、饶阳、河间等 17 个县的统计，共有 555659 亩土地重新回到农民手中。①

到 1947 年 1 月，晋绥解放区有近百万农民已获得土地 370 万亩，平均每人 3.9 亩，得地人口占全部人口的三分之一。其中老解放区经过 1943 年以来的减租回赎运动，41 万农民获得土地 260 万亩，每人平均得地 6 亩。新解放区经过一年来反奸清算，特别是经过半年时间贯彻"五四指示"，有 106 万亩土地转移到 56 万农民手中。②

至 1946 年 10 月，晋冀鲁豫全区共有 2000 万农民获得了土地。其中太行区从 1946 年 6 月至 1947 年 4 月，从土地改革中得益的人口有 330 万，农民得到了 3762636 亩土地，贫雇农人均得地 2 亩，中农得地 3—5 分。③

至 1946 年 12 月，东北解放区农民获得土地 3300 万亩。至 1947 年 3 月，黑龙江省全省初步完成了土地改革任务，据各县统计，全省有 677270 垧土地（占全省土地面积 190 余万垧的 1/3 强），转移到无地和少地的农民手中，得地户计 193839 户，共计有 868180 人（占全省人口总数 210 万的 1/3 强，若除去城市人口 45 万，则占 1/2），分配房屋约 6 万间、牛马约 1 万头、粮食（仅延寿、方正、拉林）12446 石、现金 2 万万元（东北币）。此外，还分配了大量的衣服、

---

① 《冀中中心区大体完成土地改革》，《人民日报》1947 年 3 月 2 日。
② 《加速完成土地改革，各解放区均获成功》，《人民日报》1947 年 1 月 25 日；《晋绥日报》1947 年 1 月 4 日。
③ 齐武：《晋冀鲁豫边区史》，当代中国出版社 1995 年版，第 539 页。

农具、猪、羊等，农民已大体上解决了衣食住用的问题。[①]

全面内战爆发后，华中解放区首先遭到国民党军队的重点进攻，华中军民一手拿枪，开展自卫反击战；一手拿算盘，分田分地土改。从传达"五四指示"到这年10月初的四个月里，苏皖边区盐阜、淮海地区的两个分区、苏中的3个分区全部完成了土地改革。靖江、如皋、南通等地在国民党军队占领之前也分完了田。在第一分区，共分配了510多万亩土地，近180万亩土地从地主、富农手中转到了贫雇农手中，符合分田条件的贫雇农全都分到了土地。在第三分区，仪征、盱眙的某些地区已经分田，其余地区没有来得及分田。在第五分区，有占总人口的55%，共200万人分到了田。在第六分区，共有600多个乡进行了土地改革，占全区总面积的94%。第七分区因战争到来过快，只有泗南、泗宿的某些地区开展了土地改革，其余则基本未动。据不完全统计，大运河以东的苏皖边区共有土地3900万亩，通过土地改革有约1000万亩转到农民手中，有720万至930万农民分得了土地，占边区1550万总人口的40%—60%。[②]

土地改革改变了解放区的阶级关系，地主阶级被大大削弱，中农大量增加，贫农减少，赤贫几近消灭。据太岳区长子县的6个村的调查，地主全数转入劳动，富裕中农由37户增至55户，增加48.6%；中农由464户增至950户，增加104.7%；贫农由638户减至389户，减少39%；赤贫由189户减至7户，减少96.3%。[③]晋察冀解放区北岳、

---

① 《中共松江省委关于全省群众运动情况给中央的报告》，1947年3月。

② 陈丕显：《华中土改工作总结》（1948年4月29日），《陈丕显文选》第1卷，中共党史出版社2000年版，第211—212页。

③ 于光远：《一年来的解放区土地改革》，1947年1月1日。

冀中两区地主的土地已比抗战前减少了 85% 以上，富农的土地占有量减少了一半以上，贫农、雇农和赤贫仅占农村总人口的 1.67%。[①]经过土地改革，广大农民不但在经济上翻了身，而且在政治上也翻了身，他们普遍地参加了各种群众组织，许多人担任了乡村干部。据冀中区的安平、大城、饶阳等 16 个县统计，农会会员增加 128043 人，妇女会员增加 88482 人。土地改革运动中涌现了大批新干部，仅据饶阳、肃宁、安平、安新等 4 个县统计，有 950 个积极分子被提拔为村干部。[②]又据太行区 9 个县 15 个村的统计，参加农会、妇联会、民兵等组织的农民，占全村农民总数的 57.2%。[③]

在国民党军队大举进攻解放区之际，土地改革的全面展开就显示出了特别重大的意义。一方面，它在一定程度上满足了广大农民的土地要求，实现了"耕者有其田"；另一方面，其实也是更重要的，土地改革有力地促进了组织解放区农民参军参战。通过土地改革，农民得到了土地财产，而土地改革运动启动不久，全面内战爆发，于是，中共各组织告诉广大解放区农民：蒋介石是地主阶级的总后台，而他正指挥他的国民党军队大举进攻解放区，如果解放区一旦被国民党军队占领，地主们就有可能在国民党军队的支持下索回被清算的土地财产，甚至进行反攻倒算和阶级报复，因此，要保卫自己刚刚获得的土地，仅仅推翻了本村的地主还不够，还要打倒地主阶级的总后台蒋介石，而且如果不彻底打倒蒋介石，本村被清算了的地主也不会死心，

---

① 杜润生：《中国的土地改革》，当代中国出版社 1996 年版，第 192 页。

② 《冀中中心区大体完成土地改革，结合生产进行复查》，《人民日报》1947 年 3 月 2 日。

③ 太行革命根据地史总编委员会：《太行革命根据地史稿》，山西人民出版社 1987 年版，第 303 页。

他们会幻想借助蒋介石的力量来"变天"。而要打倒蒋介石，就必须武装起来保卫解放区，大家去参军参战，打败来犯的国民党军队，保卫家乡，保卫土地。这就为组织动员农民参军参战提供了极为重要的道义支撑。

土地改革后，北岳解放区在进行扩兵动员时，有群众说："我们过去没有吃的，没有穿的，烧着锅还没有米，吃不着饭，一年到头穿不上衣服，谁个来管，饿死冻死又活该，有钱有势的人吃的（得）好，穿的（得）好，还欺负咱们，谁敢说什么，咱们大家想想吧，现在吃的有了，穿的有了，不受人欺负了，这是谁个给我们的，要不是共产党八路军有我们的今天？""难道我们今天不应该出力吗？"而在冀南，由于有些基层干部忽视"进行反蒋保田教育，启发群众参军的积极性和自觉性"，在进行参军动员时"单纯说：'良心检讨、没有良心吗、饮水思源啊、共产党来翻了身得了地还不参军吗'，很易引起群众的反感，引起群众'土改是手腕，反正是为参军'的误解。故有的群众说：'同志！不用良心检讨啦，反正是叫俺参军。'有的青年说：'你不是说俺分了地，不参军就是没良心吗，俺情愿不要地，俺也不参军。'有的群众说：'这还不如不分地哩，分了二亩地把俺孩子分了去啦！'有的则将分得的文契送回。"[1] 这两份材料充分说明土地改革与参军动员的相互关系。可以说，土地改革有力地支持了解放区的战争动员。仅 1946 年的 8 月、9 月、10 月三个月，全解放区就有 30 万名翻身农民参加了人民解放军。此外，解放区有 300 万至 400 万人参加了游击战和民兵。

---

① 转引自齐小林：《当兵——华北农民如何走上战场》，四川人民出版社 2015 年版，第 52—53 页。

四、土改复查

　　1946 年年底，国共和谈的大门被蒋介石完全关闭，国共关系彻底破裂。与此同时，中共的土地政策也悄然发生变化，开始放弃和平土改方式，并针对土地改革不彻底的问题，开展大规模的土改复查，以推动土地改革运动的深入。在这个过程中，部分地区出现了"左"的偏差。

1. 土地改革中存在的问题

　　尽管按照"五四指示"开展的土地改革，除了开明绅士主动献田和少数地方进行过土地征购外，主要采取清算的方式将地主的土地财产转移到农民手中，但总体上进行的是"和平土改"。

　　在中国农村，除了少数世代地主和暴发户式的官僚地主、军阀地主这样的大中地主之外，相当多的地主原本可能就是普通农民，由于劳动力多、经营有方、勤俭持家或经营点小买卖得法，慢慢积累了一定的财富而购进土地从而发家致富上升为地主的，这种小地主占了农村地主的多数。对于这类地主，毛泽东在其著名的农村调查报告《寻乌调查》中，曾有过生动的刻画："他们看钱看得很大，吝啬是他们的特性，发财是他们的中心思想，终日劳动是他们的工作。""他们又放很恶的高利贷"，"所有放高利贷，差不多全属这班新发户子。""这班新发户子看钱既看得大，更不肯花费钱米抛弃劳动送他们子弟去进学堂。所以他们中间很少有中学生，高小学生虽有一些，但比破落户阶层却少很多。"因为他们勤俭而吝啬，对农民的剥削比大中地主尤甚，因此，"这种半地主性的富农，是农村中最恶劣的敌人阶级，在贫农眼中是没有什么理由不把它打倒的。"[①] 相对而言，大中地主对于土地财产看得并不那么重要，一则他们财富的积累相对比较容易，二则这样的地主往往在城镇兼营工商业，而解放区的工商业采取明确的保护政策。至于广大小地主，除一部分由大中地主败落下来者外，他们大多刚刚尝到发家致富的滋味，要将他们辛苦多年好不容易积攒下来的土地财产清算出来，自然会极不情愿。当然，他们也知道，在群众运动的大潮面前，正面对抗是徒劳无益的，便暗中采取种种手段，抵制和反对土地改革。

地主抵制和反对土地改革的常用手法，就是想方设法隐藏、分散自己的财物。地主疏散财物的办法：银元、元宝、珍珠、金银器皿埋在地下；粮食、衣布、农具、瓷器等品，往地下埋藏不便者，利用各种关系，隐藏到贫穷的亲戚、朋友、佃户和长工家里。这些农民或抹不开情面，或经不起地主的利诱，只好答应地主的要求。这种现象在太行解放区被农民称为地主的"防空洞"。仅长治县三区经动员后，群众自报给地主隐蔽的赃物，计土地6600余亩，房屋1700余间，牲

---

① 《毛泽东文集》第一卷，人民出版社1993年版，第197页。

口 100 余头，元宝、首饰 6900 余两，银洋 17000 余元，衣服 7900 余件。五区王庆村 25 个农民报出给 10 户地主包庇的土地 71 亩，粮食 82 石及衣服、银洋、牲口等物。[①]

腐蚀收买干部和落后群众，甚至不惜使用美人计，也是地主破坏土地改革常用的手段。太岳解放区"长治二区针漳村村长高满景，过去是个住庙的赤贫，翻身后，得地 16 亩，房 7 间，驴 1 头。但他只顾自己，要和斗争对象的一个大闺女（17 岁）结婚，区干阻挡不住，非结不行。在结婚时，大举铺张浪费，在斗争果实中，拣上好东西给女人做花鞋，拿上银器给女人戴。请全村人去吃饭，仅喝酒一项花洋 7000 多元。村长还偷偷地到岳父家（斗争对象）去看望。其他干部不敢吭，群众偷偷地说：前几天是斗争对象，这几天是村干老婆，这样翻身忘穷人，真是忘了本啦！"[②]冀南解放区内邱二区"在最近查补运动中，揭发了不少地主用'美人计'软化干部和积极分子，企图逃避与破坏群众斗争。如中程村地主任虎辰，布置他闺女和儿媳妇拉拢武委会主任与村长，现已被群众揭发。西永安地主李克英怕群众斗争他，企图将闺女许给副村长的儿子；十方一个地主让自己闺女去勾搭民兵指导员"[③]。这样的报道在当年解放区出版的报刊上并不难找到。

美国友人韩丁 1947 年作为一名拖拉机技师，随同联合国救济善后总署来到中国，派往冀南解放区工作。救济善后总署的工作结束后，应晋冀鲁豫解放区北方大学的邀请，来到晋南潞城县（今潞城市）的北方大学，担任英语教员。1948 年春，解放区的土地改革运动进

---

① 《深入清查隐蔽封建尾巴，太行各地群众挖防空洞》，《人民日报》1947 年 2 月 13 日。

② 《村干部娶老婆，要警惕地主阴谋》，《人民日报》1947 年 3 月 1 日。

③ 《内邱大体完成填补，决定再深入争取平衡》，《人民日报》1947 年 3 月 23 日。

入高潮，北方大学有一半的师生下乡参加土地改革。这时，中国农村正在发生翻天覆地的变化，年轻的韩丁为了亲身感受中国农村的社会巨变，经北方大学校长范文澜同意，作为观察员参加了潞城县张庄的土地改革运动。回到美国后，他将这段亲身经历写成了《翻身——中国一个村庄的革命纪实》一书，生动地记录了中国农民参加土地改革的曲折历程。

《翻身——中国一个村庄的革命纪实》中讲了这样一个故事：潞城县张庄有一个年轻的雇农叫张存喜，给邻村高家庄的一个地主干活。高家把他当作牲口一样使唤，吃的是小米和谷糠，睡的是牛羊圈。有一年灾荒，张存喜的母亲来到地主家讨饭，张存喜溜进厨房给母亲盛了一碗小米饭，地主发现后将他打得遍体鳞伤。这家地主的儿媳妇，原来嫌张存喜身上的羊粪味，见了他就远远地躲，土改工作队进村后，这个女人却忽然对张存喜眉来眼去了，还给张存喜好东西吃，给他补破衣服，最后还将张存喜拉上了床。张存喜成了地主的俘虏后，不但为地主藏匿衣服和值钱的东西，而且当群众斗争这家地主时，他还想方设法保护地主。地主家的地虽然被分掉了，张存喜也回到了张庄，但他不积极参加村里的斗争，还拒绝村里分配给他的土地、房屋和其他任何财物，还要他母亲不要去参加对地主的控诉。原因是他听信了地主的话，说国民党马上就要回来惩办那些参加斗争地主的人。①

无独有偶，美国记者杰克·贝尔登在他的《中国震撼世界》一书中，也记载了这样一件事：山东省武城县有一个叫李春林的地主，家

---

① ［美］韩丁著，韩冬译：《翻身——中国一个村庄的革命纪实》，北京出版社 1980 年版，第 185—186 页。

中有一个妻子和一个 18 岁的女儿。面对日益高涨的土地改革浪潮，他感到束手无策，于是就逼自己的女儿去勾引雇农骨干。一天，他将雇农团主席请到家里吃饭。他与他老婆在一张大桌子上吃，让雇农团主席和女儿在下面一张小桌子上吃。过了几天，他又让其和女儿在另一间屋子里吃。不到半个月，雇农团主席就和地主的女儿睡到一起了。一天晚上，地主女儿偎在雇农团主席的怀里说："眼下你要的东西都有了，你就别再干雇农团主席了。往后别再搞啥斗争了，你缺啥只管向俺要好了。"雇农团主席听了她的话，渐渐失去土地改革的兴趣。在干部会上，当有人提出要斗地主时，他就说："算了吧！咱们现在有吃有穿了，还斗个啥呀？"[1]

　　派自己的人（被群众称之为"狗腿子"）打入农会，搞假斗争，也是地主逃避斗争、保存自己土地财物的一种手段。东北解放区松江省巴彦县有一个屯子，虽然以前也经过三番五次斗争，但地主的势力并未摧毁，基本群众翻身有名无实，屯子仍被称为"满洲国""老中华"的四大户把持着。县委带领三个区的工作队员到那里集中试点。开始群众不敢同工作队接近，后来深入到最贫苦的农民家了解，才发现从减租、清算到分地，四大户均未受触动。秋收时地主仍然是粮垛成山，牛马满圈；分地时留好分坏，留多分少，留近分远，并霸占青苗，拖延打场，群众没有分得一粒粮。他们还挑拨穷人斗穷人。这个屯换过四次"头人"（村干部），但不是烟鬼兵痞就是流氓警察跳大神的。这些人是在以前区工作队的个别人支持下上台的。群众说，对四大户的斗争，是干部"坐在地主的炕头上算账，遇事同狗腿子商量"。

---

　　① ［美］杰克·贝尔登著，邱应党等译：《中国震撼世界》，北京出版社 1980 年版，第 240—241 页。

群众从未与四大户撕破脸，分果实是用抓阄的办法，明分暗不分。分了地主的马，也是"地主用，小户不敢动"；房屋是"地主住瓦房，小户住破房"。所以群众对分地分房分浮财的信心不大。这个屯子的自卫队只有一本花名册和一个烟枪队长。洋炮捆放在四大户的朱二八爷家里，后来捆放在农会的角落里。①

当时，阶级斗争十分尖锐，一部分地主采取各种手段破坏土地改革。中共松江省委关于全省群众运动情况给中共中央的报告中，曾这样说：

斗争未深入的地区，封建势力还未垮台，地主威风仍在。原来土地改革运动，已给予农村的封建势力严重打击，经济上大大削弱了，但并没有完全垮台，且采取各种形式在各个角落里或明或暗地进行活动，用各种花样与手段来保存其力量。甚至有些地区，由于和平分地，反革命势力仍然公开活动，造谣威胁，收买干部，保存力量，企图死灰复燃。如果把各地的反映集合到一起，封建势力活动则有以下十种花样：（一）派遣狗腿子打入农会，假装积极分子；（二）利用拜把子、拜干亲戚麻痹群众；（三）发展封建迷信团体；（四）对群众、干部造谣威吓；（五）贿赂拉拢，甚至地主用女儿嫁干部等办法收买干部；（六）收回土地，不让分青，收回青苗，不给群众粮食；（七）假借献地多留，留黑地，隐藏黑地，隐藏浮物，依然掌握经济优势；（八）勾结胡匪，帮助反革命插枪，同谋同起；（九）地主利用各种办法，

---

① 中共中央党史资料征集委员会：《辽沈决战》下，人民出版社1988年版，第75—76页。

保存一部分武装，盼望国民党来，等待时机；（十）拉拢富农、中农，利用狗腿子形成自己的势力。①

在晋察冀的冀中地区，地主破坏土地改革的手法有：用美人计、财物拉拢干部；制造假斗争，欺骗群众，蒙蔽县区干部；操纵一两个干部挑拨干部间的团结，转移斗争目标；假开明献田，用"好汉不吃眼前亏"的办法，一见斗争就要求献田；在斗争中采取软磨硬顶的办法；男人逃跑留下女人假装可怜哀求多留地；散布斗争面宽的谣言，制造中农恐慌；勾结顽伪特务进行破坏；派走狗打入骨干训练班和农会进行侦察；利用其参加革命的子女亲友达到保存封建剥削的目的等。②

由于"五四指示"是在"争取和平、准备战争"的特殊背景下出台的，既然要"争取和平"当然就对地主不能过分打击，因而"五四指示"对各类地主的照顾较多。随着全面内战的爆发，组织动员农民支持战争就成了各解放区的头等大事。如果说，"五四指示"制定之时，还需既要照顾地主而又要调动农民积极性二者兼顾的话，全面内战爆发后重心无疑转到了怎样组织动员农民这一头。这样一来，再回过头去看前一阶段的土地改革，就难免存在对地主照顾过多、土地改革不彻底的问题。东北解放区的嫩江省"对某些地主过分强调照顾，忽略了基本群众；某些地方地主留地太多，因而农民分得土地太少，有的地方把'经营地主'与富农同样对待，连献地都不接受，保留其

---

① 《中共松江省委关于全省群众运动情况给中央的报告》，1947 年 3 月。

② 《冀中区党委关于执行中央"五四指示"的基本总结》（1947 年），《晋察冀解放区历史文献选编（1945—1949）》，中国档案出版社 1998 年版，第 381 页。

大量土地"①。山东解放区的黄县，在经济上，只注意"土地还家"而忽视没收地主的房屋及浮财。地主自愿献田成为"土地还家"的主要方式。因此，不少地主将好地、近地留下，献出薄地、远地。再加上土地政策中对于地主等人照顾标准过高，致使土地改革后地主阶级手中仍留有较多的土地、房屋及大量的浮财、生产资料，生活条件仍优于一般农民，而分到果实的贫苦农民中有相当一部分人既无足够的土地耕种，又无必要的浮财安家，况且尚有少数未觉悟的群众不敢要斗争果实，因此，仍没有彻底摆脱贫困的境遇。②

同时，一些地方在土地改革中没有充分发动群众，而是由上级派来的工作队（团）包办代替，甚至强迫命令。东北解放区的嫩江省，"有的工作队（或带领少数积极分子）到一屯分一屯，或到一村就立即组织农会，分完或组织完就走了，三天两天'完成'一个屯的'任务'。"结果工作队以"恩赐"的态度发动土地改革，到处"发放""配给"土地；以少数"积极分子"代替广大群众参加斗争，获得利益的都是少数人；以"本村不好撕破脸皮"为由，而以外村的少数"积极分子"代替本村广大群众，本村贫苦群众没有发动起来，反而给地主造谣欺骗以口实，造成外村与本村的对立。③

各地土地改革工作的开展也不平衡。苏中区党委书记陈丕显在一份总结中写道："由于战争的影响与工作基础的强弱不一，华中各地的土地改革有快有慢，有好有坏，表现了运动的发展是不平衡的。从

---

① 中共嫩江省委：《嫩江省三个月群众工作及今后任务》，1946 年 11 月。

② 张可盛、殷华：《黄县的土地改革运动》，《山东党史资料》1990 年第 1 期。

③ 辽宁省档案馆等：《东北解放区财政经济史资料选编》第 1 辑，黑龙江人民出版社1987 年版，第 291 页。

地区来说，老区中心区的土地改革较彻底，边区与新收复区则较差；就在老区亦是不平衡的，有的追浮财彻底了，有的则尚未彻底。从时间上说，有的地区复查比较早，有的地方比较迟。"[1]

由于战争环境，缺乏经验，战争动员后勤参军任务很重，亟待争取时间，完成土地改革任务，于是造成各解放区在土地改革工作中，均不同程度存在组织工作不细致的问题。华中有的地区三天就分配好一个村子的土地，这就使得运动非常粗糙。

在土地改革果实的分配上，也存在一些问题。薄一波在一份报告中提到，晋冀鲁豫解放区的情况是：一些区村干部、积极分子、民兵以功臣自居，普遍占有多而好的土地、房产、牲畜，分得更多的现金、器具等；政府、部队、机关、团体将没收的汉奸土地或公地、房屋财产占为己有，不让群众分配，甚至用非法手段占有应归群众分配的土地，名为生产，实则为少数干部所把持；县、区、村都有庞大的合作社，其基金多半是土地改革的果实，包括土地、房产，名义上是群众性的，实则通年不分红，不报账，亦为少数干部所把持。[2]

其实，干部多占果实是"五四指示"后各地土地改革普遍发生的现象，中共晋冀鲁豫中央局机关报《人民日报》就有不少相关报道："浮山北垣村自二月发动群众以来，先后清算豪绅恶霸所得粮食、牲口、土地，均为村干部所把持，致群众情绪异常低落。"[3]武安县"少数同志滥用老百姓的斗争果实，向组织要老婆，不安心工作，甚至

---

[1] 《陈丕显文选》第一卷，中共党史出版社 2000 年版，第 204 页。

[2] 《解放战争时期土地改革文件选编（1945—1949）》，第 52—53 页。

[3] 《干部把持果实群众不满，一经合理分配气象一新》，《人民日报》1946 年 9 月 27 日。

堕落腐化"①。恩县六区"各村浪费果实现象异常严重，仅三教堂村给儿童买皮带就浪费 100800 元，加上村干上集大吃大花和殡葬费用过多，民兵买枪提果实太多，果实已花去 70 万元以上。大储庄经常有十四五个干部和民兵集体吃饭，斗争结束后麦子已吃了 3200 斤，谷子 4598 斤，全村 102 个贫民，每人仅分得 6 斤至 8 斤的粮食。"②在后来实现填平补齐填窟窿运动中，和顺县的三、四、五、六、七区共815 名干部"退出土地 1200 亩，房 300 余间，牲口百余头及其他物资甚多"③。"高平双井村干部经过谈话启发后，村长韩春茂，农会主席韩多顺等 4 人当下在群众面前承认错误，退出多得地 29 亩、房子7 间、银洋 36 元。"④

由于种种原因，1946 年 5 月至 1947 年春，半年多的土地改革，的确存在一些问题。华中分局将其概括为四个方面：（一）贫雇农的土地一般未满足，有的土地是满足了，但生产资料未满足，赤贫未完全消灭。（二）侵犯中农的利益较普遍，打击面过宽，一般均在百分之十以上，个别村甚至超出百分之三十以上。（三）地主所留的土地一般还是比贫雇农要多些，即使相等，但质量好于贫雇农，低于贫雇农则是少数，不少地主隐瞒黑地，地主浮财一般未动，只清算了耕牛、农具和部分房屋。（四）干部、干属、军属与干部有关之亲属荣军，则普遍多留田，留好田、留近田，有的干部几处分田，有的外来

---

① 《武安干部作思想检查，强化土地改革全力支援自卫前线》，《人民日报》1946 年10 月 7 日。

② 《恩县六区翻身大检查中发现各村严重浪费果实》，《人民日报》1946 年 11 月 8 日。

③ 《保证实现填补帮助穷弟兄翻身，好干部献出多分果实》，《人民日报》1947 年 2月 8 日。

④ 《退果实前启发自觉，退果实后表扬优点》，《人民日报》1947 年 3 月 7 日。

干部分田，有的干部将家里坏田托出，换好田。[①]

东北解放区曾将土地改革中存在的问题，比喻为半生不熟的"夹生饭"，并总结了"夹生饭"的基本特征：

第一，地主恶霸威风没有打掉，通过他们的狗腿子在农会中有联系，收买积极分子，威胁基本群众，破坏翻身斗争。只要"屯子里的大旗杆没有打倒"，这些"大旗杆依然是农民心理上的统治者，依然在暗地里统治着农民"。

第二，在分地斗争中没有真正发动群众，最主要的原因是群众对于斗争的决心没有酝酿成熟，没有使群众经过犹豫、动摇、反复考虑之后，自觉下决心斗争。加上干部"包办恩赐"的结果，使群众对于分地以为是"国法""上面命令""官家的配给"，没有使群众认识到分地不仅是需要而且是应该，并且要群众亲自动手来干。其次是斗远不斗近，斗地不斗人，斗小不斗大，明分暗不分，甚至是地主土地财产分了后，农民还不知道自己分得的"地是哪一块，房子是哪一间"，实际上还没有分。

第三，没有真正的积极分子，或者没有找出真正正派且既穷又苦的人当积极分子，或者是积极分子的作风不正派，农会乱摊款增加农民负担，群众在心目中不承认这些积极分子是代表他们的利益，是他们的领袖。或者是有了少数真正的积极分子，但未与群众结合，因地主恶霸的恐吓而半途消沉下去了，以及因工作团没有提高积极分子的觉悟而不能起积极分子的作用。

第四，群众的武装是形式地建立了，但群众对于武装并不那

[①] 《陈丕显文选》第一卷，中共党史出版社 2000 年版，第 209 页。

样关心和爱护，群众也没有感觉到自己的武装是保卫胜利果实的命根子。①

据统计，这种半生不熟悉的"夹生饭"地区，东北解放区约占 70%。

针对土地改革中存在的这些问题，各解放区相继提出要开展土改复查。

最早提出这一问题是晋冀鲁豫解放区。1946 年 9 月下旬，晋冀鲁豫中央局召开干部会议，讨论土地改革工作。会议认为，大规模的群众性的土地改革运动已基本结束，但不少地方的工作很粗糙，反奸清算、彻底减租减息的斗争果实分配得不合理（大地主的原佃户分的多，区村干部、民兵、积极分子分的多），贫雇农对这种情况很不满意，认为这样分配斗争果实是富农路线。为此，晋冀鲁豫中央局发出《关于贯彻"五四指示"彻底实现耕者有其田的指示》，要求在全区开展"翻身大检查"（又叫"填平补齐"）运动。

"翻身大检查"的主要内容是：（一）深入查田、查阶级，清查遗漏、隐瞒、干部包庇和假卖假分，做到从经济上彻底消灭地主阶级，即"挤封建"。（二）干部、积极分子、民兵占取土地改革果实过多的部分，采取各种方法令其退出，分给贫苦农民，即"干部洗脸擦黑"。（三）贫富合村，贫富村联合斗争，做到消灭赤贫和贫农，即"填圪洞"。

1946 年 10 月 5 日，中共中央晋绥分局发出《关于今年中心工作任务的指示》，认为要将满足老区 20% 左右仍然缺地少地农民的土地

---

① 《把"夹生饭"做熟》，《东北日报》1946 年 11 月 2 日。

要求，作为"当前老区的重要问题"加以解决，并提出了五条具体的解决措施：对于空白村或过去减租清算不彻底的村庄，采用现在新解放区的办法，发动群众，以减租清算、反贪污、反恶霸等方式使农民得到土地；将所有公共性质的土地和地主富农的黑地、荒地一概归公，无代价地分给无地少地的农民；过去机关部队团体或个人，借政权之力量所调剂耕种的土地，一律退出，其地权原属于中农以下者，一概退回原主；对业已经过减租清算仅保有自给部分土地的地主，原则上不得再分散其土地，尤其要禁止某些流氓分子为企图挤出其底财，而节外生枝地对其进行无休止的斗争，但如个别地主现在仍有过多土地，可劝其献出多余部分，否则由政府采用清算旧欠公粮的办法征收分配，对于过去侵犯中农利益部分坚决退还，对打击过重的富农酌情予以补偿；对土地质量好坏进行调剂，使贫苦农民能分到一部分好地。

1946 年 11 月初，中共中央东北局副书记陈云受东北局的委托，前往南满主持该地区的工作。在路过合江时，时任合江省委书记的张闻天向他谈了前一阶段合江土地改革工作的种种问题。在抵达牡丹江时，他又找地委书记何伟了解情况，发现这里的问题与合江差不多。陈云感到了问题的严重性。11 月 7 日，他在佳木斯和牡丹江之间的桦川县给东北局写了一封信，信中指出：所谓"半生不熟"，是指积极分子的成分不好或很好，群众未真正发动起来，结果是地主虽被打击了，但仍有潜在势力，在心理上仍旧统治着群众。造成这种状况的原因是由于一味求成，在群众中酝酿不成熟。估计"半生不熟"的地区在东北一定很多，改进这种地区的状况已成为群众运动中最重要的工作之一。

这封信引起了东北局的重视。11 月 21 日，东北局发出《关于解决土改运动中"半生不熟"的问题的指示》，将东北解放区的土地改革工作分为四种类型：一是工作做得比较好的地区；二是"半生不熟"的地区；三是弄乱了的地区；四是未开辟的处女地。东北局认为，东北全区最多的是"半生不熟"地区。虽然各地"半生不熟"的情况不同，生熟程度也有差别，但其共同的特点，"就是基本群众在斗争后的态度是'懒洋洋'的，不相信自己的力量，对农会工作任务漠不关心，甚至互相埋怨，而从组织形式上去看却样样都有，如地也分了，斗争也斗过，武装也有，农会也有，积极分子也有，但切实检查起来，则毛病很大，内容甚少。"东北局认为：产生这样"半生不熟"的原因，最主要的是没有经过群众的酝酿成熟，使群众自觉地自下而上地起来斗争，贪图快，只顾"点火"，好像"一阵风"，当时轰轰烈烈，过后冷冷清清。也有的第一次是经过酝酿的，工作团干部取得了经验，而工作团把自己取得了经验当作积极分子和群众也取得了经验，以后各地就不经过酝酿成熟，贪图快起来。至于其他许多情形，如仔细了解情况不够，检查工作不多等等，也是造成"半生不熟"的原因。[①] 东北局要求东北各级党组织和各工作团将解决"半生不熟"问题，把"夹生饭"煮成熟饭，作为深入和巩固群众工作的中心任务。

对于各解放区土地改革的进展及存在的问题，中共中央始终予以高度关注。刘少奇发现："在已解决土地问题的地区中，在土地分配问题上发生了一些毛病，例如：乡村干部、积极分子、原佃户和大佃户分占了更多的土地，军队、政府及其他机关团体，占有很多土地及

——————

① 《中国的土地改革》编辑部等：《中国土地改革史料选编》，国防大学出版社 1988年版，第 327 页。

公田，而许多赤贫及雇农没有分到或很少分到土地。"[1]

1947 年 1 月 10 日，刘少奇就土地改革中的问题致电各解放区负责人邓小平、薄一波、邓子恢、张鼎丞、黎玉、刘澜涛、黄敬、李井泉、张稼夫、高岗、彭真、李富春、陈云，为了深入解决土地问题，请他们根据各地的情况，答复如下问题：

（一）是否由各解放区政府各自颁布法令，发行土地公债，征购一切地主多余的土地，无代价分给农民，以便采用一般合法形式最后取消地主这一个阶级？颁布土地公债法令之时期，是否已到？是否要影响那些土地改革尚未深入的地区及将来新发展地区？因为在这些地区还要用反奸清算等方式来使地主拿出土地。

（二）在分配土地问题上，党内和党外都有一部分人企图窃取土地改革的果实，分占更多的土地，这就是一种富农路线分配方法，而与贫农平均分配原则相对抗。在这些分配不公、引起农民不满的地区，是否应提出重新分配的口号，或只实行个别填平补齐即够？重新分配办法在何时何地提出为妥？根据内战时期的经验，土地必须重新分配两三次，才能最后分妥。因为在初分配时，总是急促的，难于调查周到确实。且有一些贫农、雇农不积极要求得到土地，乃便于一部分人多分，但到后来势必重新分配，且一次比一次分得更公平合理，最后才把所有权固定下来，这是贫农雇农的要求，并使他们得利最大，所以不要害怕重新分配。

（三）解决土地后转入生产，有何困难及如何解决此项困难？是否如有些人所说第一年农民不会有生产积极性？[2]

---

[1]　中共中央文献研究室：《刘少奇年谱》下卷，中央文献出版社 1996 年版，第 62 页。

[2]　中共中央文献研究室：《刘少奇年谱》下卷，中央文献出版社 1996 年版，第 63 页。

其中的第三个问题，是毛泽东所加写的。这说明，毛泽东和刘少奇都在考虑如何使土地改革继续深入，以克服前一阶段工作的不足，不但要实现耕者有其田，而且要通过土地改革激发广大农民的生产积极性，发展农村生产力。

2月1日，中共中央政治局举行会议，分析形势和党的任务，并讨论毛泽东为中共中央起草的《迎接中国革命的新高潮》的党内指示（也称"二一指示"）。

这个指示明白地宣布："目前各方面情况显示，中国时局将要发展到一个新的阶段。这个新的阶段，即是全国范围的反帝反封建斗争发展到新的人民大革命的阶段。现在是它的前夜。我党的任务是为争取这一高潮的到来及其胜利而斗争。"[①]

会上，毛泽东多次作了发言。会议快结束时，他再一次发言，提出要"使一切没有土地的人有土地"。他说：土地政策是不是可以早几年解决？可以的。"现在解决也可以，如果太迟，要犯很大错误。"

中央政治局会议通过了这份党内指示，其中专门讲到了土地问题。指示说：各区都有约三分之二的地方执行了中央1946年5月4日的指示解决了土地问题，实现了耕者有其田，这是一个伟大的胜利。但是还有约三分之一的地方，必须于今后继续努力，放手发动群众，实现耕者有其田。在已实现耕者有其田的地方，还有解决不彻底的缺点存在，主要是因为没有放手发动群众，以致没收和分配土地都不彻底，引起群众不满意。在这种地方，必须认真检查，实行填平补齐，务使无地和少地的农民都能获得土地，而豪绅恶霸分子则必须受

---

① 《毛泽东选集》第四卷，人民出版社1991年版，第1211页。

到惩罚。在实现耕者有其田的全部过程中，必须坚决联合中农，绝对不许侵犯中农利益（包括富裕中农在内），如有侵犯中农利益的事，必须赔偿道歉。此外，对于一般的富农和中小地主，在土地改革中和土地改革后，应有适当的出于群众意愿的照顾之处，都照"五四指示"办理。总之，在农村土地改革运动中，务须团结赞成土地改革的百分之九十以上的群众，孤立反对土地改革的少数封建反动分子，以期迅速完成实现耕者有其田的任务。[①]

按照这个指示的精神，各解放区都在基本完成土地改革的基础上，立即布置开展大规模的土改复查。

1947 年 2 月 21 日，中共中央华东局发出《关于目前贯彻土地改革土地复查并突击生产的指示》（即"二二一指示"）。"二二一指示"肯定了半年来华东土地改革的成绩，但同时认为，"在许多地方土改中仍不彻底不全面，在土地分配上有些地方存在着不公平与脱离群众的富农倾向（如少数人多分到土地或好地，而赤贫现象尚未完全消灭）。个别地方仍有侵犯中农与过分打击富农的现象，使我们尚不能团结更多群众。"因此，必须迅速采取填平补齐和其他公平合理的方法，纠正上述缺点。

"二二一指示"规定，凡已经完成土地改革及土地改革不彻底的地区，均须展开深入的复查工作，复查的目的在于贯彻土地改革政策，消灭明分暗不分的现象，使土地分配公平合理，使赤贫均能获得土地；纠正村干部及少数农民多分土地分好地多得果实，自私自利脱离群众的富农倾向，团结所有农民进行保田保饭碗的斗争。复查中

---

① 《毛泽东选集》第四卷，人民出版社 1991 年版，第 1215—1216 页。

应发动群众检查下列内容：（一）明分暗不分现象（如地主暗中操纵，形式上分配土地，实际收买村干，或制造宗派斗争与假斗争，仅仅分配了另一地主土地等）；（二）地主黑地是否还存在；（三）献田的地主仍留土地多少；（四）毁老契立新契的情形。并且召集村干部和积极分子检查下列具体情形：（一）谁多分得土地或多分到好地；（二）谁未分到土地或仅分到很少与很坏的土地；（三）所留的公田、菜地情形与群众对此反映如何；（四）有无斗争果实浮财（如农具、房屋、款项等）搁置未分或分配不公现象；（五）有无侵犯中农土地情形。前者为复查各地地主是否仍有采取种种方法以抵抗和逃避土地改革的情况；后者为调查各地干部及少数农民在分配处理土地问题上是否存在不公平不合理的现象。

华东局强调：对一切企图抵抗和逃避土地改革的地主，应按中共中央"五四指示"与华东局"九一指示"精神，对不同的对象采取分别对待的办法（如坚决斗争、调解仲裁及公债征购等），务求做到土地改革普遍彻底。对少数企图多分得土地多窃取好地的干部和农民，应经过党内外动员教育的办法，说服其自动将多得的土地和多得的好地交出分给赤贫及土地较少的农民；或在必要时将该地已经分配的土地按公平合理分配原则重新加以适当调整，在重新调整时，可采抽多补少、抽肥补瘦办法，并避免作不必要的大变动，以免影响生产。①

4月底5月初，华东局又分别作出了《关于贯彻土改复查的指示》和《关于土改复查补充指示》，进一步指出：土改与土改复查是当前一切工作的中心环节，是一切工作的基础。土改和土改复查的基本方

---

① 《山东革命历史档案资料选编》第18辑，山东人民出版社1985年版，第280—285页。

针，是使无地和少地的农民得到足够耕种的土地，在经济上和政治上使农民成为真正的主人。土改复查的任务，是彻底摧毁封建势力，克服土地分配不公的现象，团结 90% 以上的农民。这两份指示还对土改复查中的一些具体问题做了规定。

1947 年 2 月，晋察冀解放区召开土地改革汇报会，中共晋察冀中央局副书记刘澜涛在总结讲话中，肯定了前一阶段全区土地改革的成绩，但同时认为晋察冀的土地改革工作"还存在不少缺点"，"有些地方的土地改革，还未完全按照'五四指示'的原则执行，还没有彻底走群众路线"，因此，还需要继续贯彻土地改革，满足农民的土地要求，使群众真正"翻透心"。刘澜涛在讲话中专门对土改复查的问题作了布置，要求通过走群众路线，重点复查是否真正满足了农民的土地要求，群众是否真正翻身、翻心，广大农民是否有了主人翁的思想，是否有分配不公和伤害中农利益的事情。复查的时间，一般应在秋收之后，个别地区如果群众要求马上复查，也可在春耕之前进行。①

4 月 6 日，中共晋察冀中央局又作出《关于执行中央"二一指示"的决定》，认为土地改革在晋察冀热辽绝大部分地区业已进行，在实行比较彻底的地区，地主阶级的封建剥削被消灭，富农封建剥削与非法部分被取消，中农急剧增加，贫农、赤贫获得土地，阶级关系发生新的根本变化。但对已得的成绩不能估计过高，有些地区还没有完全贯彻实现"耕者有其田"与群众路线，没有完全满足农民土地要求，仍有少数应斗而漏斗及分配不公、翻心不透、个别侵犯中农利益等现

---

① 刘澜涛：《关于晋察冀边区土地改革初步检查汇报总结》，1947 年 2 月 20 日。

象。有的地方和许多边缘地区还没有发动群众进行土地改革，有的地区农民胜利果实被敌侵占尚未夺回，因此，在全区彻底完成土地改革的任务还是极其艰巨的。"必须继续大胆放手，全面贯彻土地改革，深入复查，进一步满足无地少地农民的要求。"①

晋察冀中央局下属的冀中区党委在《关于开展土地复查运动的决定》中更是明确提出，要通过复查使所有无地少地农民得到适当数量的土地、生产工具及物质，使其能组织生产，并消灭赤贫，具体的解决办法是：（一）对漏斗假斗村庄的地主恶霸，"仍发动群众轰轰烈烈地斗争，把他们打得服服在地，拿出土地房屋生产工具及物质来，以满足农民须（需）要"；（二）对已经开展斗争的村庄，主要是填平补齐，坑深多填，坑浅少填，没坑不填，对地主留下生活资料较多或地主豪绅成分的干部农民照顾太多，通过农民评议，使其拿出一部分土地物质；（三）土地不够分配时，对富农可酌情拿出一部分土地，如仍不能解决，富村穷村采取联合斗争，将富村地主富农的土地财物拿出一部分调剂到穷村；（四）村干部自私自利，多取了土地改革果实的，教育其退还给农民并承认错误。该决定同时提出，要通过土地复查使农民在政治上真正成为主人，"实际掌握村中大权"，这就要"整顿领导作风克服强迫命令，使农民敢于大胆批评与改造党员及干部作风"，并且要"放手民主，放手选举"②。

早在 1946 年 9 月 1 日，中共中央华中分局就发出了开展土地复查的指示，但由于当时华中分局领导的地区处于残酷的战争环境，所有的县城和重要城镇均被敌人占领，土改复查只在中心区的农村

---

① 《中国土地改革史料选编》，第 353 页。

② 《冀中区党委关于开展土地复查运动的决定》，1947 年 6 月 15 日。

进行。1947 年夏，形势有所改观。6 月 20 日，华中分局就土改复查作出指示，要求在全区开展土改复查。复查的内容，就是要查明贫雇农是否得到足够的土地？是否好坏搭平？是否解决牲口、农具、房屋、青苗等？中农土地、财产是否被侵犯？地主、富农是否多留田、留好地？是否真正实现"中间不动两头平"的政策？如发现不符合此要求者，必须填平补齐。在复查中必须依靠贫雇农为骨干，联合中农，反对包庇地主富农、干部多得地得好地和多得斗争果实的富农路线。[1]

至此，各解放区的土地改革进入第二阶段——土改复查。

2. 煮"夹生饭"

在各解放区的土改复查中，东北解放区的煮"夹生饭"运动颇具代表性。

1946 年 11 月 21 日中共中央东北局发出《关于解决土改运动中"半生不熟"的问题的指示》后，东北各级干部纷纷下乡，具体指导各地把"夹生饭"煮熟。

桦川县是中共合江省委的土地改革试点县，据省委书记张闻天在 1946 年 11 月中旬的调查，全县"半生不熟"的村子有 83 个，占工作总村数的 53%，全县总村数的 43%。

该县会龙山屯共有 72 户，包括地主 3 户、富农 2 户、富裕中农 2 户、中农 25 户、佃中农 10 户、贫农 12 户、佃贫农 18 户，另外还

---

① 《中国土地改革史料选编》，第 374 页。

有 43 户"跑腿子"。①

1946 年 5 月间，上级派来的工作队来到了会龙山屯，领导群众清算了几家地主，分了 170 多垧地、5 头牛、3 匹马、2 辆大车，还有一些现款和粮食。

会龙山屯土地改革斗争是和平的，由干部和少数积极分子包办代替，因而群众没有真正同地主撕破脸皮，地主瞒地不少，威风没有完全被打掉，多数"跑腿子"没有参加斗争，农民把分到的地和牲口看成是"官家配给的"，他们只知道"现在这个国家比伪满好得多了"，却没有明确的阶级观念，对胡匪（即土匪）没有仇恨，不肯反映胡匪和通匪分子的情况，有"穷富一心""民匪不分"的倾向。

这个村的农会也是有名无实，只有会长，没有会员，民兵则是以中农成分为骨干，"跑腿子"被认为不可靠不让参加，小户则因为"衣衫单薄"不愿参加。工作队培养起来的干部也不是真正的积极分子，乡长是一个暗"胡子"（即土匪），农会会长是地主的外甥，他们与地主勾结，强迫"跑腿子"和小户将分得的车、牛、马低价卖给原来的地主。这种行为被群众揭发后，区里也只是简单地将他们撤职了事，接着选了几个所谓"公道人"当了村干部。但这些新选的干部中，有的是老好人怕得罪地主，有的是旧村长的亲戚。这些人虽然与原来的干部相比，不勒钱，不揣钱，不派款，但不敢得罪地主，对于地主的翻把活动不闻不问，以求相安无事。②

为了搞清楚"夹生饭"的具体情况，指导全省农村煮熟"夹生饭"，

---

① 一般指那些因贫困或其他原因不能成家，生活无着落，过着流浪汉式生活的男人。

② 蔡黎：《桦川会龙山屯在争取成为模范村的道路上前进——消灭夹生饭运动典型之一》，东北日报社编：《群众工作手册（五）》，东北书店 1947 年版，第 38—39 页。

中共合江省委书记张闻天曾三次亲往会龙山屯。第一次调查了这个屯的基本情况；第二次来时，亲自参加了斗争暗"胡子"李焕章（原来的乡长）的群众大会；第三次来已是1947年1月初，他在这里住了半个月的时间，与工作队一道重煮"夹生饭"。群众第一次斗争地主洪玺亮，迫使他交地契，后来发现这些都是些荒地的地契。于是，张闻天又发动群众再次斗争这个狡猾的地主，迫使他低头认罪，交出了90多垧好地和青苗，并当场将地契烧了。对另外两户地主瞒黑地的问题也进行了斗争。同时，改选了村干部，成立了新农会和自卫队，重新分配了斗争中得到的土地。群众说："这回分地公平，够数，好地又多，明年都过好日子。"①

松江省宾县常安区土顶子村，在1946年5月间的打"胡子"、分逆产浪潮中，曾将部分汉奸恶霸的土地转入农民手中，但因当时群众与地主撕破脸皮程度不够（除伪区长郭自俭家被斗外，其他的地主都是自动献地），地主迅速组织反攻，对农会干部拉拢收买，对基本群众造谣威胁，把分出去的地重新收回来，连村政府修围墙，在地边上拉一车土都不行，而村农会主任两面应付，对上级汇报时隐瞒了真实情况，说该村的工作"一点问题也没有"。

开展煮"夹生饭"工作后，中共宾县常安区工委向该村派出了一支有三十余人的工作队。工作队到村后不住大户而住进村里最穷的小户家，利用晚上的时间同他们唠嗑（东北方言，即闲谈、聊天），白天则集中到村政府去吃饭，同时汇报材料研究情况布置工作。经过半个月的细致调查和群众的酝酿，集中力量斗争村上的大地主张

---

① 程中原：《张闻天传》，当代中国出版社1993年版，第534页。

三麻子，把村里凡是"翻把子"的坏家伙——斗倒了，然后用办训练班的办法重新发展农会会员和自卫队队员，撤了坏村长的职，另行选举了出身清白、决心翻身、以前没有地的农民担任村长、农会主任和自卫队队长，使群众真正翻了身。村里的农民们说："过去翻身只是腿能动一动，现在是头都抬起来了啦，走起路来，还要晃着点哩！"①

宾县常安区工委在土顶子村煮熟"夹生饭"后，又决定选择另一锅"夹生饭"来煮，这便是财神岗村。区工委认为，这个村一定是一锅"夹生饭"，理由有两条：一是该村分地时没有经过严重斗争，二是村里主要负责干部的品质不好。

1947 年 1 月 1 日，常安区工委除留下 3 个干部外，其余的 5 个区工委干部全都到了财神岗，区的机关也搬到了这个村。区工委认为，要煮熟"夹生饭"，必须集中力量，深入屯户。这样既可以深入了解该村工作的情况，也便于开展集体学习。

从到村的第二天开始，区干部每天晚上到屯子里工作，并住进赤贫户家，借此接近基本群众，了解问题。5 个区工委干部加上村干部，有时分成两组，有时分成三组，吃过晚饭后，背起背包到屯子里最穷的人家住下，利用晚上的时间，同穷哥们唠嗑。

区干部首先来到该村的苏家屯，此时已快过春节了，干部们问群众，今年照去年相比怎样？这一问，一下子把群众的话匣子打开了。有的说，今年不挨饿了，得到地有粮了。有的说，今年过年包饺子也不"经济犯"（日本人占据东北时期，规定老百姓不能吃细粮，凡吃

① 《深入发现问题打垮地主威风，土顶子煮熟夹生饭》，《东北日报》1946 年 12 月 20 日。

细粮者作为"经济犯"处罚）了。就这样，群众东一句西一句谈起翻身，谈起过年。谈着谈着，不由自主地谈到了分地的事上，有一个群众说："我家劈的地不够，还是坏地。"这时，区干部问："能不能搞到好地呢？"群众回答说："能是能，还有王有才在这个屯子里有 8 垧地，他在伪满时是配给所掌柜的，开过粮栈，他别的屯子还有地。"区干部便说："翻身就要彻底翻身，劈地就要劈好地。还有哪些人分了坏地？好地到哪里去了？还不是地主留下了，瞒住了！还有哪些地主把地瞒住了？"于是群众就提了几个地主的名字，并讲到其中一个叫刘清峰的地主，伪满时当过伪区长，干了不少坏事，村里的群众都恨他。这时，有人向工作队提议说，这批家伙肚子里有鬼，听说工作队来了，一定会跑的，不如去抓了他。区干部采纳了群众的意见，可第二天去抓刘清峰时，此人已经跑了。群众虽然未抓到刘清峰，但把他的家看守起来了。通过这样的办法，区干部对各屯地主的情况、干部的情况、积极分子的情况，都有了充分的了解。

在此基础上，工作队把各个屯的积极分子集中起来上课，内容是中共松江省委编的《农民课本》《农村政治课本》等，还有农民作家赵树理的小说《李有才板话》及《白毛女》的故事，以此启发积极分子的阶级觉悟。接着又召开几个屯子联合的群众大会，让大家找出谁是本屯最坏的恶霸地主，并揭发他们欺压群众的事实。这样，被恶霸地主打过的、骂过的、扣过的、罚款过的群众都把自己的冤仇诉说了出来。区工委把这些情况进行了汇总，并确定了 8 个斗争对象，其中有恶霸地主，也有任过伪职的经营地主、小地主及个别干部，并决定将恶霸地主刘清峰和高青云作为主要斗争对象。

为了开好斗争大会，先开了一天的群众大会进行酝酿。会上，区干部讲明了要斗争这两个人的理由：如过去他们没有被斗过，也没有斗垮台，所以他们很神气，还想翻把；因为没有斗他们，群众的冤还没有申，气还未出，心还没有翻过来；不经过斗争，群众总是不敢大胆翻身；等等。第二天，区工委组织对刘清峰、高青云进行斗争。群众先到刘家的院子里。因为刘清峰已经跑了，大伙就把刘清峰的老婆拉出来说："刘清峰的坏事一定和你商量的。"说话之间，一个老太婆上去劈脸打了两巴掌，其他的人便一个一个走过去，把受刘清峰压迫的事一一讲了，边讲边打。接着，群众又将高青云进行斗争。斗争会上，高青云说起话来指手画脚，群众很不满，一个民兵走上前去打了他两耳光。经过斗争，高青云承认自己做了许多坏事，并答应 5 天之内交出 20 万元（东北币）的清算款子。①

从 1946 年 10 月开始，黑龙江省北安地区各县就把煮"夹生饭"作为县委的中心工作。到次年 2 月，煮"夹生饭"取得了重要成果：全地区 83 个农村区，1166 个乡中，已有 340 个解决了"夹生饭"问题。在斗争中，从地主手中清算出 103553.8 坰地、16087 间房屋、8123 头牛马、1227 辆大车，其他浮物财宝（包括衣服、布匹、金银、现款、粮食等）约值 80 亿至 90 亿元（东北币）。这些浮物的价值，比上年清算出的全部土地和浮物的价值还要大。在解决"夹生饭"的斗争中，还挖出地主藏匿的大小枪支 1659 把，子弹 10 万多发，绥棱、北安、庆安等县还破获了地主地下军的活动。通过煮"夹生饭"运动，淘汰了一批混入干部队伍中的流氓坏分子，正派积极分子上了台，初步树立了群众的优势，并在工作比较彻底的乡发展了党员或建立了党的小

---

① 《财神岗村深入土地斗争工作经过》，黑龙江省档案馆：《黑龙江革命历史档案资料丛编——土地改革运动》下，1983 年编印，第 108 页。

组、支部。[①]

1947 年 2 月 1 日至 9 日，中共中央东北局召开群众工作会议，讨论了群众工作、生产、对敌斗争、敌后斗争等问题，认为目前东北群众工作的情况是：真正做得较好和尚未工作的空白地区都是少数，"半生不熟"的地区是绝大多数，因此，目前群众工作的中心还是集中力量解决"半生不熟"的问题。

会后，东北局于 2 月 20 日发出《关于解决"半生不熟"与准备春耕的指示》。该指示指出："提出'半生不熟'的问题，并不是泼冷水和否定我们群众工作的成绩和同志们工作的努力，其目的在于根据当前群众运动发展的情况，警惕某些同志的骄傲自满情绪，使大家去注意和改进工作中已存在的许多严重问题，把我们的群众工作继续提高一步。"东北局提出了解决"半生不熟"问题的基本标准，主要是彻底解决土地问题，从彻底解决土地问题来打垮地主恶霸的封建统治，达到基本群众真正翻身，确立基本群众的优势。达到这个基本标准的具体表现是：地主恶霸被真正打垮了；基本群众真正有了自己的组织与武装，不仅在分地中敢于同地主斗争，而且在分地之后，能时时警惕与提防地主、恶霸、国特（国民党特务）、土匪的一切翻把破坏并继续进行斗争；真正公平合理地处理斗争果实，其中主要的是把土地、房屋、牲畜、农具、粮食等，能切实保证落到基本群众手里；在斗争中发现与培养一批真正为群众所爱戴拥护的积极分子，农会的作风正派，办事公平，与群众有密切联系；肃清地主和土匪武装，建立起基本群众自己掌握的武装；热烈地表现出拥军参军与军民之间的

---

① 中共北安地委：《北安地区群运总结》（1947 年 2 月 15 日），辽宁省档案馆等：《东北解放区财政经济史资料选编》第一辑，黑龙江人民出版社 1987 年版，第 315—316 页。

亲密团结，发展一些党员及建立起可靠的支部堡垒。

东北局在指示中认为，在发动土地改革运动之初，由于工作团（队）没有切实贯彻群众路线，未能深入到真正贫苦的群众中了解情况和进行组织发动，采取包办代替和强迫命令的方式，未经群众反复酝酿，基本群众并没有发动起来，而被少数游民、流氓和坏分子钻了空子，将其当作积极分子来依靠。东北地区经历了日本人14年的殖民统治，加之东北地区比较特殊的历史特点，使这里的游民比关内地区要多得多。他们中有些人长期流动失业，失去家庭，迫于生计，有的当土匪、小偷，有的当地主恶霸的狗腿子，有的当警察特务的爪牙。这些人抽大烟、扎吗啡、吃喝嫖赌，不务正业，到处流荡，但这些人善于应付逢迎，欺上瞒下，看风使舵。工作团（队）刚下乡时，因为对情况不了解，挑选积极分子不慎重，而这些人为了得到斗争果实，常是敢作敢为，缺少顾虑，充当了积极分子，甚至担任了乡、村干部。但他们往往只考虑个人利益，虽然也有斗争的勇气，但果实分配上常是贪污多占，并容易为地主所收买利用，而对于基本群众则颐指气使，俨然一副"新贵"的派头，因而脱离群众做坏事，为广大群众所不满。这是造成土地改革工作"半生不熟"的重要原因之一。

要把"夹生饭"煮熟，就要妥善地处理好这些人。为此，东北局明确指出：对他们的处理应采取慎重的态度和正确的方法，要认识到游民阶层是一个社会问题，对已充当积极分子的流氓成分者，分清反革命与非革命，对于前者经群众罢免和处罚，对于后者使之坦白悔过，在撤销职务后使其戴罪立功，对于积极参加了反封建斗争又做了若干坏事的，则采取调训、调动工作等办法，对其进行争取和教育，不能把群众斗争的目标转向对坏的积极分子，而应集中力量同地主恶霸势力作斗争。

土地改革的目的和任务都是解放农村生产力，发展农业生产。鉴于春耕在即，东北局决定在集中力量解决"半生不熟"问题的同时，积极准备春耕生产，要求在春耕到来时，"不管当时的'半生不熟'解决得怎样，各地党委和工作团则应集中力量领导全面的春耕。"①

可是，春耕开始后，新的问题又出现了。

一是地主藏匿财宝，经济没有彻底垮台。土地分配以后，地主尚藏有不少金银财宝、布匹、衣服、粮食等浮财。如黑龙江省通肯县百祥区刘家乡地主陈万顺，平日依靠150多垧土地剥削农民，每年除全家好吃好穿消费之外，还买了许多金银首饰，仅在土地改革前5年就买了一个5斤3两重的银元宝埋藏在院子地下。在分地斗争中，他拿出了100多垧地，但元宝仍然暗藏着，还把金银首饰也全都藏了起来。结果他埋藏在地下的财物比他土地的价值高出1倍以上。这种情况在东北各地普遍存在。这样一来，地主虽然丧失了土地，但仍然保持经济优势，并常以此威胁农民，企图反攻倒算。通肯县三圣宫区大地主刘俊被清算出土地后，暗中威胁农民说："算就算，你也富不了，我也穷不了，把犁杖挂到房檐上，也吃他几年。"

二是土地改革后农民虽然得到了土地，但由于多年受穷，家底子薄，元气不足，生产中还有重重困难。"一般农民受了多年困苦，他们初得土地，贫弱无力，要种，缺种子，缺马料，缺农具，特别是缺牲畜的困难。凑钱、插犋是可以解决一些问题，但不济大事；借贷换工也可以解决一部分问题，但总是人家的，基本问题解决不了。农民

---

① 《东北局关于解决"半生不熟"与准备春耕的指示》（1947年2月20日），《中国土地改革史料选编》，第342页。

分得土地，自己无力耕种，在困难面前容易动摇，甚至对地主不敢决裂，对富农不断依赖，翻身是困难的。"[①]

在这种情况下，农民想到了斗出地主暗藏的浮财，以解决生产困难的办法。通肯县伦河区孙王乡农民提出口号："没有马，没有牛，斗出财宝就不愁。"该乡农民集中斗争了2户地主，挖出了地主暗藏的金耳环12副，银器5斤，衣服270套，布1800尺，还找出了粮食80石，被子60床，基本上解决了全乡的麦种、马料、牲口等春耕困难。孙王乡"斗财宝"成功的消息迅速传遍全县140多个乡，全县农民纷纷仿效，80%的乡开展了"斗财宝"运动，结果在不长的时间里，全县斗出大批的金银财宝，其中金子10斤8两、银子659斤、布38089尺、牛马1104匹、猪894头、现款3501150元（东北币）。

中共通肯县委对这一运动曾作了这样的评价："这一个'斗财宝'，一方面保证了春耕的顺利完成；全县1547589垧耕地，在芒种前十天完全种完，未撂新荒，争开了新荒；另一方面，给地主经济一个进一步的打击和摧毁。这在分了土地后'夹生饭'地区工作中，是一个非常重要的环节。没有这一步，地主经济不能完全垮台，基本群众亦难翻身发展。"

"斗财宝"运动开展后不久，通肯县委还对这一运动经验与存在的问题作了总结，其中说道：

> 许多次斗争证明，被清算的地主除了土地之外，没有一个不埋藏财富，而且很难斗得干净。所以，我们如果只分了土地，不

---

① 丁秀：《通肯县挖穷根斗财宝的经验》（1947年6月15日），黑龙江省档案馆：《黑龙江革命历史档案史料丛编——土地改革运动》下，1983年编印，第143页。

动浮物是不对的。不注意他们埋藏财宝，只土地即留给中农水平，也是不合适的。留地应小（少）于贫雇农分的地，对于浮物财产，还应尽可能追出，否则，地主经济还不会垮下去。

分了土地后，我们必须进一步帮助群众发展生产。但发展生产之重要前提，则是群众获得适当的果实，作为生产的资本。东北农作牲口发挥重大的作用，在分地后，群众翻身的重要环节是"有马"。

地主财宝埋藏秘密，应一方面利用地主内部矛盾发现材料，一方面发动群众追寻。如果真正群众性的阶级自觉，因之捆打自然也不能限制（目前说），但应启发群众了解，只"打"还是盲目性的，应多用具体方法发现材料，是比较实际的。

"斗财宝"可以增加决心，但经济斗争不等于政治觉悟，所以在"斗财宝"中，应注意经济主义的倾向，必须引导到阶级仇恨和觉悟上来，提高到政治斗争。

斗的对象，应是被清算地主，如果增加新对象，打击到中农及一般富农，就可能妨碍生产。[①]

这样一来，东北解放区土地改革运动，也就由煮"夹生饭"发展到"砍大树、挖财宝"阶段（又叫"起浮财、挖坏根"，简称"砍挖运动"）。

1947 年夏秋间，东北解放区的"砍挖运动"进入高潮，也确实挖出了不少东西。报载："（双城）六区花园村群众，（1947 年）2 月

---

① 丁秀：《通肯县挖穷根斗财宝的经验》（1947 年 6 月 15 日），黑龙江省档案馆：《黑龙江革命历史档案史料丛编——土地改革运动》下，1983 年编印，第 145—147 页。

间确定地权后，由于分地不分粮，一般群众普遍未得到现实利益，因此在春耕中，普遍反映没有粮食吃，春耕困难，县府工作队根据群众的迫切要求，除提出分地、分粮外，还号召群众进行挖坏根、挖地窖，首先在花园屯伪区长阎超家挖了 2 个粮窖，并在高粱秆底下翻出了大批衣服、布匹。接着在 6 个屯挖出地主粮窖 8 个，粮食 95 石，衣服 533 件，布 621 尺，加上要出租粮 154 石，解决了群众粮食及冬季衣服困难，大大提高了群众生产情绪。"①

农民挖出地主隐藏财宝的心情愈切，地主隐藏财物的手段也就愈多。他们知道，土地是不好藏匿的，但金银元宝只要想办法，多少能保住一点。地主们为了守住自己的底财，可谓想尽了办法，绞尽了脑汁。据《东北日报》的报道，地主隐藏财宝的方法，多达十数种，列举如下：

（一）埋藏财物设"空城计"。地主将一切有用的东西都埋起来，或放在亲戚、小户、佃户及狗腿子家里，家里只剩下一些破柜之类的废物。埋的地方很多也很妙，如埋在坑洞、烟筒、锅台、鸡窝、茅厕、猪圈、祖宗的棺材、花池、菜池、大树、小庙、围墙、墙壁、炮台内，甚至在女人的裤子里藏首饰。

（二）家人分散逃跑，减少目标。

（三）装穷装饿装老实。

（四）化整为零，彻底分家，然后伪装成中农富农，向群众大喊不许侵犯"中农利益"。

（五）利用军队中个别坏干部、坏战士的落后思想，向他们诉苦

---

① 《生产结合挖坏根，解决夏耘困难 提高群众觉悟》，《东北日报》1947 年 6 月 14 日。

请他们吃饭，用他们来打击群众，保护自己。

（六）利用亲戚朋友关系找政府、找工作队讲情诉苦，虽然遭受工作队的白眼，但回去后向群众说："我已和工作队讲好，不让你们斗。"

（七）送子参军或参加工作，一则利用参军者在战士中活动，二则可假借军属荣誉、假装进步，求得保存压迫群众的优势。

（八）利用狗腿子干部，在布好"空城计"后，做得像模像样，实际上斗群众。

（九）利用村与村、屯与屯的群众都想多得果实的矛盾，要求本屯农会斗争说："反正我是要斗的，就这么点东西，外屯来斗争，狼多肉少，分不了多少，不如拿出来给本屯穷人还可以多得些，给本屯人，也心甘！"这样企图分裂农民团结，求得农民同情，保存财宝浮物及多留东西。

（十）假仁假义，给群众粮物，企图麻痹群众。

（十一）收买干部，求得假斗轻斗。

（十二）表面上献地献浮物，实际上献坏留好，献少留多，企图避免彻底斗争。

（十三）利用坏人造谣打击好干部，使好干部害怕或站不住脚，不敢大胆利用职权领导群众。

（十四）利用群众"可怜"心理，大哭大闹，装出可怜相，求得群众及态度不坚决干部的怜悯。

（十五）爱财不爱命，打死也不说，不得已时只说出一点点不重要的东西，好的不说，多的不说。

（十六）用自杀威胁群众。

（十七）利用二流子、过去被群众洗刷的坏干部在这次斗争中胡搞乱斗，斗外不斗里，斗远不斗近，斗中农不斗地主，转移群众斗争目标，破坏群众斗争情绪。

（十八）污蔑群众斗争为"官胡子"，"不讲理"，企图吓倒群众。[①]

地主藏财宝的办法多，但农民挖财宝的办法也不少，何况还有上级派来的工作团撑腰。黑龙江省海伦县民生乡属于一个未煮熟的"夹生"乡，全乡有 270 户人家，在 1946 年 7 月曾进行过一次清算斗争，仅草草分了地，群众并未发动起来，地主及狗腿子仍旧在屯里掌握大权，农会主任于凤生是个染工，好耍大钱（指赌博），和地主相勾结。乡长是个破落地主，武委会主任在伪满时当过"国军"（伪"满洲国"军队），他们都和乡中最大的地主张守仁串通一气，压得老百姓抬不起头。

1946 年 7 月清算时，张守仁事先早已把值钱的东西和 6 匹肥马拉走，群众只落些破烂，他搬到城里安然无事，还不时回到乡中打听风声。他一面挑拨干部一面又拉拢小户，在打场时他对小户说："你们白打，都叫干部搂去了。"还威胁群众说："去区上告吧，我县上有人。"转过脸又挑拨干部："小户可要告你们啦，早提防！"于是，于凤生等干部就事先跑到区里谎报说村里的流氓捣乱，要来区上诬告村干部贪污。区干部未经调查就妄信了他们的话，告状的代表一到就将其扣起来。这样，果然中了地主的圈套，打击了群众的情绪，从此群众谁也不敢再吱一声。

春耕时中共海县委提出："砍倒大树好种田，牛粮种子不困难。"

---

① 《阻挠农民彻底翻身，地主耍十八种花样，企图保持赃物继续翻把》，《东北日报》1947 年 7 月 13 日。

外屯"挖财宝"的风声传到了张守仁的耳朵里，他就联合本屯的地主自动拿出金耳环20副，并对群众说："把我们仅存的这点'干货'送给大伙填补填补吧。"群众受了地主的麻痹，不好意思再撕破脸同其斗争。

1947年6月14日，区干部到了这个屯进行土改复查，帮助煮"夹生饭"。来到屯里时，干部们只说是来检查生产的，未提土改复查的事。这样一来，地主们悬着的心也就放了下来。为把"夹生饭"煮熟，白天，干部们都下地帮着穷人家干活；晚上，找些扛大活的到"九大院"（"九大院"是地主刘守礼的房子，搬进去住的九家都是贫雇农，人们称为"九大院"）去唠嗑。这九家都是基本群众，老实厚道。干部从铲地困难谈起。大伙说："可困难噢，马饿的像瘦龙似的，人也不够吃，铲地都扛不住劲。"干部问："咋办呢?"大伙儿无话了，有的主张让政府贷款，有的主张自个儿想办法。干部就从此入手引向正题说："人家地主的马饿瘦了吗?"大伙就一一诉说地主的日子过得比他们强，不但马养的滴溜圆，而且顿顿吃豆包黄糕。有人提议："大树还没倒，挖吧!"大伙都赞成，不过他们主张不用斗争，干脆把地主家的东西统统拿出来就算了。

为了提高群众的政治觉悟，彻底打垮地主威风，干部便启发群众要同地主斗争，并最终确定将群众所痛恨的张守仁作为第一个斗争目标，群众于是道出了张守仁的一大堆罪恶：伪满时他当过5年伪屯长，他兄弟当伪警尉，常常仗势勒索店铺物品；贩卖劳工，村上要50他却要70，只"出荷"60垧，其余的叫小户出；霸占人家老婆，强买小户土地……这样一来，唠嗑无形中变成了一个小型诉苦会，众人纷纷要求当晚就把张守仁逮住，并决定每个人都去联络人，酝酿斗争。

逮住了大树，扣住狗腿子的消息传出了，人们背地里议论着，十几位积极分子就趁机到处酝酿，没用两天的时间就得到了绝大多数群众的拥护。区干部利用晚间召集群众开会，用积极分子诉苦的材料教育群众。不少老百姓说："非斗不可！这次非把他收拾得像玻璃棒子似的。"当场由群众推出16位积极分子领头——他们都是长年扛大活的贫苦农民。

斗争大会是在一天晌午进行的。三四百人参加斗争，先后四五十人发言控诉张守仁的罪恶。群众一致要求："毙了他！"他们说："要把他放了，我们就别翻身！"接着又斗了几家地主，一个富农吓得自动跑到区干部面前交出一支枪及二百多发弹药，请求区干部给说说情，让群众允许他坦白并加入农会，但群众不同意，当面骂他："想的可美，你为啥不早交出呢？早不坦白呢？是逼得没法了吧？"

斗争的结果是：一批坏干部被洗刷掉，地主从此老老实实，由斗争中涌现出的积极分子组成农会，将堆满一院子的胜利果实立时划分等级分到群众手中（内有25副金耳环、3枚金戒指、40副银手镯、20多石粮、700件衣服、500多尺布、100床被等），解决了基本群众吃粮、马料、卤盐、穿衣等困难。

用"砍大树""挖底财"的办法进行土改复查，得到了中共中央东北局的肯定。6月25日，东北局发出《关于继续完成土地改革，深入群众运动的指示》，认为经过一年的土地改革运动，东北解放区基本上摧毁了农村的敌伪残余封建势力，广大无地或少地的农民分得了土地、房屋、牲畜、粮食，农村中基本群众的阶级优势逐渐在树立中。去年冬季煮"夹生饭"以来，又把土地改革及群众工作普遍地深入和提高了一步，现在煮过"夹生饭"的地方，有的已达50%以上，有的则在 20%至 30%之间。在这种地区，敌伪残余封建势力已进一步被摧毁，基本群众的优势已经确立起来，未煮过"夹生饭"的地区，由于煮过"夹生饭"的影响，流氓干部的更换，以及今年春耕中确定了地权并查出"黑地""黑马"，加以前线胜利的影响，也把群众运动推进了一步。但是，仍有相当多地区的"夹生饭"没有煮或没有煮熟，这些地区，土地问题虽然基本解决了，但地主的影响并未被肃清，地主的经济基础也未被彻底摧毁，留地太多，财宝未挖，干部还有不少"二八月庄稼人"（半闲半忙），与群众的血肉联系不够，个别还有与地主勾结者，未经挖臭根、反两面光斗争，长年劳动正派积极分子还未能上台。因此，煮"夹生饭"的工作远未完成。

《关于继续完成土地改革，深入群众运动的指示》肯定了前一阶段农村开展的"砍挖运动"，并且认为，东北地主除土地外，尚藏有大量的金银财宝、布匹、衣服、粮食，而这部分埋藏的货物，常常比地主全部土地的价值还要高几倍，如果仅分配其土地，对地主的经济基础并未给予彻底的摧毁。因此，对于农民开展的"砍挖运动"应予以积极的支持，做到"大胆满足基本群众的要求，解决生产中的困难，帮助安家立业，使群众能真正达到经济、政治上翻身的目的"。东北局在该指示中特别指出：对于未煮过"夹生饭"的地区，要特别注重斗财宝挖干货，继续挖坏根与分掉地主留得过多的土地，提拔长年劳动正派的积极分子，树立群众的优势和统治。在夏锄中群众缺粮应从"斗财宝"、挖浮物中来解决，斗出一切金银财宝、布匹、衣服、粮食，应全部分给群众用之生产、买马、造房、安家立业。

根据东北局的指示精神，东北各省立即召开县委书记联席会议或群工会议，总结上半年群众运动工作，部署下一阶段的土改复查。

6月下旬，中共松江省委召开县委书记联席会，由巴彦、呼兰、双城、五常、宾县5县汇报半年来消灭"夹生饭"及春耕情况，并请东北局副书记高岗到会讲话。高岗讲话中解答了形势与政策中的一些问题。关于群众工作，高岗说：所谓熟了的地区，就是要做到放手发动群众，把封建恶霸地主阶级从经济、政治、武装上彻底摧毁，不仅要分恶霸地主的土地、牛马、浮产，而且要挖出他们的家底，这样才能最后摧毁恶霸地主阶级的经济基础。

中共松江省委负责人张秀山作了总结，并着重阐释了大胆放手的问题。他说：大胆放手到什么程度呢？对领导干部的思想来说，就是彻底摧毁封建势力，不留丝毫余地，任何恶霸地主的哀求与叫骂，我们都毫不同情，必须认识他们的哀求与叫骂，是封建地主阶级向群众斗争的一种方式。整个斗争是尖锐激烈的，但对于广大农民来说，这个斗争是最人道的。而在大胆放手中间，又必须像园丁培育花苗一样，要善于引导和培养群众情绪走向斗争。在斗争中不要受任何条文限制和拘束。那么，大胆放手会不会违反政策呢？张秀山说，不会的，放手就是根据政策来的，放手本身就是政策，就是政策的主要部分。放手也不是不要领导，放手本身就是有领导的群众路线，一切与此相反的，均是违反群众路线的。[①]

此时，开展挖地主底财的并非只有东北一地。各地虽然叫法各异，但具体做法却差不多。这年7月15日，刘少奇领导的中央工委给东北局发来了一封电报，介绍了华北挖地窖的初步经验：

必须要把挖地窖斗争与彻底解决无地少地农民土地密切结合，

---

① 《松江省县书联席会议总结半年群运工作，确定今年三四个月内全力消灭夹生》，《东北日报》1947年7月2日。

决不可离开农民土地要求孤立进行，必须确定斗争对象是地主特别是大地主、大汉奸、大恶霸，对农民的地窖决不可挖动，每一地主有无秘密财宝，应依靠群众力量调查清楚，并根据群众意见加以区别。对地主供出的所藏财物的窝主，必须调查确实，不可乱斗，特别是供出的中农、贫农分子，尤应注意，如确系窝主，可用教育说服团结等办法，使之将地主之财物交出了事，不可侵犯中农、贫农自己的财产。

确定斗争的主要目的是解决农民在生产中缺乏粮食、衣服、耕畜、农具、种子、资本等各种困难。如斗出的果实能够基本上解决这些问题，同时又不确知地主是否还有埋藏的财物，这样在广大群众同意的条件下，可适可而止，不要主观地漫无边际地斗下去，也不要企图经过一次斗争将地主隐藏的财物全部斗出，应尽可能地减少地主逃跑或自杀。

广泛运用群众路线，这是决定斗争成功与失败的关键。必须以贫雇农为骨干，联合全体中农共同向地主斗争，特别是耐心说服教育发动被地主欺骗利用的落后分子觉悟起来参加斗争。每一个斗争对象的确定及如何斗争法，须经过群众民主讨论和确定，坚决反对干部强迫命令，及少数积极分子脱离广大群众的恐怖行动。斗争的领导必须掌握在正派的贫苦积极分子和忠实可靠公正廉洁的干部手中，保证斗争果实不被贪污浪费，能真正落到全体贫苦农民手中，流氓和贪污腐化干部当权又没有可靠工作团的地方，暂时不要进行，也不要在报纸上公布挖地窖的消息，必须制止那些流氓分子和少数坏干部自动进行的现象。

电报中还介绍了华北各地挖地窖的一般方法：（一）利用地主家

中的长工婢女，进行周密调查，并争取教育被地主利用的落后分子，将地主隐藏的财物交出。（二）为防财物转移，用忠实可靠的群众和民兵监督地主，为防逃跑必要时将地主扣押。（三）逼使地主讲出财宝地窖，可用群众大会的压力和群众斗争威胁。（四）用个别谈话等各种方式，分化其家属的内部，或利用亲友及其他地主进行劝说，甚至谈话中只提出一定数量的财物，令其交出了事，不要提他们的全部，并在谈判中讲明，保证地主留下百分之几的数目。总之，要以群众斗争和个别谈判等软硬各种方法配合斗争。一般情况下，软的方法收效较大，决不可只用硬的方法，弄成僵局。

《中央工委关于土地改革中挖窖问题的几点意见》中还认为，挖出的一切果实，应由群众大会选出若干忠实可靠的农民组成保管委员会（工作团派可靠干部参加），专负登记看守保管之责，但没有动用和分配果实的权利。同时由群众大会宣布纪律，禁止任何人以任何名义和任何手段侵占斗争果实，不经大会决定不准动一钱一物，违者给予处罚。工作团要教育一切团员，严守群众纪律，不得拿取和动用群众果实。上级领导机关严禁任何干部将群众果实作为私人馈送的礼物。必须将全部果实分给贫苦农民，按人口及贫苦程度公平合理地分配，同时，也要部分有利于中农。分果实时，在群众中提倡勤俭节用，反对挥霍浪费，一切分得的果实都要用在生产建设成家立业上。①

就在中央工委《关于土地改革中挖窖问题的几点意见》传达到东北之际，在"大胆放手就是政策"的口号下，东北的黑土地上"砍挖"之风愈吹愈烈。据《东北日报》报道：

---

① 《中央工委关于土地改革中挖窖问题的几点意见》，1947年7月15日。

　　6月中旬群工会议后，由于领导干部在思想认识上走群众路线和大胆放手的结果，一个月来，双城全县轰轰烈烈普遍展开的深入斗争，其规模之大，范围之广，和运动之深入人心，为空前未有。四乡农民结队成群手执扎枪，进城起运浮物，每天总有几百辆大车从四门涌进涌出，每乘阴雨坏天，则更是纷纷冒雨踏泥前来，吆喝连成一片，构成一幅翻身群众气势豪壮的新图景。据初步不完全统计，全县卷入这个斗争的村屯达70%以上，取出浮物底财总值共约21万万零500万元，并有枪支若干。群众响亮地喊出了"割尾巴！""挖大树根，油水要光，威风要倒，天下是咱们的！"等口号。在群众威力下，地主的地产、浮物与贵重物品，从最隐蔽的地方追了出来，挖了出来。①

　　自本月（按：1947年7月）7日至17日间，（延寿柳河区）全体干部本着"凡事与群众商量""满足群众的要求"的精神，又与群众启发讨论"为什么没有彻底翻身？"和"饿肚子怎么办？"等问题，经过一很短时期的思想酝酿，群众领会我们的政策，"心里有了底"，于是很快地9个村（共26个屯）80%以上的群众，如霹雷闪电一样，到处起来斗争大地主，"追浮物""挖底产"，仅柳河村一天斗了8家中、大地主，他们扛着洋炮、扎枪，到处起东西，挖地窖，刨院套，搜山搜河，挖出若干浮物底产，初步统计，共获主要果实：金耳环52副，金戒指12个，银元宝1个，银元50余枚，银镯179双，粮食146.6担，牛马239头，大猪342口，蜜蜂109箱，胶皮轮大车15台，铁轮车40台，

---

　　①　《领导放手群众放胆，起出浮物二十一亿元，双城月来十分之七村屯卷入砍大树斗争》，《东北日报》1947年7月18日。

自行车 12 台，衣服被褥 3000 件（坏的不在内），布 3601 尺，其他如棉线、豆油、食盐、火油、木板、料板、家具等等很多，估计仅浮物底产总值约 1 万万 5000 万元左右。①

斗争形式，在这次运动中，是多种多样的：（尚志县）有一面坡清算八大家的两万余人的大会，有城关仁爱分区的各小组轮流过大堂的形式，有元宝村的"过筛子"形式——农会过一次，妇女会过一次，儿童团再过一次，有诉苦会，有公审会，但不管形式的多种多样，基本上也还有群众路线和非群众路线之分。经过群众思想酝酿了的，由群众说，群众问。一面坡两万人的大会，酝酿了七八天之久，附近三十里的太安、马延、老街基的群众都来参加，会议完全由群众掌握，台上台下，挤得满满的，吵成一片。太安（区）荣安村斗争会中，当群众打一个地主时，有人说："他是残废。"群众说："他人残废，心可不残呢。"斗争会从学校开到地主家里，男人斗男人，女人斗女人，在这样斗争会里，群众毫无顾忌地说自己要说的话，干自己要干的事。②

7 月 27 日，面对波涛汹涌的"砍挖运动"，东北局也感到："挖财宝运动起来很容易，发展也很快，但掌握政策则更困难，尤其在'夹生'地区如果掌握不好，如果不成为正派干部所领导的群众运动，则挖财宝的果实容易为少数干部所得，挖财宝斗争不能与改造'夹生饭'相结合。"为此，东北局要求在"挖财宝"运动中，必须彻底解决土

---

① 《柳河区总结挖底产，群众获得果实夏锄有了保证，地主不甘低头多方图谋翻把》，《东北日报》1947 年 7 月 28 日。

② 嵩明：《尚志砍挖运动中的几点经验》，《东北日报》1947 年 8 月 11 日。

地问题，只能挖大中地主、汉奸恶霸及个别为群众所痛恨的汉奸、特务、小地主、富农，对一般的小地主、富农不赶大院，不挖财宝，只分富农的出租土地部分及多余的牛马，只分小地主的多余的土地和多余牛马，不准挖富农、小地主的窖，对中农的利益绝对不得借口侵犯。[①]

1947年10月，中共松江省委再次召开县委书记联席会议。会上，省委书记张秀山对前一阶段的"砍挖运动"作了总结。他认为，"砍挖运动"的收获有四：一是严重地打击了封建势力，消灭了封建剥削。二是解决了群众困难，斗争中获得了大批的粮食、土地、金银、衣物、耕畜、农具、布匹等，只金子便有5000多两，全部果实约值250亿元，几口之家分到了一二十万的很多，解决了很大的问题。三是提高了群众觉悟，涌现了大批积极分子，其成分较过去都好，各地普遍盘查放哨，严厉地镇压了坏人的活动。经过"砍挖运动"之后，农村里再听不到特务的谣言。四是培养了一批真正成分好的干部，发展了一部分党员，在少数地区建立了较好的支部。同时也考验了干部，知道了什么是走群众路线，积累了发动群众的许多经验。

张秀山也指出了"砍挖运动"的毛病，他认为主要是领导上思想准备不够，运动来得太猛，没有在干部和群众中进行思想酝酿或酝酿得不够，部分干部没有了解放手的意义，把放手误认为放任，不了解在大放手之下，更须加强领导，更加上对群众启发不够，因此使运动进行得比较粗糙。这些毛病具体体现是：（一）掌握不住，流氓乘机摸鱼，因而侵犯了部分中农；（二）乡下群众进城，过重地打击了城

---

① 《东北局关于挖财宝的指示》，1947年7月27日。

市工商业。（三）差不多是每斗必打，群众见打一下就能拿出果实来，认为不打就不行。杀的人和打死的人多了些。（四）由于运动进行得粗糙、猛、快、广而不深，没有经过细致的思想酝酿和启发教育，因而有些地方斗争后群众觉悟没有提高一步。（五）有的地方有严重脱离群众的现象，主要是作风不民主，一种是包办代替，一种是放任自流。（六）某些地区发生了干部、积极分子多分果实、先分果实、贪污果实的现象。①

虽然看到了"砍挖运动"已出现明显的偏差，但要克服这些偏差却不那么容易。对挖地主底财，自然极有动员号召力。土地虽为农民所想得到的，但土地要种上庄稼，要付出劳动才能得到收获，而挖地主的底财，得到的是现成的财物，挖底财不但能解决生产资料和生产资金的不足，而且能马上解决吃穿问题，何况土地早已分配了。而且虽然这时东北战场的形势已发生了根本改变，东北民主联军已开始战略反攻，但国共两党的决战仍未决出胜负，土地是搬不动的，万一国民党再来，地主进行倒算，土地可拿回去，而财宝、粮食、衣物，吃了，用了，也就收不回了。再加上挖地窖，起浮财，人多势众，热闹非凡，农民岂有不兴奋之理。这样一来，1947 年下半年，东北解放区的"砍挖运动"的势头非但没有减下来，反而愈演愈烈。

3. 运动的深入

东北解放区的"煮夹生饭运动"和"砍挖运动"，只是解放区土

---

① 《松江省县书联席会议总结砍挖运动，讨论平分土地》，《东北日报》1947 年 11 月 15 日。

改复查运动的一个代表。

土地复查如何进行，胶东解放区牙前县桃村为今天人们了解这一历史提供了一个样本。

桃村既是农村又是集镇，居民以农业为主，但有 80% 以上兼营副业。该村地主、富农多。全村 541 户（商人不在内），土地改革后尚有地主 11 户，富农 91 户，合占 18.8%，人口占 23.6%。地主、富农的土地在减租减息前占全村的 62.2%，土地改革前占 40.5%，土地改革后占 37.1%。中贫雇农、手工业者、小商人占全村户数 81.2%，人口 76.4%。桃村是当地比较富裕的村庄，但土地并不多，人均土地 2.6 亩，本村群众因有副业，故而对土地数量要求较他村为低。另外地主富农房屋很多，而机关与公营商店工厂即占去 626 间，私营的还不在内，故农民要求房屋与要求土地同样迫切。这个村孙姓户占 70% 以上，外姓户绝大多数是贫农。

经过"五四指示"后的土地改革运动，桃村群众有发动但不普遍。其特点："（A）桃村著名的八大家地主，都经过多次斗争，基本上已经打下去，但不彻底。而其他的封建势力和恶霸，则从未受到打击。（B）斗争主要靠外力，果实大部为外村群众所得。（C）本村所得的果实'私归私'（谁的账就归谁），其中许多又为干部私吞。（D）土地改革给贫雇农土地房屋甚少，且系恩赐。"此外，"领导作风严重，对干部只要其单纯完成任务，缺少教育，有毛病就打击下去，而新提拔的不久又蜕化，土地改革后产生了严重的富农路线。对群众则完全强迫命令。""工作上阶级路线不明确。如代耕不分军工烈侠属，不分贫、雇、中、富、地主，完全一律；如劳役负担外姓户最重，其次是孙姓贫农；如行政干部多为中农以上成分，部分且系恶霸和富农，如党与农会干部个别分村全操纵在中农手里等。"

上级派来的工作队进村后，对"复查工作的方针是依靠贫雇农与外姓户，团结中农，打通干部思想，克服富农路线，在干群团结的基础上，分化地主富农阵营，坚决消灭封建势力，公平合理地分配土地"复查工作进行的步骤："第一是克服干部富农路线，展开党内外的思想斗争，使干群关系初步调整。第二是召开申冤诉苦大会，把锋芒转向封建势力，大大发扬群众热情，打击豪绅恶霸，给复查铺平道路。第三是进行土地房屋的自己报、集体查、大家评，给消灭封建势力与公平合理分配做好准备工作。第四是继续前次的斗争，各小村分别召开清算大会，由基本群众向地主恶霸进行要地、要契、要房的斗争。第五是进行公平合理的果实分配，达到自下而上、填平补齐与消灭赤贫及大部贫农的目的。"

工作组认为桃村干部思想上主要有两个方面的问题：一是有忘本思想，"刚丢讨饭棍，就忘穷苦人。"他们多是穷苦出身，做干部二年不到，"生活都上升到富裕中农与富农之间，手头每个有一二十万、三五十万不等。"二是存在单纯任务观点，"凡有任务，只求速成，既不分清阶级，也不了解下情，一味强迫命令。"不捐款的就问他是不是特务，不来开会的就问他是不是恶霸，哪一个提意见就给他一个"长伕"。工作组做干部方面的工作主要从让他们下决心选择"是跟着毛主席的思想走，还是跟着蒋介石的思想走"，同时"听听群众的愤怒，照照镜子，明白自己的毛病已经给人民痛恨到什么程度"。

在打通干部思想后，进行组织准备。经过雇贫农自己的推选，成立了复查委员会，下面设雇贫农小组，"它是桃村复查中的全权领导机关。"党内则组织工作委员会，是村支委委员与工作队各组组长合组而成，由工作队队长任书记，本村支书任副书记。同时"在雇贫农与中农间进行了普遍的宣传教育，也在工商业家中进行了座谈、讨论、解释、宣传，迅速击破了反动势力的谣言"。并且就如何开展复查制定了具体的规定：

——对大地主与恶霸地主坚决扫地出门，给以坏地、坏房及部分坏家具衣物；严重的赶出本村，转移至周围过去他压迫最厉害的、群众对他最痛恨的邻村，给予监督。

——对一般中小地主，留其复查前与贫农大体相当的土地、房屋、家具衣物，粮食分出一部，牲口与家具留其少数，并根据不同对象和群众意见作不同处理。

——对地主转化之富农，其转化已久的，照封建剥削的富农处理；最近转化的，照一般地主清算，恶霸性的则照恶霸处理。

——对恶霸富农与有政治问题的富农，严重的亦扫地出门，分给其坏地、坏房或赶出本村；较轻的照小地主处理。

——有封建剥削的老富农（指出租土地的、放高利贷的及有贪污赌博等其他封建剥削的），原则上清算他们的剥削部分。具体执行上，留给他全村人口平均地亩以下的土地与普通中农的生活，家具、衣服、粮食清算他一部，牲口与农具拿其大部。

——对有封建剥削的新富农，原则上与前者同，但因民主政权成立后收租放利剥削较过去为轻，清算亦可较轻。

——对无封建剥削的与兼营工商业的老富农，土地房屋多的则动，留给其中农的土地与富裕中农的生活，家具、衣物、粮食等不动，牲口、农具留给他自耕够用的部分；土地、房屋超过富裕中农不远的则都不动。

——对工商业发家之新富农，如其土地数量超过本村土地每人的平均数，又超过其本身劳动力能耕种的部分，则动其超过的部分，否则不动。但超过不多的，因本村土地多，仍不动。

——对完全劳动发家的新富农及富裕中农，则完全不动。

——无劳动力之自由职业者、孤寡军属，出租少数土地者，不能作为小地主处理，应依照其生活水准来评定其阶层。但靠寄生过日子的地主，没落而成为中农生活水准的，仍应按小地主办法清算。

——地主恶霸土地房屋全部拿出，再分给其坏地、坏房。富农拿出之土地，原则上都要好的，有园地的应拿出一部（这样可以做到抽肥补瘦，不要打乱再分）；街面房子其自营工商业的不动，出租的动；出地地上之麦子，则出地出粮，公粮在其中提取。地主富农的工商业部分，豪绅恶霸的清算，囤积居奇的亦清算，一般的不动。

复查正式开始后，在各分村召开贫雇农会议和中农会议，搜集地主恶霸材料，组织贫雇农积极分子及动员群众的基础上，召开全村的申冤诉苦大会（对外称复查动员大会）。"大会开始时，到者千余人。主席报告后，就号召群众提意见。一开始群众就阻止了地主恶霸的献田行为，积极申冤诉苦。从经济上的诉苦转变到政治上的诉苦，如有的群众从一个恶霸占他的财产讲起，说到恶霸如何杀掉一个反抗他的佃户及见财起意谋杀他的亲兄弟，再联系到他如何造谣反对八路军，如何指使别人造谣反对等。""大会从早一直开到晚上，诉苦的六十余人，发言追问的很普遍。""地主恶霸的首要分子都由群众自己组织的工农纠察队扣留起来，派代表与公安机关共同审讯，无政治问题的则交给群众清算。""经过了群众自己报，集体查，大家评"，工作队和群众详细研究了谁应扫地出门，谁应赶出本村，谁应清算，谁应出地、出房、出牲口、出农具，开始进行复查清算斗争。在清算中，群众历数地主以往的罪恶，并且"要地要房，同时即要契，要他们立即搬家，拿他的生产工具、家具、衣物、粮食、浮财，使他没有喘息余地。结果老契除了真正失去、毁去的极少数外全部追出，家具衣物堆积如山，浮财追出一部，最值钱的街房 83 间拿出 80 间（被清算的富农在内，以下同），住房 880 间拿出 592 间，园地拿出大部分，牲口、农具拿出一半（非恶霸性富农，其工商业部分之大车、牲口不动），麦子拿出 3 万斤（公粮除去后），基本上已经取消了地主阶级，及消灭了地主恶霸的封建势力和富农的封建剥削部分。"这些果实随后分配给贫雇农和个别需要照顾的中农。

桃村复查中土地、房屋的分配方法，一是进行群众的自己报、集体查。各家报了人口、土地、房屋以后，由群众集体检查有否多报人口、少报房子、隐报黑地、级数报低等情形。二是评阶级，评得地得房户，先定出地主、富农、贫农的标准，然后集体评定。评得地得房户，先由要地要房的农民自己报告家庭情形，需要土地房屋数字，由群众评定。三是评出地出房户，由农民（富农不参加）研究谁应出地出房、数量多少、出何地、出何房，准备清算材料。四是在土地房屋拿出之后，根据本村农民要求，地房数量，邻村土地情况，加以适当分配。五是分配下去之后，再由各分村群众根据前述原则加以讨论，具体确定何人得何地、得何房，再出草榜。六是草榜给群众讨论修正后，出正式榜，并丈地、插标、写契、搬房，然后得地户、出地户集体毁老契、签新契。

经过土地复查，地主富农的土地进一步减少，贫雇农土地相应增加。土地改革前，桃村人均土地分别为地主 31.2 亩，富农 4.4 亩，富裕中农 3.4 亩，中农 2.1 亩，贫农 1.3 亩，赤贫 0.2 亩，雇农 0.5 亩；土地改革后，地主 10.9 亩，富农 4.4 亩，富裕中农 3.6 亩，中农 2.4 亩，贫农 1.5 亩，赤贫 1.4 亩分，雇农无地；土改复查后，地主 1.9 亩，富农 2.6 亩，富裕中农 3.6 亩，中农 2.5 亩，贫农 2.2 亩，赤贫 2.3 亩，雇农 3 亩。全村出地出房户数占总户数 16.1%，人口占总人口 20.6%；得地得房户数占 40.3%，人口占 35.5%。地主富农出地出房户 87 户，不动户 15 户；雇贫农以下得地得房户 146 户，中农 72 户；雇贫农以下得土地 580 亩，房 413 间；中农得土地 138 亩，房 106 间，机关与公营工厂、商店占户 206 间。并帮助邻村土地 100 亩，搬进邻村赤贫、军属、荣军、难民 7 户。[1]

从 1946 年冬至 1947 年夏秋，各解放区都先后开展大规模的土改复查工作，经过半年多时间的复查，解放区的土地改革进一步深入。

晋冀鲁豫解放区是较早开展土改复查（又叫"翻身大检查"或"填平补齐"）的地区。这里的复查从 1946 年 10 月开展，到 1947 年春进入高潮。1947 年 2 月 18 日，中共晋冀鲁豫中央局副书记薄一波在给刘少奇询问土地改革几个问题的复信中，曾这样说："在填平补齐运动中，对地主追究运动极猛烈，土地、房屋等公开财产全部重新分配，地下所埋藏的现金、衣物、器具等亦全部追出（发生了打与杀的流弊），填补了赤贫和贫农。对地主则先行扫地出门，然后由群众民主评议，赠送一些坏地、坏房以示宽大。对自私自利的干部、积极分子和落后分子，包庇地主替地主隐瞒财产，发动了广泛的挖'防空洞'运动，自私自利的干部、积极分子和落后群众坦白后，所有隐瞒包庇

---

[1]　桃村工作队：《牙前县桃村土改复查介绍》（1947 年 8 月 4 日），《山东党史资料》1989 年第 3 期。

的土地、财产都追出来了。并采取换平办法，按远近地、好坏地、水旱地折合搭配，依全村人口比例一律平均分配（干部与群众同）；贫富村土地、财富悬殊，单独进行不易消灭赤贫，则采取了富贫合村，富贫村联合斗争，共同分配果实办法；太行有些地区将贫村赤贫户移往富村，参与平均分配土地、财产，对干部家属、民主人士，则动员其自动献出多保留、多分和隐瞒的土地、房屋、财产，对坚决不献者经过斗争解决。经过这样猛烈的运动后，封建尾巴大体割掉了。"[①]

煮"夹生饭"和"砍挖运动"中，东北解放区的松江省共斗出恶霸地主土地及查出黑地37万多垧，据全省7个县的统计，共斗出粮食4万多石、马7846匹、牛2280头、衣服23593件。该省的巴彦县挖出金子60多两，双城县在一户地主家就挖出金子50两，全省斗出现款1亿元以上。这些斗争果实全部分给了群众。[②] 到1947年7月，东北解放区共有5031908垧地分给了6290824个无地或少地的农民，最多的一人分得了1垧4亩3分地，最少的也分得了3亩地，平均每人得地8亩左右。据合江全省、松江7个县、吉林延边专区、黑龙江北安专区、牡丹江专区的统计，有44815头耕畜分给了缺少或没有耕畜的农户。又据合江全省、吉林全省、北安专区、牡丹江专区的统计，约有74193间房子分给了缺房或无房的农民。[③]

晋察冀解放区涿鹿县十三区32个村于1947年6月、7月间开展了土改复查，共查出土地1461.2亩，房子1424间，骡、马、驴

---

① 《薄一波关于晋冀鲁豫区土地改革情况的报告》（1947年2月18日），《解放战争时期土地改革文件选编（1945—1949）》，第51—52页。

② 张秀山：《松江省半年来群众工作总结》，1947年6月25日。

③ 《一年来东北土地改期略述》（1947年7月），《中国土地改革史料选编》，第378页。

113.5 头，牛 149 头，羊 2948 只，粮食 300 余石，银元 11879 元，元宝 1835.2 两，衣服 483 件，猪 115 头，共有 612 户、2176 人获得了土地 1436.7 亩，原有赤贫 59 户、贫农 372 户、下中农 225 户，土改复查后共有 516 户上升为中农。[①]

据华中解放区 1947 年秋对 14 个县又 2 个区 2 个乡的统计，在复查中共追查出耕牛 8000 多头，农具 10 万多件，水车、风车 500 余件，农船 27 条，房屋 9.3 万间，黄金 700 多两，白银 1300 余斤，贫雇农得益者 11.4 万户，51 万余人。[②]

在革命战争和土地改革中，解放区涌现出一大批基层干部，他们过去在对敌斗争、生产运动以及领导群众进行双减、反奸清算和土地改革中作出了很大的贡献，但由于长期的斗争环境及他们自身素质等多种原因，确实有部分区、乡、村干部产生作风不民主、功臣自居、骄傲自大、多占土改果实等毛病。而且在土地改革运动之初，也有一些游民、二流子等农村的流氓无产者，利用基本群众对斗争地主还有顾虑，土地改革斗争又急需积极分子带动的时机，成为土地改革运动初期的"勇敢分子"，甚至当上了乡村干部，也有少数地主分子派其狗腿子假装积极，混入农村干部队伍中。这样，使农村干部出现了队伍不纯、作风不正的现象。在发动土改复查时，各解放区都把解决农村干部问题作为复查的重要内容，并取得了一定的成效。

当时，农村干部存在的问题，主要表现为土地改革果实分配不公，干部多得；作风不民主，强迫命令群众；少数干部立场不稳，包

---

① 《中共晋察冀六地委关于涿鹿十三区土地复查工作的总结》（1947 年 8 月 5 日），见河北省档案馆：《河北土地改革档案史料选编》，河北人民出版社 1990 年版，第 276—277 页。

② 《陈丕显文选》第一卷，中共党史出版社 2000 年版，第 212 页。

庇与自己有关的个别地主。晋冀鲁豫解放区解决干群关系的办法，是首先开展支部整风，放手让党员提意见，反映群众的呼声。然后召开群众大会，让群众发表对干部的意见，领导是既鼓励群众提意见，放手让群众讲话，也给干部以安慰，告诉干部只要自己坦白，问题就一定能弄清楚，群众也一定会拥护。在此基础上，组织干部一一坦白，进行检讨，退出多占的果实。最后召开"团结大会"（又叫"一家人大会""一条心大会"），由群众给干部一个个评功，记录干部在土地改革运动及历史上的功劳，重新选举干部。[①] 通过这样的方式，大多数干部提高了觉悟，改正了错误，重新得到群众的拥护，干群关系得到改善。

太行区磁县林坦村在"填补运动"中，村长王克良等十余个干部包庇地主，14户地主均未彻底清算。果实分配也不是统一按需要分，而是作价出卖，谁有钱谁买，没有钱的贫雇农都没翻身，而干部们却分得又多又好，并拿果实开粮店作私人生产。因此，群众对干部很有意见，"填补运动"也陷于消沉。区干部深入检查发现这些问题后，决定在干部中开展"洗脸擦黑"活动。一面给群众撑腰尽量发表对干部的意见；一面启发干部阶级觉悟，劝说他们向群众"洗脸擦黑"，退出多分果实。开始时，群众都说："可不敢提意见，你们（区干部）走了，干部就要报复！"区干部再三表明说："保险没事。"群众便三三两两地酝酿，共有200余名群众给干部提了意见。干部见群众真正起来，有了"洗脸擦黑"的决心，但又产生怕斗争、怕丢人的顾虑，区干部又作保证："只要彻底反省，群众是会原谅的。"干部也

---

① 《晋冀鲁豫土地改革的基本总结》（1947年7月），《中国土地改革史料选编》，第397页。

就安心了。双方都有了准备后，就召开了 500 多人的群众大会，村长王克良把多拿的果实摆在会场，检讨了自己的各种错误，讲得痛哭流涕。其他的干部也都做了检讨，并当场退出多分的果实。结果，除农会主席（当过伪军和伪村长）等 3 个坏干部经群众讨论予以撤职外，村长等其他干部，群众认为他们虽有错误，但也有功劳，所以批准仍当干部。①

各解放区在土改复查中，都通过各种方式对干部进行教育，责令其退出多占的土改果实，"对于中贫雇农成分的干部只是作风不好立场不稳采取教育改造的方针，先促其在党内与干部中进行坦白使其悔悟，进而在群众中进行自我批评，以求群众谅解与公允，然后由群众决定是否保留职务。"②同时，在土地改革中开展党内民主检讨，"撤换一批本质很坏教育不好的干部"，"大胆提拔土改中有群众信仰的工农干部到领导机关来"③。

4. 土地政策的变化

土地改革是一场深刻的社会变革，这场运动启动之初，国共两党的关系尚未完全破裂，国内和平的大门也尚未被完全关死。中国共产党一方面必须发动群众，为不可避免的战争做准备，而要动员群众，就必须解决农民的土地问题；另一方面，虽然山雨欲来，而且必然是

---

① 《磁县区干打开深入运动障碍正确领导放手民主，改善林坦干群关系》，《人民日报》1947 年 3 月 14 日。

② 《中共冀东十四地委复查土地报告》（1947 年 6 月 22 日），中共河北省委党史研究室：《冀东土地制度改革》，中共党史出版社 1995 年版，第 163—164 页。

③ 邓子恢：《给少奇同志转中央的一封信》，1947 年 7 月 3 日。

急风暴雨，但毕竟暴风雨还没有落下来，只要还有一线和平的希望，就必须争取，哪怕这种和平是短暂的，既然要争取和平，土地改革的举措就不能过于激烈，启动土地改革运动的"五四指示"，就是在这样的背景下出台的。

到1946年年底1947年年初，情况就有很大的变化了。

以1946年6月国民党调集重兵大举进攻中原解放区为标志，一场决定中国前途命运的大决战，由此拉开序幕。一时间，国民党向各解放区发动了全面进攻。10月中旬，国民党军队占领了人民解放军主动放弃的晋察冀解放区首府张家口。蒋介石被这一"胜利"冲昏了头脑，占领张家口的当天下午，他便宣布将于11月12日召开所谓的"国民大会"。

按照1946年年初政治协商会议的决定，召开国民大会必须先进行直接、平等、自由和无拘无束的选举，由此产生国民大会的代表，并由改组后的各党派联合政府召集，而不能由国民党一手包办。显然，蒋介石此时要召开的"国民大会"，就是要强化其一党独裁统治，这必然遭到中国共产党的抵制，中国民主同盟也明确表示拒绝参加。在这种情况下，蒋介石不顾中共和民盟的反对，于1947年11月15日至12月25日召开了由国民党一手包办的"国民大会"。11月16日，周恩来公开宣布，由于国民党当局单方面召开"国民大会"，关闭谈判大门，驻南京的中共代表团将撤回延安。19日，周恩来、邓颖超等15人由南京返回延安。1947年1月7日，来华调处国共关系的美国特使马歇尔发表离华声明，并于次日返回华盛顿，公开宣布调处失败。

此前，全面内战虽然已经爆发，但国共之间还在维持一种谈判关系，中国共产党还在为国内和平作最后的努力。到这时，国内和平的希望不复存在，国共两党只能用战争的方式来解决问题了。"五四指示"制定时，中国共产党从争取国内和平的愿望出发，在土地政策上对地主阶级还有较多的照顾，如分地时留给超过中农半倍至一倍的土地，采取清算而不是没收的办法从地主手中获得土地，甚至打算用征购这种有偿的办法来解决农民的土地问题。至于对富农则照顾的内容更多。

1946年年底国共关系完全破裂后，伴随国共军队间的激烈战争，双方所代表的农民与地主间的斗争也日趋激烈。原来出于争取国内和平的考虑对地主的某些照顾，随着和平之门被国民党关死，也就没有必要再作为土地改革须顾及的因素了。一方是拥护共产党的农民，特别它的底层贫雇农，另一方是支持国民党的地主。为了得到农民的坚决支持，必须更多地满足农民的土地要求。给了地主照顾，农民的要求就不能全都满足，因为土地就那么一些。农民不但要求土地，还要求有耕耘土地所需的生产资料，要求改善生活水平。这样一来，不但不能给地主多留土地，就是地主的浮财也必须拿出来，否则农民的要求就无法得到满足。

所以，伴随土改复查的，是中国共产党土地政策的悄然变化。在对待地主问题上，一是不再对中小地主以及抗军干工各属给予照顾；二是不再用清算、献田和征购的办法而是对地主的土地进行无代价地没收，直接分配给无地或少地的农民；三是对地主的耕畜、农具等生产资料，粮食、衣物等生活资料，以及地主多年积累的金银财宝等浮财，也采取没收政策（挖底财也就由此而来）；四是给地主不再保留多于中农一倍半至二倍的土地，而是在没收之后再分给其全村农民平均数的土地（实际上地主土地改革后的土地常常要少于农民的平均数）。与此同时，也改变了"一般不变动富农的土地"的规定，而是认为"在复查土地割封建尾巴的运动中，可以而且应该从富农手中取得一部分土地牲畜工具去满足农民要求"，"对一般的富农可用协商调解征购等办法使其拿出一部分土地牲畜"，只是"对于勤俭起家的富农及新富农的土地财产应以不动为原则"[①]。

这种政策的变化是必然的，但如果掌握不好，就不可避免地出现偏差。比如，除没收地主土地之外，还可没收地主其他生产资料和生活资料及底财，这恰是许多农民斗争地主时最感兴趣的内容。因为这些东西不但可解农民生产、生活的燃眉之急，而且即使地主有机会倒算也难以要回去。中国地主的剥削所得，除了购置土地、修房造屋和日常生活开支外，很少用于工商业投资，而是用于购置金银细软收藏，因此地主们或多或少都有底财。面对土地改革的滚滚大潮，地主在土地改革中自然要千方百计地保住这些财物。地主不愿交出底财，农民就会想方设法迫使地主交出。在这个过程中，除动员丫环、佣人、长工及其他知情人揭发之外，当面斗争也就必不可少，遇上顽固的地主，农民就难免使用打骂的办法，开展肉体斗争。

长期以来，地主作为一个阶级在农村处于统治地位。一个人不管他是何种方式成为地主，但地主之为地主，就在于凭借手中占有土地出租给农民收取地租，自己不劳动或不从事主要劳动而过着不劳而获的生活，剥削是地主阶级经济上的主要特征。有地主的剥削就有农民的被剥削。农民原本是相信命运的，觉得自己受穷是自己命不好，既

---

① 《朱德、刘少奇关于彻底完成冀东土改的指示》，1947 年 5 月 6 日。

然要租种人家的地借人家的钱粮，付给地租与利息也是天经地义的事情。中共在组织动员土地改革时，反复告诉农民，农民之所以受穷就在于地主阶依级靠占有的土地进行不合理剥削，地主之所以自己不劳动日子还过得好，靠的就是剥削农民，要挖掉穷根就要消灭这种剥削，就必须把地主的土地加以剥夺分配给农民，这种剥夺不但是必要的也是合理的。可以说，土地改革动员教育的结果既激发了农民的"阶级觉悟"，也在一定程度上强化了农民与地主间的阶级对立。中国农民本来就有一种强烈的平均主义思想，这种均贫富思想，在阶级对立被强化之后容易造成阶级间强烈的复仇情绪。如果对这种情绪不加控制和引导，就可能对地主乱打乱杀。"五四指示"规定不动富农的土地财产，主要是考虑不能由此波及中农利益。

　　阶级阶层的划分是一件政策性很强且很复杂的工作。比如，中农（特别是富裕中农）与富农并不容易区别，就是富农本身，其封建剥削部分与具有资本主义性质的部分亦不易区分。在动富农的土地、财产过程中，如果没有明确的政策界限，严格分清中农与富农及新富农（带有资本主义经营性）与旧富农（带封建性），就可能把一部分中农当作富农对待而使其利益受到侵犯。从理论上来讲，地主与富农容易区分，地主不劳动或不从事主要劳动而富农劳动，地主剥削的主要方式是收取地租而富农主要是雇工剥削，但在实际操作中，人们往往以土地财产的多寡作为区分阶级阶层的依据，村庄里土地财产多的定为地主，依次为富农、中农、贫农、雇农，这就有可能将富农当地主、中农当富农。进行土地改革的前提就是进行准确的阶级划分，可是，在土改复查运动中，恰恰是只较多地考虑了满足贫雇农的要求，以进一步组织和动员农民，各地对阶级划分未能及时作出明确具体的规定，因而也就发生了扩大打击面、侵犯中农、对地主乱打乱斗的"左"的倾向。

在土改复查中，"左"的倾向在各解放区都有不同程度的出现，其中，晋绥解放区就颇具代表性。

晋绥解放区的土地改革开始之时是健康发展的。到 1946 年年底，占全区 1/3 人口的 100 万名无地或少地农民，获得了土地，其中老区 40 多万名农民得到了 260 余万亩土地，新区 50 多万名农民得到了 200 余万亩土地。但晋绥土地改革进入复查阶段后，"左"的倾向逐渐抬头。

1946 年 12 月初，中共中央晋绥分局派出工作队，来到兴县木栏杆（也叫木兰干）村进行土地改革试点。

木栏杆是兴县蔡家崖行政村所辖的一个自然村，距蔡家崖三四里，全村有 50 多户，190 多口人。这个自然村由前木栏杆、后木栏杆和刘家梁三个小村组成。全村有 2000 多亩土地，其中 1000 多亩是蔡家崖牛姓地主的。前木栏杆住着 12 户农民，只有 150 多亩土地，人均不到 3 亩，而且都是坡地，整个木栏杆村没有一户是靠出租放账剥削他人为生的。当时，晋绥分局和晋绥军区的家属大部分住在这个村里。

土改工作队进村后，很快摸清了全村的阶级关系和土地占有情况，发现除了张守贤、张守进四兄弟土地略有长余外，其他的 40 多户都是靠租种地主的土地为生。就是张氏兄弟也是老实本分的农民，常年参加农业生产，既未雇过长工，也未出租过土地，仅是在农忙时雇几天短工，他们靠勤劳节俭，积存了一些粮食。1940 年边区政府提出"四大动员"（即扩兵、献粮、献金、做军鞋）的口号后，张氏兄弟积极响应，为抗日政府筹集了大量的粮食和谷草。土地改革时，张氏四兄弟分了家，每户的土地就少了，不但离地主差得远，就是连富农也够不上，顶多也只能算个中农。

工作队把木栏杆村的情况向分局作了汇报。分局的一位领导说，全村没有一户地主，这能说得通吗？划成分不能光看他们的土地占有情况，还要看他们的政治表现，看他们铺的摊子大小，还要看他们祖辈上干过什么事情，看他们的父亲、祖父是否曾经有剥削行为。即便是现在破了产，也可以划成破产地主、破产富农嘛。

在这位领导的"启发"之下，工作队回到木栏杆重新定成分。按照分局领导的指示，工作队在划成分时采取查三代的办法，哪怕一个人现在是揽工汉，只要其祖父、父亲有过剥削行为，就将其划为破产地主或破产富农。工作队还创造一种划成分的新办法——到野外去看农民的祖坟。只要发现坟墓有围墙，有石碑，就将其后代划为地主或富农。理由是，贫雇农的坟墓是围不起围墙、立不起碑的。农民张守万出身贫穷，从小就揽活受苦，1940年经过减租减息日子才好起来，由于表现积极，1942年入了党，后来又担任村长和村支部书记。工作队在查三代时，发现张守万家的祖坟里有三块石碑，就认定他的祖上是地主，他本人则是破产地主。于是停止了他的党籍，还撤销了其贫雇农委员会的职务，并将之定为批斗对象。按照这样的方法，工作队在木栏杆村硬是划出了4户地主、4户破产地主、4户富农，地主富农占了总户数的30%。

既然有了地主、富农，就得发动群众进行批斗。可是这些所谓的地主、富农，其实条件也比贫雇农好不到哪里去，并无多少压迫剥削他人的行为，自然产生不了多大的阶级仇恨，斗争也就发动不起来。工作队见状，就带领几个所谓的"勇敢分子"（其实是村里的二流子）去挖底财。结果在全村共挖出了 220 块大洋，其中在刘家梁的张拖喜家挖出的就有 200 块。工作队有了这个收获，便决定进一步发动群众斗争。其实，张拖喜家的这 200 块大洋，是他兄弟俩多年辛勤劳动得到的血汗钱。为了积这点家底，兄弟俩常年辛苦劳作，年终腊月还要磨豆腐卖，并不是剥削所得。但工作队根本不顾这个情况，还说土地改革就是反封建、斗地主，木栏杆既然搞出了八九户地主，就一定有恶霸分子。可是，到哪里去找恶霸分子？张氏兄弟曾和村里的一位农民打过架，挖底财时，又出口伤人，得罪了几个"积极分子"，被揭发出来后定为恶霸分子关押起来，家属则被扫地出门。

工作队负责人在木栏杆村挖出了"恶霸地主"后，到晋绥分局汇报了有关情况。分局主持土地改革的领导人对其表扬了一番，并要工作队乘胜扩大战果。工作队乃组织召开全村贫雇农积极分子会议，要求大家控诉"恶霸地主"分子的罪行，并把张拖喜、张拖长兄弟捆起来，绑在两个木桩上，要群众控诉。全村的群众都了解张氏兄弟的为人，知道他们没有血债，连那位同张拖喜兄弟打过架的农民，也说打架是自己的过错。可是，工作队干部却说群众觉悟低，没有同恶霸地主划清界限，还说："恶霸地主心可毒哩，直到现在还骂我们哩！"可是群众还是不动手。这时，工作队便决定采取断然措施，找两个"积极分子"枪毙张氏兄弟。群众听后大吃一惊，许多人向工作队求情。工作队一个队员站起来说："张拖喜、张拖长罪恶累累，他们欺压群众，打骂老百姓，不杀不能平民愤！搞土改就是要反封建、斗地主，对恶霸分子不能心慈手软。"结果，张氏兄弟当场被两个"积极分子"

执行枪决。[①]

在木栏杆村的土地改革试点已出现"左"的倾向之际，中共中央于 1947 年 1 月 31 日作出决定：派康生、陈伯达率中央考察团前往晋绥帮助土地改革，同时了解情况，总结前一阶段土地改革经验，为准备在 5 月召开的土地会议做准备。

现在有些论著中，将晋绥土地改革中出现的"左"倾错误，全都一股脑儿推到康生、陈伯达身上，甚至将木栏杆村的试点也说成是陈伯达干的，这不是历史主义的态度。康生、陈伯达在晋绥的土地改革试点中，的确提出了许多"左"的观点，但所有"左"的东西并非都是他们的发明。康生、陈伯达的问题，主要在于对已经出现的"左"的偏向没有认真去纠正，反而加以发展，而他们又是以中央考察团的身份来晋绥指导土地改革，结果大大加剧了"左"倾偏向，造成了相当严重的后果。

1947 年 2 月中旬，康生、陈伯达来到晋绥边区首府兴县，2 月下旬分别在临县郝家坡行政村和静乐县潘家庄行政村进行土地改革试点。

这两个行政村都属于老解放区，农民的土地问题已经基本解决。郝家坡行政村包括郝家坡、徐家沟等 10 个自然村，其中郝家坡自然村有 124 户，内有地主 3 户、富农 3 户、中农 49 户、贫农 69 户。由于多年的减租减息以及边区政府合理负担政策的贯彻落实，地主、富农的土地大量出典、出卖和被贫雇农赎回，村里最大的一户地主转出土地 227 亩，只保留土地 63 亩，全家人均近 8 亩，一些贫雇农获

---

① 张守万、郭丙成：《忆兴县木栏杆的土改运动》，《吕梁党史研究》1986 年第 3 期。

得了土地，人均达到了近 6 亩。潘家庄行政村包括潘家庄、大圣堂、张家庄和城东沟 4 个自然村，共有 347 户，1239 人，除了大圣堂村有 5 户地主、1 户富农外，其他 3 个自然村均无地主、富农。大圣堂村最大的一户地主在 1937 年时曾有土地 565 亩，占有全自然村土地的 60%，但经过减租减息和清算，到陈伯达来时，这户地主剩下的土地已只占全自然村土地的 7.5%，贫雇农也都不同程度地获得了土地。这两个行政村在解决农民的土地问题时，并不需要再来一个打乱平分，只需进行抽多补少、抽肥补瘦即可解决。

康生、陈伯达在试点工作中却没有这样做。康生在郝家坡认为，在以往的减租减息和清算运动中，农民所得到的土地只占极少数，从地主手中转移出来的土地，自由买卖的占 90%，农民出了大价钱买土地，地主则卖了地得了白洋又减轻了负担。他还说，干部对带有恶霸性、贪污性的地主勇于斗争，清算办法也熟练，但没有消灭整个地主阶级的思想。他甚至认为这里根本没有贯彻"五四指示"。当然，康生也承认，自己对农村确实不了解，没有经验，从延安来，只有八个字，零零碎碎、断断续续。在地方工作的同志了解情况，有经验。他还说：整个的土地改革，一部分中农得到了土地，得不到土地也得到其他东西。我们要扶植穷人抬头，建立贫农小组，无论如何不能使贫农小组孤立起来。①

到了具体划阶级时，康生却提出了自己一套理论。他说：老区的地主近于破落，和新区不同，从土地占有上看，好像不是个地主了，但这些人如果要从经济上看，那就是犯了绝大错误。他还说：我们今

---

① 龚子荣：《对晋绥土改和整党工作的回忆》，《吕梁党史资料》1986 年第 3 期。

天所面对的地主，已不再是过去那些地主了。他们狡猾得很，很多人看上去是中农，其实是地主。当时，有人提出对于如何划分阶级，晋绥分局1946年10月印发的《怎样划分农村阶级成分》已经将这个问题讲清楚了。可是康生却说，这个小册子只强调了剥削关系，以一般的条件来看，那是搬教条。小册子以为下面提高了成分，把中农提为地主了。其实下面的情况不是那样子。不是"左"了，而是右了。他甚至说按照分局的那个小册子，晋绥就会找不到地主了，就不要搞土改了。这个小册子在重庆可以用，在晋绥不能用。不久，晋绥分局发出指示，将《怎样划分农村阶级成分》的小册子收回烧掉。1948年4月，毛泽东路过晋绥时曾说："在你们这里，马克思主义本来就不多，有那么一点还烧掉了。"

在划阶级成分时，康生提出，不但要看有无剥削，还要看铺摊摊的大小，并推荐了兴县木栏杆村土地改革工作队的"经验"：进坟地看围墙和石碑，查三代定成分。按照这样的阶级划分法，郝家坡自然村重新划了阶级，地主由3户增加到6户，富农由3户增加到8户，地富的总户数由原来占全村的4.8%，增加到11.3%。

划完阶级后，土地改革进入诉苦和清算阶段。这时，农民仍习惯于用减租减息时向主席团"提意见""提问题"的方式，康生见后认为对地主太客气，提出的要求也不高。他说，要算得地主倾家荡产，要指着地主的鼻子骂，打地主几下也不要紧。在随后的斗争中，农民果然动手打地主。结果，将对地主的说理斗争变成动刑体罚，乱打乱斗现象也就在晋绥蔓延开来。

康生在郝家坡还发明了"化形地主"一词。在一次对地主的斗争会上，群众把一个地主婆往瓦碴上拉，一下子扯破了外面的烂衣服，露出了里面的好衣服。康生说，不要看表面上地主穿了破袄，在土地上装作贫农和破产，在政治上对我们表示开明或同情等，但实际情况常常是在经济上把土地变成白洋藏起来，在政治上用一种奸猾的手段来篡夺我们的政权，实际上是化了形。由此，"化形地主"一词便传开了，在找"化形地主"的时候，把许多工商业者也当作化了形的地主对待。

康生还鼓励在土地改革斗争中挖地主的底财，说农民要底财，我们坚决赞成；农民不要底财，我们要引导农民去要。底财要坚决地要，只要不逼死他就行，但地主自杀不要怕。于是，晋绥掀起了挖地主底财之风，挖不出就逼，逼不出就打，一些地主经不起逼打而自杀。

康生在郝家坡土地改革试点中，还认为"我们的党（按：指党支部）还不是土地改革的党"，"政权（按：指乡村政权）也不是土地改革的政权"，"农会干事绝不干农民的事"。因此，"不能下决心彻底改造党政农，那么土地改革不会彻底"。又说："凡压迫过群众的干部，群众要斗争就斗争，要求开除党籍就开除党籍。"结果，以贫雇农小组代替了农村党支部和乡村政权，原来的干部被当作阻碍土地改革的"石头"而搬掉。[①]

陈伯达在静乐潘家庄的做法与康生在郝家坡的做法如出一辙。由于这里的封建剥削已基本被消灭，农民的土地问题也已大体解决，陈伯达就将斗争的矛头对向农村党员和基层干部。村里有一个叫郝圆脸的农民，1939 年入党，1941 年任民兵中队长，在抗日战争时期对敌

---

① 王乐鸣、柳泽宁：《康生与晋绥土改中的"左"倾错误》，《党史文汇》1987 年第 1 期。

斗争勇敢，生产成绩突出，1944 年被晋绥边区政府授予"特等民兵英雄"称号。郝圆脸工作虽然积极，但方法比较简单，对群众的态度也比较粗暴，生活作风上也有点问题，有较为严重的自私思想，群众对他有意见。陈伯达率领的土改工作团来了后，部分群众要求清算郝圆脸，甚至提出要枪毙他。参加工作团的静乐县委书记不同意枪毙，认为群众揭发的问题需要查证落实，郝圆脸虽有错误，但罪不当死，而陈伯达则认为，枪毙郝圆脸是群众的要求，工作团应该满足，否则就脱离了群众，乃决定召开公审大会，将郝圆脸枪毙。

枪毙郝圆脸后，陈伯达认为这里的党组织和干部队伍存在严重的组织、作风和思想不纯，不能作为土地改革依靠对象，有的干部还成了土地改革运动的绊脚石。于是不顾静乐县委的反对，将潘家庄行政村及所属的自然村干部全部隔离关押起来，交给民兵积极分子看管，发动群众揭发、清算和批斗，交群众过关。凡是过了关的干部调往别处工作，过不了关的干部则撤职。

在接下来的划阶级时，陈伯达别出心裁地提出了三条标准：一是不仅要看现在的土地、财产，而且要查历史上，起码是三代以内的土地、财产及有无剥削；二是看政治表现，也就是群众的态度；三是看铺的摊摊的大小。

按照这三条标准，潘家庄重新划分了阶级，全行政村有 2 户中农被错划为地主，有 8 户中农被提升为富农。全村的地主富农比原来多了 1 倍。

划分阶级之后进行土地分配，城东沟自然村的贫雇农要求把土地打乱按等级重新分配，把好地分给贫雇农，次一些的分给中农，再次一些的分给曾经占过便宜的干部。这种意见遭到了中农和土改工作团的反对，因为毛泽东在《迎接中国革命的新高潮》（即"二一指示"）中讲过，老区土地改革执行"填平补齐"，也就是用中间不动，两头扯平，即抽多补少、抽肥补瘦的办法，而不需要来一次打乱平分，他们据此认为把公地分配给土地较少的贫雇农就可以了。陈伯达却认为贫雇农的要求一定要满足，可这个自然村又没有地主富农，只有中农，怎么办？陈伯达就想出了让中农"献地"的方法，于是夜以继日地做中农的工作，要他们"自动"献地，并将需要献出的数量分配给每户中农，先由中农杨祥大按要求带头"献出"了36亩地，其他中农也只得照办，共"献出"822.2亩地，加上公地36亩，分配给了贫雇农，还抽出了中农5间窑洞、9件农具，分给了4户贫雇农。[①]

1947年4月，刘少奇在前往晋察冀主持中央工委工作时路过晋绥，发现这里"虽然有些地方农民已分得若干土地，有些地主被斗争，有些地方也正在进行工作，但群众运动是非常零碎的，没有系统的"。晋绥六地委又向他报告说：全地区5个县共1500多个村，群众已发动者900多个村，农民已分得土地者200多个村。但这200多个村是分散在5个县，不成一片。因此，他们至今没有一个县甚至没有一个区是已经像样地解决了土地问题。地委也曾用强有力的工作团以一两个月的时间去解决一个村子的土地问题，但不能用这个村子作为出发点去推动附近村庄的运动，把附近村子的问题解决，并改造区政府、县政府及区县其他机构，以便依靠这个区县政府，自上而下地有步骤地发动全区全县的群众，解决全区全县的土地问题，并保障这个村子的群众的胜利。他们只做好一个村子，附近村子及县区机构都不

---

① 牛天年：《晋绥土改中的"小小老百姓"陈伯达》，《党史文汇》1988年第2期。

动，这个村子即如海中孤岛，十分孤立。工作团一走，群众的胜利即无保障，工作又可能塌台。

针对在晋绥了解到的这种情况，刘少奇于4月22日给晋绥领导人及康生写了一封信，认为"没有一个有系统的普遍的彻底的群众运动，是不能普遍彻底解决土地问题的"。并强调："目前你们的任务，就是要有计划地去组织这样一个群众运动并正确地把这个运动领导到底。"刘少奇认为，为了有很好的开始，不能不依靠强有力的工作团，但仅仅依靠工作团，决不能普遍解决土地问题，因为有几万个村子，决不能组织这么多工作团去一一解决。所以土地问题的普遍解决，必须而且主要的是依靠群众的自发运动。在个别村子的典型运动开始后，周围村子的群众就自动照样开始，使运动成为潮流，成为风暴，才能解决问题。他说："我们不应害怕这样的自发运动，我们正需要这样的自发运动，应加以鼓励促成，并尽可能给以组织性和纪律性。"

刘少奇在信中强调：我们任何干部，包括各级的负责人在内，均必须受群众的、切实的、毫不敷衍的考察和鉴定。群众有完全的权利和自由批评与撤换我们任何干部，在各种会议上令他们报告工作及答复群众所提出的质问。指出他们的缺点，揭发他们的错误，选举或不选举他们到领导机关。群众的这种权利，我们必须切实保障，使其不受侵犯。①

毛泽东曾对刘少奇的这封信给予充分肯定，他在批语中写道："少奇同志这封信写得很好，很必要。少奇同志在这封信里所指出的问题，不仅是在一个解放区存在着，而是在一切解放区在不同的程度

---

① 《刘少奇关于彻底解决土地问题给晋绥同志的一封信》（1947年4月22日），中央档案馆：《中共中央文件选集》第16册，中共中央党校出版社1992年版，第487—491页。

上存在着；他所指出的原则，则是在一切解放区都适用的。因此，应将这封信发到一切地方去。"①

4月24日，刘少奇和朱德又向中共中央系统地汇报了他们在晋绥了解到的情况，并指出：晋绥土地问题基本上还未解决，只有少数地区农民已分得土地。农民生活很穷困，生产降低及破产现象到处可见。如果不采取有效办法改善现状，确难继续支持长期战争。信中建议晋绥分局召开一次干部会议，对存在的问题进行检查，并从党政军民各机构中抽调最可靠的干部组成工作团，到农村去帮助农民建立贫农小组，建立村、区、县及边区的农会组织系统，依靠农会组织及工作团去彻底发动群众，搞好土地改革。② 中共中央将刘少奇和朱德的信转发给了晋绥分局，要求他们坚决执行信中提出的改进办法。

刘少奇在信中提出土地改革应充分发动群众观点无疑是正确的。土地改革是农民自己的事业，只有他们自己行动起来，才能实现自身的解放，任何"恩赐"的观点和包办代替的做法，都不可能完成这样一场深刻的社会变革。他提出的群众自由批评与撤换干部的权利，在理论上也是对的。各级党政干部都是为人民服务的，只有为人民服务的义务，而没有对人民指手画脚的权利，他们如果不为人民服务，人民自然有权力批评甚至撤换。但他提出土地问题的普遍解决，"必须而且主要的是依靠群众的自发运动"，这样做后，如果掌握不好，就有可能发展成为群众要怎么办就怎么办，造成对干部和党组织的不信

---

① 《毛泽东对刘少奇关于彻底解决土地问题给晋绥同志的一封信的批语》（1947年7月25日），中央档案馆：《中共中央文件选集》第16册，中共中央党校出版社1992年版，第486页。

② 中共中央文献研究室：《刘少奇年谱》下卷，中央文献出版社1996年版，第76页。

任，对群众运动缺少必要的组织和引导，产生尾巴主义放弃领导，迎合落后和错误意见的思想和行为。特点是当进行某项任务的条件已成熟，群众的觉悟已达到一定程度时，领导者却对客观形势估计不足，把部分落后者的意见当作广大群众的意见，不去实现这项任务，落在群众的后面，失去对群众的领导作用。恰恰在这个问题上，晋绥分局的个别领导人和来晋绥指导土地改革的康生、陈伯达，没有准确、全面地理解和掌握刘少奇的指示，只强调发动组织群众的重要，而不提信中所讲的必要的"组织性和纪律性"，将刘少奇所说的"群众的自发运动"，理解为"群众要怎么办就怎么办"，实际上对群众运动采取放任自流的态度。

1947年5月8日，晋绥分局在郝家坡召开有各土改工作团代表参加的土地改革工作汇报会。陈伯达在会上作了《遇事和群众商量》的发言，中心意思是凡群众认为不适当的决定，要听凭群众推翻，由群众重新决定；要根据群众的意见，来改造各级干部和组织。康生则在会上大谈"挖底财"的经验。陈伯达听后表示，他忘了"挖底财"，说要"补课"。由分局主要负责人亲自指导的木栏杆村土改工作队，则提出在划阶级成分时，不但要看有无剥削，而且还要"查三代"，"看铺的摊摊的大小"，"看政治态度和思想"。会后，晋绥分局将《关于兴县后木栏杆自然村成分问题的研究》，印发给了各土地工作团。

《关于兴县后木栏杆自然村成分问题的研究》主观地认为："该木栏杆村的地主富农所占的人口和户数的比例是相当大的，但是贫雇农人口和户数却相当小，在这样的阶级对比形势下，不但要在经济上而且要在政治上、思想上来一个大翻身，使贫雇农真正站起来，确是一个严重的斗争过程，而定成分对于这一斗争过程则是起着决定的启发和推进作用。"

在划分阶级时，这份材料强调要"联系历史"看"政治态度和思想表现"，认为定成分的斗争，实际上是经济、政治、思想错综在一起的斗争。在定成分时，要着重其政治态度如何，对穷人的态度如何，对新政权的态度如何。这个村在查该村张姓家族时，从满清乾隆年间查起，查的结果是张姓有的人七辈子都是老财。这份材料很欣赏一个农民的话："他们前两辈子压迫人，好活了，这辈子不给他们粘上点封建，那太便宜了他们。"例如，该村有个农民，虽然没有什么财产，但他是"坏干部"之一，又是张姓后代，就定其为破产地主；有的农民没有得过父辈的遗产，从小当雇工，现在也不富裕，但是个干部，也是张姓后代，祖辈上剥削过穷人，又做过"坏事"，就定为富裕中农。又如农民张维世兄弟，在定成分时被认为定成地主高了，定成富农又低了，为了这件事讨论了两个晚上，最后有人说，就定成"下坡地主"吧，于是张氏兄弟就成了"下坡地主"。这份材料对这种做法颇为赞赏，称许这是"老百姓创造的说法"。

这份材料还对定成分时"翻三代"的做法作了充分肯定，认为这种做法"对于农民觉悟的提高（即地主历经剥削，农民受压迫剥削生动历史的认识）是有很大教育意义的，因此应当承认翻历史是一种很好的方法，是阶级教育和阶级斗争的武器"。

1947年6月，康生和陈伯达离开晋绥，前往晋察冀解放区的平山县参加全国土地会议。但他们在土地改革试点中一套"左"的做法，并未因他们的离开而中止。正是因为他们是中共中央派来指导晋绥土地改革的，以后一段时间，晋绥分局的个别领导人，不但将他们那一套"左"的做法延续下来，而且还有了新的发展。

6月3日至7月23日，晋绥分局在兴县蔡家崖召开地委书记会议，研究土地改革、整党等问题。在会议之前，晋绥分局曾派人到岢岚县的中寨和静乐县的大王庄进行调查，结果发现这里的土地改革过重地打击了富农和侵犯了中农利益，斗争中使用各种肉刑，群众怕要土地，贫雇农怕翻身，中农怕上升。当时，晋绥的河曲、保德一带流行这样一首顺口溜："进了村子找头头，找到头头找碴碴，找了岔子就斗他，斗了大的斗小的，筷树林里选旗杆。"①对于这个情况，晋绥分局有关负责人没有引起重视，反而提出了一套"左"的观点。

会议认为，"关于彻底坚决地消灭地主，是要彻底执行的，绝不纠正。""过去的一面消灭、一面照顾的政策，实际上抵消了彻底消灭地主。今后是采取打落水狗的办法，彻底消灭之。"关于如何划分阶级成分，会议认为1946年分局《怎样划分农村阶级成分》的小册子强调了剥削关系，"是搬教条，假如按那个一般条件划，那就在晋绥找不到地主，因为地主化形了"。"今天定成分要注意他的历史情况，有一般的地主，有转化地主，有破产地主"，"富农有多种，一种是生产富农，一种是封建富农"。"不提'扫地出门'，是提'彻底'口号，群众愿意'彻底'到什么程度，我们就领导到什么程度。对地主先搞光，再说别的。让地主也过过最穷苦的生活。""定成分主要根据群众的意见来定，不能让群众服从咱们的意见，而是咱们服从群众的意见。""挖底财""表示与地主斗争的决心，是最后一关与地主绝缘"；"主要经验还是用群众的压力"，"可以个别地压，群众压也不一定是每个地主都打，一般的群众打是带恶霸性的"。"搞地主工商业以清算

---

① 贺龙：《关于晋绥土改整党工作向中央的报告》（1948 年 9 月 24 日），《中国的土地改革》编辑部等：《中国土地改革史料选编》，国防大学出版社 1988 年版，第 554 页。

封建（名义）把工商业拿出来，不要以搞工商业的名义出现，而以响亮的搞封建的名义出现，关了门也不要害怕。领导上不要大喊大叫，说已经决定了要搞工商业，公开宣布下去，而是要批准群众，想怎么办就怎么办。"

会议还认为，"目前我们组织的状况，从支部到县委甚至地委，是不能胜任土地改革任务的，故须改造。区以上干部地主富农出身占75%—85%，坏干部中有异己、投机、新恶霸三种分子，应该把他们清出去。"[①]

这次会议后，这些"左"的观点逐渐贯彻到晋绥土地改革的工作中，并一度出现了比较严重的"左"的错误。

在土改复查中出现的"左"的倾向，各解放区都有不同形式、不同程度的表现。薄一波在回顾晋冀鲁豫解放区土改复查时，曾这样说：进行"翻身大检查"的过程中，"左"的错误迅速发展。一是"挤封建"中出现了"挖窖财"（也叫"斗地财""挖内货"），捆绑吊打，乱斗乱杀。开始，"挤封建"主要是发动"落后层"群众，特别是一些替地主藏衣物的妇女，以及地主家里的丫环、童养媳，"挤"出地主隐藏的财产。后来有的地方挖出了地主埋在地下的银元、元宝。于是，许多地方都干了起来。有的地方还侵犯工商业，追到城里封门拿账本。二是把地主、富农"扫地出门"。这是与"挖窖财"联系着的。有的地方把地主赶到破庙里、破窑里，说："让你们讨饭半个月，尝尝穷人的味道，转变了再照顾你。"三是在复查划阶级成分时有些地方为了扩大斗争面，多分浮财，有意将中农划成富农甚至地主。定

---

① 景占魁、温抗战：《试述晋绥边区的土地改革运动》，龚子荣：《对晋绥土改和整党工作的回忆》，《吕梁党史研究》1986第3期。

成分不是按文件规定的以反奸清算的前三年为准，而是追三代。有的甚至根据本人政治态度不好及两性关系或干部作风有毛病，就给戴上地主、富农帽子。四是区村干部纷纷被斗争。有的地方还提出"搬石头""反新贵"，把多占土改果实、作风不好的区村干部同地主一样对待。①

太行解放区武安县十里店村，在1947年春的"割封建尾巴"运动中，共斗争了84户，占全村420户的20%。在这84户中，后来除2户未改变成分外，其余的82户中，57户是老中农，7户是新中农，18户是贫农。也就是说，有97.6%的户是斗错了的，而且错斗户全是中农和贫农。②

晋察冀解放区阜平县在1947年5月的土改复查中，为了制造紧张的斗争空气，搞村与村之间互相清算，造成村与村基本群众互相对立，被地主特务钻了空子，使社会秩序混乱，仅半个月的时间里死于乱打乱斗者130人，地主普遍被扫地出门，中农利益被侵犯纷纷外逃。尽管晋察冀中央局及时制止了这种错误做法，但仍造成了很大损失。③据统计，晋察冀土改复查中出现严重打死人的，波及河北七八个县几十万人，仅平山县在5月18日到20日的三天中即打死100多人。④

1947年4月，冀东第十四地委召开县委书记会议，决定在所属各县开展土改复查，地委于6月22日给冀东区党委的报告中说："运

---

① 薄一波：《七十年的奋斗与思考》上卷，中共党史出版社1996年版，第410页。

② [加] 伊莎贝尔·柯鲁克、[英] 大卫·柯鲁克著，安强译：《十里店——中国一个村庄的群众运动》，北京出版社1982年版，第215页。

③ 董志凯：《解放战争时期的土地改革》，北京大学出版社1987年版，第115页。

④ 冯文彬：《平山土改与整党》，《中共党史资料》第33辑。

动深入的地区（平谷四、五区一部村庄及顺义各区一部村庄），对地主清算相当彻底。地主封建势力彻底消灭无一漏网，其经济上政治上的统治余威已彻底搞垮，把地主恶霸的土地、房屋及其他一切物质全部搞出来（农民叫做'搬家''抄家'等）。"在对地主实行抄家之后，"先令其扫地出门，然后待地主向农民低头投降之后，再由农民民主评议赠送一些坏房（不是其原来的房子）与坏地（不是其原来土地）以示农民之宽大。"①冀东土地改革在抄家、挖底财的过程中，地主的房屋院舍被掘地三尺，富农的自耕地也被拿出一部分，以前是地主、富农，现在下降为富裕中农或中农者也遭到清算，在开展"算穷账挖穷根子"中挖算到上三代。

当然，与土改复查所取得的成绩相比，"左"的偏向毕竟是局部的。

① 《中共冀东十四地委复查土地报告》(1947年6月22日)，中共河北省委党史研究室：《冀东土地制度改革》，中共党史出版社1995年版，第160、162页。

五、全国土地会议

1947 年 7 月 17 日至 9 月 13 日，在晋察冀解放区平山县召开的全国土地会议，是土地改革运动史上一次极为重要的会议。这次会议制定了《中国土地法大纲》，强调要"废除封建性及半封建性剥削的土地制度，实行耕者有其田的土地制度"。但会议对土地改革和土改复查的成绩估计不够，对农村干部存在的问题估计过于严重，对土地改革中已经出现的"左"倾错误没有引起应有的重视。

1. 会议的筹备

这次会议原本打算于"五四指示"发布一周年之际在延安召开。"五四指示"发出不久，全面内战爆发。这时，国内形势发生了重大变化，解放区的土地改革运动遇到了许多新的情况和问题。为了及时总结土地改革的经验，进一步解决解放区的土地问题，1947 年 1 月，中共中央作出决定，在这年 5 月 4 日召集全国土地会议，"讨论和解决土地改革中的各种问题。"1 月 10 日，中共中央致电各中央局、各区党委，要求他们各派代表 1 人，在 5 月 4 日前赶到延安，并且要求"到会代表不必是负责同志，但须熟悉当地土地改革情况并准备材料和意见，最好能亲自到下层考察一个月后即动身来延"[1]。

可是，这个决定作出刚刚两个月，国民党军队便大举进攻延安，中共中央不得不作出撤离延安的决定。3月12日，刘少奇率一部分中央机关工作人员离开延安，转移到延安北面的子长县。18日黄昏，在国民党军队进攻延安的炮声中，毛泽东和周恩来离开了工作生活了整整十年的延安城。在这种情况下，在延安召开全国土地会议已不可能。

3月19日，中共中央致电各中央局、分局："延安情况紧急，五四土地会议之地点及日期，恐须看以后情况之发展再行决定。望各地出席会议代表暂在原地待命，待中央通知后再起身，但东北代表应即起身到山东或晋察冀待命。"[2]

十天之后，毛泽东、刘少奇在陕北清涧县北部石咀驿的枣林沟会合，并于当晚召开中共中央会议。会议决定，毛泽东、周恩来、任弼时率中央机关和人民解放军总部留在陕北，主持中共中央工作；由刘少奇、朱德、董必武组成中央工作委员会，以刘少奇为书记，前往晋西北或其他适当地点，进行中央委托的工作。

3月31日，刘少奇、朱德等渡过黄河，来到晋绥边区的临县。刘少奇在晋绥停留了二十多天的时间，开展对土地改革情况的调查。前面提到的他给晋绥分局领导的信，就是在这期间写的。通过对晋绥的考察，刘少奇感到土地改革运动中群众还没有充分发动起来，土地改革还不彻底。信中他开门见山地说："在沿途稍许询问了一下群众运动的情况，虽然有些地方农民已分得若干土地，有些地主被斗争，

---

① 中共中央文献研究室：《刘少奇年谱》下卷，中央文献出版社1996年版，第63页。

② 中共中央文献研究室：《刘少奇年谱》下卷，中央文献出版社1996年版，第70页。

有些地方也正在进行工作，但群众运动是非常零碎的，没有系统的，因此也是不能彻底的。据六地委报告：五个县共一千五百多村，已发动者九百多村，农民已分得土地者二百多村，但这二百多村是分散在五个县，不成一片。因此，他们至今没有一个县甚至没有一个区是已经像样地解决了土地问题。"

在刘少奇看来，"没有一个有系统的、普遍的、彻底的群众运动，是不能普遍彻底解决土地问题的"，"要使这个群众运动有很好的开始，有很好的深入和推广，又有很好的结束和转变。"而使运动要有"很好的开始""不能不依靠强有力的工作团"，"工作团应将原来一切机构拿到手中，发出各种号召和办法，给群众撑腰，鼓励群众，给地主及自私自利的投机分子以打击，批准群众在正义行动中所获得的一切"。然而，一个解放区成千上万的村子，又不能仅依靠工作团一一去解决，"所以土地问题的普遍解决，必须而且主要的是依靠群众的自发运动。在个别的村子的典型运动开始后，周围村子的群众就自动照样开始，使运动成为潮流，成为风暴，才能解决问题。"因此，对于这样的群众自发运动不应害怕，而"应加以鼓励促成，并尽可能给以组织性和纪律性"。

刘少奇认为，虽然有些地方农民已分得若干土地，有些地主被斗争，但群众还没有充分发动起来，"五四指示"发出快一年了，而已经完成土地改革的地方还不多，原因在于许多干部"不信任群众，害怕群众的自动性与运动的自发性"，"违反群众路线，不尊重与倾听群众的意见"，"在各种组织中与地主妥协的倾向，某些分子或明或暗地有意阻碍与破坏群众运动与土地改革的现象，也很严重"。因此，他认为，要深入开展土地改革，就必须彻底发动群众，"任何干部，包括各级的负责人在内，均必须受群众的切实的、毫不敷衍的考察和鉴定。群众有完全的权利和自由批评与撤换我们任何干部，在各种会议上令他们报告工作及答复群众所提出的质问，指出他们的缺点，揭发他们的错误，选举或不选举他们到领导机关，群众的这种权利，我们必须切实保障，使其不受侵犯，任何党政军机关，对于侵犯群众这些民主权利的任何行为，对于受到群众批评和反对的干部向群众施行任何报复的行为，应该认为是严重的犯罪，必须给以惩处。"①

4月23日，刘少奇在中共中央晋绥分局六地委干部会议上作报告，在谈到解决土地问题时，要求分区党政军及县委选择一批干部，组织工作团，在今春到明春把5个县的土地改革搞完。刘少奇说，工作中基本的是群众路线问题，先经贫农，再经农会。我们提出意见，让群众去讨论，大家动手做。只要百分之九十的人真心赞成，遵守了这一条，就不会犯冒险主义。要用一切方法培养群众的自信心、自信力，一切功劳是群众的。党政军及社会上的一切肮脏东西，要依靠充分地发动群众，发扬民主，才能洗干净。他还提出了土地改革政策上要坚持四个原则：（一）彻底取消封建地主的土地关系；（二）不侵犯中农利益；（三）不能彻底消灭富农经济；（四）按已有土地平均分配。但他同时又认为"政策不要阻碍发扬群众民主。群众要违反这四个原则，我们不赞成；群众还要办，还不赞成；群众一定要办，就让办，让群众犯个错误，有了教训，会改正，以后会相信我们"。第二天，他与朱德致电中共中央，提出从党政军民各机构中抽调最可靠的干部组织工作团，到农村中去帮助农民建立贫农小组，建立村、区、

---

① 中央档案馆：《解放战争时期土地改革文件选编（1945—1949）》，中共中央党校出版社1981年版，第62—66页。

县及边区的农会组织系统，依靠农会组织和工作团去彻底发动群众，搞好土地改革。①

刘少奇在晋绥了解到的土地改革情况和产生的感受，对他后来领导土地改革运动产生重大影响。

4月26日，刘少奇等人来到晋察冀中央局和军区司令部所在地河北省阜平县。5月3日，到达河北省平山县。晋察冀军区领导人建议中央工委留在平山，刘少奇将此建议向中共中央作了汇报，并得到了批准。中共中央在复电中说："就全局看，本月当为全面反攻开始月份。你们在今后六个月内如能（一）将晋察冀军事问题解决好，（二）将土地会议开好，（三）将财经办事处建立起来，做好这三件事，就是很大成绩。"②

此后，刘少奇就土地改革问题作了许多讲话和指示。一方面，他提出必须防止土地改革中的"左"倾冒险主义倾向，应集中火力斗争汉奸、豪绅、恶霸，对中小地主及抗日地主、干部家属地主仍应有出于群众自愿的照顾，可以从富农手中取得一部分土地牲畜去满足农民要求，但应避免发动专门反对富农运动，对于一般富农可用协商、调解、征购等办法使其拿出一部分土地牲畜，对于勤俭起家的富农及新富农的土地财产则应以不动为原则。他还特别强调，必须坚决地团结中农，使中农在复查中得到利益，保持乡村人口百分之九十的反封建统一战线。③

---

① 中共中央文献研究室：《刘少奇年谱》下卷，中央文献出版社1996年版，第75—76页。

② 中共中央文献研究室：《刘少奇年谱》下卷，中央文献出版社1996年版，第80页。

③ 中共中央文献研究室：《刘少奇年谱》下卷，中央文献出版社1996年版，第77—79页。

另一方面，也是更主要的，刘少奇出于迅速解决无地或少地农民土地要求，以动员发动农民支持革命战争的考虑，认为前一阶段土地改革中右的倾向是主要的，认为群众还没有充分发动，还存在单纯依靠上级派来的工作团，土地改革还不彻底，贫苦农民的土地要求还没有得到满足，因而对群众运动的自发性作了过多的肯定。

刘少奇在 4 月 30 日晋察冀中央局干部会议上说："我劝同志们不要害怕群众犯错误，群众犯了错误并不可怕，只要百分之九十的人主张这样办，那就这样办。""要发动百分之九十的人行动起来，一切由他们去办，由他们解决问题。我们拥护百分之九十的群众的意见。领导他们，帮助他们，支持他们，他们看不到的问题，引导他们，说服他们，但必须由他们自己去办。我想你们在土地问题上的缺点，这一点是最基本的，即群众路线不够，群众观点不够。"[1]

在这次讲话中，刘少奇还说：太行经验证明，消灭地主阶级一定要彻底，他们叫做让地主扫地出门，土地财产一切搞彻底，让他要饭七天，挑粪三担，这时候他以为活不成了，农民说，本来是我们的，看你怪可怜的，恩赐你一点吧，于是地主就感恩不尽。一定要把地主打垮了，然后恩赐他一份，他才会感恩，我看是要这样的。对群众，恩赐的观点是不对的，对地主就要这样办。对于如何判定土地改革中是否"过火"，是否会出现冒险主义的问题，刘少奇提出，第一，对地主不留最后生活，不留一亩地，通通杀掉；第二，不侵犯中农利益，中农还得点利益，联合中农，保证百分之九十；第三，对富农问题，只要不消灭富农经济就可以。"只要不超过这三条，一切都是对

---

① 中共中央文献研究室：《刘少奇传》上，中央文献出版社 1998 年版，第 568 页。

的，我们都要服从。"刘少奇还提议召开各级农民会，乡村要让农民统治起来，要由农民专政，要由农民统治一切，要承认农民统治一切是对的，合法的，"只要是百分之九十，一切服从他们，他们要怎么办就怎么办。"他还说：凡是反对农民行动，干涉农民行动的，都应当禁止。凡是干涉农民，不允许农民斗争的，应当捆起来，送给高级政府，军区司令部，区党委、中央局，把他的名字登记起来，给以处罚，并向群众道歉。这样的群众就好，我们就是要依靠这样的群众。[①]

5月1日，他在一份关于晋冀鲁豫区土地改革的经验材料所写的批语中，肯定了该地区在"填平补齐"运动中挖地主底财，并将之扫地出门，然后由群众评议赠送一些坏地、坏房以示宽大的做法，并且说："晋冀鲁豫农民群众的彻底的革命行动，应给我们全党各级领导机关及领导同志以严格的、有益的教育，证明我们许多同志对于群众运动的顾虑、恐怕、不敢放手，因而在指示和决定上规定一些限制和阻碍群众行动的办法是错误的。事实证明在最近的土地改革中，农民群众常常跑在党的领导机关前面，党的领导常常落后于群众甚至阻碍群众。这种右倾机会主义错误，必须迅速纠正才有利于运动。"[②]他还提出："为了使群众能实现自己的民主权利，应组织经常的村农民大会、农民委员会及县区农民代表大会等，让农民选举，农民代表会暂时统治一切，并经过他们来改造政府和党的组织。党的领导机关对于被群众批评和撤职的干部，应采取争取教育的方针，调他们学习后改派工作，并在群众中对他们的错误负责。"[③]

---

① 刘少奇：《在晋察冀干部会上关于土地改革问题的讲话》，1947年4月30日。

② 中共中央文献研究室：《刘少奇年谱》下卷，中央文献出版社1996年版，第77页。

③ 中共中央文献研究室：《刘少奇年谱》下卷，中央文献出版社1996年版，第78页。

5月6日，刘少奇在与朱德联名发出《关于彻底完成冀东土改的指示》，指出："为了尽可能最高限度的满足农民土地要求，第一，你们应学习太行山的经验，组织群众的复查，继续深入反对地主的运动，完全割掉封建尾巴。可从地主方面继续取得一部分土地财产填补给农民。以前主张留给地主多于中农一倍、两倍土地的意见，是不妥当的。"[①]

刘少奇的这些讲话和指示传达到各解放区以后，从而在一定程度上影响了土改复查中已经出现的"左"倾错误的纠正。

与此同时，刘少奇着手进行召开全国土地会议的准备工作。5月24日，他在致晋冀鲁豫中央局并报中共中央的电文中说：为准备召开全国土地会议，望注意研究几个问题：（一）在打倒地主阶级的运动中，各阶层农民的真实要求。（二）检查"五四指示"各项原则的正确性，并如何制定一个更完美的土地指示。（三）在运动中的"左"倾错误与右倾错误。（四）建立与保持乡村人口百分之九十以上反封建统一战线的经验如何。（五）土地改革中农会及贫农小组的作用如何。（六）土地及其他斗争果实如何规定。（七）在改革完成后转入生产运动的经验。（八）在农民对地主胜利业已巩固的地区，是否需对地主采取某种拉的政策，以便缓和乡村中的紧张情况。（九）在改革中对党政各级机构的检查结果如何，以及如何改造党政各级机构。这些也是即将召开的全国土地会议讨论的主要问题。

中央工委到达平山后，原定在延安召开的全国土地会议决定改在平山举行。5月31日，刘少奇和朱德致电各解放区：全国土地会议定

[①] 中共河北省委党史研究室：《冀东土地制度改革》，中共党史出版社1995年版，第158页。

于 7 月 7 日在晋察冀的平山县召开,各区除区党委须派一负责代表到会外,各地委亦可出席代表一人。①

7 月初,除陕甘宁和晋绥两解放区的代表尚需几天才能到达外,其他各地的代表均已到达平山。中央工委决定全国土地会议立即召开。由于时间仓促,来不及在会前准备工作报告,中央工委仅在会前编印了《马恩列斯论农民土地问题》及中国共产党历史上关于土地问题的一些文件,作为参考资料。7 月 10 日,中央工委将这一情况向中共中央作了汇报,并提出会议"拟先由各地代表报告并提出问题,然后进行研究讨论和解决问题并决定若干文件。其他未成熟的若干问题,亦拟进行一些讨论,作些思想准备,但不作决定。会议将延长到一个月以上,工委将集中全力来进行这个会议"②。7 月 27 日,中共中央复电同意中央工委的意见。

2. 会议的经过

7 月 15 日,全国土地会议举行预备会议,组成了会议的领导机构主席团。主席团由中央工委委员及各代表团负责人组成,主席团常委为中央工委常委朱德、刘少奇、董必武、康生、彭真,秘书长为安子文。会议的工作机构为秘书处,下设文件编辑委员会,由陈伯达、廖鲁言负责。

7 月 17 日,全国土地会议在平山县西柏坡村西边一条山沟中的一块空地上举行。出席会议的有晋察冀、冀晋、察哈尔、太行、太

---

① 中共中央文献研究室:《刘少奇年谱》下卷,中央文献出版社 1996 年版,第 79 页。
② 中共中央文献研究室:《刘少奇年谱》下卷,中央文献出版社 1996 年版,第 82 页。

岳、晋冀鲁豫、冀鲁豫、冀南、冀热辽、晋绥、陕甘宁、东北、山东等解放区的代表，共 107 人[①]（一说 110 余人）。

会议的条件十分简陋，主席台上搭了几块白布，以防太阳照晒，左右有两排长桌子供主席团和记录人员用。各地的代表就坐在主席台前的石头上听报告。此时已是盛夏，每天早上 5 点 30 分就开会了，8 点在会场上吃早饭，开到 10 点或 11 点，代表们回到驻地吃午饭，下午三四点钟开小组讨论会。

会议分为两个阶段。第一阶段是 7 月 17 日至 8 月 31 日，主要由各代表团汇报情况，讨论解决办法。第二阶段是从 9 月 1 日至 9 月 13 日，着重讨论平分土地政策，讨论和通过《中国土地法大纲（草案）》。

在会议开幕式上，刘少奇首先作了讲话。他提出了这次会议的目的和任务，强调土地问题是解放区一切问题的基本环节。刘少奇说：召集这个会议的目的是总结经验、交流经验，以便给以后的运动——群众运动、土地改革运动等运动以新的指导。"五四指示"发出一年多来，许多地方已满足了农民的要求。但在某些地区、在若干问题上，"五四指示"已经不够。会议的任务是要从土地问题出发，讨论一切工作及其他各项工作，在既有成绩的基础上更有改进。土地问题是解放区一切问题的基本环节，"左"了一切就"左"，右了一切就右，

[①] 1947 年 7 月 29 日，中央工委在给中共中央的报告中说：参加土地会议之各地代表共 107 人，计（一）华东 26 人，李林、张晔负责，内青代（指出席与土地会议同时召开的全国解放区青年工作代表会议代表）6 人；（二）晋冀鲁豫 24 人，李雪峰、王从吾负责，内青代 2 人；（三）冀察晋 37 人，聂（荣臻）、刘（澜涛）、刘秀峰负责，内青代 6 人，部队代表 14 人；（四）东北 6 人，赵德尊负责；（五）冀热辽 7 人，胡锡奎负责，另有旁听 3 人；（六）陕甘宁 6 人，李卓然负责，内青代 1 人；（七）晋绥只到赵守攻一人，薄一波在下月初亦来参加。

会影响各种问题，今后如何有意识地使其他工作有计划地推进，应从解决土地问题开始。这个会议不拘形式，自由发言，报告也不拘任何形式，也不要呼口号，也不要鼓掌，或什么三鞠躬，有什么讲什么，主张什么讲什么，是好就说好，是坏就说坏，老老实实。我们开一个老实会议，以老实的态度作风来开这个会。这样才能讨论问题，解决问题。①

开幕式上，朱德和董必武也作了讲话。朱德说："五四指示"发布后的一年多，各解放区都发动群众，进行了土地改革，一般讲都是有成绩的。土地改革搞得比较好的地方，党的组织得到了整顿，军队壮大了，战争打胜了。但是，有些地方土地改革很不彻底，这主要是因为在抗日战争时期大量发展起来的党员，思想上、组织上都不大纯洁，一些地主分子、富农分子和流氓分子混进了党。另外，"五四指示"因受当时形势（国共谈判还未最后破裂）的限制，政策上还有不彻底的地方。朱德在讲话中肯定了解放区的工作，认为有的地方土地改革搞得比较彻底，有的地方搞得不彻底，但是不论怎样，政权掌握在我们手里。党虽然不够纯洁，但还有很多忠实坚定的干部和党员；困难是有的，但是没有人敢公开反对土地改革政策。因此，土地改革进行起来还是比较容易的。他强调土地改革要从各地的具体情况出发。各地人口多少不同，地主多少不同，斗争对象不同，所以做法也就不完全相同，不能一切照搬。②

董必武在讲话中回顾了中国共产党在大革命时期和土地革命时

---

① 中共中央文献研究室：《刘少奇年谱》下卷，中央文献出版社 1996 年版，第 84 页；中共中央文献研究室：《刘少奇传》上，中央文献出版社 1998 年版，第 572 页。

② 《朱德选集》，人民出版社 1983 年版，第 204—205 页。

期的土地政策，强调指出：中国目前一定要解决农民土地问题。不能解决这个问题，那中国革命就不能成功，能解决这个问题，中国革命才一定会胜利。因为"我们是革命的政权，这个政权是保障满足农民的要求的。假定我们的政权不作这一件事情，那我们这个政权就是反动的"。"'五四指示'的时候，我们还是说党内的指示，还没有公开打出我们土地改革的旗帜。经过这次会议，我们就把土地改革的大旗打出来。"董必武还讲到土地改革与战争的关系问题。他说："这次战争，在我们这方面说是爱国自卫战争。爱国的意义暂且不说。我们进行自卫战争，究竟是保卫什么的？我们的战争就是要保卫农民土地改革的胜利，保卫人民既得的政权，保护人民自己建立起来的民主政治生活、经济生活和文化生活。要保卫的就是这些东西。所以就国际国内形势说，目前我们解决这个历史上久已成为问题的土地问题，是最适当不过的，是最适合广大人民的要求的。我们又有力量解决这个问题。我们已经轰轰烈烈地搞了一年多。因此，我们自卫战争才能打得更有力量，才能使扩兵，供给前方做得更好。如果没有这个土地改革，要想做得像这样好就不可能。"[①] 董必武还鼓励与会代表畅所欲言，不要怕讲话，也不怕别人讲错误，以便把各个地方的经验集拢起来，互相研讨，得出总结，把这个会开成功。

7月18日至8月4日，主要是各代表团在会上作报告，介绍本区的土地改革情况、经验和问题。

晋冀鲁豫解放区代表在汇报中说，全区共有152个县，其中100个县是腹心区，18个县是最近收复区。在腹心地区，基本上地主阶

[①] 《董必武选集》，人民出版社1984年版，第130页。

级已经彻底消灭，"耕者有其田"已经彻底实现。据太行新老区6个县、568个村的统计，土地改革后，人均拥有土地地主2.4亩，经营地主2.7亩，富农4.26亩，中农4.85亩，贫农4.8亩，赤贫6亩，雇农6.58亩，其他平民阶层3.59亩。太行、太岳的大部分地区及冀南、冀鲁豫经过复查填平补齐的地区，共约700万人口，是土地改革最彻底的地区。至于比较彻底的地区，地主阶级虽已消灭，但在分配上尚有穷坑未填平，这种地区占的比例较大。此外，尚有1/5的腹心区不彻底，地主留地尚多一些，大部分底财尚未挖掉。

会上，晋冀鲁豫解放区代表介绍了他们开展土地改革的经验：（一）土地、果实的分配，采取依人口和贫穷程度平均分配的原则，将全村土地折合成标准亩或标准产量，满打满算，求得每人应得的平均数，依此标准进行填补，由民选的评议委员会主持，全村男女分组酝酿，划阶级，定成分，自报公议，三榜定案。（二）发动贫雇农团结中农是阶级路线的基本环节，必须发动贫雇农，以贫雇农为骨干，运动才能深入彻底。但亦必须团结中农，否则贫雇农孤立，运动就会失败。（三）发动"落后群众"，彻底割掉封建尾巴。（四）对地主的政策是首先彻底消灭之，然后个别安置之；对不同的地主分别对待，但均留给最后生活出路；扫地出门只适用于恶霸大地主，但未斗争前即行照顾，先给留下相当于中农的生活也是不彻底的。地主的工商业已一律清算了。富农一般留给相当于中农的土地和生活，并保留一部分劳动起家的富农未清算，只有少数汉奸、恶霸和非法致富的富农才扫地出门。

华中解放区代表介绍了他们开展土地改革的做法。汇报说，"五四指示"到达后，领导上一贯强调"五个不怕"（按：指"五四指示"

中提出的不要害怕普遍地变革解放区的土地关系，不要害怕农民获得大量土地和地主丧失土地等），放手实行"耕者有其田"，彻底消灭封建，满足贫雇农的要求。在土地改革中普遍建立了贫农团，清理了农会，改造了政权和支部，改造调整了干部，如苏中改造了的村干部达40%，其中妇女又占40%。

华中解放区分配土地的办法是由群众自己动手，诸如报田亩人口、划分阶级成分、评土地好坏、确定分配标准，均由贫农团选举出来的土改委员会召集全村群众共同商议，以自报公议，出榜复议的方式决定之。分地原则一般是"中间不动两头平"（部分是大推平），按人口男女一样分，妇女有所有权。而且分地必分青（苗），青苗随地走，使农民得地又得粮。分地后即进行划地界，废老契，立新契。华中解放区代表在汇报中特别提出："追老契成为土改斗争中最尖锐的一幕，地主挨打、上'望蒋台'等处罚多在此时，群众对地主，要打一才能儆百，不打个榜样，把点眼色看，地主是不会倒威驯服的。"①

全国土地会议召开时，华中解放区的 2400 万人中，有 1500 万人获得了土地和粮食（包括租田变自由的佃中农在内），解决了一部分雇贫农的耕牛、农具和房屋，获得了一部分浮财，但贫雇农生产上的困难还很多，还得两年三收成之后，才能普遍上升。"进行土改的地区，在土地上已基本消灭了地主阶级，各级参议会都在土改中垮台了，所有恶霸地主，除逃亡者外，都由农民按其罪恶大小给以应得的处分，特务的地下线也破坏了不少，一般地主都由农民恩赐以不高于农民生活的土地。逃亡地主除当'还乡团'外，生活无着，别无出

① 《中央工委关于华中土地改革概况向中央的报告》（1947 年 8 月），见中央档案馆：《中共中央在西柏坡》，海天出版社 1998 年版，第 191 页。

路，而当还乡团在战争中又尝到送死的味道，看到我军和群众力量的强大，也产生了'变天思想'，解放区又给他留最后生活，于是回到解放区来求饶。这一经验证明，彻底打倒封建以后，留生活就是拖住地主尾巴的办法，以免他们铤而走险，积极反抗。"①

东北解放区代表汇报了他们开展土地改革的经过：日本投降，我军进入东北后，各地普遍进行了反奸清算，而后经过没收分配开拓地、满拓地，有些地方在打胡子（剿匪）过程中，又没收分配大汉奸、特务、土匪头子的土地，并经过减租、增资、带地斗争，"部分地解决农民土地问题。""五四指示"之后，除合江、牡丹江因土匪未及时肃清，发动较迟外，其他各省6月间即开始行动。东北局组织动员了1万名干部组织工作团，"克服了平均使用力量先抓浮物走捷径的毛病，而由各级负责干部带头，集中力量，创造典型，取得经验，影响推动周围村庄，并实行'蝗螗政策'；训练干部，培养出大批本地农民积极分子新干部，组成农民翻身队；同时召开由区到县的农民（工农）代表，把运动适时地推广到面。"随后，东北局检查了阿城的土地改革工作，于这年11月发出《关于半生不熟问题的指示》，并将宾县财神岗的经验介绍给各地，至1947年新年前后，各地遂开始"煮夹生饭"运动。东北解放区的代表还具体介绍了"煮生饭"的做法：首先就从深入贫民小户着手，"到老槐树底"，提出"劳苦青"的口号，着重找长期参加生产的雇贫农，特别是青年，以之为运动的骨干。深入诉苦，挖穷根，启发他们的阶级觉悟，提出"砍倒大树，彻底分地"，"查地查坏根"等口号，进行查黑地、追浮物、挖地窖、查假斗

---

① 《中央工委关于华中土地改革概况向中央的报告》（1947年8月），见中央档案馆：《中共中央在西柏坡》，海天出版社1998年版，第191页。

假分；并配合起枪，挖土匪根，挖特务根。在接敌区与敌后，则进行保田自卫反倒算，以纠正前一阶段中不彻底的毛病。群众起来后，在农民内部又展开了"一条心运动"，洗脸，翻心，反两面光，挖臭根，清洗了狗腿流氓伪人员，一批真正劳苦农民中的积极分子取得了领导地位。果实分配比较合理了，也给村的组织工作准备了较好的基础。截至1947年3月，东北地区已分配土地381万垧，得地农民467万人。"但'半生不熟'地区，仍占重要比重，'煮夹生饭'运动仍在各地继续中。""同时，在所有进行土地改革的地区，新贫农成了最大阶层，他们虽分得了若干土地，但还缺乏生产资本。特别是马匹困难，要真正上升为中农，还须很大的努力。"[1]

其他几个大解放区代表在汇报本区土地改革情况时，主要是检讨自己的右倾错误。

山东解放区代表汇报说：一年来，各区土地改革的实际情形是：滨海与鲁南大部地区曾结合反特，发动清算，草草搞了一个多月的土地改革。鲁中则多为献地，胶东70%以上是用献田方式，地主献坏田、远田，装开明，钻空子，或暗或明地继续统治着群众，而我们则给献田地主颁发奖状，大肆表扬。对富农的封建部分则规定按"三七"或"二八"削弱，唯恐打击太重。胶东土地改革是典型的资产阶级式的土地改革。至于渤海则尤为复杂严重，党内成分极为不纯，如直到目前为止，仍有三分之一以至二分之一以上的村干是伪人员，区党委的领导也有严重的右倾思想。抗战期间，即无深入的群众工作，日寇投降后，除一分区少数县份外，反奸清算运动并未展开，而且由于领

---

① 《中央工委关于东北土地改革概况向中央的报告》（1947年8月），见中央档案馆：《中共中央在西柏坡》，海天出版社1998年版，第188页。

导上右倾麻痹，无原则地宽大，已被群众捕押的汉奸又先后释放，于是局部的反奸清算运动也被压下去了。执行"五四指示"，也是右倾献田（四分区的个别县份曾由右倾献田又一变而为"左"倾的脱离群众的强迫实行打乱推平），群众仍未发动，地主则与汉奸、国特、土匪相结合，武装反抗，数十数百人一股，到处横行，村以上的脱离生产的干部被杀者三千余人，积极分子被杀者两千余人，干部恐慌，群众不敢抬头。而领导上仍不觉悟，依然一味宽大或单纯军事剿匪，此剿彼窜，成效不大。①

晋绥解放区代表认为，"五四指示"并未在老区掀起运动，只分配了一些公地和机关部队退出的土地，以及一些地方地主献出的坏地。"和平献地，拿出的土地不多。而在分配中又过分强调照顾抗属，所以多数贫苦农民仍然无地、少地的现象并未改变。同时，普遍地进行纠正侵犯中农利益，要群众吐出果实，群众对此是很伤脑筋的。"汇报中说，这种情况经过6月的晋绥土地会议（按：即地委书记会议），对工作作了全盘检讨，并组织工作团，派强有力的干部分区分头开展工作后才有了改变。

晋察冀解放区代表在汇报中说，在接到"五四指示"时，"思想毫无准备，感到突然，不敢放手"，7月1日虽然作出了贯彻"五四指示"的决定，但犯了"强调照顾地主及抗干烈属，对满足贫苦农民的土地要求不坚决"，"由上而下，规定了许多条例，束缚了群众，不走群众路线"等错误。1947年2月中央局土地会议后，虽然对于满足贫苦农民的土地要求有了进一步的了解，对群众路线也有所研究，

---

① 《中央工委关于山东土地改革概况向中央的报告》（1947年8月），见中央档案馆：《中共中央在西柏坡》，海天出版社1998年版，第184页。

但又认为经过土地改革的地区，封建已经消灭，土地问题已经解决，因而决定以大生产为中心工作，只准备秋后才在全区进行群众性的大复查。"总之，土改极不彻底。这充分暴露了一年来土改当中领导上的右倾动摇和官僚主义盲目自满。"5月初，中央局决定在全区开展大复查，但又犯了"左"倾急性病，唯恐反右反不倒，有了矫枉必须过正的领导思想，加上党内不纯，结果出现了乱斗乱杀，普遍扫地出门，坏干部假公济私，乘机报复，特务奸细混入运动，借刀杀人，形成农村恐怖，中农恐慌逃跑。

"五四指示"发出之初，各地在进行土地改革时的确存在诸如发动群众不够、对地主照顾过多等问题，但这不是运动的主流。"五四指示"是在特定的历史条件下产生的，因而这个文件及按照这个文件进行的土地改革，按后来的情况看，难免有某些局限。实际上，随着全面内战的爆发，各地很快突破了"五四指示"的规定。所以从总体上看，各解放区这一阶段土地改革中，右的倾向虽在有的地区有某些表现，但不是全局性、根本性的。上面的汇报中对前一阶段土地改革中所谓右倾错误的批评与指责，过低地评估了前一阶段土地改革的成绩，并不是完全合乎实际的。这也说明各地随着土改复查的开展，土地改革运动中"左"的倾向正在滋长，本需要此次全国土地会议加以克服，但会议对这一问题注意不够，这不能不说是一个缺陷。

在全国土地会议前期，刘少奇"对运动的掌握比较审慎，一再提醒大家注意防止群众发动起来后可能出现的偏向，特别是要注意争取大多数"[1]。

---

① 中共中央文献研究室：《刘少奇传》上，中央文献出版社1998年版，第572页。

7月20日，刘少奇在同晋冀鲁豫代表团座谈时发言说：中央的方针是实现"耕者有其田"，"五四指示"指出，一方面要发动群众，另一方面在发动之后要照顾某些分子。不要从一个地方出发，要从全国出发。今年"七七"纪念节中央所提的口号中也有保护中农利益和民主人士的口号。要孤立少数，争取大多数。搞土地改革，就是为了打胜仗，打倒蒋介石。如果搞得厉害，地主逃走就增加了蒋介石的力量。农民只看眼前，我们要看得远些。要叫地主过得下去，不要肉体消灭。肉体消灭是冒险主义。他还说，土地改革以后，仍有富农经济，只有最后实行社会主义革命才能消灭富农，消灭贫穷，要把这个真理告诉农民。只要不侵犯中农利益，就不会犯冒险错误。

过了十天，会议主席团与晋察冀代表团进行座谈。刘少奇在讲话中说，晋察冀土地改革中犯了右的错误，在复查中犯了"左"的错误，最基本的原因是党内不纯。要是政府机关中的地主、富农出身的干部占大多数，乡村干部中地主、富农成分占优势，土地改革就一定搞不好。过去领导上的错误就在于没有发现这个问题。对此，除了搞通思想外，组织上也需要采取一些办法作为保证，有些袒护地主、富农，侵犯群众利益的干部要撤职、调离、进党校整风，甚至开除党籍，并对支部进行改造。他同时强调，这些问题的性质还是党内问题，要当作党内问题来解决，不要打人。一打就秩序混乱，就没有民主了，要订出纪律。

7月27日，土地会议已经开了整整十天，中央工委收到中共中央的复电。复电强调："同意土地会议进行的方法，在实行土地改革运动过程中如何改造党政及群众组织与工作甚为重要，望会议中加以讨论。"①

对于在土地改革过程中暴露出来的组织不纯、官僚主义、强迫命令及干部多占斗争果实等问题，刘少奇一直比较注意，在接到中共中央的复电后，他对党内不纯的问题更为重视。通过会议主席团的讨论和会后同代表的交谈，刘少奇感到，影响土地改革深入进行的主要障碍，是党组织和干部队伍中存在着的严重问题。

8月4日，刘少奇向中共中央汇报说：全国土地改革只有晋冀鲁豫及苏北比较彻底，山东、晋察冀、晋绥均不彻底，尚须进行激烈斗争才能解决问题；东北、热河新区情况尚好。综合各地农民要求有四大项：即土地、生产资本、保障农民民主自由权利及负担公开，其中土地与民主又是基本要求。而民主是保障和巩固土地改革彻底胜利的基本条件，是全体农民对我政府和干部的迫切要求，原因是我们干部强迫压制群众的作风，脱离群众，已达惊人程度，其中贪污自私及为非作恶者亦不很少，群众迫切要求改变这种作风并撤换与处分那些坏干部。

刘少奇接着说：从晋绥到阜平，我即注意考察土地改革不能彻底的原因。在阜平反对了领导上的右倾后，很快就看到了冀西的"左"倾急性病，干部在乡村中的无限权力，强迫群众到会，付表决、呼口号，在斗争地主及所谓"国特"时，强迫群众打人杀人，并用强迫办法做到形式上的百分之九十向上级汇报。我用坚决态度停止了冀西的这种运动，即细心考察党内与干部情况。在土地会议上又与各地代表谈话并听了许多报告后，发现党内及干部中严重的不纯洁状态，作风

---

① 中共中央文献研究室：《刘少奇年谱》下卷，中央文献出版社1996年版，第82页。

不正与领导上的官僚主义及缺乏具体思想教育，是晋察冀及其他地方土地改革不彻底与工作落后的基本原因。在晋察冀（晋绥亦大体相同）党、政、民县以上干部地主、富农家庭出身者占很大百分比。区、村干部及党支部党员中农是主要成分，其中地主、富农成分直接间接占统治地位者不少。贫雇农抗战初期虽在党内占多数，但现在一般只占少数，且不起作用，他们仍系最受压迫阶层，中农、贫农出身的区、村干部，完全不受党内外地主、富农影响者不多，军队干部多是本地地主、富农出身，老干部亦大多数娶地主女儿做老婆，在土地改革中帮助岳父者，晋察冀军队中曾有反土地改革高潮，现已纠正。老根据地地主、富农完全与我干部无亲朋联系者几乎没有，许多地主得我干部帮助降低了原来成分，他们主要是利用我们各种形式来保护自己，压迫群众。本地地主、富农出身干部，在土地改革中多少不一对地主有些包庇，每次群众起来，他们叫嚣过左，每次反"左"纠正偏差，他们乘机报复。

刘少奇还说，区、村干部多年未改选，大多是完全不对群众负责，不受群众监督，在工作中强迫命令，其中自私贪污及多占果实者甚多，以前是贫雇农者由于当干部，现大多数成为中农或富裕中农与富农，他们得罪群众，怕群众揭发报复，因而要控制恐吓群众，有人批评他们错误揭露其黑幕者，即予以打击，他们大多不当兵，不服抗勤，负担较少，降低自己社会成分，而以当兵，派抗勤，出负担，订成分去打击其反对者，照顾其拥护者，选举开会完全包办，村干部有的分成两三宗派，互相反对，轮番上台，但各派作风大多一样，群众则是中立的、冷淡的。少数最坏者则为新恶霸，各种罪都犯。脱离群众最甚者，常为村中五大领袖，即支书、村长、武委会主任、治安员、农会主任。一般党员，一般村干虽不都是坏的，内部也常有矛盾，但多被坏干部统制，没有党内民主，正派人受压制，不能得势，邪风上升。

如何解决农村干部队伍中存在的种种不良现象，是刘少奇具体指导全国土地改革运动时经常思考的问题。他认为要解决这个问题，唯一有效的方法，只有经过组织贫农团和农会，放手发动群众发扬民主，以彻底完成土地改革，改造党、政、民组织与干部，并造成树立民主作风的条件。但这个方法，又必产生激烈的斗争过程，若在全国实行，必致有数十万党员及大批干部被群众抛弃，或被批评斗争与审判，若干事变也将不可避免要发生。然而，土地改革必须彻底完成，农民的自由必须保障，干部作风必须改变，脱离群众的干部必须撤换，犯罪者必须受到应有处分。怎样妥善处理好这个问题，刘少奇提出了十点建议，其中主要有：

——建立各级农民代表会并在适当时机建立全国总农会，暂时代替各级业已残废的参议会，作为各级最高权力机关，对各级政府实行无明文规定的罢免权与选举权，政府的公粮、预算、征兵、征夫计划等，经农民代表大会通过后实行，农会决议，亦得交政府执行，经农民代表会直接联系群众，打破官僚主义，树立贫雇农在各级领导机关的地位。

——规定每年旧历正月初一（或其他日期）一切村干部解除职务，由农民大会或代表会检讨其工作，并进行改选，十天改选村干部完毕，并召开区代表会，改选区干部，再十天改选县干部。

——由中央或地方党委发表告解放区人民书，号召人民把命运掌握在自己手里，行使言论、集会等自由权利，监督、鉴定、选举与罢免各级干部，反对干部非法侵犯人民权利及压迫人民，并对过去干部脱离群众的错误，适当自我批评。

——由中央或地方党委发表告解放区党员书，号召党员接受群众批评、鉴定，尊重人民权利，服从群众的决定，为人民作长工，有错者认错，地主、富农出身的党员，必须劝告家属接受农民要求，不得反抗群众，以免被斗，然后由群众决定给予若干照顾，并号召党员严格遵守纪律。

——根据地党员是秘密的，有些地方群众要求党员公开，并要求由农会或贫雇农组织介绍党员，此要求可接受，无害处，巩固区的党可以公开，群众反对并提议某人不应作党员者，经党审查后，如理由正当，应拒绝入党或退为候补党员。

——为避免在运动中群众随便打人、杀人，要派可靠干部在各地普遍建立人民法庭，接受群众控诉并调查审讯，做出结论。禁止打人及一切肉刑和大会逼供等行为。

——对被群众撤换的干部及犯罪干部，地主富农出身的干部，只要他们服从群众，服从党，一律采取治病救人，争取教育改造的方针。[1]

中共中央收到刘少奇的报告后，于 8 月 13 日批示说："我们完全同意你的意见"，"我们认为你所提出的原则是正确的"[2]。

8 月 9 日，会议主席团开会，研究会议下一步的开法，决定小

---

[1] 《刘少奇关于土地会议各地汇报情况及今后意见的报告》（1947 年 8 月 4 日），《解放战争时期土地改革文件选编（1945—1949）》，第 71—79 页。

[2] 《刘少奇关于土地会议各地汇报情况及今后意见的报告》（1947 年 8 月 4 日），《解放战争时期土地改革文件选编（1945—1949）》，第 71 页。

组讨论 5 天，大会讨论 10 天，作结论 5 天。大会讨论发言时间，专门发言者不超过两小时，一般发言者半小时至一小时，重点讨论土地改革搞不好的原因、群众路线、政策与群众要求、如何纠偏等问题。

刘少奇在讲话中分析土地改革搞不好的原因，认为中共党内存在两条路线的斗争：一部分人坚决实行土地改革，一部分人就反对土地改革，两者之间还有中间妥协路线（反对土地改革的也常以中间路线的面目出现）。中间路线很少直接反对土地改革，而是主张改良的方式，赞成土地改革，但是不主张搞得太彻底。有些党员干部就是地主富农，有些是受地主富农的影响，有些是中间路线，实际上中间路线就是帮助了地主富农。现在党内就有人反对贫农路线，把贫农叫落后分子，晋西北和冀晋就将贫雇农叫落后群众，看不起他们、轻视他们，但我们恰恰就要依靠这个"落后群众"，组织他们，领导他们来进行斗争，这是一个基本原则的问题，我们不依靠贫雇农去进行斗争，就违犯了列宁发动所有的贫雇农依靠他们使他们掌握领导权的方针，土地改革不彻底的地方就是没有执行这一条基本原则。

刘少奇还讲到了怎样在土地改革中走群众路线的问题，指出：现在群众路线的中心问题，是群众自己解放自己的问题，现在一般的党员在一切为了群众、对党负责、对群众负责的问题上解决了（阶级异己分子则不可能解决这个问题，地主分子就不是为了群众），而对于群众自己解放自己的问题尚未解决，总是英雄主义表现自己恩赐包办。有一些党员是名副其实的，也愿意对群众负责对党负责，但是对群众路线搞不清楚，总是想把工作搞好，但不晓得怎样搞，这是很重要的问题，所以我们要向许多的干部、党员讲清楚怎样搞法。①

8月16日，刘少奇在主席团会议上再次作了讲话，主要讲党内不纯洁的问题，认为前一阶段土地改革不彻底，是由于党内不纯洁，很多地主、富农或者是他们的子女出身的人进入到了中共党内。今天农民压服地主阶级、富农，也是不容易一下成功的，这中间是有着许多激烈的斗争的，流血的不流血的，和平的暴力的，一切可能采用的手段，都要采用起来。因为党的成分不纯，因而党内有人同情甚至保护地主、富农，所以首先要在党内思想上、组织上采用一些办法，把党整理一下，解决了这些问题，然后党才有可能在群众中建立威信。党要领导土地改革的话，就必须要有一个组织上的办法，跟着而来的就是纪律，加上纪律的制裁。刘少奇还说，整顿党主要是整顿组织，要依靠群众帮助，没有群众帮助党不可能整顿好。②

这期间，刘少奇曾设想在各地汇报和会议讨论的基础上，起草一个像"五四指示"那样的决议，以指导解放区下一步的土地改革。他花了一个多星期的时间，写出了一万多字，但觉得不成熟，最终没有写成。他把自己的想法及写作的情况同主席团作了交流，主席团的意见是还是由他先讲，然后再写一个短的文件。

8月20日、21日，刘少奇在会上作了长篇报告。他说："土地改革运动，用一句话来说，基本上就是平分土地，将地主的土地财产分掉，一部分富农的部分土地财产分掉，一部分富农不动，中农不动，贫雇农得到土地，结果土地就大体平均了。""只要我们做好这件事，就基本上完成了现阶段的新民主主义革命。""对全体中农（包括富裕

---

① 刘少奇：《在全国土地会议主席团会议上的讲话》，1947 年 8 月 9 日。
② 刘少奇：《在全国土地会议主席团会议上的讲话》，1947 年 8 月 16 日。

中农在内），他们的土地、财产应该坚决不动。""要保证中农的土地财产不受有意无意的侵犯，已经侵犯的要想法补偿。只有这样，才能稳定中农，联合全体中农。""土地，资本，负担，民主，这是农民的要求，几乎是全解放区农民的要求，这是主要的。在这四项要求中间，土地与民主，是基本的要求。如果你实现了农民这四项要求，农民的土地革命才能胜利，并且才能巩固这个胜利。"

刘少奇认为，土地改革不彻底的原因，主要是在于农民没有很好地发动、组织和团结起来。妨碍发动农民的原因大致有三：（一）地主富农的阻碍与破坏；（二）党内不纯；（三）领导上的动摇与官僚主义，加上工作方法上的命令主义，用官僚主义的方法去进行土地改革，所以不能充分地发动农民群众。刘少奇认为，抗战期间发展党员没有强调成分，没有强调阶级教育，而且是大量地发展，很多没有经过严格审查，吸收了很多地主、富农及其子女。相反，对吸收贫农入党，有些地方根本不注意；地主、富农出身的党员，在领导机关中，特别是县以上领导机关中占了优势，占了绝大多数的比例，在有些地方是绝大多数，有些地方是半数或半数以上，有的地方是比半数少一点，并在党内形成熟视无睹的状态。此外，还有一些干部原来跟解放区地主没有什么联系，抗战以前入党的，那时做秘密工作，跟家脱离了关系，可是这一次与家庭又联系起来了，不仅与家庭有了联系，而且亲戚朋友一大堆。此外，还有老红军，江西人，经过二万五千里长征过来的，他与地主有什么联系呢？但是老婆一讨，经济工作一做，从前没有联系，现在有了亲戚、朋友经济上的联系。由于地主、富农出身的党员在党内很多，贫农就不多。在这样的情形下，党内中农成分就接受了地主、富农的影响，而不是接受贫雇农的影响，不是跟贫雇农走，而是跟地主、富农走。党内也就不是依靠贫雇农联合中农反对地主，而是地主联合中农反对贫雇农。所以，必须对地主、富农站在党内反对土地改革的情况引起严重的注意。

刘少奇还说，地主阶级和富农反对土地改革所用的方式是各种各样的，非常狡猾。有正面的，有绕弯子交朋友来出现的。主要的方式是藏在党内，用群众内部的方式来反对农民运动，他们隐藏土地财产的方法，就是分散，或者分家，出卖典当，及其他许多的方式，或者真典真卖，或者是假典假卖，用各种方式把土地财产分散，分散以后，他们说他们是中农，说他们是贫农，隐藏在群众内部、党里面，来破坏群众运动，隐藏在党内，获得共产党员的资格，藏在机关里头、群众里头，来逃避群众运动，逃避农民斗争，保护他的财产、房屋，破坏农民运动，现在我们有些机关、党的组织就成为地主的主要逃避所，地主在那里钻躲的，不是别的地方，就是我们的机关，地主、富农钻在党内，反对群众运动，反对土地改革。

刘少奇甚至认为，现在党内普遍存在两条路线的斗争，一条是代表着地主、富农的路线，一条是代表着农民的路线。许多地区土地改革不彻底，或者很不彻底，就是这些地区地主、富农这条路线还是占优势，农民路线并没有占优势。这就是这些地区土地改革不能彻底解决的基本原因。现在在许多地区党内主要的危险是右倾，因此地主富农路线必须彻底肃清，彻底克服，把农民路线提起来。因此要结合土改整编队伍，建立一个能彻底实行土地改革的组织，并把党建设成为能够彻底实行土地改革的党。为此，首先，从党内整起，提高党的纯洁性。地主、富农出身的党员干部，实行回避在本地工作的原则。其次，整编群众队伍，以贫农为中心，团结全体中农及其他反封建分子，以农会为主要形式。最后，要建立人民法庭，对于斗争中出现的问题，进行审判调查，执行诉讼。①

8月26日，邓颖超作了《土改中妇女工作的几个问题》的报告。邓颖超在报告中充分肯定了解放区妇女在土地改革中所发挥的作用，同时认为从整个解放区的情况来看，妇女工作还是做得很不够，还存在轻视妇女作用、把妇女工作与土地改革割裂起来等现象。必须认识到妇女只有消灭了封建制度才能大翻身，同时土地改革必须要有妇女参加才能彻底，要进一步动员广大妇女参加到土地改革运动中来，并保障妇女的土地所有权。

8月27日，董必武作了《土地改革后农村生产与负担问题》的报告，具体分析了土地改革后农村生产可能产生的积极与消极影响，分析了解放区农民负担的现状，并提出了如何减轻农民负担的办法。董必武认为，土地改革后农村生产可能发生的变动有积极和消极两个方面。从积极的方面看，无地少地的贫苦农民翻了身，分得大体上合于当地农民地亩平均数的土地不纳地租，自地自种与种别人的土地兴趣当然不同。中农也分得了一些果实，生产兴趣可能高些。因此，土地改革后，地主被打倒，富农被削弱，农民成为乡村的统治者，他们的生产积极性就会提高。而且土地改革解放了妇女，她们有可能变为农村生产主力之一。此外，社会上的积蓄，过去集中在地主手里，多属睡眠状态。土地改革后，地主的底财搞出来，大部分可变为活动的资金；过去不事生产的二流子，土地改革后有的分得了土地，可能有一部分转入生产；过去不事生产的地主，土地改革后他们失掉了剥削

---

① 刘少奇：《在全国土地会议上的报告》，1948年8月20日、21日。

农民的根据，也可能有一部分转而从事生产；等等。

董必武同时认为，土地改革对农村生产也可能有消极影响，如过去无地少地的贫苦农民虽然获得了土地，但缺乏其他的生产资具，如耕畜、农具、种子、肥料等；过去无地少地的贫苦农民技术和经验大部都较差，要些时间来培养和练习才能适应；社会上的积蓄在土地改革中大量被消耗了，在斗地主富农时斗出来的果实吃掉和用掉一些，有些地区中农在土地改革中也故意消耗他们自己的积蓄，地主富农消耗甚至故意破坏自己的积蓄；受打击的富农生产的积极性必然降低；未受打击的也会有些不安心；中农中有一部分生产的积极性提不高，有一部分还会降低些，他们担心斗争地主富农会斗到自己头上；分得了土地的农民也有怕"变天"的思想，因而对生产不很感兴趣；因为没有注意采取适当的政策，在土地改革中地主在农村中经营的工商业大部分垮了，富农的也垮了一部分，这对农业生产的发展也有影响；等等。

董必武强调，土地改革对农村生产的积极方面是永久的，不变的；消极方面的各点是暂时的，可变的，如果采取了有效的补救办法，有些是很快就可以消灭的，另外一些也有办法补救。因此，要让农民对目前生产的重要性有正确的认识，必须进行解释，说明斗地主和一部分富农是"斗封建而不是斗富"，中国走共产主义的道路还远得很，怕共产和希望共产都是错觉，要鼓励农民生产发家，走向丰衣足食。同时，在自愿的原则下，把农村的全劳动力、半劳动力和辅助劳动力，可能组织的都组织起来，互相变工，弥补农村劳动力的缺乏；并且提倡农村副业，使副业与主业很好地配合着；鼓励农民在自愿的原则下订生产计划和鼓励农民组织各种形式的合作；为了使贫苦农民得到他们所缺乏的生产资具，举办农民救济与农村贷款；组织农业和副业的技术研究委员会，帮助生产技术上不熟练的农民；等等。[①]

晋冀鲁豫代表团负责人薄一波、晋察冀代表团负责人刘澜涛及其他代表团的负责人或代表，也在这期间结合本地区土地改革情况作了报告或发言，他们谈得最多的自然是党内不纯问题。

3.《中国土地法大纲》

在全国土地会议紧张进行之际，转战陕北的中共中央也于7月21日至23日在靖边县小河村召开了一次扩大会议，即小河会议。会议由毛泽东主持，参加会议的有周恩来、任弼时及中央部门和西北地区领导人陆定一、杨尚昆、彭德怀、贺龙等。会议主要讨论战略反攻、统一战线和土地改革问题。毛泽东指出：如果不坚持土地改革，势必丧失了农民，丧失了战争。土地改革应采取平分的方针，地主不要多分，但不能不分。他还说："我们的土地政策，今天可以而且需要比'五四指示'更进一步，因为农民群众要求更进一步。平分是原则，但按情况可以有某些伸缩，如对一些爱国民主人士；但对共产党员不应例外。中农土地应该不动；在群众大潮流中，如果中农同意，富裕中农拿出少许土地是许可的，但不能正式写在文件上。"[②] 这是中共中央第一次明确提出在土地改革中要采取平分土地的方针。

---

① 董必武：《土地改革后农村生产与负担问题》（1947年8月21日），《中国土地改革史料选编》，第406—411页。

② 中共中央文献研究室：《毛泽东传（1893—1949）》，中央文献出版社1996年版，第814页。

9月1日，新华社发表题为《学习〈晋绥日报〉自我批评》的社论，提出在土地改革中必须实行彻底平分土地的政策。社论指出：现在的情势与抗日时期已经不同，我国仍有广大的、为民族独立、民主自由而奋斗的统一战线，但这个统一战线已不包括蒋介石在内；相反的，蒋介石集团现在是卖国贼、法西斯和战争罪犯的集团，是人民的公敌。在这种情形之下，我党的土地政策改变到彻底平分田地，使无地、少地的农民得到土地、农具、牲畜、种子、粮食、衣服和住所；同时又照顾地主的生活，让地主和农民同样分得一份土地，乃是绝对必要的。坚决执行这个政策，则人民一定能够战胜蒋介石，如果在这时候重复陈独秀的机会主义错误，则革命运动会有失败的危险。①

9月3日，刘少奇看到了这篇社论，随后同中央工委的其他负责人做了研究，决定在第二天召开大会，提请大会集中讨论彻底平分土地问题。

在第二天的发言中，刘少奇说："这篇社论通篇都是讲的平分土地，是普遍的彻底平分。这篇社论中根本未提到动不动中农的问题，关于不侵犯中农利益的话，一个字也未谈到。我想明显的这篇社论是经过毛主席看过的，彻底平分土地的口号很可能就是毛主席提出的，不经过毛主席这种口号是不敢提的。"②

对于平分土地的办法，刘少奇是赞成的，认为这个办法消灭封建最彻底，而且简单明了，贫农容易掌握，是解决土地问题最公开的办法，有了这个办法，党内问题也好解决了。③

---

① 《中国土地改革史料选编》，第419—420页。
② 中共中央文献研究室：《刘少奇传》上，中央文献出版社1998年版，第578页。
③ 中共中央文献研究室：《刘少奇年谱》下卷，中央文献出版社1996年版，第91页。

刘少奇要求各位代表特别是做过土地改革工作的代表，认真考虑平分土地的好处和坏处是什么，这样做是否有不可克服的困难。他说："过去我们的会议没有集中力量来讨论政策，大家注意力所集中的是党内问题，这是好的，没有错，因为以前麻痹不注意，现在来注意一下是完全必要的。可是另一方面可能发生缺点，注意党内问题，政策问题就忽视了，这是不大好的。"[1]

9月5日，中央工委将会议讨论的彻底平分土地问题的情况，向中共中央作了报告。报告中说：土地会议已进入结束阶段，四五天即可闭幕，讨论原集中在党内问题及农民组织与民主问题，因新华社论提出彻底平分土地，便又集中到土地政策问题上来。多数意见赞成彻底平分，认为办法简单，进行迅速，地主从党内、党外进行抵抗的可能减少，坏干部钻空子、怠工、多占果实的可能亦减少。而缺点就是除一般要削弱富农外，还可能从约占人口百分之五的上中农那里抽出或换平一部分土地。得利者在老区亦仍占百分之五十到六十，不动者占百分之二十到三十。仍可团结百分之八十以上的农民，因系彻底平分，中农的不安与动摇反而减少。故大家认为利多害少。因此，决定普遍实行彻底平分，由全国土地会议通过一个公开的土地法大纲，向各解放区政府提议。[2]

第二天，中共中央对中央工委的报告作出批复说：平分土地利益极多，办法简单，群众拥护，外界很难找出理由反对此种公平办法，中农大多数获得利益，少数分出部分土地，但同时得到了其他利益

---

① 中共中央文献研究室：《刘少奇传》上，中央文献出版社1998年版，第578—579页。

② 《解放战争时期土地改革文件选编（1945—1949）》，第81页。

（政治及一般经济利益）可以补偿，因此土地会议应采取彻底平分土地的方针，将农村中全部土地、山林、水利，平地以乡为单位，山地以村为单位，除少数重要反动分子本身外，不分男女老少，在数量上（抽多补少）、质量上（抽肥补瘦）平均分配。不但土地、山林、水利平均分配，而且要将地主富农两个阶级多余的粮食、耕牛、农具、房屋及其他财富拿出来，适当分配给农民中缺乏这些东西的人们。地主、富农所得的土地财产不超过也不低于农民所得。大规模的森林及水利工程不能分配者由政府管理。此外，同意即由土地会议通过土地法大纲，作为向各解放区政府的建议。①

今天看来，1946 年"五四指示"发出之后，各解放区的土地改革经过清算和土地复查两个阶段，地主阶级不但政治上已被打倒，就是其土地财产也大部分转移到农民手中，即使他们有些藏匿的财物，在土改复查中经过各种方式被挖出，土地改革运动进行到这个阶段再来一次平分土地，就有可能侵害到中农的土地财产。以冀中解放区为例，"平分（土地）整党前冀中大部地区（尤其是中心区）经过历年来的民生斗争，土地已大部分分散，地主、富农在农村中的比例，已大为减少"，地主、富农只占总户数的 4%—5%，中农占总户数的50%—70%，贫雇农占总户数的 20%—40%。据饶阳、深县、河间三县 764 个村的调查，共有 151911 户，其中地主 1794 户，占 1.18%；富农 4266 户，占 2.8%；地主、富农共占 3.98%。中农 80589 户，占 53.06%；贫农 64860 户，占 42.74%；其他 119 户，占 0.26%。地主占有全部土地的 1.65%，富农占 5.17%，中农占 61.96，贫农

① 《解放战争时期土地改革文件选编（1945—1949）》，第 80 页。

占 30.07％，其他（包括工人、小商贩、公共庙产，绝户地等）占 0.21％。经过平分土地，地主、富农的户数由 3.98％下降为 3.87％，占有土地的总量由 5.65％下降到 5.48％，中农户数由 53.06％下降为 52.82％，占有的土地总量由 61.95％下降为 59.36％，贫雇农及小商贩的户数由 42.89％上升到 43.25％，占有土地总数由 30.20 上升到 36.11，其他户数由 0.07％下降为 0.06％，占有土地总数由 0.75％下降为 0.5％。[①] 从这几个县的调查情况看，地主、富农在平分土地后土地数量几乎没有多大的变化，贫雇农的土地占有量上升主要是中农的土地占有量下降造成的。由此看来，在土地复查之后再进行一次全解放区的平分土地运动，从土地关系上看并没有太大的实际意义。

在此后的几天时间，刘少奇同大会秘书处的工作人员，夜以继日地赶写了《中国土地法大纲（草案）》，并两次提交会议讨论。此间，朱德、叶剑英、彭真、康生也先后在会上作了报告。

9 月 7 日，朱德作了关于国内外形势的报告。他说："放手发动群众，彻底消灭封建势力，是打垮蒋介石的最基本条件。要很快地取得战争的胜利，第一个关键就是分田地，消灭封建势力，挖掉蒋介石的根子；第二个关键就是打胜仗。在农民分到了田地之后，要注意大力发展生产，除搞好农、副业生产外，还有发展工业、手工业和运输业，这样对军事和发展经济有利。"[②]

9 月 8 日和 9 日两天，康生在会议上作了讲话。康生的讲话分五个方面：即政治形势的变化；过渡时期与"五四指示"；彻底平分土地

---

① 《中共冀中区党委土改与整党初步总结草案》，1948 年 6 月 28 日。由于平分土地总后各阶层户数、人口略有变动，故而前后百分比有所变化。

② 《朱德年谱》，人民出版社 1986 年版，第 299 页。

无弊有利；贫雇农路线及妇女、青年问题；党群关系。康生说：日本帝国主义一倒，国内外的敌人都改变了，国共关系变了，必然影响地主和农民的关系。特别是解放区抗日战争时期，其中一部分地主曾经与群众联合抗日，日本投降后，他们把希望放在蒋介石反动集团身上，希望蒋介石进入解放区，恢复他们的统治地位，如果这个不可能，他们就用尽一切办法来破坏农民运动，稳固他们封建统治的基础；另一方面，农民群众在战争中受到很大的损失，在战争中从军事上、政治上发展和壮大了自己的力量，不允许战争胜利后蒋介石来夺取胜利果实。在战争中农民获得到了一些土地，但是并未满足，特别是贫雇农在政治上、经济上还受着压迫。因此，在抗战胜利后，便要求彻底解决土地要求，有的就直接从地主手中取得土地。

9月10日，叶剑英在全国土地会议上讲话。他对此次土地会议的意义作了充分肯定，认为会议成功地决定了两大问题：一个是通过了彻底平分土地的土地法，一个是为了巩固党的组织和纪律而实行改造我们的党。作为中央军委参谋长，叶剑英讲话的内容无疑主要是有关军事问题。他强调，后方要支持前方打出去，把战争引向"蒋管区"，建立新解放区，并做好城市工作。

叶剑英讲话后的第二天，土地会议就《中国土地法大纲（草案）》和整党问题进行了讨论，充分听取了代表们对这两个问题的意见。

9月12日，中央工委常委彭真作了报告。彭真在报告中说："这次会议解决了两个很重要的问题，带有历史意义，在党史上占有重要地位，一是土地问题的彻底平分，一是党改造成为毛泽东思想纯洁的党。"对于这两个问题的解决，彭真给予了高度评价，并提出了平分土地的具体办法和在防止平分土地中可能出现的偏向。彭真说，对中央指示、土地法的认识，首先，是全部土地统统平均分配；其次，把地主富农全部土地、牲畜、浮财按同一原则处理，地主土地不超过也不低于农民；最后，办法简便，群众拥护，外界很难借口反对；最主要一点是干部、党员、群众全部精神解放了。过去总有点照顾过多，精神不解放，不是痛快直截了当的。给予干部与群众一个很有力的武器，地主、富农也难抵抗，费力少而成绩大，时间快，这是很重要的，又快又透，生产方面消极影响减少，对战争支持也好。群众喜欢简单的东西，只有简单的东西群众才能掌握，任何复杂的东西最后都要还原，变成简单的，成为群众的。

对于富农问题，彭真说，不动富农雇贫农问题无法解决。富农经济在中国半封建社会内是与封建在一起的，富农的封建与资本是分不开的。富农是否要照顾，如有的长工发家，未剥削人的，就不一定要推平，一切看群众决定，少数劳动起家的富农不动，是没有多大影响的，但不能明确规定照顾，这样规定会束缚了群众。有的富裕中农群众非要动，也不要禁止，动一点不要紧，免不了的。群众与政策是统一的东西，政策是从群众中来的，又指导群众，群众亦可修改政策，过去割韭菜大家惧怕，现在一刀平没人怕了。

彭真说，对地主阶级，土地全部拿出，财产只拿多余部分，一切全都拿出会成扫地出门。对个别特别坏的地主，扫地出门完全对，拥护，不能讲别的，但把这当普遍政策就不好了，如果搞的过火，农民有中庸之道，反而同情他，中农会给他馅饼吃，地主要饭会一天要到一大筐。地主分剩的地、财产，不多于与低于农民。我们主要是政治上经济上消灭封建，这不是束缚农民，也不是照顾之策，反而是软化与削弱地主阶级的反抗，给你一定生活，谁反抗就狠治一下，分化了地主阵营，使地主更易于屈服。

彭真还提出，在平分土地过程中要防止几种偏向：一是不是依靠群众自己解决自己的问题，不走群众路线，不认真发动组织群众，方法简单，加以干部包办，地分了，但未发动群众；二是和平分地没斗争，队伍组织不起来；三是先满足地主、富农，使地主、富农果实超过农民，对地主应先全部拿出其土地财产，满足了贫雇农，再给一分予地主。

经过近两个月的酝酿和讨论，全国土地会议对于如何进一步进行土地改革和整顿党的组织达成了共识，基本上完成了它预定的任务。

9月13日，大会召开最后一次全体会议，通过了《中国土地法大纲（草案）》，决定在各解放区普遍进行整党。

接着，由刘少奇作会议结论。刘少奇说："全国土地会议开了将近两个月。在会议上，各解放区同志就土地改革情况作了报告，交流了经验，提出今后进行土地改革的意见，并进行了反复讨论。同志们发扬自我批评精神，实事求是。不夸张，不抹杀，有功不骄，有过不隐，好就是好，坏就是坏。这样的精神和态度是好的。因此就能平心静气，发现真理，发现错误，坚持真理，纠正错误。"[①]

结论对土地改革的若干政策问题作了说明，指出："从草案来看，政策已彻底了。依靠贫雇农团结中农的路线，在实行彻底平分的方针下也不变，还是这个路线，彻底平分土地一定要团结中农，不仅不可以少注意，而且更要注意。一部分中农虽然抽出土地，但大部分中农得到土地。就是对抽出土地的富裕中农也要设法团结他们，必要时可

---

① 《刘少奇选集》上卷，人民出版社1981年版，第384页。

设法在别的方面予以补偿，比如在政治待遇方面或分些别的东西给他们。"

《中国土地法大纲（草案）》对不同的地主、地主与富农、旧富农与新富农等，在政策上没有规定区别对待，刘少奇认为实行中可以有所区别。对大地主、恶霸可斗得凶一些，对于那些愿意投降的中、小地主就轻一些。不过这要在基本上不牺牲群众利益或保护群众利益之下，在执行平分土地政策之下来区别，不能因为区别和照顾而牺牲群众基本利益或不实行平分。

刘少奇还强调在土地改革中要保护工商业，提出有的工商业者的土地可以分，其他不动；有些地主有工商业，工商业部分不动；有的地主把东西转移到铺子里，可以命令退出。特别是城市里，一切工厂商店，一律不动，让它去经营。

结论认为，政策不彻底的问题现在已经解决了，今后只有两个问题，即党内不纯和官僚主义。有了彻底的政策，有了贯彻政策的纯洁的党组织，又有了好办法，不是官僚主义的而是群众路线的，土地改革就一定能进行到底。所以，整编队伍就成了首要关键。队伍有两个：一个是党的队伍，一个是群众队伍，而决定的一环首先是党的队伍，即群众的参谋部。其次是群众队伍，群众队伍的整编决定于发动群众。因此，对混进党内的地主、富农、阶级异己分子和蜕化分子要清洗；对小资产阶级思想和自由主义要进行思想斗争。党内思想斗争以反右为主，防止"左"倾。

结论最后说："解决力量对比关系，就要实行土地改革，蒋介石靠美国，我们是靠老百姓。但靠老百姓要有两个条件：第一个就是反对地主，平分土地；第二个就是民主，不准许站在人民头上屙屎撒尿。这两个条件我们可以做到，做不到就不像个共产党的样子。实行土地改革是争取爱国自卫战争胜利最基本的一环，有决定意义的一环，我们有信心能做好。"①

会议的最后一项议程，是朱德致闭幕词。他要求各位代表认真贯彻《中国土地法大纲》，并挑选一批好干部去执行。这位受人尊敬的人民解放军总司令特地提醒大家：土改搞好了，我们的基础就巩固，就能打垮敌人。同时，还要搞好生产，不搞好生产，群众就要反对；搞好了生产，我们就能富裕和繁荣。

10月10日，中共中央批准了《中国土地法大纲》，并决定将之公开发表，付诸实践。

《中国土地法大纲》是中国共产党继"五四指示"后又一个关于土地制度改革的纲领性文件。它明确规定："废除封建性及半封建性剥削的土地制度，实行耕者有其田的土地制度。""废除一切地主的土地所有权。""废除一切祠堂、庙宇、寺院、学校、机关及团体的土地所有权。""废除一切乡村中在土地制度改革以前的债务。"

与"五四指示"相比，《中国土地法大纲》没有对地主富农各色人等照顾的内容，而是强调土地平均分配。它规定："乡村中一切地主的土地及公地，由乡村农会接收，连同乡村中其他一切土地，按乡村全部人口，不分男女老幼，统一平均分配，在土地数量上抽多补少，质量上抽肥补瘦，使全乡村人民均获得同等的土地，并归各人所有。""土地分配，以乡或等于乡的行政村为单位。但区或县农会得在各乡或等于乡的各行政村之间作某些必要的调剂。在地广人稀地区，

---

① 《刘少奇选集》上卷，人民出版社1981年版，第395页。

为便于耕种起见，得以乡以下的较小单位分配土地。""乡村农会接收地主的牲畜、农具、房屋、粮食及其他财产，并征收富农的上述财产的多余部分，分给缺乏这些财产的农民及其他贫民，并分给地主同样的一份。分给各人的财产归本人所有，使全乡村人民均获得适当的生产资料及生活资料。"这些规定，大大突破了"五四指示"，这也是过去很长一段时间中共党史著述中称《中国土地法大纲》是一个"旨在彻底消灭封建剥削制度的基本纲领"的重要原因。

《中国土地法大纲》还规定，地主及其家庭，分给与农民同样的土地及财产；家居乡村的国民党军队官兵、国民党政府官员、国民党员及敌方其他人员，其家庭分给与农民同样的土地及财产；汉奸、卖国贼及内战罪犯，其本人不得分给土地及财产，但其家庭在乡村、未参与犯罪行为，并愿自己耕种者，分给与农民同样的土地及财产。这样的规定，与土地革命战争时期"地主不分田、富农分坏田"的"左"倾做法相比是一个很大的进步，有利于防止错误地采取从肉体上消灭地主、富农，造成地主、富农对土地改革的顽固抵抗和破坏，有利于地主、富农的改造。对国民党人员其家庭分配给与其他农民同样的土地财产也有利于扩大反蒋统一战线，瓦解国民党军队的士气。

相信并发动群众自己解放自己，是《中国土地法大纲》的基本精神，它规定乡村农民大会及其选出的委员会，乡村无地少地的农民所组织的贫农团大会及其选出的委员会，区、县、省等各级农民代表大会及其选出的委员会，为改革土地制度的合法执行机关。为保证土地改革中一切措施符合于绝大多数人民的利益及意志，政府负责切实保障人民的民主权利，保障农民及其代表有权在各种会议上自由批评及弹劾各方各级的一切干部，有权在各种相当会议上自由撤换及选举政府及农民团体中的一切干部。侵犯上述人民民主权利者，应受人民法庭的审判及处分。这说明，这个文件的制定希望全国土地会议后的土地改革运动，不单单是满足农民的土地要求，实现经济上的翻身，还希望享受到自己决定自己命运的政治权利，在成为土地的主人的同时，成为乡村权力的获得者和监督者，得到政治上的解放。

不可讳言，全国土地会议和《中国土地法大纲》也有其不足，如没有明确划分阶级成分的标准，按照这个文件，干部和群众对哪种人应定为地主，哪种人应定为富农，新富农与旧富农、富农与富裕中农如何区分等，难以具体界定，这就有产生扩大打击面的可能；采取将一切土地平均分配的办法，就难以避免地将侵犯中农利益；虽然《大纲》也明确提出保护工商业者的财产及其合法的营业不受侵犯，但对于如何加以保护没有具体规定，在后来的实际操作中各解放区都发生过侵犯工商业的现象；会议和《大纲》对于土地改革的不彻底性和党内不纯的问题估计得过于严重，只注意强调发动农民的重要性，而对于党组织的领导作用没有引起重视，对于已经出现和可能出现的"左"倾错误估计不足，以致后来一度发生了对原有的基层干部当作障碍运动的"石头"而搬开的做法，从而使土地改革和整党中出现了比较严重的"左"的偏差。尽管如此，《中国土地法大纲》仍是中国共产党在新的形势下，公开举起的一面彻底废除封建土地制度的战斗旗帜，在国民党统治区也产生了广泛的政治影响。美国友人韩丁在他的《翻身——中国一个村庄的革命纪实》一书中，对《中国土地法大纲》作了高度评价，认为它在中国革命中的作用，"恰如林肯的《黑奴解放宣言》在 1861 年至 1865 年美国南北战争期间的作用。""毛泽东的《土地法大纲》无偿地没收了价值二百亿美元的土地，使共产党和国民党之间绝无和解的可能，把战争的主要目标从保卫解放区转移到在全国范围内打倒地主和买办阶级，促使了蒋军大批地向人民解放军投诚，推动了中国内地的农民骚乱，鼓舞了国民党后方都市中工人、学生、商人和职员的示威运动。"①

为了贯彻全国土地会议精神，各解放区相继召开了本区的土地会议。这些会议一般都开得比较长，少则一个多月，长的两个多月，如晋冀鲁豫解放区在武安县冶陶镇召开的土地会议，从 1947 年 10 月 2 日开到 12 月 26 日，总共开了 86 天。山东渤海区的土地会议，从 1947 年 10 月 8 日开到 1948 年 2 月 25 日，开了 138 天。比较短的如晋察冀解放区的史各庄土地会议，从 1947 年 10 月 3 日开到 11 月 9 日，也开了 37 天。参加会议的人数也比较多。晋冀鲁豫土地会议有地方县级、军队团级以上干部共 1700 多人参加，山东渤海区土地会议亦有 550 余人参加，晋察冀土地会议与会者有 1100 人。会议时间之长，人数之多，都是各解放区历史上少见的。由于全国土地会议把党内不纯问题看成彻底完成土地改革的主要阻力，所以各区的土地会议实际上主要是整党会议。

---

① ［美］韩丁著，韩冬译：《翻身——中国一个村庄的革命纪实》，北京出版社 1980 年版，第 7 页。

六、平分土地中的偏差

全国土地会议之后，在贯彻《中国土地法大纲》的过程中，各解放区掀起了平分土地的高潮。伴随平分土地而来的，是"左"倾错误急剧发展，如在划分阶级成分时"查三代"，随意拔高阶级成分，在斗争的方式上"扫堂子""搬石头"，甚至有的地方还发生了乱打乱斗。土地改革中"左"倾偏差的出现有其复杂的社会原因。

1."查三代"

全国土地会议之前，晋绥解放区在土地改革中就已出现比较严重的"左"的偏向。1947年6月至7月的地委书记会议后，晋绥土地改革中"左"的做法被合法化、系统化，并在全区蔓延开来。全国土地会议后，晋绥土地改革中"左"的做法进一步升级。

9月24日，晋绥边区农会临时委员会在《晋绥日报》上发表《告农民书》。这是一个不但在晋绥，而且在各解放区都产生了广泛影响、内容非常"左"的文件。其中说：

地主阶级必须彻底打垮。不论大小地主，男女地主，本村外村地主，以及隐藏了财产装穷的地主，化装成商人，化装成农民的地主，大家都可以清算。混进共产党内的地主，混进新政权内的地主，混进八路军的地主，以及混进工作团、学校、工厂、公家商店的地主，混进农会、民兵的地主，不管他们是什么人，如果是骑在农民头上压迫剥削，大家要拿去斗，就可以拿去斗。所有地主阶级，必须在政治上，把他们的威风打垮，做到彻底消灭他们的封建压迫。在经济上，把他们剥削去的土地、粮食、耕牛、农具，以及其他一切财产全部拿出来，做到彻底消灭他们的封建剥削。地主阶级当中，罪大恶极的反动分子，不管他是什么人，大家要怎样惩办，就可以怎样惩办。

对富农，和地主不同。但富农的封建剥削和封建压迫，也必须消灭。富农多余的土地、粮食、耕牛、农具以及其他一切多余的财产也必须拿出来。富农当中，罪大恶极的恶霸分子，大家要怎样惩办，就怎样惩办。

农民当中少数的恶霸、敌伪爪牙和地主的狗腿子，大家要怎样惩办，就怎样惩办。

中农是咱们的基本群众。中农当中，有的有长余的土地，不能算是封建部分，但为了帮助其他农民翻身，长余的土地，应当抽出来分。

……

不管任何一级，从村起到边区一级的干部，共产党毛主席都批准了咱们，有监督、审查、批评、处罚、表扬、教育的权利。该批评的，该斗争的，该处分的，该撤职的，大家都可以批评，可以斗争，可以处分，可以撤职。如果是共产党员，大家认为可以开除党籍的，也可以由大家提出意见开除党籍，告诉当地的共产党负责人或当地党支部批准。

《告农民书》中还说，"大家不仅有审查一切组织和干部的权力，并且有改造农会、改造一切组织的权利和责任。""由各级农会，监督和改造各级党政军机关，把党政军机关都建设好。"对于那些好农民，"经过大家讨论，认为可以加入共产党的，可以由群众推荐他加入共产党，共产党一定要批准他入党。""将来各地斗地主胜利后，可以彻底改造政权，选举大家愿意选的人，到各级机关，替大家办事。在目前，凡是在那些不是替农民办事的人掌握政权的地方，农会就可以完全代替政权。"①

《告农民书》虽然是以农民的语气写的，但它不可能出自农民之手，而是晋绥分局某些领导人在土地改革中"左"倾思想的表现。《告农民书》实际上就是要求农民要怎么办就怎么办，以农会取代党的各级组织和各级政权。按照这样的思路去发动农民开展土地改革，岂有不走弯路之理。

《告农民书》发表半个月后，中共中央批准了《中国土地法大纲》。晋绥行署、晋绥边区农会临时委员会发出布告，要求各级政府和农会坚决贯彻执行《中国土地法大纲》，但同时又要求"前发《告农民书》仍然适用，不足之处以土地法为准"，所以全国土地会议后晋绥地区的土地改革还是按原来的方针进行的。

---

① 晋绥边区财政经济史编写组、山西省档案馆：《晋绥边区财政经济史资料选编——农业编》，山西人民出版社1986年版，第373—379页。

1947 年 10 月，晋绥分局举办的《土改通讯》上，发表了《关于兴县木栏杆自然村成分问题的研究》，以指导全区的土地改革工作。

11 月 27 日，《晋绥日报》发表《为纯洁党的组织而斗争》的社论，这自然不是《晋绥日报》的主张，实际上是晋绥分局的一个文件。

社论认为，边区党、政、军、民各种组织存在严重的不纯状态，区以上领导干部，地主、富农成分占绝大多数。支部则许多是"统一战线"的组织，虽有贫雇农，但不起领导作用，而且不少地区则完全是地主、富农、奸伪人员的集团。"这种严重的组织不纯，也就影响了党内生活的各个方面。在若干时期，边区党规定和执行各种政策上缺乏明确的阶级立场，便宜了地主阶级，打击了农民情绪，以及党内严重的强迫命令，贪污腐化，邀功自满，脱离群众的官僚主义作风，固然边区党指导上有错误，但党内组织不纯又是影响和助长这些错误产生和发展的社会基础。而混入党内的阶级异己分子、投机分子也得以利用党员称号、干部外衣，毫无顾忌的实行各种各色的危害农民、破坏党与组织的反动行为，在今天则成为彻底平分土地、消灭地主阶级、争取国内战争胜利的严重障碍。这是不能不引起严重注意的问题。"社论指出，只有采取群众路线的审查方针，只有群众路线才能揭露阶级，区别各种不同的情况，既可以达到揭露反革命阶级异己分子、投机分子的目的，同时也可以解决农民的民主要求。也只有群众真正有了民主，才能彻底打倒地主阶级，党的纯洁才更有保证。社论提出，今后凡党员和干部，都必须经过贫雇农会议的审查，然而再由农民大会审查（地主、富农不参加），各级农民代表大会，则负责审查各级组织。至于混进各种组织的阶级异己分子，则不受以上规定的限制，当地群众要求拿出清算、惩办，就可以拿出清算、惩办。社论最后强调："为了更好实现这个路线，应该把机关的审查与之密切配合，因此，党、政、军、民各机关都应该全部动员起来，深入三查运动。在机关更应该把贫雇农出身的，和经过若干考验思想比较纯正的同志形成核心与相关群众机结合进行对于每一个干部的审查。"[①]

如果说《晋绥边区农会临时委员会告农民书》把晋绥土地改革"左"倾推向高潮，而这篇社论的发表，则把这种做法推向了极致。因此，1947年下半年尤其是冬季，晋绥土地改革中出现了严重的"左"倾错误。

一是在划分阶级的问题上，没有把生产资料的占有关系作为划分阶级的依据，而是除了看有无剥削外，还以"铺摊摊的大小"（即看其住房、穿戴、摆设好坏）、"政治态度"和"查三代"作为标准，甚至更着重于这三条，结果把许多没有剥削或只有轻微剥削的农民，也划到地主富农当中，严重地扩大了打击面。晋绥分局所在的兴县蔡家崖行政村，共有552户，被评为地主富农的有124户，占总户数的22.46%，其实不少所谓地主、富农是"查三代"时错划的。其中，因其祖父、父亲剥削过人，但本人在1936年以前，即建立抗日民主政权以前已无剥削，或剥削很少而被错划的有15户；本人早年虽享受过地主、富农生活，但在抗战前自己劳动即未剥削过人，或仅有轻微剥削而错划者5户；本人勤苦劳动，只有轻微剥削，因"铺摊大"而被错划者7户；还有许多是其他原因被错划的。[②]

晋绥各地土地改革定成分时，普遍把许多贫雇农定成"破落地主"

① 《为纯洁党的组织而斗争》，《晋绥日报》1947年11月27日。

② 《土地改革中的几个问题》（1948年1月12日），《任弼时选集》，人民出版社1987年版，第414—415页。

或"破产富农"。朔县下水村全村 130 来户，仅"破落地主"就定了 30 户，定的方法和根据：其一，"排三代"，看其父亲、祖父够什么成分，就决定其成分。把历史条件看成主要的甚至是唯一的依据。其二，比光景，方法是先定出一两户雇农，然后拿来比别人，比这一两家高的就是贫农，比贫农高的就是中农，以此类推，实际上否认了在同一阶层中，还存在不同的经济情况。此外，看土地的来源亦成了定成分的依据，某人的祖先是地主，现在他的地仍然是祖遗地，就是地主的根子未断，就是破落地主。这样就不只"翻三代"，有的翻到了四五代。[①]

还有的地方以产量作为定阶级的标准。1947 年夏秋，代县县委派工作团到该县峪口村帮助搞土改。工作团来村伊始，即着手秘密发动贫雇农组织贫农团（开始叫贫农小组）。由于加入贫农团的条件很严，全村 200 多户贫雇农中，起初只有 20 多个贫雇农参加，经过一个多月的发动，也只有 90 多个贫雇农参加。在这期间，工作团根本没有组织发动过中农，而只是片面地强调贫雇农"捉刀把"。在农民还没有充分发动起来的情况下，工作团就组织斗地主。在扣押地主前，该村没有正式划成分。在扣了一批"地主"后，开始定产量，并错误地以土地产量作为主要标准划成分。开始时农民自定的上等地通产为 2 石至 3 石，工作团认为定得太低，增加到 5 石至 6 石。后来又动员了几个无地的积极分子，将上等水地的通产定到 7 石至 8 石。定出产量标准后，工作团规定，无产量的是赤贫，每人平均产量 1 斗至 6 斗是下贫，6 斗至 8 斗为中贫，然后依次评出上贫、下中、中中、

---

① 朔县土改工作团：《朔县土改总结报告》（1948 年 2 月 23 日），见中共朔州市委党史研究室：《西雁北土地改革》，2001 年编印，第 137 页。

上中，产量在 1 石 8 斗以上定为地主或大富农，无剥削者则定为小富农。结果将 21 户中农错定为富农。[①]

据偏关、河曲、平鲁、离石、兴县等县 1 个全县、3 个区、45 个行政村和 83 个自然村的统计，在总户数 39701 户中，原定地主 8829 户，占总户数的 22.3%，其中错定的 5855 户，占总户数的 14.7%，也就是说，半数以上的地主是被错定的。临县 121 个行政村中，原定地主、富农 9357 户，其中错定 4844 户，错定户占总户数的 8.3%。晋绥老区原定地主、富农占总户数的 20% 左右，其中被错定的有 12% 左右，同样超过半数以上的"地主"本来并不够地主的条件。[②]

二是严重侵犯了中农和工商业者的利益。由于定阶级时将大量的中农定为地主、富农，或"破产地主""下坡地主""生产富农""下坡富农"等，强调"彻底平分一切土地"，中农"长余的土地"也要抽出来平分，政治上片面强调"贫雇农路线"，对中农采取所谓"又团结、又斗争"的策略。结果，在政治上排挤和打击了中农，经济上不但中农"长余的土地"被抽了出去，就是在平分土地中，其土地也普遍少于贫雇农。临县寺家塔村，以平均产量分配土地，贫雇农每人分到了年产量 1.9 石的土地，中农每人只分到了年产量 1.6 石至 1.7 石的土地，而贫雇农得到的土地，大多数又是从中农手中抽来的。临县白文镇行政村有 179 户中农，由于超过全村平均产量而抽出土地的中农共有 85 家。而这 85 家中农的平均产量中，竟有 1/3 是他们的商

---

① 《贫农团团结了中农，代县峪口村农民队伍壮大》，《晋绥日报》1948 年 2 月 8 日。

② 《中共中央晋绥分局关于土改工作与整党工作基本总结提纲》（1949 年 1 月 30 日），见晋绥边区财政经济史编写组、山西省档案馆：《晋绥边区财政经济史资料选编——农业编》，山西人民出版社 1986 年版，第 500—501 页。

业和副业收入。[①]

抗日战争时期，晋绥一些地主在抗日政府的鼓励下，将部分土地出卖或回赎给农民后投资于工商业，由于康生等在试点时将之称为"化形地主"，所以1947年冬土地改革时，晋绥许多城镇中不少工商业户被当作"化形地主"而遭到清算。

1947年9月，兴县土地改革工作团来到兴县县城，四乡的群众跟着进城扣押商人，当即押了40多户，连同此前被农民押回清算的，共有77人。被扣押的理由：地主和破产地主共40人，占被扣者的51.9%；富农11人，占14.3%；其他一些理由26人，占33.8%。这40多家工商户自然关了门，就是没有被扣的，也怕被清算，不敢营业了，于是坐在家里吃好的，等待被扣。

同年11月，朔县城关附近几十个村的农民，纷纷到县城扣地主，把工商业者的粮食、财物、牲口、家具均运回农村当作"斗争果实"。城关的群众见城里的东西被农民搬走，也起来参与所谓清算，造成农民与城关居民因争果实而发生冲突，以至乱斗、乱没收，在前后3天时间里，全城被清算斗争的达558户，其中工商户274户。在清算中则根本无政策可言，随便找一个借口就加以没收，只要在敌顽中做过一点事，如当过小职员、伙马夫、清道夫等，就一律没收。也有的连借口都没有，农民进城碰了某个工商业者，问一声："你姓啥？"等对方一回答，便说："就是你！"就给没收了。[②]

---

① 《关于最近分配土地中的几个问题》，《晋绥日报》1948年1月24日。

② 赵立德：《晋绥工商业情况报告》（1948年2月），晋绥边区财政经济史编写组、山西省档案馆：《晋绥边区财政经济史资料选编——金融贸易编》，山西人民出版社1986年版，第613—614页。

临县招贤镇 22 座铁厂中，被斗争打击的有 16 座。对于地主、富农经营的工矿业，虽然没有明确宣布接收，但实际上由工人全部接收过来，还把 8 户贫农和翻身工人办的铁厂，也加以斗争接收。①

据对兴县、临县等 10 座县城的统计，原有商号 2603 家，因"土改征营业税，惩治经济反革命，扩大了范围"而停业者 756 家，占总户数的 29%。②

三是乱打乱杀的现象相当严重。1947 年 10 月 1 日的《晋绥日报》头版，曾刊发了这样一篇报道——《兴县二千余群众集会，向刘少白进行说理斗争》，内称：

> 上月底（兴县）黑峪口行政村及联合各村千余农民，向黑峪口大地主大恶霸刘象坤（即刘少白的胞弟）进行了总清算，同时揭露了刘少白借上临参会副议长的职位与权力，包庇他的恶霸兄弟，压迫农民的事实，大会当即决定调回刘少白，向他进行斗争。各村群众联合斗争大会于 9 月 21 日在黑峪口举行，参加的有二区之黑峪口、高家村、赵家川、桑湾、小善、碾子等行政村农民 2000 多人，三区之水泉塔、五区之沟码头有受刘家四代封建剥削的佃户们亦来参加。当刘少白进到会场上时，群众的情绪都紧张起来了。到会群众争先恐后纷纷提出控诉。

① 纪希晨：《临县招贤镇恢复与发展工矿业生产的情况与经验》（1948 年 10 月 12 日），晋绥边区财政经济史编写组、山西省档案馆：《晋绥边区财政经济史资料选编——工业编》，山西人民出版社 1986 年版，第 452 页。

② 《中共中央晋绥分局关于土改工作与整党工作基本总结提纲》（1949 年 1 月 30 日），晋绥边区财政经济史编写组、山西省档案馆：《晋绥边区财政经济史资料选编——农业编》，山西人民出版社 1986 年版，第 503 页。

在群众质问中，刘某一再称：他和刘老二没有什么关系，家里的事情管的少。又说：他过去如何革命。群众说："你过去的一些革命事情我们也知道，但是，那不能说就应在老百姓头上屙屎拉尿。"

……全场群众于激愤之中，一致决议撤掉他的副议长的职，并要求在报上把刘少白这些材料公布出来。大会从早饭一直开到天快黑始结束。①

刘少白是晋绥著名的开明绅士②，早年同情革命，积极营救被反动派关押的共产党人，其女刘亚雄 1926 年加入中国共产党，后曾在著名的莫斯科中山大学学习。1927 年国共两党决裂后，刘少白因为女儿的关系，曾掩护过许多共产党人，其中包括中共山西省委负责人王瀛和他的妻子朱志翰，以及贺毓秀、何述之、陈原道（刘亚雄的丈夫）、赵世兰（赵世炎的姐姐）等人。在此前后，他还参加过中共外围组织互济会的活动。抗战爆发后，刘少白又拿出全部积蓄创办了兴县农民银行（后改为西北农民银行）。为此，他动员全县 100 多位富户入股，很快就凑起 6 万多元股金。晋西北有一句民谣："河曲保德州，十年九不收。"6 万多元在贫困的晋西北是个很大的数字。该银行后来成为晋绥边区重要的金融机构。土地改革开始后，他又与其弟主动献出 450 余亩土地、4 处房屋、100 余株林木分给农民。像这样一个开明人士也遭到斗争，可见晋绥当时的情况了。

---

① 《晋绥日报》1947 年 10 月 1 日。

② 据中共山西省党史办公室编著的《刘少白传》（2013 年中共党史出版社）介绍，刘少白于 1937 年 7 月由王若飞和安子文介绍参加中国共产党。

不过，在晋绥的开明绅士中，刘少白的境遇还不是最糟的。

兴县蔡家崖的牛友兰，其子牛荫冠原本是清华大学的学生，早年参加中国共产党，"一二·九"运动后回山西担任牺牲救国同盟会常委并负责总会的日常工作，晋西事变后又担任晋西北行政公署副主任。抗战爆发后，牛友兰为了支持初创的晋西北根据地（晋绥解放区的前身），他拿出了各种粮食125石，白洋8000元，还将自己开设的"复庆永"商店所有的布匹全拿出来，装备了山西抗日决死队第四纵队第二〇三旅第十八团，并将自己的住房也拿出大部，作为晋绥军区司令部和晋绥行政公署的住地。

当"左"的空气在晋绥蔓延之际，这样一位对革命作过贡献的开明绅士，竟成为重点斗争对象。1947年9月18日，蔡家崖召开斗争牛友兰大会，这次斗争还算文明，没有动手打人。这样一个对于革命有功的知名人士，本应受到尊重和保护，但当天"列席旁听"斗争大会的晋绥分局的一位领导人，却对农民斗争牛友兰予以高度评价，说大会"开得好"。这位领导人还说："要彻底平分土地，就先要斗倒地主阶级，过去地主是压塌了些，不是我们农民把他斗塌。大家提出要斗牛友兰家，我也赞成，牛家过去剥削压迫过这里的农民，并且剥削压迫过全兴县的老百姓，因此希望推代表到各地去，邀请各地农民代表来参加，并且要很好的准备。"[1]

"很好的准备"的结果是，同月26日，蔡家崖又召开有5000人参加的所谓"斗牛大会"。斗争会上，已经61岁的牛友兰反绑着双手，被迫跪在主席台上。斗争会进入高潮时，两个农民按住他的头，将一

---

[1] 《蔡家崖行政村农民大会上李政委井泉同志讲话》，《晋绥日报》1947年9月25日。

根铁丝残忍地穿进他的鼻孔，又强迫牛荫冠牵着连着铁丝的绳子，甚至还用烧红的铁锹烙在牛友兰的背上……经过这次残酷的斗争后第8天，牛友兰死在关押他的窑洞里。

1947年9月至年底，晋绥各地在土地改革斗争中，乱打乱斗成风。朔县土改工作团在次年所作的《朔县土改总结报告》中，这样写道：

> 由于许多群众是不敢说话的，只是顺着工作（团）的坡坡沿，有的村子的情况是要有人不同意，便是"包庇"，我们的同志也就在那里进行主观的、极左的圈定。有群众之间，有的村子，也是只要有人提出某某家是地主或者富农，便没有人敢说不是。若是群众提出真实情况，就会被我们工作团的某些同志以"包庇地主"、"包庇富农"的铁帽子打下去。[①]

> 由于单纯地追底财，用尽各种刑法。甚至有的拿出底财，也要打死。因此，一部分地主便以死和我们对抗。一些没有拿出底财的人被打死，群众说："打死了底财"（确定黑了的底财也不少）。尤其是拿出底财，结果又打死，使一部分地主，抱了必死的决心，"拿出底财也是个死，不拿底财还是个死"，因此，死也不拿出来了。……据说老营一个大老财当群众向其要底财时，公开说："你们贫雇农靠我的底财翻身不顶事，我的钱是多着哩，就是不给，要，就不在这里"，——指着自己的脑袋说："砸吧！"[②]

---

① 朔县土改工作团：《朔县土改总结报告》（1948年2月23日），见中共朔州市委党史研究室：《西雁北土地改革》，2001年12月编印，第137页。

② 朔县土改工作团：《朔县土改总结报告》（1948年2月23日），见中共朔州市委党史研究室：《西雁北土地改革》，2001年12月编印，第139页。

群众之间也是普遍存在着恐惧和不安，一般的可分为这样几种情况：一种是怕把自己定成破落户（贫农）或富农（中农）。怕定成破落户的不给东西是小事，在村里没有政治权利、没自由（不给开路条，不让出门）是大事。怕定成富农的是怕没收家产，怕斗争。一种是怕说包庇地主、富农，怕成了"狗腿子"。另外一种是由于普遍恐惧，怕叫人家提出了什么条件，被打死。①

据 1948 年 6 月纠"左"时的调查，中共晋绥分局所在的山西兴县被斗对象死亡情况如下：②

项目 成分\类别	打死				自杀					饿死					合计
	劳动力	非劳动力			合计	劳动力	非劳动力			合计	劳动力	非劳动力			合计	
		残废	儿童	老人			残废	儿童	老人			残废	儿童	老人		
地主	268	11	16	89	384	157	6	6	86	255	1	6	6	14	27	666
富农	314	1	9	58	382	164	2	7	112	285	2		16	15	39	200
中农	283	6		56	345	209		13	87	309				3	3	657
贫雇	38	1		2	41	8			3	11						52
合计	903	19	25	205	1152	538	8	26	287	859	3	6	22	32	63	2024

四是任意解散党和政权组织，对干部采取惩办主义。1947 年冬

---

① 朔县土改工作团：《朔县土改总结报告》（1948 年 2 月 23 日），见中共朔州市委党史研究室：《西雁北土地改革》，2001 年 12 月编印，第 143—144 页。

② 《兴县被斗劳力死伤调查表》，1948 年 6 月 22 日。

的晋绥土地改革中，对广大农村干部，正如《告农民书》所言的那样，"该批评的，该斗争的，该处分的，该撤职的，大家都可以批评，可以斗争，可以处分，可以撤职"，更重要的是，对干部也随意批斗甚至乱打乱杀。1947 年下半年，《晋绥日报》上就发表了大量的由农会开除党员、解散农村党组织和政府机关的报道。

　　抗战时期，中共组织和中共党员是秘密的。1947 年下半年，晋绥分局决定公开党的组织和党员，并由群众审查。兴县胡家沟村在审查党员时，有群众说："别的事情咱能知道，党内的事咱什么也不晓得，怎么审查呀！"但很多人说："好人赖人咱们穷人能分清，一样能审查。"审查的结果，决定将三个党员开除党籍。其中一个叫刘初生的党员，原本是兴县二区区委组织部部长，这年夏天审查干部时被群众撤职，审查会上，群众说他的"过"要大于"功"，理由是该人"毛病多得很""斗地主不坚决""不够党员条件"。会上，有人提出还是保留他的党籍，一个叫胡二年的农民说："一个普通农民斗地主还坚决哩，初生还不如一个老百姓。"会议主席问："让他站着（意即留在党内），还是休息（开除出党）？"群众说："让他休息吧。"就这样，刘初生的党籍被群众取消。[①]

　　保德县三区南河沟的农民，在这年 10 月 11 日、12 日两天开会审查了该村的 21 名党员，并将其中的"地主富农、投机分子、贪污蜕化分子"等 13 人开除出党，有 3 个"犯有严重错误的旧党员"，决定留党察看，另由群众介绍 5 个"在农民中有威信的雇贫农和两个中农，光荣地加入了共产党"[②]。

---

① 《兴县胡家沟群众审查共产党员》，《晋绥日报》1947 年 10 月 20 日。

② 《保德南河沟翻身农民审查党员纯洁党的组织》，《晋绥日报》1947 年 10 月 23 日。

农民不但可决定开除党员的党籍，还可以解散政权组织。10月25日这天，兴县蔡家会行政村的农民500多人，召开大会，审查兴县六区区公所的全体干部。大会开始时，区公所的所有行政人员排成一行，低着头面对群众，接受群众审查。审查的结果是，区委书记兼区长因"包庇恶霸，进行贪污，私用抗勤，剥削群众"，被当场宣布开除党籍，撤职查办，交临时看守所看管。受此处罚的还有"靠贪污剥削发财"副区长和区助理员，另有1名干部被撤职，4名干部留职察看。大会还宣布解散区公所，由农会代替区公所的职权。①

另据《晋绥日报》报道："（神池）县农会临时委员会接受全县人民的要求，并奉到中共晋绥分局和边区行政公署的命令，如本月四日，在义井召开县扩干会，有工作团与驻军干部及附近村庄的贫雇农代表参加，会上宣布解散县委、县政府，经到会干部及贫雇农代表讨论，一致决定把钻进党政机关的地主富农22人全部扣押。……全部工作由县农会代行职权。"之所以要解散县委和县政府，理由是自抗战以来，神池县封建势力"为了继续维持其封建统治，相继混进党内"，该县1940年建立新政权后，这些人又相继钻进政权机关掌握大权，在历年来的县政府本地干部42人中，就有地主、富农36人，贫农仅有6人，而且职位很低；12个本地区长中，有10个是地主、富农，从而在神池"形成地主封建集团和清一色的地主、富农所掌握的县区政府，对全县人民实行封建统治"②。

---

① 《兴县六区蔡家会群众审查区公所所有人员》，《晋绥日报》1947年11月2日。

② 《神池县农会临委会接受群众要求并奉令宣布解散县委县政府》，《晋绥日报》1947年12月17日。

1947 年 11 月间，晋绥解放区西雁北地区的土地改革"三查"运动中，先后有 5 个县委、县政府的职权被解除。这 5 个县的情况是：

朔县县委、县政府的领导成员几乎都被查成地主、富农出身，故定罪为"地主窝子"，说他们站的是"地主立场"，为"地主服务"，既没有做调查核实，又不让有关人员说明情况，就宣布把县委、县政府解散了，县委书记、县长的职务也随之撤销了。

左玉县委的 7 名委员中被查出地主出身的有 5 名，因而以"组织严重不纯"，"不能领导土改"为理由，宣布将左玉县委解散，并停止一大批县委干部的职务。

怀仁县经过"三查"，被认定是"地主窝子"，县委、政府主要领导是"坏人"，将县委书记、县长、县委副书记、宣传部部长等一大批干部撤职，怀仁县委、政府虽未正式宣布解散，但实际上已不存在。

左云县经过重点审查，以"勾结与包庇地主与奸伪人员，压制群众，破坏土改"的罪名，撤了县委书记、副书记的职，县委、县政府虽未宣布解散，但已是名存实亡。

平鲁县因县委书记是个老红军，县长家庭成分是贫农，经过"查三代"，在成分上找不出什么问题，便说县委执行的是"右倾路线"，不能继续领导全县工作，就将县委、县政府的主要领导以下放到各区锻炼考验的形式解除职权，县委、县政府由土改工作团取代。[1]

1984 年 3 月，中共山西省委办公厅批复中共雁北地委，认为

---

① 铭证：《关于西雁北地区 1947 年土改中有关几个问题的述评》，见中共朔州市委党史研究室：《西雁北土地改革》，2001 年 12 月编印，第 272—273 页。

"1947年土改'三查'中解散朔县、怀仁、左云、左玉四个县委是错误的，应予彻底平反，恢复名誉"。"当时因解散县委和'三查'中受到组织处分的同志一律平反。"

这期间，不但不少党组织和基层政权被宣布解散，而且相当多的干部被当作阻碍土地改革的"石头"遭搬掉。对那些所谓"坏干部"也采取斗争地主的方式对待，乱打乱杀，造成党员干部普遍人心惶惶。朔县四区区公所召集了一次村干部会议，村干部们到一块后，情绪非常低落，他们痛心地说："咱们又能见一次面。"有的要求赶快撤他们的职，有的再三不干了，有的则埋怨介绍他参加革命和提拔他的人。[①]

2."扫堂子"

1947年下半年土地改革运动中的"左"倾现象，自然不仅只有晋绥一地存在。

经过一年多的土地改革运动，东北解放区的土地已基本分给无地少地的贫雇农，1947年夏秋的"砍挖运动"也把地主们的底产挖得差不多了，土地改革的暴风骤雨本可停止下来，但全国土地会议之后，更大规模的土地改革风暴降临到了东北的黑土地上。

1947年12月6日，中共中央东北局发表《告农民书》，其中说："彻底打垮地主、彻底消灭地主的封建经济基础，凡属地主，不论大中小地主，不论男的女的地主，不论本屯的外屯的地主，一切土地和

---

① 朔县土改工作团:《朔县土改总结报告》(1948年2月23日)，见中共朔州市委党史研究室:《西雁北土地改革》，2001年12月编印，第142页。

财产必须全部没收，交给全体农民和农会接收处理。过去的地主留地太多的，一定要拿出来，底产未追挖的，一定要追挖。""彻底打垮地主的威风，凡是汉奸、恶霸、反动的地主，大伙要怎办就怎办，顽抗、造谣、狡猾的地主，大伙要斗就斗。""揭破地主的花招，凡是混进共产党、解放军、民主政府、公家学校、公家工厂商店、贸易税收铁路及一切公家机关的地主，如果借公家掩护，进行阴谋破坏，挑拨离间，欺压农民，大伙要抓就抓，要斗就斗。混进工作队、农会、民兵、基干队的地主，一定要清洗。凡是包庇、掩护、窝藏地主的公家人，也一定要斗。""斩断地主的社会关系，凡与地主有联系的狗腿子，为地主藏东西的贫苦人，要争取坦白、悔过。""富农的封建剥削也要取消，富农多余的粮食、房屋、牲口、农具及其他财产也要交出来，由农会处理。汉奸、恶霸、反动的富农，大伙要怎办就怎办。顽抗、造谣、耍尖头的富农，大伙要斗就斗。"[1]

这份《告农民书》，显然是《晋绥边区农会临时委员会告农民书》的翻版。

为了挖尽地主的底产，彻底斗倒地主威风，本已有所停顿的"砍挖运动"再度高涨，本村地主的底财已经挖得差不多了，于是就到别村去挖，名曰"联合扫荡"，又称"扫堂子"。

1948 年 1 月 3 日的《东北日报》上，有这样一则报道："（呼兰县长岭）全区贫雇农约六千人，于本月（按：即 1947 年 12 月）23 日，在红旗招展、锣鼓喧天中，大队人马（爬犁大车），浩浩荡荡齐集刘泉井村开大会，在大会上由县委负责同志根据各地贫雇农高涨的扫堂

---

① 《中国共产党东北中央局告农民书》，《东北日报》1947 年 12 月 6 日。

子情绪，提出与号召'村村扫堂子，全区大扫荡'，在扫荡期间，农民大会戒严二天，并提出不管什么村的贫雇农，凡是在历史上剥削压迫你的，不管在什么村，你想斗谁即斗谁，翻身要翻透，大会上并有县长撑腰，说明贫雇农不会错，错了也不怕，贫雇农起来就是将天顶个窟窿也不怕。这支经过旬日休整的大军，经过刘泉井开会后，情绪空前提高，队伍空前团结，很多村屯的贫雇农联合本屯中农回去后，连夜都没有睡觉，展开全村的大扫堂子。约计，这次全区又扫出了浮物五六千万元。"[1]

就这样，呼兰长岭区的农民开了"扫堂子"之先河。东北各地的农民，从报道中受到启发，也纷纷外出"扫堂子"。于是，《东北日报》又有了这样的报道：

安东县贫雇农大会后，6 万余贫雇农打破本屯界限，向封建势力进行联合拉网大扫荡，北井区 2 万余人先动了手，他们提出口号："要得全家福，必须全家干，不要忘记门外自家人。"从扩大贫雇农队伍，并在"每人起码穿上一套棉裤棉袄"号召下将妇女儿童也卷入了斗争，一天内分好浮产。21 日拂晓全区戒严，以村屯为单位搜查地主和恶霸浮产，仅被斗四次的地主马文波家，又挖出 1 斤多金器，全区挖出的浮财约值 4400 余万元，并捉到蒋匪清剿大队长于国瑞等 5 人。贫雇农清查搜挖昼夜不息。22 日全县分成 4 个地区联合大拉网，6 万余手持木棒、红缨枪的农民，汇成四道巨流，到处红旗招展，有目标地扑向大山和村

_____

① 《长岭区经过比阶级整内部，斗争进入新的高潮，全区贫雇农大会后展开轮番大扫荡》，《东北日报》1948 年 1 月 3 日。

庄，从山顶到山沟，从屋顶到田园，满山遍野，人声沸腾，声势浩壮。①

（双城十区兴宇村）总攻封建声势浩大……与封建势力作斗争，抓抓放放，放放抓抓，关关起起，起起关关，把尚未向农民低头及彻底交出底产之地主全家编成"还劳队"。白日叫地主男女老少给贫雇农军属农会干活，小孩子按家给扫院子，妇女按户给抬水抱柴，男人打场，晚上放回。如果斗时，全部抓来，斗完一顿再放回去，百姓说："反正还我们的东西还不够，就得叫他们还上工。""什么事都得过来，早前我们给他们支使，现在我们就得支使他们。"②

在1月2日，（双城县四区）下坎五个村在同时举行各村的贫雇农大会（只一天时间），会上简单地讲解了土地法大纲，着重地表明工作队此次工作态度：一切由贫雇农说了算，做了算，彻底给贫雇农撑腰后，是日晚各屯便几乎同时掀起了对封建势力的进攻。除了个别屯子外，仅两天三晚各屯起出的果实都超过了"砍挖运动"……这样排山倒海的斗争风暴持续了八九天，绝大多数的队伍日夜不停地扫，很多人七八天没有好好睡觉。经过了"大风刮小刀刻"，反复扫荡，最少的屯子也有四次之多。封建势力，一般的说是挖的斗的都差不多了。③

最近七日来此间群运高潮已达顶点。（双城）全县除四区之

---

① 《安东六万贫雇农打破村屯界限，联合拉网扫荡封建》，《东北日报》1948年1月23日。

② 《兴宇村贫雇农斗争封建，联合行动声势浩大》，《东北日报》1948年1月24日。

③ 石铭：《双城四区联合扫荡中的几个问题》，《东北日报》1948年1月26日。

外其他九个区均扩大和发展了四区贫雇农与贫雇农见面、自己动手联合扫荡、反复扫荡封建的经验，使运动在全县范围内，迅速地全面展开。二十余万贫雇农冲破屯、村、区界，向封建势力展开了歼灭性的总攻击，同一日内有千股以上的扫荡队乘数以千计的爬犁，纵横穿梭似的驰骋于全县境内，出这屯进那屯，村村不漏，屯屯不漏。贫雇农给封建势力布下了天罗地网，使他们跑也无处跑，藏也无处藏。若干地富纷纷自投贫雇农团俯首请罪。大半地主被编成"还劳队"，每日给贫雇农做活。本月18号，四区联合扫荡的经验为各村贫雇农所接受，即日就行动起来，不仅突（破）村、屯界限，并且冲破区界，一时全县境内无一屯不出扫，无一屯不被扫。①

一位当年经历过"扫堂子"的老干部回忆说：在本地地主财宝挖得差不多的时候，从外地传来"扫堂子"的经验。"扫堂子"也叫"扫荡"，各地农会为了多分到果实，纷纷组织扫荡队到外地去挖财宝。由于一些领导人重视满足贫雇农要求，扫荡队组织得又不好，各自为政，无统一指挥，大部分无准确目标。农会组织几十人骑马挎枪，带着大犁、爬犁，插上红旗，拿上农会自己开的介绍信，就可到外地扫荡。扫荡中发生不少违背政策事件，有的扫荡队见院就进，见东西就拿，妇女会斗地主婆，儿童团斗地主家的儿童，绑人打人比较普遍，出现侵犯中农利益的偏差，个别地方村与村之间发生矛盾。②

---

① 《双城廿余万农民总攻封建，形成全县群运高潮》，《东北日报》1948年1月29日。
② 邱新野：《我的回忆》，中共阜新市委党史研究室1996年编印，第116页。

经过这样的"联合扫荡""反复扫荡"，扩大打击面，严重侵犯中农和工商业者利益也就是必然的了。

据后来调查统计，在"扫堂子"中，黑龙江全省打击面平均占农村人口的 25%（个别乡在 30%—40%）。中农被侵犯者约占中农人口总数的 45%—50%。[①] 根据鹤立县集贤区大排屯的调查，打击面占全屯户口 23.1%，全屯人口的 37.4%。该县中农总数为 1831 户，13318 人，其中被斗中农 642 户，3534 人，占全县中农总户数的 35%强。其中有 6 个村子中农全部被斗。勃利县刘家屯中农 22 户，198 人，被斗 20 户，172 人。[②]

在"满足贫雇农要求""彻底消灭封建""反对敌伪残余"等口号之下，农民被允许进城直接逮捕地主，没收地主的财产和商店。由于"扫堂子"扫进了城，凡被扫过的地方工商业无一不受到侵犯。合江所有县城和市镇的工商业都被侵犯过，只不过侵犯的家数和侵犯的程度有所不同。日本投降后，勃利县城工商业最多时期 700 多家，"扫堂子"侵犯了 200 家。富锦（今富锦市）县城最多时有 1347 家，侵犯了 176 家。集贤县城最多时有 200 余家，侵犯了 48 家。刁翎县城最多时有 100 余家，侵犯了 32 家。桦南县城最多时有 100 余家，侵犯了 30 家。[③]

据热河的建西、宁城、热辽、热东等地的统计，受到打击的面占总的 13%至 15%，个别地区高达 37%；受到打击的人口占总人口的20%至 30%，个别地区甚至达到了 53%。这还没有包括中农"自动"

---

① 《中共黑龙江省委关于平分土地运动的总结》（提纲草案），1947 年 7 月。
② 《中共合江省委关于纠偏情况给东北局的报告》，1948 年 8 月 7 日。
③ 《合江省侵犯工商业概况》，1948 年 5 月 20 日。

向外拿出财物、抽补出土地的在内，如果算上这些，受打击的面还更大。在热辽县有一个村里38户中农全部被侵犯。有的地方还将征收富裕中农的财产当作土地改革的一个阶段，提出要搞了地主、富农再搞富裕中农，造成了中农普遍被侵犯。热河根据地土地改革中侵犯工商业的现象"在大小城镇没有例外的"，据凌源等几个城镇的统计，平分土地前后有30%至70%的工商户被侵犯，"乡村中所有地主富农经营的作坊和运输事业更是一扫而光。"

此外，在东北解放区1947年年底至1948年年初的土地改革中，还发生了乱打乱斗的现象。这个问题本在"砍挖运动"中就已出现。1947年9月25日，东北局作出《关于土地改革运动中打人的问题》的指示，提出："在土改运动和群众报仇申冤运动中，应尽量做到不打人，不要每斗必打，不要打错人。""凡罪大恶极之汉奸恶霸警察特务地主，为当地群众所切齿痛恨者，在斗争中群众报仇申冤出于自发打人的群众行动，我们不应当禁止，不应当加以阻碍，但在未判处死刑以前不要打死。""在追浮物运动中，应尽量做到不打人，应教育群众斗智，与地主算账，找地主家庭中之矛盾，说服狗腿子坦白，用各种各样的办法使地主的财产挖出来。即使对那些明知埋藏有大量财宝而顽抗不交的地主加以威胁才能使他的浮物拿出来时，也不能打得过重。"①

由于主观上认为土地改革斗争中打人是不可避免的，虽然这个文件对打人问题作了一些政策规定，但乱打乱斗的问题并没有得以有效遏制。后来东北局也承认："这次运动中打人的现象很普遍，有些地

---

① 中共中央东北局：《关于土地改革运动中打人的问题》，1947年9月25日。

方甚至于逼死和打死人。农民群众几千年来受尽了地主阶级剥削压迫的痛苦，其报仇雪恨的情绪是很自然的。……发生打人现象的另一个原因，则是过分强调挖浮，甚至认为挖浮比分地还重要。农民追地主浮物财宝的时候，想不出好办法，便动手打人。"① 当然，正如东北局后来所总结的："有些偏向，如打人、侵犯中农，其他则只是在极少数地区较严重"；"各地情况不同，某些地区各种偏差大都犯了，有些则犯一种或两种，轻重程度亦有差别。"②

在东北解放区的某些地区，有些干部"有肉体上消灭的思想，说消灭封建连他的脑袋在内，有的感觉杀了比跑了好，跑了比留着好，还有群众的报复心理、斩草除根的思想，有的地方（群众）这样说：'先要命后要地杀全家'，如果不把他（指地主）杀掉，我不要他的地"。有的干部甚至用杀人的办法去推动工作，北票县委一干部认为新区群众不易发动，到一个区里听汇报时有人说"杀了几个人群众发动起来了"，认为这是一个成功的经验于是到处推行，"使区干部觉着杀的少了，不好报账"。在锄奸工作中，有的地方提出"无村不特（务）、无支（部）不特、无村不特"，"错杀了不少人"。据新惠县1948年2月的统计，共杀了240人，其中村干部43人。被杀的43个村干部中，以犯强迫命令罪而被杀的19人，以犯贪污淫乱罪被杀的17人，基本都是不应该杀而被杀的。乱打乱杀的结果，"造成社会的恐怖，使人人自危"，"惹起社会人士不同情，敌区人民不同情，增

① 《东北局关于平分土地运动的基本总结》(1948年3月28日)，辽宁省档案馆等：《东北解放区财政经济史资料选编》第1辑，黑龙江人民出版社1987年版，第388页。
② 《东北局关于平分土地运动的基本总结》(1948年3月28日)，辽宁省档案馆等：《东北解放区财政经济史资料选编》第1辑，黑龙江人民出版社1987年版，第389页。

强了敌人同我们拼死斗争的决心。地主上山暴动起来同我们干，因为没有出路"①。热河新惠县在平分土地运动开始初期，全县区干部400多人，就有260多人受到不同处理，其中清洗了147人，关押了45人。运动开始后，全县有246名基层干部被拘押，后被杀11人，自杀3人。新东县拘押的7706人中，原基层干部有545人，其中被杀者43人。被杀的干部中，属于犯有强迫命令错误和乱搞男女关系的36人。②

在冀东解放区，原来的杀人权在行署一级，后来有人主张不要批准手续，由90%的群众说了算。一个村开群众大会，主持人问："该杀不该杀？"群众说："该杀！"于是不经过任何手续或只要工作团（组）同意，就可将人杀了。在蓟县的马伸桥，一个斗争会半小时内打死48人。在乐亭，则由群众投票决定处决地主，甚至提出"敌杀我一，我杀敌十"③。这尽管是个别现象，但严重违背了土地改革的初衷。土地改革要改变的是旧有的土地关系，而不是肉体消灭地主阶级，这也说明要正确理解与执行群众路线并不是一件容易的事情。

3."反对富农路线"

1947年6月，中共中央华东局在山东诸城寿塔寺召开扩大会议，对华东局副书记、华东军区副政治委员黎玉等人，以在土地改革中

---

① 《李楚离同志在冀东区党委扩大干部会议上传达分局土改会议的报告和结论》，1948年8月31日。

② 朝阳市史志办公室：《热河风云——解放战争时期的中共热辽地委》，辽宁民族出版社2001年版，第137页。

③ 张明远：《我的回忆》，中共党史出版社2004年版，第259页。

推行"富农路线"为名，进行错误批判。会后，华东局于 7 月 7 日发出《关于山东土改复查新指示》（即"七七指示"）。该指示认为，华东"各地仍普遍存在严重的富农路线"，其具体表现，就是地主多留地，留好地，富农自耕土地未动，干部与军工烈属普遍多分土地、多得果实，使无地和少地的雇贫农少分地，分孬地，甚至根本不分。有些地区虽然经过了复查，但雇贫农仍然未能得到足够的土地，他们所得的土地，仍然比地主富农少得多，因此农村中赤贫仍未消灭，大部雇贫农生活仍然未能改善。华东局认为山东土地改革中存在这种严重情形，"不是偶然的，而是由于华东局去年'九一指示'的错误指导所产生的必然恶果。'九一指示'所犯的错误，不是个别的而是原则上的错误，是采取了与中央完全相反的方针路线来作为土改的指导原则。"[①]

"七七指示"下达后，山东土改复查中本已存在的"左"的倾向更加严重。时任华东局副书记的邓子恢住在五莲县的一个村庄，正好这里开始土改复查，他化装成群众，到村里去看斗争地主的情况。邓子恢发现这里农会是每会必斗，每斗必打，每打必死，乃将这一情况向华东局作了汇报。9 月 6 日，华东局作出《关于贯彻土改复查工作指示》，提出既要反右，也要反"左"，对大中小地主要区别对待。指示下达后，对山东地区土地改革中的"左"的倾向起了一定的遏制作用。

不久，情况又发生了变化。全国土地会议后，华东局立即作了传达。1947 年 10 月 8 日，中共渤海区党委在阳信县李家桥（后移至

[①] 《中国土地改革史料选编》，第 381 页。

何家坊）召开土地会议，传达全国土地会议精神。参加会议的有区党委、行署、军区领导干部，各县县委书记、县长及区党委机关科以上干部 550 余人。会议分为三个阶段：第一阶段是学习传达全国土地会议精神；第二阶段是整党，解决组织不纯问题；第三阶段是部署进一步搞好土改复查。会议从 1947 年 10 月 8 日开始，至 1948 年 2 月 25 日结束，历时 138 天。

会议第一阶段由邓子恢主持。11 月 6 日，康生出席会议，此后的会议就由他主持。康生来到渤海地区后，不作深入的调查研究，就武断地认为渤海地区乃至山东土地改革中存在一条"富农路线"。16 日，康生在给中央工委的电报中说：渤海区"许多党组织被地主富农所掌握，渤海从行署正副主任到各处都是地主富农成分，他们不仅在思想上站在地主立场，而且大多数曾作过镇压农民，包庇地主，保护自己家庭，为农民所憎恨的罪恶。至于各县县长，包庇地主、镇压农民者也很多——渤海公安局及有些县公安局，成了保护国民党武装匪特和掩护凶手的机关"。"许多贫雇农没有得到或者很少得到土地，没有得到斗争果实，没有翻身"。"渤海区党委，从上到下都烂掉了，干部坏透了"，应"一律开除党籍，重新登记"。还说："此间情况复杂，稍有不慎，有可能发生反革命暴乱和叛乱的危险。"①

其实，渤海区的土地改革是有成效的。1946 年 10 月起，渤海区即开展土地改革运动，到会议召开之时，全区完成土地改革的村庄达到了 93%，只有少数村庄因接近敌占区或受战争的影响尚未完成。

---

① 《景晓村纪念文集》编委会：《景晓村纪念文集》，中共党史出版社 1997 年版，第 403 页。

据部分县的统计，土地改革前，贫雇农人均占有土地不足 2 亩，土地改革后后人均达到了 3.8 亩，中农人均占有土地 4.1 亩；富农土地改革前人均占有土地 9 亩，土地改革后下降为人均 3.9 亩；地主土地改革前人均土地 24 亩，土地改革后降为 2.8 亩。这说明土地改革后贫雇农得到了与中农大致相当的土地，封建剥削阶级已从根本上被打倒了。

在这次会议上，以在土地改革中"坚持富农路线"、在锄奸和反特中犯有"右倾机会主义错误"、在组织上搞"宗派主义"三项罪名，对渤海区党委、行署的主要干部及所谓其"宗派集团"的 60 多名县以上领导干部进行批判，并先后撤销景晓村的渤海区党委书记兼渤海军区政委、李人凤的渤海行署主任、李震的区党委社会部部长兼行署公安局局长的职务，免去王卓如区党委副书记兼军区第一副政委的职务，改任行署主任。[1] 与此同时，各地委、县委和区委的部分领导人有的被撤职，有的被免职，有的借支前之机调出。会议所在地阳信县委全部大换班，10 个区委书记，只保留了 3 个，其余 7 人被撤职。[2]

渤海土地会议召开不久，即 10 月中旬，华东局在诸城召开大鲁南（鲁南、鲁中、滨海三个区）土地会议，在华东局书记饶漱石的主持下，继续批判黎玉等人所谓"富农路线""宗派主义""山头主义"等错误。1948 年 1 月 1 日至 2 月 17 日，华东局又在五莲县的大茅庄召开胶东土地会议，批判胶东区所谓的党内组织不纯和土地改革中的

---

① 《景晓村纪念文集》编委会：《景晓村纪念文集》，中共党史出版社 1997 年版，第 403 页。

② 李晓黎：《中共渤海区地方史》，中央文献出版社 2000 年版，第 493 页。

"富农路线""宗派主义"等错误，会后撤了胶东区党委书记林浩的职务。这样，山东解放区各战略区都召开了土地会议。这些会议虽然名为土地会议，实际上主要不是讨论土地问题，而是解决所谓"党内不纯"问题，对原山东解放区的一些负责人进行错误的批判与组织处理。批判他们的一条重要理由，就是山东土地改革中曾存在一条"富农路线"，也就是对地主富农照顾过多。其实，山东土地改革是按照"五四指示"的精神开展的，被认为对山东土地改革产生"错误指导"的"九一指示"，也是"五四指示"在山东的具体化。

既然认为此前的土地改革右了，是"富农路线"，自然要加以克服，可克服的结果是，全国土地会议前后，山东土地改革中同样出现了扩大打击面的"左"倾错误。

1947年7月21日，中共鲁中区党委作出《关于坚决贯彻执行〈华东局关于山东土改复查新指示〉的指示》。文件认为，"鲁中土改虽有某些成绩，但由于错误的领导，工作上走了弯路"，区党委对土改复查领导上，存在"严重错误"，主要表现在：（一）土地改革先替地主打算，再给农民土地的非阶级路线，因而产生了地主留地太多、浮财未动，不敢动富农土地，干部、军工属得地多，未满足贫雇农土地要求的"富农路线"等。（二）在发动群众方法上，不敢放手发动群众，采取仲裁谈判、和平献田等方式的和平温和偏向，忽视以贫雇农为骨干的阶级路线和组织路线，不敢相信群众、包办代替的非群众路线盛行。（三）对土地改革成绩估计过高，自满自足。（四）单纯任务观点，失掉不少时机。

为了克服上述"严重错误"，鲁中区党委提出：

（一）要坚决克服小资产阶级的中间思想，树立明确的土地改革政策观点，只有广大贫雇农的土地、牲畜、工具得到彻底满足，农民的翻身才有实际意义。为此目的，不仅要把地主的土地全部拿出来交于农民，而且要从旧富农拿出租地全部及自耕部分中拿出一部偿还农民，真正做到中间不动两头平。贫雇农不仅要分到足够数量的土地，而且要分好地，分到耕畜、家具等一切浮财。

（二）坚决通过斗争清算取得土地，以发动群众，使农民与地主撕破脸皮，划清阶级的分界线，在斗争中要回农民的权利、人格、面子。必须经过土地改革斗争清算，把地主打翻在地，使农民成为农村的统治者，全部将地主控制起来，使其不得再有复辟活动。

（三）为要放手发动群众，必须大胆给群众撑腰与彻底走群众路线，并使两者结合起来。大胆撑腰是为了贯彻群众路线，替群众搬石头，使群众敢于自己起来当家作主。要相信群众，尊重群众，交权给群众，大胆让群众创造，让群众自己处理自己的事情。百分之九十群众的意见就是党的政策，领导上不得包办代替群众行动。

（四）在土地改革运动中加强组织建设，要在运动中坚决改造党、提高党，达到党的支部、党员绝大数量是贫雇农成分，支部领导掌握在贫雇农手中。党内复杂成分、阶级异己分子，要大胆坚决通过群众路线审查、洗刷。如支部成分大部不好者应解散重行组织；个别不好者应部分改造。①

7月20日，中共渤海区党委发出《关于执行华东局"九一指示"之检讨及今后土改复查新方针的指示》，认为"土改的整个要求还相差甚远"，主要表现是开始强调献田，结果地主献坏田，留好田，献

---

① 《鲁中区党委关于坚决执行〈华东局关于山东土改复查新指示〉的指示》（1947年7月21日），《山东党史资料》1988年第2期。

少留多，并且在斗争中由于工作不深入，封建势力操纵的假斗争、假分地、瞒黑地等现象很多；斗争果实分配中不公平、不合理，干部多留、留好、多分与贪污浮财，致（造）成干部脱离群众；在运动中侵犯中农利益的相当严重，造成贫雇农孤立，封建势力乘机挑拨离间，分化农民团结，达其复辟目的。由于以上种种，故未能满足农民土地要求（包括房屋、牲口、农具、粮食等），未能彻底消灭封建势力，未能树立起基本群众在农村的政治优势。指示强调，在今后的土地复查中，地主的一切财产应由农民做主与地主清算，实行全部分配，然后在地主低头的条件下，由农民恩赐地主，但其应得数不得超过一个普通农民所分之平均数，在此原则下，军工烈属地主亦不得例外；对富农的封建剥削部分，应坚决由农民做主分配之，如果当地土地很少不能解决农民的土地问题时，富农之自耕部分亦可令其拿出一部，以满足贫雇农的土地要求；对中农应当采取坚决不能侵犯的政策，过去已经侵犯者，在复查中应酌情补偿；对工商业，若是顽伪官僚统治者、豪绅恶霸的工商业，群众要求清算时即应清算，若属一般平民、中小地主的工商业，则一般不予清算；过去土改中干部犯富农路线多留地、留好地、留近地、多得浮财房产粮食者，应采取坚决的态度，实行纠正；对混入党、政、军、民、学、财各部门之封建势力、投机分子，应当立即清洗，交群众处理。[①]

9月1日，渤海区党委又发出《关于目前土改工作的补充指示》，其中提出："为使农民分得土地，〈不致〉没有办法耕种，必须帮助他解决牲口、农具、房屋、口粮、家具等问题。因此，对地主的牲口、

---

① 《渤海区党委关于执行华东局"九一指示"之检讨及今后土改复查新方针的指示》（1947年7月20日），《山东党史资料》1989年第2期。

农具、房屋、粮食及富农多余之牲畜、农具等应清算出来，分给雇贫中农。对大地主与豪绅恶霸及为多数群众所痛恨之地主，其浮财应予清算，在多数群众要求下，有些可以扫地出门。但对中小地主，对富农，不应一律采取扫地出门办法。""在斗争会上，激〔基〕于广大群众之尖锐仇恨，对某些恶霸地主、重要特务分子之打，甚至打死，是不可免的，干部不应制止。但如果不是出于广大群众仇恨，干部也不应领头打。""各地对打死人应慎重处理，不应随便打死人。如果真是广大的群众行动，我们当然不应泼冷水。但如果只是少数积极分子或干部命令群众打，则应说服纠正。其被地主坏分子所利用来打死好人，这种现象必须追究责任。对共产党员干部，有些地方也随便打死，这是十分危险的。今后凡是对共产党员村干，要处死者，必须经过县委批准；区级干部、军队排连级干部要处死者，必须经地委或分区（旅）政治机关批准；军队营级干部要处死刑者，必须经过区党委或军区纵队政治机关批准。当然，在边沿区组织武装、叛变、暴动与公开破坏土改者例外。"[1]

尽管这个文件规定处死干部需要一定的组织程序，但实际上对乱打乱杀没有明确加以制止，甚至认为只要是群众的要求就"不应泼冷水"，这样一来，渤海区土地改革复查时乱打乱斗相当严重，商河县打死了1000多人，惠民县打死150余人，其中有些是只有一般错误的农民和基层干部。乱打乱斗造成恐慌和怀疑，据当时不完全统计，全区因此逃往敌占区者达5万人，其中有些是穷苦百姓。[2]

---

[1] 《渤海区党委关于目前土改工作的补充指示》（1947年9月1日），《山东党史资料》1989年第2期。

[2] 李晓黎主编：《中共渤海区地方史》，中央文献出版社2000年版，第493页。

山东滨海区五莲县在土改复查中，划分阶级成分没有具体明确的标准，随意性很大。华东局土改工作团在一份关于五莲土地改革的报告中说："在土改复查中，划分阶级成分缺乏正确的统一的标准"，"如在经济上的标准，有单按地亩多少、单按自地佃地、单按生活好差，有过轻微剥削的即是地富，有过贪污偷盗等行为的即是恶霸，因经营副业生活优裕的亦作地富看待，在穷庄里是普遍地'矮子里拔将军'，'找不到阎王就找鬼'，许多中农被升为地富。在政治上，政治态度好坏亦作为定成分的标准，如做过坏事的，在顽方、伪方干过事当过兵的，有特务嫌疑的，有过恶霸行为的，亦划为地主富农。还有许多是按亲属关系、私人感情定的，和干部关系坏的，成分就向上升；关系好的及干部积极分子本身，阶级成分就向下降；有的则被挟私报复，有的则'查三代'。"[①] 由于胡乱划阶级，将大量的中农、贫农划入地主、富农的队伍中，如该县仁里区贾古村，土地改革复查时定的 19 户旧富农，实际只有 5 户够旧富农的条件。该县洪凝区土地改革复查时定地主 132 户，富农 285 户，后来改正成分时，地主只有 59 户，富农仅 75 户。

山东土改复查中，对地主、富农普遍采取"扫地出门"和严格限制人身自由。1947 年 7 月中旬，在农民翻身委员会的领导下，胶东区黄县各村开展向地主的第一次清算活动。做法主要有二：一是在经济上"封门倒筒"。全县各村几乎在同一时间封了地主、富农（包括部分中农）的门，将其全家人"扫地出门"，没收其全部财产。与

---

① 《中共华东中央局土改工作团关于五莲县结束土改工作的总结》（1949 年 3 月 14 日），见山东省档案馆、山东省社科院历史所：《山东革命历史档案资料选编》第二十二辑，山东人民出版社 1986 年版，第 239 页。

此同时，号召其他富裕户献房、献地、献东西。二是在政治上批判斗争，加强管制。黄县城北区对地主的管制法共有十条：（一）禁止地主恶霸法外活动；（二）罚地主恶霸劳役；（三）不准地主恶霸吃好饭，如果吃好饭，得受农民重新清算；（四）地主见穷人要低头，先说话问候，并要服从农会领导；（五）农会武装中，设地主恶霸管制小组，专门代表农民管制地主恶霸，地主恶霸必须服从管制小组命令，不得违抗；（七）地主恶霸逃跑犯罪时全家连坐；（八）地主恶霸如违犯管制法，轻者处分，重者枪毙；（九）本管制法自公布之时执行；（十）本管制法修改权在农会。[①] 中共胶东区党委在一份党内指示中也承认："各地管制地主的方法有许多形式是不策略的，如不分各色地主及个别中农仍在扣押未释放，已释放者不给一定的生活（有的基本群众偷东西给地主吃）与一定住处，将许多地主不分男女老幼集中一个屋子住睡，有的则将地主的老婆姑娘强迫与基本群众单身汉结婚，有的地主在生产劳动当中因受许多逼打死者为数不少，有的夜晚到地主家里查户口毒打其老幼妇女，哭叫哀痛，引起四邻不同情。"[②]

1947 年下半年的山东土地改革中，严重地扩大了打击面。

据 1948 年 8 月渤海区党委给华东局的报告："各地被斗争之户数，一般的均在 15%以上，一般的从 20%至 30%（按：原文如此），多者至 40%，甚至超过 50%者。因此，地主、富农悉数被斗，中农被斗者很多，贫农也有被斗并拿出土地者。"之所以出现这种情况，渤海区党委认为原因在于：一是划成分没有一定标准，单纯按土地多少去

---

① 张可盛、殷华：《黄县的土地改革运动》，《山东党史资料》1990 年第 1 期。
② 《胶东区党委关于复查中管制地主的指示》，1947 年 9 月 6 日。

划分，也有按其生活好坏去划分的，政治态度也成为划成分的条件之一，再加上"查三代"，大大扩大了地主、富农的圈子，有的村地主、富农划到占户数的30%以上。二是执行政策上，地主、富农不分，一律斗争，一律扫地出门，一锅端，大小汉奸一齐反，斗流氓，斗"破鞋"，乱打乱杀。三是在对待村干部政策上，对有缺点错误者，撤职成为普遍现象，甚至被扣押打死。①

在冀鲁豫解放区，"土改复查中，由于我们对中农政策存在着严重的'左'倾冒险主义的错误思想，及在'3亩推平'的思想支配之下，严重地侵犯了中农利益，打得面宽。一种是错划阶级，斗争了中农，有的以奸霸、政治态度等进行斗争。斗争的结果，个别的扫地出门，大部分'清剿'了浮财，至于土地一般的则仍不少于贫农或相等于贫农，或少于贫农。一种是中农在土改复查中恐慌"，在整个冀鲁豫区，错斗中农达中农户的20%到30%，占整个斗争户的60%到70%。②

中共胶东区党委也承认在土地复查中"掌握政策上对地主大中小不分，一般化；对富农打击过重，一般动自耕部分，要出土地最多。老地区地主少，区村干向富农开刀，甚至有的将农具牲口搞了（五龙斗争对象1508户，地主380户，富农967户，中农以下32户）。对中农侵犯亦不少，现有富农数目中，有不少是被升级中农的。"③

---

① 《渤海区党委关于土地改革情况向华东局的报告》（1948年8月），《山东党史资料》1989年第2期。

② 《关于整党土改工作总结——潘复生同志在区党委重点区工作会议上的总结》，1948年6月17日。

③ 胶东区党委：《胶东地市县委联席会议对土改工作的基本估计》（1947年12月），《山东党史资料》1989年第3期。

4. "搬石头"

全国土地会议之后，结合平分土地各地开展了整党。这期间，各解放区都发表了《告农民书》，其中无一例外地将广大干部当作彻底完成土地改革的障碍，即压在贫雇农身上使其未能彻底翻身的"石头"，因此，必须"把地主、富农当村干的和不好的村干部，统统撤换，让他们下台，村里的一切事，由贫农团领头来办"①。甚至对于所谓"坏干部"，是"想斗争谁就斗争谁"，"想怎么斗就怎么斗"。于是平分土地中掀起一股"搬石头"风，晋察冀解放区的"搬石头"情况便具有代表性。

晋察冀中央局在给中共中央和中央工委关于边区土地会议的总结报告中提出："干部到村第一步先搬石头，去障碍。村中地主、富农出身的党员干部一律停止党籍，撤销工作，听候群众审查决定，其中比较好者，可保留党籍，但要调到别的地方工作。"②

1947 年 11 月 27 日，《晋察冀日报》发表题为《搬掉石头整顿队伍》社论。社论说：去年边区土地改革不彻底，今年 5 月大复查，有的地方做得比较好，很多地方做得不好，还有的出乱子犯错误，都是因为我们的队伍不纯洁，不整齐。这几年有许多的地主、富农，有些流氓、奸细和叛徒，见到我们革命力量大，有政权，有军队，到处是胜利，他们就找机会钻到我们党里来，想仗势欺负老百姓。还有些坏

---

① 《冀东区新农会临时委员会为实行土地法大纲告农民书》，1947 年 12 月 26 日。

② 《中共晋察冀中央局关于土地会议的总结报告》（1947 年 11 月 30 日），中央档案馆、河北省社会科学院：《晋察冀解放区历史文献选编（1945—1949）》，中国档案出版社 1998 年版，第 336 页。

干部、坏党员，自私自利，作威作福，骑在人民头上，跟着地主、富农一股劲欺负农民；他们在哪里当了家，哪里的农民就抬不起头，哪里的农民就遭殃。我们队伍里边有这些坏人，怎么能整齐？怎么能打仗？封建怎么会消灭呢？我们内部这些坏家伙像一堆乱石头，压在我们头上，我们就抬不起头；绊在我们脚跟前，我们就走不了路。要抬头，要走路，要革命，就得搬掉这些乱石头，把我们的队伍弄整齐，才有力量去打仗；才能废除封建，平分土地，真正大翻身。现在我们要把党的队伍整顿好，混进我们党里来的异己分子，比如地主、富农分子和坏蛋，一律停止党籍，进行审查，该开除的就开除，该处罚的就处罚；作威作福，骑在人民头上的坏干部一律撤职。所有地主、富农家庭出身的干部，凡是不能好好领导土地改革的，都调得远远的，不让他在本地碍手碍脚。

晋察冀北岳区党委在一份文件中，还提出了十种"搬石头"的方法：

（一）各机关自上而下的除留少数干部坚持日常工作外，一切能做土地改革的干部统统集中起来分散到各区各村，统一编制进行工作（统一在县区委领导下）帮助农民翻身，但在领导上不要平均使用力量，以便突破一点取得经验，推动全盘。

（二）村级一切地主、富农干部，一律撤职，是党员的停止党籍，并停止其一切政治活动，个别想革命的调离本村。

（三）一切为农民所不满、害怕、对土改起破坏作用的干部（不管地主、富农），一律停止职务，并宣布要他服从农民，接受贫雇农意见，去诚心诚意地接受批评，改正错误。

（四）一切为群众所惧怕的干部，不管成分如何，撤职后群众还害怕，可调离本村本区，甚至离开本县，集中整训改造或另行分配工作。

（五）任何机关或任何个人不得用任何方式去阻碍土地改革，违犯者加以处罚，并在群众中公布。一切党员干部要正确地宣传《中国土地法大纲》和党的决议，不能用任何形式来反对，或有故意曲解的言论和行动。

（六）党员要利用一切关系一切方法并发动附近村与村互相检举，揭发地富干部腐化堕落分子和一切脱离群众的干部，以便在短期内迅速地去掉群众的障碍，现在如自己不说，以后叫别人说，罪上加罪。

（七）土改之前民兵武器由区委负责，彻底整理，使其能掩护土地改革。有些武器暂时集中经过检查，另行分配，村干部武器和一切分散武器一律收回来再发到贫农团手里。

（八）部队在所在地积极参加土改，用一切力量给贫雇农撑腰，以壮大其势力与威风，但注意不要强迫命令，包办代替。部队如组织工作团时，可与地方干部统一编制，受地方党委统一领导。

（九）一切部队要有计划地进行作战布置，以达到围困、打击、消灭、扰乱敌人的目的，掩护土地改革。

（十）总之，在我们有计划统一领导下，一面到处开会，一面到处发动群众进行斗争，彼此配合，互相声援，这样声势浩大，造成轰轰烈烈的群众运动。[1]

全国土地会议后各解放区平分土地的同时，普遍开展了整党。在

---

[1] 杨耕田：《大规模发动群众进行土地改革》（1947 年 12 月 3 日），河北省档案馆：《河北土地改革档案史料选编》，河北人民出版社 1990 年版，第 325—326 页。

全国土地会议上，刘少奇多次讲到了整顿党和干部队伍的问题，并且将情况估计得比较严重。

他在 8 月 9 日的讲话中说："有些地方土地改革之所以搞不好就是领导骨干发生了问题，就是司令部有问题，司令官有问题，县委、地委、区党委有问题。""应趁此机会将阶级异己分子、奸细、敌人清除出党，这是一切问题的关键！这是一个锁钥，用这个锁钥一开就走上正轨，所以问题很严重，一定要解决，不解决影响就很大，要把这个思想搞明确。"[①] 在 8 月 16 日的讲话中，刘少奇又说："现在已经证明了，党内是不纯洁的或者甚至于可以说很不纯洁，全国各解放区差不多一样。"[②]

在 8 月 20 日和 21 日的报告中，刘少奇更是对党内不纯的问题作了长篇论述，认为"我们的党是不纯洁的，是一种严重的不纯洁状态"，原因在于抗战时期接收了很多地主、富农及地主富农的子女加入党内来，接收中农入党的更多，而对接收贫农入党不大注意。虽然各解放区在减租减息中吸收了一大批贫雇农入党，但是在党内还是少数。除开若干乡村和若干地方以外，贫雇农在党内数量上占较少数，在领导机关干部中亦占极少数，在党内没有优势，但是相反的方面，地主、富农出身的党员，在领导机关中特别是县以上的领导机关占了优势，占了绝大多数的比例。所以要整编队伍，高级领导机关，下级领导机关，高级干部，下级干部，以至于一般的党员，都要彻底地整顿一番。刘少奇明确提出："有一个规定，就是区村两级，不准有地主、富农出身的干部、党员。区村两级干部中间，使得一个地主、富

---

① 刘少奇：《在全国土地会议主席团会议上的讲话》，1947 年 8 月 9 日。

② 刘少奇：《在全国土地会议主席团会议上的讲话》，1947 年 8 月 16 日

农出身也没有，党员中有地主、富农出身的，不管好坏，应该洗刷出党。"①

直到 1948 年 1 月 13 日，刘少奇在晋察冀四地委土地改革汇报会议上，仍认为过去土地改革不彻底是因为"对于党内的地主、富农改革得不彻底，党内的封建最多"，因此，"今天老区挤封建就是挤党内的封建，党外的封建差不多已经挤完了"，"斗党内地主就是斗社会地主，斗干部就是斗地主，整党就是整地主，过去党内许多错误及不法的行为，就是地主、富农钻到我们党内来搞的。""老区主要问题是干部问题，反地主也就是反一部分干部。党内的地主闹宗派"，"地主、富农问题，干部问题、宗派问题，都是党内问题，许多问题都要结合起来解决。所以整党、搬石头，不但要和挤封建同时搞，而且要先搞。"②

作为具体领导和指导土地改革工作的中央领导人，刘少奇这些表态，对土地改革整党产生了很大影响。

例如在冀中，"很多地方的整党作得不好，或者很坏……发生了严重的偏差，基于组织的政治的原则错误，给党以某种程度的损害，在某些支部来说，则大大损伤了党的元气。""有些地方，对支部采取否定一切的态度，因为错误地认为党员、干部没有好的，漆黑一团。误认为党员、干部都是'石头'，一齐搬掉，不分好坏一律打击。（安平县）实业科一干部在两洼村的支部大会上说："党员不许出门，不许活动，谁也不许和谁说话。""贫农里有 99 个人说你好，有一个人说你坏就是坏人。""党员要服从贫农团，不服从就有打拉你们的危

---

① 刘少奇：《在全国土地会议上的报告》，1947 年 8 月 20 日、21 日。

② 刘少奇：《老区土改方针》，1948 年 1 月 13 日。

险。"肃宁县一区一个区干部说:"共产党是混仗党,没有一个好东西,
净是兔子王八蛋。"冀中有些地方不许党员参加贫农团,对加入了贫
农团则强制党员退出,否则要在宣誓退党后才允许参加,并停止党员
干部的政治活动,甚至党员外出也受到影响,使得有些党员觉得"在
了几年党还不如一个贫雇农"。有些地方甚至用对敌斗争的手段对待
党员干部,安平县被打死逼死的中农贫农党员有 10 人,至于"吊打
党员在很多村庄发生","或者采取变相刑或罚苦役"。有的党员干部
或因作风问题,或有一些经济问题而被扫地出门。有的地方专门在党
员中追特务,对女党员则追男女关系,并将之作为整党的成绩。还有
地方以"追三代"的方式来决定党员的成分,并以此作为处罚党员和
停止党员党籍的依据,追成分追到 1900 年八国联军入侵时,有相当
多的中农贫农党员因此被停止了党籍。"有些地方,对支部问题的解
决和党员的处理,完全不顾党的组织原则和手续,不管什么干部,贫
农团都有权停止或开除党员的党籍。有的临时支部建立时,党外贫雇
农也参加了支部委员的选举",而且这种现象在整党初期"是比较严
重而普遍的"①。

冀中十一地委在平分土地和整党前曾估计,被地主、富农蜕化变
质官僚分子所掌握的党支部占三分之二以上,据 1948 年 6 月中共冀
中区党委的调查,实际组织上纯洁的支部占 32.2%,个别党员成分
不纯但正派占主要地位的占 43.6%,也就是说,好的和较好的党支部占
大多数。可是在整党运动中,"不少的工作组到村不作起码的调查研
究,不分析具体情况,否定一切,加之贫农团刚成立时成分不纯,坏

———————————

① 张君:《关于整编农村党的队伍问题》,1948 年 4 月 5 日。

分子乘机破坏，对干部报复"，"造成了盲目的行动，不加区别地搬'石头'，把干部中不是石头的也搬了"。据河间县二、五区的调查，共搬掉"石头"366 个，应该搬的只有 142 个；定县九区 8 个村共搬"石头"58 个，搬对了的仅 22 个。饶阳县整党运动中被开除党籍和停止党籍的党员 998 人，弄错了的 656 人，占 65.7%。由于在边缘区也搞"搬石头"，"结果把堡垒都搬了，区干到村无法站脚了"①。

不可否认，在土地改革的初期，的确有一些干部对开展土地改革不积极，甚至还有包庇地主、富农的现象。这其中，有认识上的原因，也有家庭等方面的因素。抗日战争时期，对地主基本上是采取团结抗日的政策，在经济上也只实行减租减息，由这一政策转变到没收地主土地分配给农民的政策，有些人一时转不过弯来，是有可能的。同时，抗战时期，一些地主、富农出身的青年学生，投身于抗日战争，或参加共产党领导的抗日武装，或参加抗日民主政权建设，经过几年的时间，他们大多成为军队和地方的各级干部。他们中的大部分人认识到封建剥削制度的不合理性，是赞成和支持土地改革的，但也有少数人从理论上并不反对土地改革，但一旦土地改革改到自己家庭的时候，感情上也可能有些难以接受，因而对土地改革产生某种抵触情绪，对其是地主、富农的父兄提供某些庇护，也是不足为奇的。这样的干部，其实只占地主、富农家庭出身干部的极少数。至于解放区农民出身的基层干部，大多数都经过对敌斗争的考验，本质和主流是好的。当然，由于战争环境，干部的产生并非经过完全的民主选举程序，少数本质不好但斗争勇敢的分子，当上了干部。这些人在对敌斗

---

① 《中共冀中区党委土改与整党初步总结草案》，1948 年 6 月 28 日。

争和土地改革中可能是积极的，但参加斗争时可能带有个人升官得利的动机，一旦获得一定的权力又没有有效的机制对其加以约束后，就有可能欺压群众，贪污腐化，以及在土地改革斗争中多占果实等。由于在全国土地会议前后对党内不纯的问题看得过于严重，过多地估计了所谓"坏干部"的数量，以至片面地认为相当多的干部反对和阻碍土地改革，是压在农民身上使其不能彻底翻身的"石头"，不将他们搬掉土地改革就不能彻底完成。因此，全国土地会议后的平分土地过程中，各地都发生了"搬石头"情况，使一大批干部受到了伤害。

5. 更乐村的例子

1947 年 10 月 2 日至 12 月 26 日，晋冀鲁豫中央局在武安县冶陶镇召开全区土地会议，会议开了 86 天，参加会议的共有县级、团级以上干部 1700 多人。当时，晋冀鲁豫中央局书记邓小平同刘伯承率晋冀鲁豫野战军渡过黄河，进军大别山，大会由中央局副书记薄一波主持并作报告。徐向前、滕代远、宋任穷、廖承志等边区党、政、军负责人都在会上作了报告或讲话。

薄一波代表主席团所作的开幕词指出：大会的目的是在接受全国土地会议决议及其所制定的《中国土地法大纲》，认真检讨本区一年多来土地改革不彻底的原因。他要求到会代表用阶级观点、老实态度对此展开检讨，本着批评与自我批评的精神，从思想上、政治上、组织上、纪律上整顿队伍，以新的观点、新的精神详细讨论如何在本区施行《中国土地法大纲》。

会议进行时，国民党飞机经常到冶陶镇上空轰炸扫射，于是，大会决定白天分散找有隐蔽物的地方开小组会，晚上在用席棚搭成的大会场开大会。会上，冀南、冀鲁豫、太行、太岳、豫皖苏各代表团负责人汇报了各区土地改革情况。由于对"五四指示"以来土地改革工作的成绩估计不足，对土地改革运动中存在的问题看得过于严重，所以大会对各战略区土地改革作了不是"差不多"，而是"差得多"的基本估计，认为其中的原因主要是由于党内地主、富农思想相当严重和领导上的官僚主义，以致贫雇农没有翻透身，甚至还没有翻身。结果，"代表们为之大吃一惊，警惕起来，旋即在小组会中各自作了初步检查，开始挖掘党内不纯的严重情况。"[1]

接着，薄一波传达了全国土地会议精神和中共中央关于公布《中国土地法大纲》的决议，"大会旋即展开查阶级、查思想运动，严格进行批评和自我批评，思想斗争十分激烈，好多人在大会上、小会上作了典型反省，不少同志睡不着觉，吃不下饭，痛哭流涕，深悔自己阶级立场不稳犯了许多错误，揭发出混进党内的阶级异己分子，暴露了严重的地主富农思想、投降主义和国民党作风。""在思想斗争中，大家集中火力严厉打击了地主富农思想，绝大多数同志卸下了包袱重新编队，一致痛感到这些错误的思想行为对党对人民的严重危害，下决心要在斗争中彻底纠正错误，改造自己。"[2]

既然对前一阶段土地改革的估计不是"差不多"，而是"差得多"，于是会议的矛头理所当然地对向了所谓"右倾"和"对右倾的调和思想"。"在这种气氛下，有些错误的东西不仅得不到批判、抵制，反而有了新的市场。"因而会议之后，"那种原已存在的'左'倾冒险主义

---

[1] 《边区土地会议胜利闭幕》，《新华日报》（太行版）1948 年 1 月 7 日。

[2] 《边区土地会议胜利闭幕》，《新华日报》（太行版）1948 年 1 月 7 日。

错误，不但没有得到切实改正，反而有所发展。"①

太行区涉县更乐村就是一个有代表性的例子。

更乐村是太行老区最大的一个村，全村共有 1620 户，6172 人。1947 年 9 月，在太行区党委的直接领导下，涉县组织了一个有五十多人的土地改革工作团，按照平分土地的方针到该村进行土改复查试验。结果在三个半月的土改复查中，严重地侵犯了整个中农阶层的利益。全村被斗争的有 344 户，占总户数的 21%。其中中农 276 户，占全部中农的 31%。这些被斗争的中农中，有 164 户完全是勤俭起家的，77 户是抗日战争前由地主下降的，另有 33 户是抗战以来经过减租减息由地主改变为中农的。在平分土地的运动中，这些中农都遭到地主、富农一样的待遇：204 户被扫地出门，住在窄小的破屋或小庙里受"管制"；因逼内货（即浮财）而挨打者 243 人，打残废者 1 人，打死者 1 人；由人民法庭判有期徒刑者 3 人，判死刑者 6 人，因恐惧而自杀者 9 人。中农对纠偏时来调查的太行区党委领导说："毛主席讲不讲理？我的粮食、家具哪一件不是我全家劳动得来的？凭哪一条哪一桩把俺当作封建来没收干净？"

在运动中，平均每两户贫雇农分一户中农的房子、浮物和内货，从表面上来看，满足了贫雇农的要求，其实不然。因为他们之中，许多人同被斗的中农有着亲族联系，或者因"查三代"，其家庭历史情况也与中农有类似之处。因而他们中有相当一部分人整天提心吊胆，害怕有一天斗到自己头上。事实上，全村已有 4 户贫雇农被当作地富遭到了斗争，其中有 3 人挨了打。许多贫雇农对人民法庭也感到很

---

① 齐武：《晋冀鲁豫边区史》，当代中国出版社 1995 年版，第 562 页。

恐惧，有一个贫农会委员，因犯了些错误而怕上人民法庭，结果自杀了。

这个村错斗中农的一条重要原因，在于领导平分运动的土改工作团别出心裁地创造了一套划分阶级的方法。工作团认为，过去划阶级时，把贫雇农和地富都划少了，结果把一些"化形"的地主、富农划到中农里去了。

至于什么是"化形"的地主、富农，工作团并没有明确的标准，而是按照一些贫雇农的意见，搞了一个"八靠八不靠"标准，就是按照土地、房屋、牲口、农具、内货、摆饰、根底、剥削八个条件进行灵活衡量。按照这个标准，贫雇农看见谁家的油水大，随便可找一条理由，给他戴上顶地主、富农的帽子。一户仅有两亩薄地的石匠，因其曾祖父的兄弟是前清的探花，便被划成地主。党员江中泰是一个新富裕中农，两个儿子是铁匠，开了一个铁匠铺，全家共有 12 口人，土地改革后共有地 40 亩，因打铁不得不在农忙时雇短工。1946年土地改革时，江中泰当过农会总代表，得罪了一些人，结果在平分土地时被定成恶霸富农。江中泰看了成分榜后，因害怕斗争而跳池自杀了。

由于定阶级时随意性很大，结果这个村第一次划阶级时将地主富农划到了总户数的 21%，第二次划到了 23%，最后到全村正式划阶级时划到了 25%。其实，全村真正够得上地主标准的只有 25 户。即使这 25 户地主，经过土地改革之后，已有 7 户被扫地出门，其余的18 户共 61 口人，只有 148 亩地。富农也只有 43 户，且已被斗争彻底的有 18 户，其余的 25 户虽未斗争彻底，但多是军、干、烈属和孤寡。

这个村在平分土地时，对地主、富农采取肉体消灭的政策，认为弄死几个地富没多大关系。在人民法庭判决死刑的 12 人中，有 6 人是地富，另有 4 人当时被认为是地富，实际是中农。这 12 人中，群众认为真正该死的只有 2 人。杀人的办法没有一个是枪毙的，而采取捅刺刀、开膛破肚、"砸核桃"等残酷办法。平分土地运动中更乐村的党员和原来的干部，也被当作"石头"而搬掉了。全村 182 个党员中，挨群众斗争的 24 人，被开除党籍的 17 人，人民法庭判处死刑的 2 人，自杀的 1 人，判徒刑的 1 人，挨打的 15 人，坐禁闭的 2 人，被扫地出门的 12 户。此外，村里的私人小工商业，因借口"剥削"，几乎全被侵犯。有 10 户手工业作坊，生产工具、货物、资本全被没收。①

太行区沙河县三区的毛村，共有 270 户，1947 年 8 月进行土地改革复查时，被扫地出门的有 76 户，其中 51 户是中农和贫农，共有 316 人，占全村总人口的 30.2%。对于那些被扫地出门的中农和贫农家的妇女，如果娘家是穷人家，就动员其离婚，离了又不准出村，把她们组成所谓"纺织组"。这样，全村有 22 个妇女被迫离了婚。②

《人民日报》曾报道说：在晋冀鲁豫解放区的太行区，"有不少地方是采取了简单的厌恶、仇视、与一律排斥的方针，对支部党员一律否定，一脚踢开，认贫农团和农会比支部好，不是请求群众对党提出意见，帮助整党，而是放弃了党的领导权，把党看成是贫农团和农会的附属物，一任贫雇农处理。便发生了下列严重现象：（一）不少村干、党员与民兵逃跑自杀（如沙河、平顺、壶关、和顺、太谷等县均

---

① 陶鲁笳：《坚决纠正更乐村"左"倾冒险错误的经验教训》，《新华日报》（太行版）1948 年 5 月 7 日。

② 《毛村又给错斗中农退回房子，强迫离婚的也一律允许复婚》，《新华日报》（太行版）1948 年 5 月 5 日。

有此现象），或悲观失望躺倒不起，或集体抵抗领导，加深了对党的离心倾向。（二）助长了部分群众盲目反党反干部情绪，甚至说：'好人不在党、在党没好人'，加深了党与群众的对立，造成一时的无政府状态。（三）坏分子趁机捣乱，制造宗派。"①

冀南区永年县二区东大慈村在平分土地运动中，划阶级无标准，谁富斗谁，有一点小错也斗，再加上村干部、积极分子作风不民主，或私人报复，错斗了不少中农，其中有的因亲戚或本家关系被斗。比如一个叫杜国瑞的中农，本来是一个勤劳的庄稼人。未斗争前家里7口人，30亩地，其中有10亩是分家后自己努力劳动买下的，从来没用过雇工，也没有其他剥削。只因儿媳的舅父当了4个月伪军，也就被扫地出门，完全没收了。他的弟弟杜国栋，情形与他相同，也是有名的勤快人，干活连午觉都不睡，就因为是杜国瑞的弟弟，也被扫地出门了。也有的是因为为人不好被斗。该村一个叫杜经义的中农，一家3口人，原本只有七八亩地，老婆纺织赚了些钱，又买地七八亩，因为他为人比较吝啬，牛闲着不叫人使，浇地好抢水，老婆好笑话人，就被斗争了，没收去6亩地、1头牛、10棵树、600斤粮、400斤蒜。②

就是中共中央所在的陕甘宁边区，也同样出现了"左"倾错误。1948年1月初，中共中央西北局书记、陕甘宁晋绥联防军政委习仲勋在对延属各县检查后发现："凡是开始发动群众的地方，一般都是过'左'。如在枣林坪街，把店铺大都查封。在延家岔，贫农会上规定谁斗地主不积极，就用乱石头打死。在辛店贺家石胡采工作团所领导的农会上，规定民兵吊打地主，打干部。许多群众斗争会上，总是

---

① 《中央局指示太行区党委，检查纠正左倾冒险主义》，《人民日报》1948年5月3日。
② 《纠正乱斗中农错误　东大慈村人人满意》，《人民日报》1948年4月26日。

有几名打手，专门捆、打、吊、拷，弄得人心惶惶。再就是普遍地冷淡中农。斗争地主不让中农参加。即贫农团的组织，亦缩小在积极分子的小圈子里。其风气，不是中农被坚决联合，而是到处给中农以精神上的很大威胁。"[1]

过了半个月，习仲勋在给毛泽东的报告中，所讲的情况就更严重了。他说："由于义合会议潜伏一种'左'的情绪，由于晋绥的直接影响，土地改革一到农村，就发生极左偏向，凡动起来的地区，多去强调'贫雇路线'，反对所谓'中农路线'，都是少数群众（不是真正的基本群众）起来乱斗、乱扣、乱打、乱拷、乱没收财物、乱扫地出门。最严重的是佳县。有几个村庄，连贫农、中农的东西也一律没收。干部家属幸免于斗者很少。张达志（按：时任绥德军分区司令员）家也被斗，弟弟被吊打，索银洋。有的烈士家属扫地出门。有用盐水把人淹死在瓮里的。还有用滚油从头上烧死人的。佳县乱搞不及五天，竟一塌糊涂。"[2]

6. 偏差何以出现

土地改革是一场伟大的农民解放运动，其意义与作用是毋庸置疑的，没有土地改革运动，人民解放战争的胜利就难以想象。但是，对于运动中一度出现的局部"左"倾错误，也是客观事实，值得回顾与总结。只有如此，我们才能珍惜中国革命来之不易的胜利。中国共产

---

[1] 《习仲勋文选》，中央文献出版社 1995 年版，第 39—40 页。

[2] 《关于西北土改情况的报告》（1948 年 1 月 19 日），《习仲勋文选》，中央文献出版社 1995 年版，第 43 页。

党之所以能成功，一个重要的原因就在于善于及时总结经验教训，而且认真向后看是为了团结一致向前看。

对于土地改革中一度出现的"左"倾错误，中共从来没有回避。早在 1948 年 4 月 1 日，毛泽东从陕北途经晋绥前往河北平山的途中，在晋绥边区领导机关所在地兴县蔡家崖，发表了著名的《在晋绥干部会议上的讲话》。这个讲话在肯定晋绥边区各方面工作成绩的同时，着重指出在过去的土地改革中，晋绥边区存在的三个偏向："第一，在划分阶级成分中，在许多地方把许多并无封建剥削或者只有轻微剥削的劳动人民错误地划到地主富农的圈子里去，错误地扩大了打击面"。"第二，在土地改革工作中侵犯了属于地主富农所有的工商业；在清查经济反革命的斗争中，超出了应当清查的范围；以及在税收政策中，打击了工商业。""第三，在过去一年的激烈的土地改革斗争中，晋绥的党组织没有能够明确地坚持我党严禁乱打乱杀的方针，以致在某些地方的土地改革中不必要地处死了一些地主富农分子，并给农村中的坏分子以乘机报复的可能，由他们罪恶地杀死了若干劳动人民。"[①] 毛泽东在报告中总结的上述三点，也是老区土地改革中"左"倾错误的主要表现。

老区土地改革中的"左"倾错误，除了表现为拔高一部分农民的阶级成分，将富农划为地主，中农划为地主富农，扩大了打击面，侵犯了中农的利益，并且侵犯了一部分城镇工商业（特别是地主富农所有的工商业）外，更为严重的是发生了乱打乱斗甚至乱打乱杀，将不该斗争的对象乱加斗争，对斗争对象采取打斗、扫地出门、罚作劳

---

① 《毛泽东选集》第四卷，人民出版社 1991 年版，第 1306—1307 页。

役、限制人身自由①、进行人格侮辱等，甚至不经过法律程序和上级组织批准，由工作组（队）、贫农团召开群众大会决定对斗争对象进行打杀。由于在土地改革中采取了所谓"搬石头"的办法，认为农村原有的乡村干部是压在农民身上不能翻身的石头，只有搬掉这些"石头"，才能把土地改革发动起来，使得一批干部被戴上"坏干部""坏分子"的帽子遭撤职甚至受到斗争。乱打乱杀严重干扰了土地改革的正常进行，从 1947 年年底至 1948 年上半年，中共中央曾花了很大的力气对这些"左"倾错误进行纠正。

客观而论，老区土地改革中出现的乱打乱斗，产生了很大的负面影响，这也是一些人对土地改革的正当性提出质疑的重要原因。土地改革的目的在于变革封建土地所有制为农民土地所有制，并且将地主阶级改造成为自食其力的劳动者，即在所有制的改造中实现对人的改造，而不是从肉体上消灭地主阶级。正如毛泽东 1948 年 1 月 15 日在西北野战军前委扩大会议的讲话中所说的："地主作为一个阶级要消灭，作为个人要保护。""废除地主阶级的私有权，并不等于连他的人也不要了。地主和旧式富农占农村人口十分之一，全国共有三千六百万人，这是社会的劳动力，是一种财富。"②

---

① 如晋绥解放区的朔县曾提出管制地主的十条办法："（一）地主出门走亲戚，或家中来了人要向农会报告；（二）黑夜不准地主出门；（三）地主与地主不准往来；（四）过去和地主联系密切的人要立即打断关系；（五）地主出门不准去敌占区和游击区；（六）地主经清算后要寻下保人，并要向农民发誓；（七）地主出门只准一天，超过一天者要找临时保人；（八）给地主开路条要写明成分期限，如期满不回来，当地农民负责扣押并送回原村处理；（九）和地主有亲戚关系的农民，要报告农会登记，以便稽查；（十）地主经清算后，如投敌、破坏或报复，群众要解决镇压。"石磊：《集中全力土改，彻底消灭封建——忆朔县土改工作团》，载《朔县党史资料汇编》卷二，第 368 页。

② 《毛泽东文集》第五卷，人民出版社 1996 年版，第 23—24 页。

老区土地改革中一度出现的乱打乱斗，在 1947 年的土地改革复查和平分土地过程中表现得最为突出。这首先与土地改革的方式发生重大改变有关。

"五四指示"虽然是中共土地政策由减租减息向直接解决农民土地问题的重大转变，但"五四指示"所强调的解决农民土地问题的方式，并不是没收地主的土地分配给农民，而仍是用减租减息做文章。"五四指示"规定："广大群众要求下，我党应坚决拥护群众在反奸、清算、减租、减息、退租、退息等斗争中，从地主手中获得土地，实现'耕者有其田'。"由此可见，"五四指示"在其具体政策上还是比较温和的。这也是一段时间人们认为这个指示对于解决农民土地问题具有"不彻底性"的原因。今天看来，这种"不彻底性"恰恰是必需的。

各地在贯彻"五四指示"的过程中，主要采取清算的办法使地主拿出土地。清算的"对象是汉奸、豪绅、恶霸、地主及高利贷主，清算的内容主要是算利息、算剥削、算负担、算霸占、算敲诈、算侵吞，清算后一律以土地抵还"[①]。除此之外，一些地方还曾采取动员开明绅士和中小地主献田，对清算之后地主多余的土地由政府征购分配给农民等方式。清算、献田和征购，总体上都是和平的方式，所以"五四指示"后的一段时间，各解放区大体上进行的是"和平土改"。

但是，这种"和平土改"在全面内战爆发后不久悄然发生了变化，代之以激烈的阶级斗争的形式来解决农民土地问题。其起因在于"五四指示"发出后，各解放区迅速开展了以清算为中心内容的土地改革运动。通过几个月时间的清算，到 1946 年 10 月之后，对于许

---

① 《华中分局关于贯彻党中央"五四指示"关于土地政策新决定的指示》（1946 年 5月 28 日），《中国土地改革史料选编》，第 254 页。

多地区来说农民的土地问题已大体解决（当然还存在不平衡的问题）。"五四指示"后的土地改革，虽然仍是在减租减息的名义下做文章，以清算而非没收的办法解决农民土地问题，但对于地主来讲，毕竟要他们拿出自己多年积累的土地财产，除了少数的开明绅士主动献田之外，大多数地主自然并不情愿，而对于已经发动起来的群众运动大潮，又无力进行正面的对抗，出于保住自己土地财产的本能，地主们自然会采取各种手段设法隐藏、分散自己的土地财物，如将银元、金银器皿、粮食、衣布等物尽量藏匿，或者利用各种关系分散到贫穷的亲戚、朋友、佃户和长工家里，将一部分土地挂在这些人的名下。对于这个问题，前文已经提及。

与此同时，作为清算对象的地主为了使自己少清算或不被清算，也会想方设法地收买、拉拢乡村干部和土改积极分子。在晋冀鲁豫解放区"太行和顺长治新老地区深入检查中，发现封建统治者运用各种奸猾阴谋手段，掩护其封建尾巴，顽强地抵抗群众清算"，如长治县三区屈家山地主屈柏盛，以假开明方式献洋34元、铜钱600串，后来经过检查，发现屈某仍掩藏元宝14个、现洋23元。和顺县高邱村地主郭觅固，"献出一点坏地装开明，实则保留农民大批血汗财产。"长治县北漳村地主景其盛之妻装穷要饭，"但从斗争中却拿出二十四万八千现洋，及分散隐藏物资甚多。"还有的地主以小恩小惠或"美人计"收买干部，如借钱给干部入股合作社，以低于市场的价格将耕牛贱卖给干部，"和顺陈家庄地主用自己女人去软化村长包庇斗争。"①

---

① 《太行各地检查发现地主阴谋百出，掩藏封建尾巴》，《人民日报》1947年2月6日。

基于这种情况，各地在已对地主进行清算的基础上，相继开展了土改复查，如晋冀鲁豫解放区的"填平补齐"运动、东北解放区的"砍挖"运动（即斗大树、挖财宝）、山东解放区的"割尾巴"运动（即割封建尾巴）。也正是土改复查以及随后的平分土地过程中，出现了乱打乱杀的现象，即"发生了打与杀的流弊"[①]。在有的地方情况还相当严重。

各解放区土地改革启动后不久，国共内战全面爆发，有的地方是一手拿枪进行自卫战争，一手拿算盘组织农民开展土地改革。当时，国民党的力量要远远大过共产党，对于广大解放区特别是战争第一线的农民而言，面对国民党军队向解放区气势汹汹的进攻，他们对于中国共产党能否赢得这场战争，心中并不很有底。这就不能不使他们对土地改革产生某些顾虑，如果中共不能赢得这场战争，国民党军队占领解放区，那么，他们通过土地改革得到的土地就很容易被地主索回。因此，在土地改革过程中，许多农民既希望得到土地，但也普遍担心"变天"和地主将来反攻倒算，也就使得他们对于挖出地主家里浮财的兴趣甚至要大于分配土地的兴趣，这并不是农民不希望得到土地，而是他们担心分到的土地不能保留在自己手中。至于浮财，不但可以立即用之于消费，而且即使哪天真"变天"了，已经消费的浮财地主也难以索回。不但如此，一些农民虽然在土地改革中分得了部分土地，但由于缺乏耕畜、农具、种子、资本等，他们也希望通过分配地主的浮财以解决生产与生活的困难。前面说过，当土地改革的大潮涌来之际，地主们也清楚正面的对抗

---

① 薄一波：《晋冀鲁豫解放区贯彻土地改革的经验》（1947年2月18日），《中国土地改革史料选编》，第339页。

是徒劳的，他们想要千方百计保住的显然也不是土地而是浮财。于是，各解放区的土地改革进入土改复查阶段，许多地方乃将土地改革工作重点转变到挖地主的浮财上。

对于在土地改革运动中挖出地主家的浮财，中共中央曾一度采取了支持的态度。1947年4月12日，中共中央指示晋绥分局说："可在土地改革实验区域中实行搞地主白洋、金银等的斗争。但在地主卖地前属于工商业的资本应加保留。同时斗出地主白洋后，如该地主已无存地者，也应留给地主应得分地的白洋。在各实验区中取得经验后再行普遍推行各地。"[①] 同年7月15日，中共中央工委还将华北各地"挖窖初步经验"向东北局和中共中央作了详细介绍。

中国农村的地主除了其本人是官僚、军阀靠巧取豪夺占有大量土地外，占地主数量大多数的中小地主有两种情形：一是由于其祖辈、父辈是地主，通过继承上辈的土地财产而成为地主者；二是原本为普通农民，或因做小生意发了一点财，或由于劳力多、会经营积累了一定的家产，于是逐渐购进土地而上升为地主者。实际上后一种地主的数量可能更多些，而这种地主又往往在挖窖过程中成为斗争的主要对象。究其原因，前一种地主相对而言对于土地财产看得轻一些，因为这些土地财产毕竟不是他个人奋斗而来的，加上他们本来就出身于地主家庭，有一定的机会受到教育，眼界相对宽些，有的甚至其子女就已经参加革命，因而对于土地改革的抵抗相对也小些。后一种地主则十分看重其土地财产，有的甚至把钱财看得比自己的命还重。在这些地主看来，在这场斗争中，土地已经很难保住了，但如果能将浮财保

[①]　《中共中央关于土改实验区搞地主金银等斗争给晋绥分局的指示》（1947年4月12日），《解放战争时期土地改革文件选编（1945—1949）》，第48页。

存下来，即使遭受一些斗争也是值得的，因为只要浮财在，以后还有可能购进土地，或者将浮财留给子孙享用。这样一来，一方面农民要尽量将地主隐藏的浮财挖出，一方面是地主要千方百计地藏住浮财。在这个过程中，乱打乱斗亦随之发生。

可以说，挖浮财是导致土地改革中发生乱打乱斗发生的重要原因。"由于单纯地追底财，用尽各种刑法。甚至有的拿出底财也要打死。因此，一部分地主便以死和我们对抗。一些没有拿出底财的人被打死，群众说：'打死了底财'（确定黑了的底财也不少）。尤其是拿出底财，结果又打死，使一部分地主抱了必死的决心，'拿出底财也是个死，不拿底财还是个死'，因此，死也不拿出来了。"① 在冀中解放区，"打人则各地均发生，主要追浮财。"② 在东北解放区，由于"过分强调挖浮，甚至认为挖浮比分地还重要。农民追地主浮物财宝的时候，想不出好办法，便动手打人。"③ 其他解放区的情况也大体差不多。鉴于这个情况，1950 年出台的《中华人民共和国土地改革法》明确规定："没收地主的土地、耕畜、农具、多余的粮食及其在农村中多余的房屋。但地主的其他财产不予没收。"④

还应当看到，群众运动的斗争方式容易产生过激行为。土地改革涉及解放区亿万农民的切身利益，没有广大群众的参与是很难想象

---

① 朔县土改工作团：《朔县土改总结报告》（1948 年 2 月 23 日），中共朔州市委党史研究室：《西雁北土地改革》，2001 年 12 月编印，第 139 页。

② 《冀中区党委关于土改、整党、战争的基本检讨》（1948 年 8 月 10 日），《中国土地改革史料选编》，第 597 页。

③ 《东北局关于平分土地运动的基本总结》（1948 年 3 月 28 日），《东北解放区财政经济资料选编》第 1 辑，黑龙江人民出版社 1987 年版，第 388 页。

④ 《中华人民共和国土地改革法》，《人民日报》1950 年 6 月 30 日。

的，在土地改革过程中，各地各级都一再强调发动群众的重要性。但是，作为一场暴风骤雨般的群众运动，对于运动起来之后可能发生的各种偏差，由于预先没有充分估计，事后又采取尾巴主义的态度，这是导致乱打乱杀现象发生的重要原因。

土地改革主要是解决贫雇农的土地问题，因此，贫雇农就成为土地改革的依靠对象。从阶级关系上来看，贫雇农缺少土地和其他生产资料，所以不得不靠租种地主的土地，或者向地主借贷，才能解决基本的生活问题，于是，地主凭借自己占有的生产资料和资金，占有农民的一部分劳动，地主与农民间形成了剥削与被剥削关系。从这个角度来看，组织动员贫雇农打倒地主阶级，改变旧有的生产关系，自然是正当的和合理的。

问题是，地主从占有土地的数量上，有大地主与小地主之分；从行为是善还是恶上，有普通地主与恶霸（或豪绅）地主之别；从政治立场上，有顽固地主与开明地主之异。不同的地主对待土地改革的态度自然也各不相同，有顽固抵抗者，也有认清形势主动献田者，更多的是既对自己的土地财产恋恋不舍，但迫于压力只得交出者。因此，对于不同的地主应当区别对待。这个问题"五四指示"处理得比较稳妥，规定不同的适当照顾对象，并要求各地在实行"耕者有其田"政策时，应"集中注意于向汉奸、豪绅、恶霸作坚决斗争，使他们完全孤立，并拿出土地"。但进入土改复查和平分土地阶段之后，随着挖浮财成为土地改革斗争的重要内容，所有"五四指示"规定的照顾对象全都变成了斗争对象，并且由于没有明确地划分阶级标准，而以生活好坏、财产的多寡（即摊摊的大小）甚至政治态度，作为划分阶级的依据，于是，普遍发生了将富农划成地主，中农划成地主富农，把早已破产并放弃了剥削改变成农民成分的人划为"破产地主""下坡地主"，这就大大增加了土地改革斗争的对象。

土地改革的目的是变革旧有的生产关系，最直接的表现就是要将地主阶级的土地财产转移到贫苦农民手中，大多数地主自然不会自觉自愿地、主动地交出土地财产分给农民。因此，将广大农民发动起来与地主开展面对面的斗争，就成为土地改革能否深入开展的关键，这也是土地改革演变成一场大规模的群众运动的重要原因。既然土地改革是以群众运动的方式开展的，这种方式容易激发参与者的热情，但如果掌握不好也容易发生过激行为。在土地改革中往往采取召开群众大会的方式展开与地主的斗争，并且数个村庄联合召开斗争大会。在农民与地主以往的日常关系中，相互之间难免还存在一些摩擦与纠纷，同时，地主不仅收取地租而且往往在青黄不接之时放高利贷，也确有一些地主仗势欺人，为富不仁，欺压农民。在土改运动中，动员群众揭发地主的这些罪恶便成为群众大会的主要内容，在群情激愤之下，对斗争对象的打斗极易发生。

不但如此，在土地改革过程中，由片面强调走"贫雇农路线"，由"贫雇农说了算"，甚至提出"贫雇农的意见就是政策"，"贫雇农的要求可以修改党的政策"[①]。贫雇农固然有强烈的土地要求，但如同地主当中有开明绅士一样，贫雇农中也会有少量的流氓无产者。正如毛泽东所分析的，流氓无产者"很能勇敢奋斗，但有破坏性"[②]。在土地改革之初，一般农民由于地缘、亲族等原因对地主不敢开展

---

① 《东北局关于平分土地运动的基本总结》（1948 年 3 月 28 日），《东北解放区财政经济资料选编》第 1 辑，黑龙江人民出版社 1987 年版，第 388 页。

② 《毛泽东选集》第一卷，人民出版社 1991 年版，第 9 页。

斗争，而少数流氓无产者则往往无所顾忌，充当斗争的先锋。这些人对地主的打斗，不一定是因为阶级仇恨，很有可能是为了表明自己斗争的积极。在河南宝丰县马村召开的一次斗争会上，有17个妇女打人，"其中只有5个老实妇女，带头打人的是4个流氓妇女，素日与匪帮有来往，怕连累自己，表现假积极，带头打人。"[1]"有些地方甚至为流氓地痞投机分子所操纵，借端报复，乘机发财，因而乱打乱杀乱没收，破坏政策，造成恐慌，广大贫苦农民实际上亦很少得到利益。"[2]这个材料表明，对于土地改革中的某些积极分子的表现，必须作具体分析，更不能根据这种贫雇农要求去"修改党的政策"。

不可否认，土地改革过程中确有少数流氓无产者一时表现活跃，甚至在土地改革运动中获得了某种政治资源，有的还担任了基层干部，但不能由此断定"土改利用'流氓无产者'（扒手、小偷、地痞、恶棍、无业流民）……打冲锋，斗垮地主、富农后，这批'苦大仇深'的'土改根子'纷纷入党做官，趾高气扬地成为'书记''委员''主任''乡长''村长'……使农村基层领导彻底恶质化"[3]。其一，流氓无产者在乡村中毕竟是少数，这种人可能在运动还没有普遍发动起来时充当了斗争的先锋，但运动发动起来之后往往被冷落；其二，中共在20世纪40年代后期和50年代前期多次整党，如1947年下半年在平分土地的过程中各解放区同时开展了整党运动，整党实际上就是整

---

① 《中共河南省委给华中局所询几个问题的报告》（1949年10月1日），中共河南省委党史研究室：《河南解放区的土地改革》，河南人民出版社1991年版，第575页。

② 《停止新区土改 实行减租减息——〈豫西日报〉社论》，《人民日报》1948年8月27日。

③ 王宏任：《地主——一个百年难尽的话题》，《书屋》2010年第8期。

顿基层组织和基层干部，流氓无产者出身的所谓"土改根子"，在这个过程中大多被淘汰出去。

中国是一个长期遭受封建专制统治的国家，在中共领导的乡村革命发生前，一直没有实现专制社会向现代文明社会的转型。封建专制统治的一个显著特点，就是以人治代替法治，没有健全的法律制度。中国农村更是长期处于愚昧落后状态，这种愚昧落后的一个重要表现就是基本没有法制观念，旧时许多农村，对所谓坏人往往不需要经过任何法律途径由族长之类的人物便可作出惩处决定，甚至剥夺其生命。中国革命毕竟是在这样的社会环境下发生的，土地改革所依据的主要是中共中央的"五四指示"，而各解放区并没有与之配套的明确具体的法律规定，运用的是群众运动的方式而非法律的途径，实际上是无法可依而只能是由上级派来的工作队（组）和贫雇农组成的贫农团说了算，或者干脆由参加大会的群众表态说了算。如此一来，岂有不发生乱打乱杀之理？

当一些地方乱打乱杀的现象发生之后，解放区的报刊还不恰当地对其进行宣传报道，认为这是群众被发动起来的重要标志，这就使得乱打乱杀非但没有被及时加以制止，反而蔓延到其他地方。中共晋绥分局宣传部后来检讨说："在土改时期（主要是六、七月间）报上刊出一些不恰当的宣传打杀的报导，这反映了报社许多同志的观念，好像不写打杀就无法表现农民斗争情绪。我们几次批评，虽一时改正，但以后个别报道中，往往对描写打人又没有引起注意，到普遍群运后，镇压恶霸地主的报道很多，我们又给予批评，但错误在于我们当时缺乏严禁乱打乱杀的政策思想。而报社的同志思想上更轻视了乱打乱杀的危险。在十一月份的偏向发展到最高时期，报道镇压恶霸地主的消息特多，没有着重宣传说理斗争，更没有宣传防止乱杀，助长了某些地方乱打乱杀的偏向。"①

上文中提到了"缺乏严禁乱打乱杀的政策思想"，确实是土地改革中乱打乱杀发生并一度蔓延的重要原因。土地改革运动启动之后，许多地方基于充分发动群众的考虑，对于如何进一步组织动员群众曾给予充分关注，而对于如何防止运动中出现"过火"的问题没有重视，甚至认为"不要顾虑太多，不要预先怕群众违反政策"，"主要关键仍然是如何继续放手发动农民，而不是过火的问题"②。甚至提出："在农民未起来前，主要应防止束手束脚的偏向，不应对群众性的'过火'行动大喊大叫。不要制定不合实际的具体办法限制农民，不要害怕彻底消灭了地主经济，不要害怕舆论的责备。""不要满足于农民起来后轰轰烈烈的现象，要进行反复检查，对地主追究到底，对农民放手到底，自觉地把运动推向很高的阶段。"③并且强调要"大胆放手"群众，"在斗争中，不要受任何条文限制与约束"，"放手本身就是政策，就是政策的主要部分"④。既然号召各级在土地改革中"不要顾虑太多"，不要怕"过火"，"大胆放手"本身就是政策，在这样的指导思想下，自然对乱打乱杀不能及时加以制止，反而认为"农民群众几千年来受尽了地主阶级剥削压迫的痛苦，其报仇雪恨的

---

① 晋绥分局宣传部：《关于去年土改中我们宣传党的政策上所犯的左右倾向与错误的检讨》(1948年8月15日)，晋绥边区财政经济史编写组等：《晋绥边区财政经济史资料选编》，山西人民出版社1986年版，第488页。

② 《晋冀鲁豫局为贯彻"五四指示"彻底实现耕者有其田的指示》(1946年9月20日)，《中国土地改革史料选编》，第311页。

③ 《抓紧时间放手发动新收复区群众》，《新华日报》(太岳版) 1947年6月15日。

④ 张秀山：《松江省群运总结》(1947年6月25日)，《东北解放区财政经济史料选编》第1辑，第337页。

情绪是很自然的"①，在一定程度上默许了乱打乱杀。

晋绥边区农会临时委员会在《晋绥日报》上发表《告农民书》，提出"地主阶级当中，罪大恶极的反动分子，不管他是什么人，大家要怎样惩办，就可以怎样惩办。""富农当中，罪大恶极的恶霸分子，大家要怎样惩办，就怎样惩办。""农民当中少数的恶霸、敌伪爪牙和地主的狗腿子，大家要怎样惩办，就怎样惩办。"受此影响，其他解放区也发表了类似的《告农民书》。既然上述人等可以"大家要拿去斗，就可以拿去斗"，"大家要怎样惩办，就可以怎样惩办"，于是"扫地出门"有了，将地主编入"劳改队"加以管制有了，对地主、富农作出各种歧视性规定有了，甚至对地主采取肉体消灭的办法也有了。有的地方甚至认为"斗争中不打人不激烈，群众发动不充分，打人有四大好处，可追枪，可挖底财，可发动群众，可打下地主威风"，并且"认为乱打乱杀总比泼冷水好"，"不乱打乱杀不等于不打不杀"②。这种对乱打乱杀的纵容态度，必定产生严重后果。

当时紧张的政治形势和军事形势，也在一定程度上加重了乱打乱杀。特别是在一些边缘区、国共拉锯区和未巩固的新区，群众一方面希望分配地主的土地财产，但另一方面又担心地主可能反攻倒算，于是发生了这样的情况："皖西一个地方，群众痛恨的几个地主，要求把他们杀掉，我们按照群众意见把他们杀了。杀了这些人后，群众怕和他们有关系的人报复，又开了一个更多的名单，说把他们也杀了就

---

① 《东北局关于平分土地运动的基本总结》（1948年3月28日），辽宁省档案馆等：《东北解放区财政经济史资料选编》第1辑，第388页。

② 《中共河南省委给华中局所询几个问题的报告》（1949年10月1日），中共河南省委党史研究室：《河南解放区的土地改革》，河南人民出版社1991年版，第574—575页。

好了。我们又按照群众意见把这批人也杀了。杀了这批人之后，群众觉得仇人多了，又开了更多名单。我们又按照群众意见把他们杀了。杀来杀去，群众觉得仇人越来越多，群众恐慌了、害怕了、逃跑了。结果杀了二百多人，十二个乡的工作也垮台了。"[①] 正因为如此，从 1948 年 5 月起，中共中央决定新解放区一律停止土地改革，先建立基层政权，清匪反霸、减租减息，当条件具备时再进行土地改革。

土地改革中发生乱打乱杀，有着复杂的原因。中共中央晋绥分局 1949 年 1 月的一份总结报告，曾这样写道："由于对恶霸奸伪人员没有具体规定出明确的界限，在执行中扩大化；由于错定成分重视追底财和没有禁止使用肉刑，对全国土地会议所规定的组织人民法庭，以更有力量、更有秩序地向地富进攻没有重视；特别是由于领导上警惕不够未能严禁乱打乱杀，有些地方当群众自发（斗争）之后无力掌握，以及某些地区某些领导带有'宁左勿右'的思想和尾巴主义倾向，以致在斗争中（就全边区说，主要是十、十一、十二先后两三个月内）发生乱打乱杀、错死和死人过多的现象。"[②]

"左"右倾错误都给中国革命带来严重危害，但两种错误比较而言，"左"的危害性更大。究其原因，就在于农民和小资产阶级容易在革命中犯急躁病，而右常常被看作是态度问题、立场问题、路线问题，"左"则当作是方法问题。在土地改革中，自然也存在所谓的"两条路线"，一条是地主富农路线，一条是贫雇农路线。如果有人对斗争地主富农有不同看法，容易被人指责为站在地主富农立场，走地主

---

① 刘统：《中原解放战争纪实》，人民出版社 2003 年版，第 317—318 页。

② 《关于（晋绥）土改工作与整党工作基本总结》（1949 年 1 月 30 日），《中国土地改革史料选编》，第 583 页。

富农路线，而不是站在贫雇农立场，走贫雇农路线。在这种情况之下，如果不是最高领导层出面制止，许多地方对地主富农乱打乱斗也就只能听任而为。

中共的干部来源是多元的，但主要是两部分人组成，即工农干部和知识分子干部，从地域区分，又可分为外地干部与本地干部。对于广大工农干部来说，他们大多出身贫寒，不少人亲身感受过地主与高利贷者的剥削，经济地位的低下和生活的艰难，很大程度上是他们参加革命的动因，有的人甚至难免还有些阶级复仇心理，因此，对于运动中的一些"左"的做法自然难以引起足够的警惕，甚至认为农民要翻身对地主阶级有些过激行为也不算为过。至于知识分子干部，他们相当一部分人出身于地主阶级家庭（同时由于脱离家庭投身革命成为外地干部），土地改革无疑对他们是一次重大的考验，为了以示与旧的阶级的决裂，有的人在土地改革运动中往往表现得相当的积极，因而对于群众运动中出现的"左"的倾向不但不去制止，甚至起到推波助澜的作用，以显现自己的革命性。又因为他们是外地干部，与所斗争的对象没有直接的亲戚或同乡关系，故而在斗争问题没有本地干部那么多的顾虑，成为领导斗争的积极分子。

各解放区在贯彻全国土地会议精神，开展平分土地的过程中，之所以发生比较严重的"左"的偏差，与对减租减息和前一阶段土地改革的成绩估计不足也有着很大的关系。经过抗日战争时期的减租减息和抗战胜利后的反奸清算，解放区特别是老区的土地关系已发生重大变化，地主的土地占有量已有了较大减少。对于这个情况，土改复查时一些地方没有充分注意到，只看到了地主剥削农民的一面，没注意到新政权建立后农民的经济地位上升的一面；只看到部分地主还留有较多的土地，没注意到许多农民通过不同的方式获得了土地。不作深入调查，或者有部门调查了对调查成果又不重视，而是想当然地认为减租减息后的老区农村，仍有大量的地主，仍存在严重的封建剥削。对于一些土地已转移出去的地主，认为是装穷或故意转移土地对抗土地改革，以至于创造了"破产地主""下坡地主""化形地主"等名词，也要对其开展斗争，这就人为地扩大了打击面，把许多中农甚至贫农也当作地主而加以斗争。

与此相联系，1947年平分土地过程中，对1946年年底至1947年上半年的土改复查成绩，没有作实事求是的估计，认为土地改革还不彻底，贫雇农还未翻透身。实际情况并非如此。以东北解放区为例，在平分土地运动开展前，北满各省约有三分之一至半数的地区，经过清算运动、煮"夹生饭"运动和"砍挖运动"，"地主阶级已被打倒了，土地已分配了，土匪已彻底肃清了，地主的反动武装已被解除了，地主的财宝已被挖出来了（也许还不彻底），封建势力基本上已被摧毁了，广大农民拿到了土地，掌握了政权和武装，已经相当普遍地发动起来"[①]。像这样土地改革已基本完成的地区，已没有必要再平分土地，只需要在较小的范围内适当调剂就可以了。当时，多数解放区的老区基本上都是这种情况。可是全国土地会议后，再来一次平分土地的运动，而且是彻底平分，而地主、富农已无多余的土地可分了，就只能是拿出中农"长余"的土地来分，侵犯中农利益的事也就随之发生了。

1947年土地改革高潮中出现的"左"的倾向，在上半年的土改

---

① 《东北局关于平分土地运动的基本总结》，1948年3月28日。

复查时就有了明显的苗头。土改复查主要针对"五四指示"后一段时间一些地方土地改革不彻底、不深入而开展的，在当时是必要的。但是，在这个过程中，如何看待前一阶段土地改革运动的成果，一些地方没有作出正确的估计，只看到"五四指示"对地主、富农有较多照顾的一面，没看到土地改革已取得的成绩，中共中央华东局1947年的"七七指示"对1946年的"九一指示"的全盘否定就是一个明显的例子。在各地已出现"左"的倾向后，各个解放区和全国土地会议对此没有高度重视，虽然也曾笼统地讲过要防止出现"左"的倾向，但重心却放在如何防右了，认为土地改革运动虽然经过了一年的时间，但仍很不彻底，地主阶级还没有被打倒，贫雇农还没有彻底翻身，需要来一个规模更大、更深入的群众运动。而此前土地改革不彻底，存在诸多问题，主要是许多"坏干部"在那里起阻碍作用，是严重的"党内不纯"造成的，因此要"搬石头"。结果，把斗争的矛头一方面指向地主、富农（包括被拔高了成分的其他农民），另一方面也指向原来的农村干部（即旧干部）。

土地改革其实是一项政策性很强的工作，最重要的一环是定成分，只有明确成分，才能确定斗争对象。虽然一些解放区在发动土地改革之时，出台过如何划分农村阶级的文件，如晋绥解放区的《怎样划分农村阶级成分》、晋冀鲁豫解放区太行区的《关于农村阶级划分标准与具体划分的规定》，但在实际操作中，常常没有严格按照这些文件的规定去划分农村阶级。关于如何划分农村阶级，在土地革命时期，为了纠正土地革命中的"左"倾错误，1933年10月，毛泽东曾写了《怎样分析阶级》，简明扼要地对农村各阶级、阶层的划分作了分析。同时，他还主持制定了《关于土地斗争中一些问题的决定》，对土地斗争中特别是阶级划分时遇到的 20 个问题作了具体的规定和解释。这两个文件虽然是十几年前出台的，但对于正确划分农村阶级仍是有指导意义的。由于战争环境，指导土地改革的干部几乎都没见过这两个文件，就连作为中央书记处书记的任弼时，也是花了很长时间，想了许多办法才找到。1947 年的全国土地会议通过了《中国土地法大纲》，明确提出要废除封建半封建的土地制度，废除一切地主的土地所有权，但没有一个与之配套各解放区统一的农村阶级划分标准。这就难免使各地在划分农村阶级时具有较大的随意性。与之相反，1947 年年初晋绥分局在兴县木栏杆村土地改革试点发明的以"查三代""看铺摊摊大小"和"政治态度"作为阶级划分依据的办法，经过康生、陈伯达推介之后，迅速影响到各解放区，有的地方甚至有过之而无不及。于是，一些早已放弃了封建剥削的农民被定为地主、富农，或者"破产地主""下坡地主""生产富农"之类，一些本是中农的农民因为"摊摊"较同村农民稍大些，于是就拔高其阶级成分。也有一些有小毛病或者与积极分子有过矛盾的农民，被扣上"反对土改""不拥护新政权"等帽子，划入地主、富农的队伍中，人为地扩大了打击面。

与此同时，在依靠力量上，只强调满足贫雇农的利益，却对于团结中农没有引起足够重视。中国农村中，中农的比重是相当大的，尤其是老区在经过减租减息和反奸清算后，中农的比重在有的地方甚至要超过贫雇农。在 1947 年下半年的土地改革中，特别是各解放区的《告农民书》中，片面地提出"村里的一切事，由贫农团领头来办"，"一切权力归贫农团"，实际上就是搞"贫雇农打江山坐江山"，把中农搁在一边。虽然各地《告农民书》中也讲到"中农是咱们的基本群众"，但又要求其拿出"长余"的土地。本来经过土地改革，地主、富农已没有多少土地，要满足贫雇农的要求，也就只能把中农"长余"的土地或好地抽出，这不但使中农在土地改革中得不到利益，反而要侵犯其利益。唐县一些村庄平分土地后，中农的平均土地普遍少于贫雇农。有的村庄在分地时，还规定贫农、中农、富农、地主的比例数。该县五区高楼村规定，贫农的土地为平均产量 4 石至 6 石，中农 4 石以下，地主 3 石。① 过分相信群众自发运动的作用，只看到农民革命的一面，没有看到农民也有其局限性的一面，结果在一定程度上成了群众的"尾巴"。

在发动土地改革运动上，也是片面地强调运动，不讲政策，提出了一些错误的口号，如"运动等于一切""运动高于一切""运动就是教育""领导就是包办"，单纯地追求运动的"规模"和形式主义上的轰轰烈烈。甚至提出为了运动，"不要怕乱"，"需要乱多久就乱多久"等，以至出现诸如东北解放区的"反复扫荡""联合扫荡"（即"扫堂子"），不但"扫荡"乡村，还跑城镇"扫荡"，严重地侵犯工商业。

此外，对中国农民根深蒂固的平均主义思想的破坏性，也没有深刻认识，过分相信群众自发运动的作用，只看到农民革命的一面，没有看到农民作为小生产者也有其狭隘、自私的缺点。在小农经济基础上形成农民平均主义思想，在中国是有悠久的历史传统和深厚的社会基础的。"均贫富、等贵贱"，"均田免粮"，几千年以来一直是激励农民同地主阶级斗争的动员口号，这也是中国农民平均主义思想的集中反映。太平天国还把"无处不无均匀，无人不饱暖"作为自己的崇高

---

① 《中共北岳五地委传达中央、中央局一月指示后分地工作给区党委的报告》（1948年 3 月 16 日），河北省档案馆：《河北土地改革档案史料选编》，河北人民出版社 1990 年版，第 385 页。

理想，其实也把中国农民的平均主义思想发展到了极致。平均主义曾是农民反抗地主阶级压迫的一面旗帜，但当农民向封建地主阶级发动进攻时，这种平均主义思想也容易冲击党的土地改革政策，结果不但"均"了地主、富农的土地财产，也部分地"均"了中农的土地财产，甚至跑到城里将工商业者的财产也"均"掉了。对于农民平均主义思想的危害，本应予以充分认识和防止，并教育农民加以克服，但恰恰在这个问题上党内相当多的干部普遍认识不足，似乎农民是天然的革命者，农民没有落后性，跟在农民的后面，听任其对他们认为要斗争的人"想怎样惩办，就怎样惩办"。

土地改革运动从它的规模、影响和意义上讲，都要超过以往中共所领导的历次群众运动。虽然中共有过领导土地革命的经验，也有过领导减租减息的经验，但领导这样一场几乎影响到解放区每一个人的巨大规模的社会革命运动，这是从未有过的。对于解放区的各级干部而言，他们绝大多数没有土地革命的经历，对土地革命时期一度出现的严重的"左"倾错误带给革命的危害，没有切身的感受。因此，他们领导和参与这场运动只能是在摸索中前进，因而出现一些偏差也是可以理解的。

虽然在土改复查和平分土地过程中，一度出现了"左"倾错误，有的地方甚至还相当严重，但应该看到，它与土地改革运动所取得的成绩相比，是次要的、局部的，也是难以完全避免的。我们在回顾这段历史的时候，既要对其中出现的"左"的偏差有正确的认识，以吸取经验教训，更要看到土地改革所起到的巨大作用。如果看不到这种作用，那么，人民解放战争在短短三年多时间里就取得完全胜利就无法解释了。

七、纠"左"

一些地区土地改革运动中出现比较严重的"左"倾错误，通过不同的渠道汇报到了陕北高原上的中共中央。毛泽东对此极为重视，强调"地主作为一个阶级要消灭，作为个人要保护"，当"左"倾成为一种潮流的时候，共产党员要反对这个潮流。各解放区随即采取措施纠正土改中出现的"左"倾偏差，并在纠"左"的基础上结束老区的土改工作。

1. 发现问题

较早发现土地改革运动出现"左"的偏差的领导人是任弼时。1947年10月1日的《晋绥日报》，以赞赏的语气报道了兴县黑峪口村群众斗争开明绅士刘少白的情况。接着，晋绥分局主办的《土改通讯》上又发表了《关于兴县后木栏杆自然村成分问题的研究》（即《后木栏杆调查报告》）。任弼时看了这两份材料，甚感吃惊，特地让晋绥分局书记李井泉渡过黄河来陕北汇报情况。

在此略前一点时间，即9月26日，中央工委在给冀东区党委的指示电中说："解放区各级政权形式，应采取从下至上的代表会议制度，其名称或称农民代表会议或称人民代表会均可"；一切权力应集中于代表会，县以下代表会由区、村直选，县以上代表由区县代表间接选举；"但在土改中，被打倒的地主富农分子及其他反动分子，均不应有选举权及被选举权"；代表会有权审查政府机关的工作和撤换不称职的工作人员。①10月17日，中央工委又致电中共晋冀鲁豫中央局："在目前土地改革期间，应由无地少地农民组成贫农团，再由贫农团大会选举贫农委员会（可不叫贫农小组），现在的任务就是根据土地法大纲实现土地改革。"②

任弼时感到，这是一个政策性很强的问题，必须慎重对待。他一方面将中央工委的电报转发各地，要求"按情况采择试行"，并加了两个注：一是认为各级代表会的名称以用人民代表会为妥，理由是现在许多地方的农会多系贫农会，其中只有少数的中农参加，如用农民代表会，则将有一批中农也不能参加；二是在原电中地主、富农不应有选举权和被选举权的地方，加上"新式富农除外"。另一方面，他于11月12日给毛泽东写了一封信，汇报了对中央工委电报的修改情况，并着重提出：新式富农的土地和财产是否应完全如旧式富农同样处理，也值得考虑。下面由富农手里拿出多余财产等，多是采取逼、吊、打的办法；同时，新富农多余的土地和财产也拿出来，在农会中会产生一种怕变富农的思想。这一问题究竟应如何处理为妥，还无成

---

① 《中共中央转发中央工委关于政权形式问题给冀东区党委的指示》（1947年11月12日），中共中央文献研究室、中央档案馆编：《建党以来重要文献选编（1921—1949）》第24册，中央文献出版社2011年版，第474页。

② 《中共中央关于发表和实行土地法大纲问题给中央工委、晋察冀局的指示》（1947年10月9日），《中国土地改革史料选编》，第430页。

熟意见，可否规定对新式富农多余的土地，劝说他们自动拿出平分（如对富裕中农一样），对他们多余的房屋、粮食、耕牛和农具，除自愿献出分给贫苦农民者外不动，或直接规定不动他们多余的东西（土地除外，即土地应平分），以示与对旧式富农处理的分别。任弼时还建议："各地分析阶级不一致，做得过火点的地方，恐有将富农算作地主，富裕中农算成富农等，因此确须颁发一大体通用的'怎样分析阶级'的文件。"①

这时，任弼时想起 1933 年毛泽东曾写过《怎样分析阶级》，还主持制定了《关于土地斗争中一些问题的决定》，于是就要时在晋绥的中央机要局负责人曾三查找这两个文件，他为此事询问过陕甘宁边区政府主席林伯渠和从晋绥来陕北的中央法律问题研究委员会主任谢觉哉，请他们帮助寻找。11 月下旬，任弼时终于找到了这两个文件。

这期间，任弼时还抱病到驻地陕北米脂县的钱家沟周围正在开展土地改革的村子进行调查，亲自访问农民，征求他们对土地改革的意见。他同时布置身边的工作人员利用外出去帮助群众干活的机会，调查一村一户的人口数、土地数和评定阶级成分的情况，并让工作人员在外出购物时，问小商人生意好不好做，怕不怕没收等，然后写成材料交给他。这样，他掌握了周围三十多个村子的基本情况。②

土地改革出现的"左"的偏向，也引起了毛泽东的高度重视。全国土地会议后，毛泽东要任弼时多收集、了解和研究各解放区执行《中国土地法大纲》的情况，以及土地改革中的具体问题，他自己也

---

① 《关于解放区政权和新富农政策问题给毛泽东的信》（1947 年 11 月 12 日），《任弼时选集》，人民出版社 1987 年版，第 411—412 页。

② 章学新：《任弼时传》，人民出版社、中央文献出版社 1994 年版，第 653 页。

于 10 月中下旬花了半个月的时间，在陕北的佳县进行调查研究。随后，他又听取了任弼时关于解放区土地改革情况的汇报，认为如果不克服正在抬头的"左"的倾向，就会失去一部分群众的同情，也就不能顺利地实现"打倒蒋介石，解放全中国"的目标。

11 月 29 日，中共中央决定将《怎样分析阶级》和《关于土地斗争中一些问题的决定》略加删节后，发给各地参考，并要求各地提出关于阶级成分分析的明确意见，报告中共中央。中共中央指出：这两个文件"其中地主不分田、富农分坏田等政策是过左的错误政策，但关于阶级成分的规定（即两项文件的主要部分）则是基本上正确的"。

毛泽东在中共中央关于颁发这两个文件的决定中，曾亲笔写了一段话："那时，凡在土地斗争尚未深入的地方，发生右倾观点，不敢放手发动群众深入土地斗争；凡在土地斗争已经深入的地方，则发生'左'倾观点，给许多中农甚至贫农胡乱带上地主、富农等项帽子，损害群众利益。以上两类错误均须纠正，而这两个文件则主要是为纠正'左'倾错误而发。目前正当各解放区开展与深入土地斗争之时，土地会议之召集，土地法大纲之颁布，给了右倾观点以严重打击，这是完全必需的。但随着斗争之深入，'左'倾现象势将发生。此项文件发至各地，决不应成为妨碍群众斗争的借口，而应在放手发动农民群众彻底平分土地的坚决斗争中，适当地纠正业已发生与业已妨碍群众利益的过左行动，以利团结雇农贫农，坚决保护中农（这是确定不移的政策），正确地执行土地法大纲，消灭封建半封建制度。"[①]

1947 年 11 月下旬，中共中央转移到了米脂县杨家沟。杨家沟是

---

① 《在土地改革中注意纠正"左"倾错误》（1947 年 11 月 29 日），《毛泽东文集》第四卷，人民出版社 1996 年版，第 322 页。

县城东 40 里外的一个较大且地主集中的山村。全村 270 多户人家中有 72 户地主。这里不通大道，偏僻安静，容易保密，窑洞又多，便于长时间居住和召开较大的会议。这是中共中央转战陕北以来一个条件比较好的地方。此时，陕北战场的形势和全国形势一样，已发生了根本性的变化，开始了战略大反攻，因而有了一个相对稳定的环境，可以集中讨论土地改革和其他事关中国革命成败的重大问题。为此，中共中央决定在这里举行一次扩大会议（史称杨家沟会议或十二月会议）。

为开好这次中央扩大会议，12 月 7 日至 24 日，中共中央将前来参加会议的人员分成三个组，分别讨论政治、军事和土地改革问题。土地改革小组由任弼时主持，参加者有林伯渠（陕甘宁边区政府主席）、叶剑英（中共中央后方工作委员会书记）、习仲勋（中共中央西北局书记）、李井泉（中共中央晋绥分局书记）、张德生（西北野战军政治部副主任、中共榆林地委书记）等，主要是讨论土地改革中的有关政策特别是正确分析阶级的问题。

12 月 25 日，十二月会议正式召开，会议由毛泽东主持，出席会议的有周恩来、任弼时、陆定一、彭德怀、贺龙、林伯渠、张宗逊、习仲勋、马明方、叶剑英、张德生、甘泗淇、王维舟、李井泉、王明、谢觉哉、李维汉、赵林、李涛等。正式会议开始前，毛泽东把他花了很大精力为会议起草的主题书面报告——《目前形势和我们的任务》，发给与会者讨论。

报告第一次明确提出了土地改革总路线，这就是："依靠贫农，巩固地联合中农，消灭地主阶级和旧式富农的封建的和半封建的剥削制度。"毛泽东强调，在贯彻这条总路线时，应当注意两条基本原则：第一，必须满足贫农和雇农的要求，这是土地改革的最基本的任务；第二，必须坚决地团结中农，不要损害中农的利益。他说："只要我们掌握了这两条基本原则，我们的土地改革任务就一定能够胜利地完成。"①

12月25日和28日，毛泽东两次作了发言，都讲到了防止和克服土地改革中出现"左"的倾向的问题。他说："在土改、整党工作中反对右的倾向，是反对一些干部对消灭封建阶级、驱除党内坏分子的斗争立场动摇，软弱无力。当然也要反对'左'的倾向，内战时期更容易犯'左'的错误。……在土地问题上反'左'主要是反对对中农的冒险政策，哪怕只发生一户中农被错当作地主来整，我们也必须十分注意纠正。"②

为了防止土地改革中扩大打击面，毛泽东根据各地的调查，明确提出在农村中按户数计算，地主、富农只占8%左右，中农、贫农、雇农合占90%，这个阵线不能混乱。毛泽东认为，对地主、富农也要有些区别，土地分配不能搞绝对平均，由于当地地主、富农太少就要同中农扯平，这也是不对的。他还特地提到了如何对待开明绅士的问题，他说："地主阶级中的李鼎铭、刘少白等人，他们同我们共过患难，在丝毫不妨碍土地改革的条件下，对这些人分别情形加以照顾是必要的，个别人物还可以留在我们高级政府内。"③

最后，毛泽东强调，现在，反对右的偏向问题已经解决了，所要

---

① 《毛泽东选集》第四卷，人民出版社1991年版，第1250—1251页。
② 《在杨家沟中共中央扩大会议上的讲话》(1947年12月25日、28日)，《毛泽东文集》第四卷，人民出版社1996年版，第331页。
③ 《在杨家沟中共中央扩大会议上的讲话》(1947年12月25日、28日)，《毛泽东文集》第四卷，人民出版社1996年版，第332页。

解决的新的问题，是在中农、中小资产阶级和党外人士问题上新出现的"左"的偏向。当"左"倾成为一种潮流的时候，共产党员要反对这个潮流。

在十二月会议上，任弼时也就如何纠正土地改革中的"左"倾错误作了系统的发言。他说：

> 消灭旧的土地制度，对于在抗日期间发展起来的党组织，这一件大事，党内外都需要进行教育。消灭具体的地主阶级，不可轻敌。地主阶级会利用各种方法保存自己的力量，我们要依靠贫农雇农，团结中农。现在，在运动已经起来的地方，在联合中农的问题上有些"左"，山东渤海的情况亦然，恐怕各地均不例外，问题就是侵犯中农利益，认为中农为富农，排斥中农，不吸收中农参加农会等，在部队中也有所表现。在群众运动中，这是难免的，但领导上应及时注意。①

任弼时针对已经出现的"左"倾错误做法，提出若干政策界定：

——对地主应斗争彻底，经济上交出全部土地财产，按土地法规定分配，政治上要压服。但地主要分大中小，恶与不恶，普通的中小地主不必都捆打，更不应打死人。地主一般不给选举权和被选举权，但开明绅士可在群众同意下，保留选举权和被选举权。开明的条件是：现在拥护反蒋和土地改革，愿意把土地财产拿出来分配。

——富农在经济上要与地主有区别，政治上也可考虑不同待遇，

---

① 章学新：《任弼时传》，人民出版社、中央文献出版社1994年版，第656页。

一般保留选举权，开明的富农，也可保留被选举权。对新式富农，土地平分，多余财产是否分，要根据自愿，他们应有选举权和被选举权。中农被错定成分者，如成分降下来，东西应尽可能退还原主。

——地主富农之有工商业者，保留其工商业，可不分给土地；其参加公营工商业者，合法的保护，非法的没收。

——对地主分子，一般以强迫劳动来改造，凡继续劳动5年，政治上无反革命行为，地财拿出者，可以改变成分；富农3年改变成分。在新解放区，以我军到达前一年的成分为标准。

十二月会议是中国革命在重大转折关头召开的一次具有深远意义的会议。它在土地改革运动史上有着特殊地位。以这次会议为标志，土地改革中的"左"的偏向逐渐得以纠正，使运动很快走上了正轨。

2. 明确政策

十二月会议后，中共中央和各解放区采取了许多措施，纠正前一阶段土地改革中出现的"左"倾错误。

这期间，任弼时为纠正土地改革中的"左"倾错误做了大量工作。1948年1月12日，他在杨家沟向西北人民解放军前线委员会扩大会议作了《土地改革中的几个问题》的长篇报告。报告有针对性地讲了六个方面的问题：分析阶级的标准；坚固地团结中农；对地主、富农的斗争方法；对工商业政策；正确对待知识分子和开明绅士；反对乱打乱杀。这个报告毛泽东事先作了审阅，并加写了不少文字，实际上是中共中央关于土地改革若干政策的具体说明。

没有明确的阶级划分标准，或者乱提阶级划分标准，是造成土地改革扩大打击面的根本原因。对于这个问题，任弼时指出："划分阶级成分的标准只有一个，就是依据人们对于生产资料的关系的不同，来确定各种不同的阶级。"在农村，由于对土地、耕畜、农具、房屋等生产资料占有与否，占有多少，占有什么，如何使用（自耕、雇工或出租）而产生的各种不同的剥削被剥削关系，就是划分农村阶级的唯一标准。①

　　任弼时具体分析了划分地主、富农、中农、贫农和雇农的标准，进而指出："富农与中农如何区别，是一个要十分慎重处理的问题。一般说，中农不剥削别人，但只有轻微的或偶然的剥削仍应认为中农。"他宣布了中共中央新近作出的关于富农与中农的区分标准：即使有轻微剥削，但剥削收入不超过其总收入 25% 者，仍算为中农，或富裕中农。只有剥削部分超过 25% 而且连续 3 年者，才算富农。

　　能否团结中农，是土地改革能否取得成功的一个重要因素。将一部分中农错误地当作地主富农对待，当作斗争对象，没收中农的土地财产，或在平分土地时强行抽出中农的土地，排斥中农，由贫雇农包办一切，是土地改革中出现的"左"倾错误的重要表现。对此，任弼时强调："侵犯中农利益、不照顾中农、排斥中农的倾向是非常危险的，是一种反马列主义的极端的'左'倾冒险主义倾向。应该引起全党来注意，必须坚决纠正这种错误倾向，不然就会使自己陷于孤立，使革命趋于失败。"因此，要将中农当作永久的同盟者。

　　土地改革是农民与地主间激烈的阶级斗争，但斗争要讲策略和方法，不能不分情况，不加区别地乱斗一气。为此，任弼时提出，经济

---

　　① 《任弼时选集》，人民出版社 1987 年版，第 417 页。

上把地主当作一个阶级来消灭，是一件不容易的事，"是一场恶战。"为了赢得这场斗争，"需要很细致、很艺术的领导。"因此，对富农与对地主的斗争应有区别。以后对富农只能采取征收其多余财产的办法，不能没收其全部财产、房屋，更不应用扫地出门的办法去对付一般富农。对地主斗争的方法也应分别地主的大、中、小，地主的恶霸与非恶霸。对大地主及恶霸斗争严厉些，借以警告其他地主，但地主拿出土地财产来的就不一定要拿到大会上去斗，只要他屈服，低了头，服从了政府和土地法就可以。

前一段时间，各解放区均发生过侵犯工商业的现象。对于这一问题，任弼时说：一般工商业应当受到保护，即使地主、富农所经营的工商业也不应当没收，同样是应当受到民主政府的保护。就是地主在过去减租减息时期将土地变卖而投资工商业者，也不可没收。他指出："我们过去和现在都是保护和鼓励这些工商业，因为这样对于繁荣中国的经济是有利的，是需要的。"①

任弼时还讲到了地主、富农家庭出身的知识分子和开明绅士问题。他认为，知识分子大多是地主、富农、资本家家庭出身，"可是他们自己干的事业，是一种脑力劳动。对于这些脑力劳动者，民主政权应采取保护他们的政策，并且应当尽量争取他们为人民共和国服务。"对于地主阶级中的开明人士则要采取慎重态度，"地是要分的，但不要去斗。他们有错误可以给以批评，不要去打。"今后还要让开明人士参加民主政府，使民主政府成为共产党领导的各革命阶级的代表人物联合组成的政府，而不是共产党一党包办的政府。

---

① 《任弼时选集》，人民出版社 1987 年版，第 428 页。

土地改革运动中，由于政策掌握不严，不少地方一度发生了打死人和逼死人的现象。对此，任弼时明确指出：乱打乱杀与使用肉刑，是封建社会的产物。"我们是共产主义者，是新民主主义者，我们领导的革命比资产阶级领导的革命不知要高明多少倍，我们当然应当反对乱打乱杀，反对肉刑。""多杀人必然要失去人民群众的同情，遭受很多人反对。因此那种主张多杀人、乱杀人的意见是完全错误的，是直接违反马列主义的原则和中国共产党的路线的，必须给以毫不容情的反对。"[①]

毛泽东对任弼时的这篇讲话十分重视，他要新华社将这篇长达1.5万字的报告用明码电报拍发给各地，立即在解放区一切报纸上公开发表，并印成小册子。他还特地提醒新华社负责人范长江注意，不要错译了文字和标点符号。随后，各解放区的大小报纸都用好几个版面的篇幅转载了这个报告，从而也使各级干部和广大农民知晓了中共中央有关土地改革的具体政策。

1948年春，毛泽东本人也花了大量的精力解决解放区土地改革工作中出现的"左"倾错误。1月15日，在西北野战军前委扩大会议上，毛泽东作了讲话，其中讲到消灭地主阶级与改造地主个人的关系问题。他指出："地主作为一个阶级要消灭，作为个人要保护。"并解释说，消灭地主阶级因为它代表的是反动的生产关系，"但废除地主阶级的私有权，并不等于连他的人也不要了。地主和旧式富农占农村人口十分之一，全国共有三千六百万人，这是社会的劳动力，是一种财富。"他强调："我们对封建剥削要非常恨，但地主本人还是劳动

---

① 《任弼时选集》，人民出版社 1987 年版，第 434—435 页。

力，经过改造过几年还有选举权。对地主要安置好，安置不好会出乱子，我们就不可能取得胜利。"①

1月18日，毛泽东为中共中央起草了《关于目前党的政策中的几个重要问题》的决定草案。他写道："反对党内'左'、右倾向，必须依据具体情况决定方针。……土地改革在群众尚未认真发动和尚未展开斗争的地方，必须反对右倾；在群众已经认真发展和已经展开斗争的地方，必须防止'左'倾。"②决定草案明确指出了土地改革和群众运动中必须妥善处理的一些问题：

必须将贫雇农的利益和贫农团的带头作用，放在第一位，但不是抛弃中农由贫雇农包办一切，"贫雇农打江山坐江山"的口号是错误的；

必须避免对中农采取任何冒险的政策，中农及其他阶层定错了成分者一律改正，分了的东西尽可能退回，剥削收入在总收入25%以下者应定为中农，以上者才为富农；

必须避免对中小工商业者采取任何冒险政策，认为地主富农转入工商业是"化形"而加以没收分配是错误的，地主富农的工商业一般应予保护；

对于学生、教员、教授、科学工作者、艺术工作者和一般知识分子，必须采取慎重态度，必须分别情况，加以团结、教育和任用；

对于那些同我党共过患难确有相当贡献的开明绅士，在不妨碍土地改革的条件下，必须分别情况，予以照顾；

必须将新富农和旧富农加以区别，土地改革的中心是平分封建阶

① 《毛泽东文集》第五卷，人民出版社1996年版，第23—24页。
② 《毛泽东选集》第四卷，人民出版社1991年版，第1268页。

级的土地及其粮食、牲畜、农具等财产，不应过分强调斗地（底）财，尤其不应在斗地（底）财上耗费很长时间，妨碍主要工作；

对地主与富农，地主中的大中小，地主、富农中的恶霸与非恶霸，在斗争策略上应有区别；

禁止乱杀多杀，要把一切不是坚决破坏战争和土地改革的地主富农看作国家的劳动力，加以保护和改造等。

1948 年 2 月，在毛泽东的亲自主持下，中共中央准备了一个重要文件——《中共中央关于土地改革中各社会阶级的划分及其待遇的规定》。该文件共 25 章，有 2 万余字。前 5 章分别论述中国的社会经济形态，目前的阶级关系和人民民主革命，划分阶级的标准，通过阶级成分的方法，家庭成分和本人的成分。后面各章是对中国社会各阶级的状况与党的政策逐一进行具体的分析和详细的说明，最后两章是关于犯罪分子的处理和人民法庭的工作原则。

为了写好这个文件，毛泽东先后召集周恩来、任弼时开了好几次会，他自己也作了反复的推敲和修改。2 月 15 日，他让新华社将这个文件拍发给各中央局、分局，要求他们召开会议，逐条进行讨论，向中共中央提出意见。各地对于这个文件的讨论延续了好几个月。虽然后来文件没有公开发表，但由于文件对于划分阶级的方法从基本理论到具体政策都作了明确规定，各地高级干部对文件的讨论过程，也是熟悉有关政策的过程，因而有力地推动了纠"左"工作的进行。①

全国土地会议后的几个月时间，各解放区的报刊发表了大量的

---

① 《胡乔木回忆毛泽东》，人民出版社 1994 年，第 519—520 页。

有关土地改革的报道，对运动起了积极的推动作用。同时，也发表了一些介绍"左"的一套所谓的"经验"和做法，如《晋绥日报》上发表的批斗开明绅士刘少白的报道，《东北日报》发表的有关"扫堂子"的消息，对"左"倾错误的发展起了推波助澜的作用。针对这个问题，2月11日，中共中央发出了毛泽东起草的《纠正土地改革宣传中的"左"倾错误》的党内指示，认为"最近几个月中，许多地方的通讯社和报纸，不加选择地没有分析地传播了许多包含'左'倾错误偏向的不健全的通讯或文章"，"其特点就是过左。其中有些是完全违背马克思列宁主义原则立场和完全脱离中央路线的"。要求各中央局、中央分局及其宣传部，新华总社和各地总分社，以及各地报纸对这一问题加以高度重视，对过去几个月的宣传工作，加以检查，发扬成绩，纠正错误。①

这期间，毛泽东和中共中央考虑最多的，是如何根据不同地区的具体情况，贯彻执行《中国土地法大纲》的问题。

十二月会议刚刚结束，中共中央西北局书记习仲勋就写了一份报告给西北局并中共中央。报告提出：对于苏维埃时期的老区，许多情况是与抗日战争时期的新区不同的。内战时期阶级成分一般定得高，群众对此不满意，应按新规定重新评议阶级。老区中农多，贫雇农少，有的乡村无一地主和旧富农存在，真正少地或无地的贫雇农，最多不足总户数的20%，如果再来一次平分土地，会使80%的农民不同意，像这样的老区不应平分土地，最好以抽补的办法解决无地或少地农民的土地问题。他认为，老区的地主、富农比新区少

---

① 《毛泽东选集》第四卷，人民出版社1991年版，第1280—1281页。

得多，地主、富农占中国农村户数 8% 的概念在老区必须改变，如果老区的地主、富农定得和新区一样，就可能犯这样三种错误：一是把新富农评为旧富农；二是会将已经被没收了土地并参加劳动至少八年以上的地主、富农，又定成地主、富农再去斗争；三是把富裕一点的农民定成地主、富农，或把我方公职的人员，其家中缺乏劳动力者，也定成地主、富农。这在老区是一个非常重要的问题，必须慎重处理。[①]

对于这个报告，毛泽东极为重视，批示说："我完全同意仲勋同志所提各项意见，望照这些意见密切指导各分区及各县的土地改革工作，务使边区土改工作循正轨进行，少犯错误。"同时，他还提议西北局的各负责人到各县去巡视。[②]

1 月 19 日，习仲勋将他在巡视中了解到的情况向毛泽东作了汇报，并在报告中提出：经过土地革命的老区农民，现在都有一种不愿当中农的倾向。在边区的劳动英雄中，那些真正勤苦劳动，热爱边区的，因有余粮，往往被作为斗争对象，这使广大农民对劳动致富的方针发生了怀疑，如果不改变这种状况，将对党和人民造成莫大的损失。由于老区中农已占优势，真正的贫雇农已很少。仍为贫雇农的人中，有的是因偶然的灾祸贫穷下来的，有的是地主、富农成分下降还未转化好的，有的是好吃懒做、抽赌浪荡致贫的。如果由这些本在农村毫无威信的人组织贫农团领导土地改革，就等于把领导权交给坏

---

① 《习仲勋关于检查延属各县土地改革情况的报告》（1948 年 1 月 4 日），中央档案馆：《解放战争时期土地改革文件选编（1945—1949）》，中共中央党校出版社 1981 年版，第 100 页。

② 《胡乔木回忆毛泽东》，人民出版社 1994 年版，第 520 页。

人。这样运动中就会出乱子，这也是很多地方运动发生严重偏差的重要原因。①

对习仲勋的报告，毛泽东再次作了批示，他要求华北、华中各老解放区有相同情形的，一定要密切注意"左"的倾向，并且告诫各级干部："凡犯有'左'倾错误的地方，只要领导机关处理得法，几个星期即可纠正过来，不要拖延很久才去纠正。"②

在平分土地中之所以各地均出现"左"的偏差，一个重要的原因是不分各地区的具体情况和土地改革的程度，一律实行平分土地。在那些土地问题已基本解决的地区，再来一次平分土地，把已经打倒了的地主、富农再斗一遍，结果扩大打击面，出现乱打乱杀，造成社会恐慌，农民不安心生产。对于这个问题，毛泽东经过调查研究后，提出了在不同地区实施《中国土地法大纲》的不同策略方针。

2月3日，毛泽东在给刘少奇的一封电报中，概括地提出了分三类地区实行土地改革的基本原则：（一）日本投降以前的老解放区。这种地区大体上早已分配土地，只须调整一部分土地，而不是照土地法再来分配一次土地。在这种地区，过去的贫农大多数已升为中农，中农已占乡村人口的大多数，所以必须吸收中农中的积极分子参加农村的领导工作。（二）大反攻后的半老区，即1945年9月至1947年8月两年内所解放的地区，完全适用土地法，普遍地彻底地分配土地，并且应当准备一次分不好再分第二次，还要复查一两次。这种地区，必须组织贫农团，必须确定贫农团在农会中、在农村政权中的领

① 《习仲勋关于西北土改情况的报告》（1948年1月19日），中央档案馆：《解放战争时期土地改革文件选编（1945—1949）》，中共中央党校出版社1981年版，第130页。

② 《胡乔木回忆毛泽东》，人民出版社1994年版，第520页。

导地位。（三）大反攻后新解放的地区。这种地区应当分两个阶段实行土地法。第一阶段，中立富农，专门打击地主。第二阶段，将富农出租和多余的土地及其一部分财产拿来分配，并对前一阶段中分配地主土地尚不彻底的部分进行分配。

2月5日，刘少奇复电毛泽东说，在晋察冀，经过土改复查，土地改革彻底的地区只有一部分下中农稍少一点土地，贫农与富裕中农稍多一点土地，这种地区，完全不用再平分，也不必抽补了，如有个别缺地较多者，只需实行个别调整即可。这些地区应以生产和整党为中心工作。太行的情况是有1000万人口的地区已彻底土地改革，另有1000万人口的地区基本彻底但留有尾巴，那里是贫农特别是干部分得多于中农的土地，地主则只分得少于中农也坏于中农甚多的土地，富农的土地亦少于中农。故这些地方也不需要再分了。上述这两种情况，老区和半老区都有，但最大部分还是在半老区。因此，应规定在半老区中土地已大体平分的地区，也不应再平分，只须实行个别或部分的调整。[①]

随后，毛泽东又分别致电各大区负责人，就按三种地区的不同情况实行土地改革的问题，征询意见。

各大区负责人很快就回电表明自己的看法。习仲勋在报告中说，陕甘宁边区约有130万人口的老区，在去年十二月会议前，土地都大体上平分了。现在这些地区，不是地主、富农占有土地多数（土地革命区，地主、富农过去漏网的是极少数），而是中农占有土地多。如要平分，一般都是要动大部或全部中农土地，甚至还要动10%的贫

---

① 《刘少奇关于土地法实施应分三种地区问题给毛泽东的报告》（1948年2月5日），《中国土地改革史料选编》，第459页。

农（户数）的土地。要分给的是一部分很少或无地的移民，或倒给地主、富农补进土地。这会使农民对土地所有权的信心发生动摇。普遍现象是农民都不愿积极生产，认为这次平分了，又不知几年之后再来平分。对于贫农团问题，习仲勋的看法是，老区贫农团，不能尽其领导一切的作用。因为贫农团本身很复杂：有的因为过去分得地远、地坏，或人口增加，经济不能发展；有的因为偶遭灾祸下降；有的是地富还未转化；有的是因为吃、喝、嫖、赌，不务正业而致贫者。后一种人占贫农总数的1/4。因而这种贫农团，在老区一旦组织起来，就是向中农身上打主意，"左"的偏向亦由此而来。

习仲勋还说："土地再平分，农民都感到把农村追死啦。真正劳动的贫雇农，也抱怨我们给他们造好多困难。贫农团除此作用外，就再少其他作用。至于生产吗，在农村，那倒是中农领导贫农。至于起领导作用吗，那又变成少数不纯分子把持村、乡政权。因此，我完全同意，在老解放区的土地改革方针，是调剂补平，再不能实行平分。在贫农少的地方（边区，老区，有很多乡村，就很少贫雇农），不组织贫农团。多的地方，组织贫农小组，在乡农会之下，起其保护农村少数贫农利益的作用，不能使其起新区或半老区那样领导一切的作用。""老区的农村支部，经整党后，仍应是领导一切的组织。否则，将会发生农村工作混乱的现象。"①

晋冀鲁豫中央局第一副书记、代理书记薄一波在2月5日的报告中说，老区地主、富农一般已经斗彻底、分彻底，60%至80%的贫雇农已经满意，老区剩下的问题，主要是各级干部、党员所包庇的地

---

① 《习仲勋关于分三类地区实行土改的报告》（1948年2月8日），《解放战争时期土地改革文件选编（1945—1949）》，第156—157页。

主、富农没有斗彻底，地主、富农中的军干烈属，多留土地财物；非地主、富农军干烈属，多分土地财物；党员干部，多占土地财物。这就是老区的基本情况。如果不顾这一具体情况，只在土地问题上打圈子，再来一次平分运动，一定不能发动热烈的群众运动，而且一定会发生"左"倾错误。因此，老区不应机械地再来一次平分运动。可采取抽补调剂，动少数不动多数的办法。①

2月10日，薄一波又就分三种地区进行土地改革的问题向中共中央作了专题报告。报告中说，老区地主、富农已经彻底消灭，贫雇农绝大部分已经彻底翻身，土地早已平分，新、老中农合计占全村户数的80%以上；半老区的地主、富农亦已大体斗彻底，土地亦大体平分过，新、老中农合计占全村户数的60%至70%。因此，这两类地区中，均不必再来一次平分土地运动，只实行抽补调剂与填平补齐即可，这两类地区可不建立贫农团，至于第一类地区就是贫农小组也不必建立，只有第三类地区可完全按照《中国土地法大纲》开展土地改革。②

在经过反复征求意见之后，中共中央委托周恩来起草了《老区半老区的土地改革与整党工作》的指示，经毛泽东修改后，于2月22日公开发表。

该指示明确将所有老区与半老区（1947年人民解放军由防御转入进攻以前解放的地区），分为三种类型，采取不同的工作方针：

---

① 《薄一波关于复查前的补充指示的报告》（1948年2月5日），《解放战争时期土地改革文件选编（1945—1949）》，第164页。

② 《薄一波关于分三类地区实行土改问题的报告》（1948年2月10日），《中国土地改革史料选编》，第465页。

第一类地区，是土地改革较为彻底的地区。这类地区应被认为土地已经平分，决无再行平分的必要。留下的问题是在较小的范围内，用抽补方法调剂土地及一部分其他生产资料，使尚未彻底翻身的贫雇农从地主、旧富农，尤其是占有超过农民很多的土地财产的干部家庭那里补进土地及其他必需的生产资料。如果需要抽出新富农甚至一部分富裕中农的土地时，必须取得被抽者的同意方可抽动。

第二类地区，是土地改革尚不彻底的地区。这类地区应被认为平分已大体实施，但不彻底。因此，一般地也不是再来一次全面的平分，而是实行在较大范围内的调剂。只在某些特殊地方，在多数农民要求并取得中农同意的条件之下，应当重新平分。在这类地区如果不抽动新富农及一部分中农的土地不能满足贫雇农的要求时，凡中农所有土地的平均数超过贫雇农所有土地的平均数在一倍上下者，在取得本人同意以后，可以抽出中农的一部分土地，但以不超过其全部土地的四分之一为限度。

第三类地区，是土地改革很不彻底的地区。其中，一部分地区虽然也经过了清算和土地改革，但是工作很坏。另一部分地区，则是边沿区或收复区，土地改革工作尚未进行。所有这些地区土地并未平分，封建制度依然存在，土地关系及阶级情况仅有若干变动，地主、旧富农仍占有大量的土地财产，贫雇农仍然是人多地少。在这类地区，完全适用平分土地彻底消灭封建制度的方针。

在第一、第二类地区中，在农民已经发动和组织起来的地方，目前应依上述各项规定，于春耕前实行调剂完毕，确定地权，以利生产。在工作尚未做好估计春耕前已不可能完成土地改革任务的地方，即应将土地改革工作推迟至夏季以后进行，并保证今年的土地生产物归耕者所有，而将工作迅速转入生产、整党和建立乡村民主生活上去。在第三类地区中，更应将已着手的土地改革工作赶快作一结束，推迟至夏季以后重新进行，以便迅速转入生产及一般的宣传组织工作。

1948年3月下旬，毛泽东和中共中央离开转战一年多的陕北，渡过黄河途经晋绥解放区前往河北与中央工委会合。4月1日，毛泽东在晋绥边区领导机关所在地兴县蔡家崖发表了著名的《在晋绥干部会议上的讲话》（以下简称《讲话》）。

在《讲话》中，毛泽东第一次明确地提出了新民主主义革命的总路线，这就是："新民主主义的革命，不是任何别的革命，它只能是和必须是无产阶级领导的，人民大众的，反对帝国主义、封建主义和官僚资本主义的革命。"他指出，封建主义是帝国主义和官僚资本主义的同盟者及其统治的基础。因此，土地制度的改革，是中国新民主主义革命的主要内容。为此，毛泽东还提出了土地改革的总路线，即"依靠贫农，团结中农，有步骤地、有分别地消灭封建剥削制度，发展农业生产"。

毛泽东在讲话中强调：土地改革所依靠的基本力量，只能和必须是贫农。这个贫农阶层和雇农在一起，占了中国农村人口的百分之七十左右。土地改革的主要的和直接的任务，就是满足贫雇农群众的要求。土地改革必须团结中农，贫雇农必须和占农村人口百分之二十左右的中农结成巩固的统一战线。不这样做，贫雇农就会陷于孤立，土地改革就会失败。土地改革的一个任务，是满足某些中农的要求。必须容许一部分中农保有比较一般贫农所得土地的平均水平为高的土地量。我们赞助农民平分土地的要求，是为了便于发动广大的农民群众迅速地消灭封建地主阶级的土地所有制度，并非提倡绝对的平均主义。谁要是提倡绝对的平均主义，那就是错误的。现在农村中流行的一种破坏工商业、在分配土地问题上主张绝对平均主义的思想，它的性质是反动的、落后的、倒退的。我们必须批判这种思想。土地改革的对象，只能是和必须是地主阶级和旧式富农的封建剥削制度，不能侵犯民族资产阶级，也不要侵犯地主富农所经营的工商业，特别注意不要侵犯没有剥削或者只有轻微剥削的中农、独立劳动者、自由职业者和新式富农。土地改革的目的是消灭封建剥削制度，即消灭封建地主之为阶级，而不是消灭地主个人。因此，对地主必须分给和农民同样的土地财产，并使他们学会劳动生产，参加国民经济生活的行列。除了可以和应当惩办那些为广大人民群众所痛恨的查有实据的罪大恶极的反革命分子和恶霸分子以外，必须实行对一切人的宽大政策，禁止任何的乱打乱杀。[①]

至此，"左"倾错误对土地改革和中国革命事业发展的危害，引起了各级党组织的高度重视，各项土地改革的政策已十分具体和明确，中国共产党有关土地改革的理论也大大丰富和成熟。

3. 典型经验

为了迅速落实老区、半老区土地改革方针，使土地改革运动走上正轨，毛泽东、刘少奇、周恩来、任弼时等领导人亲自调查研究，解

---

① 《毛泽东选集》第四卷，人民出版社1991年版，第1314页。

剖麻雀，树立典型。毛泽东还向全体从事土地改革工作的干部推荐了几个土地改革成功典型。

典型一：山西崞县召开土地改革会议的经验。

1948 年 1 月 27 日至 31 日，崞县一区与城关召开第二届联合区代表会议，主要内容是根据晋绥分局关于改正错定成分及团结中农等指示，解决改正错定成分、平分土地、检查斗争与分配、健全与巩固组织等问题。

这次会议经过初步检查，崞县一区与城关区的 32 个自然村中，富农错定地主者共 43 户，中农错定富农者 106 户，中农错定地主者 26 户，中农错定所谓"下坡地主"者 5 户，其他错定为"破产地主"者 51 户。根据 19 个村的检查结果，斗争面一般在 10% 左右。

会议开始后，首先把毛泽东《怎样分析阶级》小册子在各小组宣读一遍。与会代表听后，表现了各种复杂的思想、态度与看法。开始，在以前划成分"错"与"没错"这个问题上展开争论，如有的代表说："定时咱贫雇农都在场，一家一家都讨论过，一点也没错，扣起的都是地主、富农，就没把咱中农扣起！""戴的帽子正嵌（合适的意思），哪一样也在格格里！"还有的代表则不服气地说："这本本是南方的，咱这地方不能干；一个地方一个样，咱这地方就是由咱！"还有代表怕这个小册子被那些错划的人看到，他们说："人家（指中农被错定的）知道咱们闹错了，把咱们的门也要打烂哩！""这书不敢露，地主、富农可会说哩，咱们这一伙说不过人家！""叫定错的'破产地主'知道了，要和咱'恼火'哩！"

看到这种情况，领导上就让代表们反复酝酿讨论，并加以启发引导，最终使代表们认识到改正成分对全体农民有利。有的代表说：

“按政策，按公心，应该改过来，将心比心，把自己人定错了，不应该！”“把自己人不该送到狼群里去！”

虽然有了这样的认识，但要农民代表公开承认错误并加以改正，他们又顾虑重重，有的不愿说“软话”（公开承认错误），有的怕地富报复，但最主要的是怕退东西，特别是东西已经分配的地方。有的代表说：“粮食吃了，衣服穿了，白洋交贸易局了，怎往回退？”“东西已经分了，吃进肚里去不能往回吐啦！”这时，参加各组讨论的县委干部就诱导启发，进一步组织学习晋绥分局所发的关于分析阶级的补充草案，引导代表具体研究分析各村到底定错几家，应当怎样改正，并分析了定错成分的原因。

接着，会议又讨论了平分土地的问题，讨论前，先学习有关文件，然后“各组自由咯吵，提出问题，大家解决”，“吵了两天两夜”，最后提出了具体的解决办法。在讨论一般地主、富农的分地问题时，开始，代表们原来的意见都是“恩赐”地主富农一小部分坏地，数量也不足维持生活。他们说：“让狗 × 的也受受咱农民的苦处，叫他们掏烂沙地去！”学习有关文件后，改变了认识，他们说：“对着哩！要够他吃的。不然，他们偷咱们，要吃的，还得剥削咱们。”“他要没活法，狗急跳墙，闹得村子里不安，对咱们还是个不利！”于是一致认为要使“富农能生产，地主能生活”。会议还对地主、富农出身而为革命牺牲的军人与干部、解放军军人、国民党军队官兵、二流子等如何分配土地提出了具体意见，并分析了土地分配中可能出现的各种纠纷，提出了具体解决办法。[①]

---

① 谭政文：《山西崞县是怎样进行土地改革的》，中央档案馆：《中共中央文件选集》第 17 册，中共中央党校出版社 1992 年版，第 102—120 页。

　　崞县上述纠正错划的阶级成分的做法，在这里领导土地改革工作的中共中央晋绥分局社会部部长谭政文，向分局书记李井泉作了详细报告。晋绥分局将报告又上报给了中共中央。毛泽东看到这个报告后，对崞县的做法给予了充分肯定，认为这个报告中"所描述的两个区的农民代表会议上所表现的路线，是完全正确的"[①]。

　　典型二：平山老解放区土地改革经验。

　　晋察冀解放区的平山县分为老区和半老区两部分。平山老区已解放十年以上，经过了抗战中的减租减息；半老区也解放了两年半，并经过了抗战胜利后激烈的反奸清算。不论在老区和半老区，都经过了土地改革和土改复查。新的富农、中农经济已占相当优势，贫雇农的比例已相对减少。在老区，无地和少地的农民一般只有30%至40%，真正缺地，特别是缺乏好地和近地的农民，则只占20%。在半老区，无地和少地的农民，也只占40%左右。占有较多和较好土地的地主、富农，差不多全是党员干部的家庭以及"三三制"中的党外人士。旧富农虽然拥有比斗争过的地主较多的土地，但比新富农甚至比富裕中农还少。

　　平山在土地改革中，也曾发生过各种偏向，一是群众自发起来斗争所谓"坏干部"。在不少地区，已有一些党员干部被捕、被打，造成一般党员干部的惊慌。二是已受打击的地主、富农阴谋乘机报复，煽动群众对党员干部胡乱斗争。三是工作团机械地坚持先斗地主再解决干部问题，硬把解决土地问题和民主运动机械分开，将群众反对的大批党员干部当作"石头"搬走。四是工作团利用权力，强调群众对

---

　　① 《〈山西崞县是怎样进行土地改革的〉一文按语》（1948年3月12日），《毛泽东文集》第五卷，人民出版社1996年版，第79页。

斗过的地主再来斗争，企图掀起所谓"高潮"，制造所谓"轰轰烈烈"，结果犯了"左"的错误。①

为了克服上述偏向，平山创造性地将土地改革与整党结合起来。据当时参与领导平山土地改革和整党工作的冯文彬回忆："经过历次运动，地富的地已大部分散，真正无地的农户已不多，以往土地改革存在的主要问题是土地分配不公平、不彻底。主要是干部占有较多较好的土地，这是广大群众最为不满的地方。"为此，平山在整党中做党员干部的教育工作，动员他们在平分土地中，首先带头交出自己多占的土地，不少村将整党与土地改革有机地结合起来。②

在此之前，平山土地改革在斗争地主的同时，也出现了大批揪斗干部党员的现象，逮捕、吊打甚至打死干部。造成干部普遍恐慌，逃跑和自杀时有发生。面对这种混乱的局面，在1948年年初的平分土地与整党运动中，平山采取开门整党，给犯错误的干部办训练班的做法。首先是公开党的支部，把党的会议与群众大会合而为一。其次是从乡到县建立了人民代表大会，首先吸收非党贫农参加，接着吸收非党中农也参加，改变了过去农村支部开会时那种神秘性。最后，党员、干部在群众对证下受到清查，并由群众提出处理好坏党员的意见。

平山整党的办法受到刘少奇的充分肯定，他认为这个办法有三点好处：第一，整党中有群众参加支部大会，非党群众觉得受到党的尊重，有了充分作证、说话、提意见的机会，但他们没有权力在

---

① 《平山老解放区土改经验，创造整党与发动群众相结合的范例》，《人民日报》1948年2月29日。

② 冯文彬：《平山土改与整党》，《中共党史资料》第33辑。

党的会议上打人或胡闹。党既尊重了非党农民，非党农民就加倍尊重党的领导。这样既可主动地处理干部，又不至于陷入群众大会处理干部那种被动过火状态。第二，开门整党，请群众参加，这样大会也是群众大会，具有群众大会的压力，使得干部任何错误都无法隐瞒欺骗和狡赖。再加上强有力的领导，能够了解全盘情况，被批评的干部可以在会议上说明他们的某些错误是要上级负责，上级当时也可替他作证，这样就可分清责任，避免群众单纯片面地观察党员干部缺点。第三，用这种方式要地主、富农出身的农村党员干部交出土地财产来，也会比一般的把他们交给群众大会去斗争的方式要更适当些。[①]

刘少奇将平山土地改革与整党结合的经验向毛泽东作了汇报，得到了毛泽东的充分肯定。

典型之三：绥德黄家川抽补典型经验。

黄家川是陕甘宁边区绥德县义合区三乡的一个普通村庄，全村共有 75 户，333 人，土地革命时期为游击区，土地未被分配。1940 年，黄家川进行过一次"并地"（即由农会主持把地主土地分配给农民耕种，地租减一半，并具有永佃性质，但土地所有权属于地主）；1947 年春天进行过一次比较彻底的土地改革，将地主的土地按人口分给无地少地的农民，全村消灭了无地户。

平分土地前，该村有 3 户地主,24 人，人均土地 1 垧 6 堆 3（按：当地 1 垧为 8 堆，约合 3 亩）。31 户贫雇农，113 人，人均土地 1 垧 6 堆 4。5 户富裕中农，32 人，人均土地 2.5 垧。36 户中农，164 人，

---

① 《平山老解放区土改经验，创造整党与发动群众相结合的范例》，《人民日报》1948 年 2 月 29 日。

人均土地 2 垧 0.5 堆。从数量上看，土地问题已基本解决。所以平分运动开始时，贫雇农因急于求得地主的粮食和浮财，曾认为"土地没分头"。后经发动群众深入地登记土地和调查，发现不仅山地有好坏，川地也有好坏，并有远地近地的差别，同时发现了不少的公地、合作社地和绝户地以及上年春天土地改革中分配不公的情形。经过农会组织的精密计算，发觉各阶层土地产量相差很大。地主 70% 以上是好地和较好地，贫雇农的土地 52% 是坏地。

这一计算的结果，"大大启发了贫雇农，当开始形成力量时，便勇猛向地主斗争，声势很大。"这时，中农表面都赞成彻底平分，但实际上都有着种种顾虑，如担心动了坟地、养老地，分了祖业地，怕把土地分成小块等。针对这种情形，工作组解释说抽补调剂土地不是打乱一切土地平分，同时加强对贫雇农宣传团结中农的重要性，使其认识到既要领导中农又要向中农让步。然后召集中农和贫雇农一起开大会，反复解释讨论了土地改革中要坚持满足贫雇农要求和团结中农这两条原则。经过双方这样深入的讨论，动员中农自动"欢迎"土地（即自动拿出之意）。在此基础上，全村进行调剂土地，经群众反复酝酿，按照全村平均产量及人口，并照顾贫苦和老弱残废，实行抽肥补瘦、抽多补少，先动用地主土地、公地，不足时再动用中农"欢迎"土地，全村基本上达到拉平。这样分配的结果是，地主每人平均产量6 斗 8 升 4 合，富裕中农 7 斗零 3 合，中农 7 斗，贫雇农和老弱残废的 7 斗 6 升。全村每户都有园子，也都有好地。群众对土地分配都很满意，他们说："这回才真正彻底了。"36 户中农中，有 8 户分得土地12 垧 2 堆，有 7 户抽动了土地，但分配了果实及调剂了园子地，并废除债务，减轻负担，动了地的中农们异口同声地说："咱们是真心欢迎出这一点地。"①

毛泽东对崞县、平山和绥德黄家川的土地改革经验十分重视。1948 年 3 月 12 日，他把谭政文关于崞县召开土地改革代表会经验的报告，取名为《山西崞县是怎样进行土地改革的》，并加写了一段按语，要求将崞县、平山和黄家川的经验，印成小册子，发给每个乡村的工作干部。他说："这种叙述典型经验的小册子，比我们领导机关发出的决议案和指示文件，要生动丰富得多，能够使缺乏经验的同志们得到下手的方法，能够有力地击破在党内严重地存在着的反马列主义的命令主义和尾巴主义。"②

按照这个指示，各解放区的报纸都转载了这三个地方土地改革的有关报道，并汇集成册，发给广大乡村干部和土改工作队员，成为各地指导土地改革的重要参考文献。

4. 纠正偏差

十二月会议后，按照中共中央的指示精神，各解放区均花了很大的力气开展纠"左"工作。

错划阶级成分，是土地改革中"左"倾错误的重要表现，也是导致其他错误产生的重要根源。为此，各地在纠"左"时一般都从订正阶级成分入手。

晋绥解放区曾是"左"倾错误比较严重的地区，这里发明了一套

---

① 《满足贫雇农要求又团结了中农，黄家川抽补典型经验》，《人民日报》1948 年 3 月 1 日。

② 《毛泽东文集》第五卷，人民出版社 1996 年版，第 80 页。

"左"的划分阶级的方法。十二月会议后，晋绥分局于 1948 年 1 月 7 日发出《关于纠正"左"倾危险的指示》，强调："在划分阶级成分、团结中农、工商业政策及三查三审等问题上，普遍存在着'左'的倾向，应立即纠正。"[①] 1 月 14 日，晋绥分局又作出《关于纠正错划成分与团结中农的指示》，指出过去在划分阶级问题上，破产地主和富农不少，特别是把富裕中农定成富农，"这种错误估计在老区比较严重"，必须根据《怎样分析阶级》和《关于土地斗争中一些问题的决定》，进行改正，并取消"化形地主"与"生产富农"的名称。

纠"左"工作开始后，兴县胡家沟村在进行改定成分的工作时，首先召开中农老汉座谈会，再由贫农会及农会会员大会根据划分阶级的文件数次反复讨论。通过对照文件中规定的阶级标准，农民们认为以前划分阶级时把剥削、历史、铺摊三项平列起来，没有把剥削关系作为唯一标准的做法是不妥当的。农民们说："咱那时候就觉得人家够不上，但怕人说失去立场，走地主路线，不敢说出来。"也有人对改定成分持反对态度，他们说："已经定住啦，不能改正啦！"于是在农民中开展了要不要改定成分的讨论。多数农民赞成实事求是地改正错划了的成分，他们有的说："改正是为了咱农民，而不是心疼地主富农们。"也有的说："狼群里寻羊，改正过来咱多了力量，少了敌人，农民才能大胆发展生产。"

会议又分析了过去把部分农民错划为地主富农的原因，认为主要是犯了偏重"照顾历史""看铺摊子"的错误，没有区别清楚剥削关系、剥削的性质和分量。农民胡初初的祖父是个破产地主，祖母是有名的

---

① 山西省史志研究院等：《晋绥革命根据地史》，山西古籍出版社 1999 年版，第 510 页。

"母老虎"，他父亲已参加劳动，只是劳动不太好。胡初初本人则从小就受苦。1925 年他与父亲因生活不下去，到邻近的东山租地种，一种就是 20 年，到 1945 年才回到胡家沟。这样一个农民，在土地改革定成分时因"查三代"的缘故，被定为"破产地主"。在改定成分的大会上，群众说："把个贫农定成破产地主多冤枉，这是硬把一家人往门外推嘛。"另一个叫胡红全的农民，这年 58 岁，曾享过三五年地主的福，但不久就把自己的家业弄光了，后来揽了近 20 年的工，又租种了十来年的地，新政权建立后才又买下了地。群众说："他小时候剥削人很少，长大了反倒受人剥削，还能算是破产地主？"于是一致同意改定为中农。经过群众讨论酝酿，原定 17 户地主、富农改正了 10 户，只有 7 户仍保留原来的成分。①

在这次重新划定阶级中，各地均注意听取群众意见，采取群众自报公议、三榜公布的方式，而不是以往那种由少数贫雇农积极分子或工作团说了算。

1948 年 3 月初，晋冀鲁豫解放区武安县九区什里店村重新划阶级，土改工作组事先学习了划阶级的文件，明确了划分各个阶级的标准，并且分别找已串联的贫雇农一起学习，结合具体情况做了研究，使自己和贫雇农骨干都能掌握划阶级的标准。然后自报公议，三榜定案，即每个人自己把条件讲出来，自己说自己算哪个阶级，然后由群众公议。群众有不同意的，有多少种意见都可以，都写到榜上贴出来。以后大家再讨论，再出一次榜。最后再由全村人来讨论，到被划者自己和大多数群众都同意后，才算定案。三榜之后如有不同意见，

---

① 《兴县胡家沟改正错定成分，六位农民重新归了队》，《晋绥日报》1948 年 2 月 2 日。

还可以向人民法庭提出申诉。

什里店在重划阶级时还明确规定，划成分的时候要注意几点：（一）老老实实，是啥就说啥。（二）有不同的意见，在划的时候要讲理，可以争论，但不能吵架打架。（三）打破情面，不要包庇。（四）不许公报私仇。宣布工作组没权决定哪个人是啥成分，只是在群众对条件不清楚时进行讲解；划阶级和填补是两件事，划成贫农不一定就填补，划成中农也可能分地，有的贫农多得了果实的也一定要退。通过这种方法，把政策交给群众，掌握阶级标准，避免过去划阶级"比生活""比人格"的现象。过去许多农民不敢大胆发展生产，担心粮食多了，生活条件好后，提高阶级成分遭到批斗。这样划分阶级后，农民们说："这样重视劳动，劳动得红，没剥削就永不会被斗，那地以后就有人要了，会要涨价哩！"①

通过重划阶级成分，缩小了打击面，扩大了农民队伍，稳定了社会秩序。东北解放区在"砍挖运动"中严重地扩大了打击面，全解放区受打击者占人口的25%，有的地方则更高，达到40%至45%。如哈尔滨市郊区农村自"砍挖运动"以来，各屯的群众运动规模都相当大，随之而来的打击面也很大，打击面最大的村子，如香坊区大沟村占全村人口的44%、东大坝村占46.7%，松浦区李曼屯占65%，一般的屯子均达到16%到25%左右。打击面扩大的原因，最主要的是定阶级的标准不明确，将中农错划为地主、富农。其次，在"砍挖运动"中，农民在地主、富农少的屯子里找头子，凡是家底厚，有车马有浮财，就被定为"扫荡"对象。再就是干部存在"左比右好"的思

① 《什里店慎重划阶级，自报公议、三榜定案不叫一人受屈》，《人民日报》1948年3月13日。

想，有意识地顺应群众的要求，把划阶级的标准年限予以更改，往上推，甚至推至1931年"九一八事变"以前，又有意识地把政治条件加上作为定阶级的标准，以提高阶级成分。

1948年2月5日，《东北日报》发表《高潮与领导》的社论，认为"这次的打击面是相当大的，应当引起严重的注意，现在来纠正还不算迟，如果现在不加以严重的注意，那就可能引起严重的后果"。为了缩小打击面，分化打击面，社论认为必须采取以下办法：

第一，划阶级只能以剥削关系、生产资料和生活状况为标准，其他一切条件，如历史和政治均不能作为划阶级的标准。

第二，划阶级的时间只能以"八一五"即日本投降前三年的生活状况为标准，不能以其他任何时间为标准。

第三，查"化形"只能查"八一五"土地改革开始后这一段时间。"八一五"前是什么阶级就算什么阶级，"八一五"前分家的，就照分家后的成分计算。"八一五"前由地主、富农下降为什么成分就算什么成分。过去各地时间定得不对的一律应根据此条改变。

第四，对中农与富农的区别，应按东北局指示：凡剥削收入分量扣除其被剥削部分，不超过其家中一年总收入的25%者为中农，在某种情形下超过25%但不超过30%，群众不加反对者，也可划为中农。

第五，在划分经营地主与富农时，不要把富农划成经营地主。

第六，对地主与富农应有区别，对大、中地主恶霸富农与对小地主、一般富农也应有区别，对地主应留给生活出路，对富农只分多余部分，对小富农更应从宽。对一般佃富农只分牲口，使佃富农在分出牲口、分进土地的条件下，不会吃亏。

按照这个标准，东北各地重新划分了阶级。在未纠正之前，东北解放区的合江省地主、富农占总户数的15%至20%，人口占20%至25%。重划阶级之后，地主、富农户数一般占总户数的7%到9%，人口占总人口的9%至13.5%。如富锦县五区，未重划阶级前地主、富农户口占14.8%，人口占23.1%。重划阶级之后，地主户口占4.5%，人口占7.2%；富农户口占4.9%，人口占7.7%。桦川县未重划前，地主、富农占户口的17%，人口占26%，重划后据4个区统计，地主、富农户口占9.3%，人口占15.7%。[①]

据晋绥解放区半老区的山阴、平鲁、左玉、左云等12个县（其中8个全县，7个全区）的统计，总户数246091户，原定地主、富农24430户，占总户数的9.9%，改正后为11085户，占总户数的5.5%，地主、富农的总户数下降了4.4%，也就是说，原来划定的地主、富农中有将近一半的人重新回到了劳动农民队伍中。

此前划分阶级出现的偏差，是将一部分中农错划为地主、富农。各地在纠"左"过程中，除了将错划了成分者如实改正外，还公开赔礼道歉，在经济上予以补偿。例如，东北合江省各县专门召开划错中农会议，对错划者公开道歉，并将农会中所有的东西拿出来分给他们，帮助中农每户解决一头牲口。确实解决不了的，秋后再帮助其解决牲口问题。本年内的粮食、种子都由农会帮助解决。[②]

---

① 《中共合江省委关于重划阶级后的情况给东北局的报告》（1948年4月11日），辽宁省档案馆等：《东北解放区财政经济史资料选编》第1辑，黑龙江人民出版社1987年版，第403—404页。

② 《中共合江省委关于重划阶级后的情况给东北局的报告》（1948年4月11日），辽宁省档案馆等：《东北解放区财政经济史资料选编》第1辑，黑龙江人民出版社1987年版，第403—404页。

土地改革运动中，定什么样的成分对农民来说十分重要。因为政策很明确，贫、雇农是依靠对象，中农是团结对象，地主、富农是斗争对象。在纠"左"中，由于实事求是地改定了成分，缩小了打击面，稳定了中农情绪，使他们能放心地发展生产。通过纠"左"开展改定成分的宣传后，农民们说："这样真清楚，上年哪有个标准，反正是有东西斗就是，今年毛主席的标准来了，生产有指望了。"[①]那些被错划了成分挨了斗的中农，对改定成分的感触就更深，他们说："改定了成分，身上真轻快。""以前没有参加农会，看人家开会心里真馋人，现在改正过来参加了团体，真是喜之不尽，对（土改）复查一点意见都没有，这是潮流转的，俺一辈子也忘不了共产党毛主席。"还有中农说："共产党要胜利了，他们办的都是安天下的工作。"[②]

在土改复查和平分土地中，冀东地区出现了比较严重的侵犯中农和工商业者利益的现象。1948年4月，中共中央东北局指示冀热辽分局，"必须排除一切犹豫与动摇，立即坚决补偿中农被侵犯的物质利益，而不是空提团结照顾"，要求划错了成分的按新标准划回，摘掉帽子，保证其土地、牲口和粮食至少不低于贫雇农翻身后的水平，组织上吸收其加入农会或政权，对于冤者抚恤其家属。[③]

中共中央晋绥分局发出指示，认为前一阶段对中农利益的侵犯，

---

① 《中共华东中央局土改工作团关于五莲县结束土改工作的总结》（1949年3月14日），山东省档案馆、山东省社科院历史所：《山东革命历史档案资料选编》第二十二辑，山东人民出版社1986年版，第255页。

② 《中共华东中央局土改工作团关于五莲县结束土改工作的总结》（1949年3月14日），山东省档案馆、山东省社科院历史所：《山东革命历史档案资料选编》第二十二辑，山东人民出版社1986年版，第255—264页。

③ 《东北局关于纠正冀东土改中"左"倾错误给程子华的指示》（1948年4月30日），中共河北省委党史研究室：《冀东土地制度改革》，中共党史出版社1995年版，第211页。

"这是我们的错误，其错误不是贫雇农，而是工作团，但负责赔偿的，不是工作团某人而是政府，所以我们在赔偿时，应公开认错，并宣布中农的财产是不可侵犯的，除此次赔偿外，并保证今后中农的财产不得受到任何侵犯。"根据这一原则精神，晋绥分局提出了各类物品的赔偿办法：

——有些中农，缺乏种子和口粮，因而生产无法进行者，应先退够今春的种子和夏收或秋收前的口粮，能够做到多退者更好，所欠部分，先记下账，等政府规定办法后再说。

——农具等物退还，若有长余，暂归缺乏工具的贫雇农借用，限本年内交还。

——牲畜如牛、驴因耕种需要，加之一冬草料的耗费，已分者，可与贫雇农伙喂、伙用，未分者原物退回，所用草料可在其他应赔财物上扣出。

——白洋、元宝、金子、烟土，原物退还，已交贸易局向贸易局取回，不能取回或本人不要金银者，可以烟土或农钞（注：西北农民银行发行的钞票）折还。

——衣服被盖未分者，可原物如数退还，但衣物过多，若本人自愿，可调剂一部分给贫雇农。已分者，酌情收回。

——家具不论已分未分应如数退还，但本人家具很多，保存无用者，争取其自愿调剂一部分给贫雇农使用，分到外村，本人又不十分需要，若本人同意，以木料酌量折还亦可。[①]

晋察冀解放区冀中区十地委对被定错成分的中农采取的纠正办法

---

① 赵林：《关于纠正侵犯中农财物赔偿问题的指示》，1948年3月17日。

是，凡财产已经查封但未分配者，启封被封财产，并向其承认错误，已经分配能够退还者尽量退还，不能退还者进行抵偿。如衣物已分给贫雇农用了的，可从今后分地主的浮财中补偿，粮食已经吃了的算作该中农的公粮，等麦熟或秋后由贫雇农收了粮食补还。目前生活困难的由政府用贷粮贷款的办法，维持其生产和生活。①

1948 年 5 月 23 日，中共晋冀鲁豫中央局在给太岳区党委的指示中强调，对于过去错斗中农和侵犯中农利益，不能以"这是不对的"一句话轻轻了之。不管有无保存的未分果实，都必须给予补偿。中农被斗者，一律承认错误，无条件地立即启封；被管制与登记财产者，一律无条件地立即取消；强迫中农贷给贫雇农的款子与合作社强抽中农股金给贫雇农，以及强借中农的车辆、牲口给贫雇农者，立即无条件地退还原主。

前面提到过的冀南永年县二区东大慈村，过去因为划阶级无标准，谁富斗谁，有一点小错也斗，再加上村干部、积极分子作风不民主，或私人报复，错斗了不少中农。工作组在领导纠"左"过程中，决定对于划错了成分的 5 户中农，首先补给土地让其下种，以免耽误春耕生产；其他财产待贫农团、农代会成立后再说。补地时，尽量退还错斗中农的原地，已分给贫农的暂时补给别的地，等收了庄稼后再归还。犁了未种的，退还原主，给犁地工钱。贷款中，对错斗中农予以特别照顾，多给贷款，帮助他们购买农具等生产资料。群众对这次纠正错误非常满意。他们说："以前不管剥削不剥削那个斗法，谁

---

① 《中共冀中十地委关于纠正错定成分与坚决不侵犯中农利益的指示》（1948 年 3 月 18 日），河北省档案馆：《河北土地改革档案史料选编》，河北人民出版社 1990 年版，第 399 页。

还有心干活呢?"村里一个外号叫老海子的农民,50多岁了,当过20年雇工,置了20亩地,家有5口人,以前划成分虽划为贫农,但心里还老是害怕,这次工作组初到村时,他担心提高成分,吓得连饭都吃不下。在得知工作组是来纠错后,高兴地说:"以后咱东大慈街可和平了!"①

在对错划了成分的中农予以补偿的同时,各地还按照中共中央的指示,对被侵犯的工商业给予补偿。

为了保护工商业,各地都作出了许多具体明确的规定。1948年1月14日,中共中央晋绥分局发出《关于保护工商业的指示》;2月1日,晋绥边区行署又作出《关于纠正执行工商业政策中几个错误问题的指示》。这两个文件指出:"凡属地主富农兼营工商业者,只许动其属于地主富农性质的土地房屋农具财产,其属于正当工商业的部分的店铺房屋财产,则一概不许因土地改革牵涉而停业。"②"除汉奸、特务、反动地主兼商人外,对正当工商业者的资财货物房屋家具则应全部退还。对与地富封建剥削有关,无法分别而没收者,可由农民代表会研究判别,除封建部分外,对其正当的工商业部分,退还其固定资本及恢复营业的必需资本,使其恢复营业。"③

1948年4月29日,中共晋冀鲁豫中央局就纠正工商业政策中的"左"倾错误作出规定:严禁清算斗争工商业者,保持包括地主、富

---

① 尹之席:《纠正乱斗中农错误东大慈村人人满意》,《人民日报》1948年4月26日。

② 《晋绥分局关于保护工商业的指示》(1948年1月11日),《中国的土地改革》编辑部等:《中国土地改革史料选编》,国防大学出版社1988年版,第448页。

③ 《晋绥边区行署关于纠正执行工商业政策中几个错误问题的指示》(1948年2月1日),晋绥边区财政经济史编写组、山西省档案馆:《晋绥边区财政经济史资料选编——金融贸易编》,山西人民出版社1986年版,第591页。

农经营的工商业在内的一切工商业；地主、富农的工商业如已被清算，但资产尚未分配者，均应立即无条件地返还原主。按照这个指示精神，晋冀鲁豫各区均采取切实措施端正对工商业的政策。一年之前，中共冀鲁豫区党委曾发出《对处理地主经营之工商业》的指示，导致各城镇工商业被没收、清算、罚款的很多，许多工商业者被斗，甚至被扫地出门。据该区第六专署的统计，全专署被斗工商业207家，被斗对象几乎遍及各个行业。根据晋冀鲁豫中央局的要求，1948年5月中旬，冀鲁豫区党委召开工商座谈会，研究贯彻执行中央局指示的具体措施，明确规定对工商业者一律不准搞清算斗争，对土地改革中受到损害的工商业，区别不同情况予以赔偿，不准国营工商业对私营工商业进行排挤和市场垄断，调整税收，降低过高的税率。这些政策贯彻下去后，冀鲁豫区的工商业很快恢复，到6月中旬，全区坐商发展到1288家，至9月又增加到1573家。[①]

1947年12月以前，嫩江省克山县城区有工商业622家，其中公营的13家，公私合营的10家，合作社2家，私营的597家。这597家私营工商业中，受到各种不同侵犯的有333家，占私营工商业的55.8%。其中在"扫堂子"中受侵犯的有188家，占被侵犯工商业的56.5%。这188家中，又有168家是被进城农民清算没收而受侵犯的。在纠"左"中，克山县对这些受侵犯的工商业者采取了返还、补偿、免税和贷款等方式，作了合理解决。对于那些被农民、工人处理的工商业，如果东西未拉走，只换上合作社的名字而继续营业者，所斗的股份并没有抽出而继续营业者，及运动中怕斗争而自动献出者，均

---

① 张业赏：《土改运动中冀鲁豫边区的"左"倾工商业政策及其纠正》，《党史研究资料》1996年第5期。

返还原主；运动中怕被斗而逃跑的工商业者，在逃跑期间如无反动活动，回来之后返还原股份，在其未回来之前，其股份暂由政府经营。对于被斗时受到损害的工商业，如货物、浮财全部或大部被拉走，或拉走了部分，按照损失情况分四等八级给予补偿。补偿的资金主要来自农民用没收工商业者的财物开办的合作社的全部或部分红利。对于被斗的工商业，政府将 1947 年最后三个月的营业税全部免除，并向部分经营最困难的中小工商业者提供贷款。通过这些办法，克山一度萧条的工商业很快复苏，至 1948 年 5 月，原来的 622 户工商业均恢复了营业，还新增加了 184 家。①

1948 年上半年土地改革纠"左"还有一个重要内容，这就是对被"扫地出门"的地主、富农进行安置，对被错斗死者进行善后处理。

在土改复查和平分土地的高潮中，各地在没收、分配地主土地、财产的同时，还对地主采取一定的限制措施。在阶级斗争激烈的情况下，对少数不法地主采取管制等办法，对于防止不法地主可能的破坏活动、保证土地改革的顺利进行是起到了一定的积极作用的。但是，由于土地改革中不少农民有一种非常强烈的阶级报复情绪，觉得地主过去欺压穷人，今天穷人翻身了，掌权了，也该让地主过过穷人的苦日子。于是在对地主进行打斗的同时，查封其全部房屋财产，还令其"净身出户""扫地出门"，让他们住破窑烂庙，讨饭求生，不给生活出路。甚至不分大中小地主，都采取"扫地出门"的办法。安文钦是陕甘宁边区与李鼎铭齐名的开明绅士，曾任边区参议会副议长，但他的老家绥德县在土地改革时，也没收了他的浮财，并把他也"扫地出

---

① 尹之家：《克山城区被斗工商业是怎样处理的》（1948 年 5 月），辽宁省档案馆等：《东北解放区财政经济史资料选编》第三辑，黑龙江人民出版社 1988 年版，第 98—105 页。

门"了。连这样的知名人士都被"扫地出门"，一般地主被"扫地出门"就成了普遍现象。

在 1948 年上半年的土地改革纠"左"中，乱打乱杀的现象被迅速制止，对被"扫地出门"的地主也得到适当安置。1948 年 5 月 23 日，晋冀鲁豫中央局指示太岳区党委，要求对地主、富农的房子立即启封，禁止使用地主、富农做无偿劳动，立即解散村中所有的"劳役队""反省院"和拘留所，对于地主的特殊管制，如特殊臂章、牌号、出门请假、来客报告及其他标志等，立即无条件取消。[①]1948 年 12 月，中共中央华北局作出决定，今后在半老区进行土地改革时，绝对禁止挖底财、强迫勒索的办法，而应号召地主、富农自动拿出底财来，底财除分给农民一部分外，也要留给地主、富农本人一部分，并鼓励其投资于工商业。对于不自动拿出者，也不要强迫勒索，以免重复过去乱打乱杀的错误。

随着"左"倾错误的纠正，社会秩序迅速安定，不少逃亡户被争取回来。以晋冀鲁豫解放区为例，冀鲁豫四分区，到 1948 年 4 月，逃亡回来户就有 3 万多人，太岳区 5 月至 8 月回来了 4000 多人，太行、冀南的逃亡户也纷纷回来。就是伪军和伪公务人员也相继弃暗投明，投奔解放区，认为"共产党政策变了，一定要得天下"[②]。

对于在土地改革中错斗致死的，各地也进行了严肃认真的处理。晋绥临县对过去死人案件，提出的处理办法是：（一）县上立即着手

---

① 《晋冀鲁豫局关于纠正"左"倾冒险主义给太岳区党委的指示》(1948 年 5 月 23 日)，《中国土地改革史料选编》，第 502 页。

② 薄一波：《关于晋冀鲁豫地区纠正"左"倾及发展生产情况的综合报告》(1948 年 8 月 27 日)，《中国土地改革史料选编》，第 543 页。

组织人民法庭，人民法庭下设一专门委员会，负责处理过去死人案件。（二）凡被冤枉死者，或被误打成残废者，可以按合法手续，向人民法庭申诉，人民法庭应接受申诉并负责调查材料，研究处理办法，分别是非轻重，了结案件，并予公布，对错死和错斗而身体残废者，应由政府安慰抚恤。（三）部队干部及在外地工作干部之家属，错死和错打者，也应按一定合法手续，向人民法庭申诉，不得任意向当事负责干部和群众实行报复。（四）如罪大恶极为人民所极端痛恨，而被群众处决之奸伪、特务分子，应由人民法庭公布死者之罪恶，作为了案，以后不得翻案申诉。（五）对基本群众和党员干部，确系被坏人陷害者，应由人民法庭负责追究责任，根据陷害者罪行程度，判处刑法。

在纠"左"的同时，个别地方也曾发生右的偏向。如在纠"左"时只片面地注意补偿中农和安置地主富农，而不顾贫雇农的困难和意见。太岳区翼城县北丁村全村 193 户，强迫其中 70 户贫雇农和 32 户中农，将分得的土地财产不管有无问题，一律全部退还给 14 户被斗争的地主、富农，造成 17 家翻身农民降为赤贫或贫农，1 家地主却占有 1 倍于全村平均数的土地，9 家富农所得土地质量超过贫农 0.5 倍。也有的地方，土地问题并未普遍彻底解决，却已不准备继续认真地解决土地问题；有的地方轻率地把地主又错算成富农，或把旧式富农又错算成新富农或中农，并退还其封建财物；也有的地方不问具体情况如何，笼统地规定对于被错斗户必须全部退还原物，强迫一切贫雇农成分的新干部必须承认错误。

针对这种情况，中共中央通过发表新华社社论的方式，指出："为了巩固与发展土地改革的成果，正确地结束土地改革工作，各地在继续反对'左'的思想和错误的同时，必须十分警觉地防止右的偏向和错误的生长。"社论要求各地党委既要继续认真解决由于过去土地改革工作中"左"的偏向所造成的许多遗留问题，但又必须反对和防止右的偏向，绝对不应该不问情况如何，强迫翻身农民吐出他们所应该分得和已经分得的果实，退还被斗户。对于发生了右的偏向的地方，应该予以及时的克服，并且按照错误的性质，分别对于犯错误者进行思想上的教育和组织上的处置，以达贯彻关于土地改革和整党的正确政策之目的。[①]

5. 老区结束土地改革

在 1947 年下半年的土地改革虽然出现一些偏差，有些地方还曾出现了比较严重的"左"倾错误，但平分土地运动彻底摧毁了封建统治的根基，广大农民的土地要求大体上得到了满足，土地改革的任务实际上已经基本完成。抗日战争胜利以来，各解放区每年特别是秋冬季节都进行激烈的群众运动，土地改革运动也延续了一年多的时间。长期的运动使群众产生了厌倦情绪，甚至有不少农民害怕再搞运动。华北局在给中共中央的一份报告中说："农民普遍要求安定，建立稳定的秩序和制度，以便安心生产。"[②]根据这种情况，1948 年上半年，各解放区在纠"左"、改定成分、补偿中农的同时，着手开展结束土

[①]《在结束土地改革的地方纠"左"必须防右》（1948 年 11 月 10 日），《中国土地改革史料选编》，第 564—565 页。

[②]《中共中央转发华北局执行中央土改和整党指示的报告》（1948 年 6 月 8 日），《中国土地改革史料选编》，第 511 页。

地改革的工作。

为了顺利地结束土地改革,各地按照填平补齐的原则,进行了必要的土地调剂,满足一部分仍然缺地或缺好地的贫雇农的土地要求,同时解决以往被"扫地出门"户的土地问题。

胶东解放区的牙前县郭城区是在1941年解放的,经过减租减息和土地改革,土地已大体平分,封建剥削制度已不存在,绝大部分雇贫农的土地要求已基本上满足,是属于中共中央《中央关于在老区半老区进行土地改革工作与整党工作的指示》中所规定的土地改革较为彻底的地区。这里结束土地改革的工作是分三步进行的。

第一步,"深入地在党内外宣传党的土地、生产政策,树立正确的政策标准,通过总结过去的土改复查工作,初步发扬民主,提高阶级觉悟,从思想上发动群众起来结束土地改革中所遗留的问题。""当党员群众弄明白了党的政策后,各种意见与要求也就随之反映出来。"群众反映的问题主要有:一是严重地侵犯中农利益;二是果实分配不公,干部多得果实,得好地近地;三是土改复查时不准群众上山,关门在家复查,致使土地荒芜,复查后未能很好领导群众生产;四是为党员干部所包庇下的地主、富农仍保存好地近地及少部分浮财,而使少数的雇贫农土地要求未能满足;五是对地富不是分别对待,扫地出门或扫地出村成为一般方式,因而有个别地富不能生活;六是干部包办代替,少数人决定斗谁、分果实给谁。

第二步,改正错定成分。工作团在该区采取划阶级的办法共分三种:第一种是将过去所定的阶级推翻,将原成分及现在应予转变的成分普遍地重划一次。第二种是所谓"从羊群把狼赶出去,从狼群把羊找回来"的办法,"即在第一步总结过去土改工作,讨论哪些做对了，哪些做错了的时候，就改定过来"。第三种是采取普遍改定的办法，即按原划之阶级为基础，凡对自己成分认为定错了和对别人的成分定错了而有意见者，在农会小组讨论时，用自报公议、互报互议的形式提出，进行改定。不管采用何种办法，其决定手续皆是经过了农会小组研究，再经农会大会讨论通过，最后领导（即区上）批准的三步。在农会小组研究时，地主、富农不参加。在农会大会通过时，地主、富农可参加，同样也可以提出理由声辩。

第三步，进行抽补，调剂土地。据对该区 24 个村的调查，被侵犯利益的中农即达 127 户，占全户数的 5%，占中农户数的 10.2%，其中有扫地出村和扫地出门的共 14 户，因经济上打击过重而无法生活的有 24 户。中农被侵犯的原因，有的因缺乏明确的划阶级的标准而错定为富农者，有的是本人政治上很坏以反恶霸反特务的名义斗了，有的是党员干部报复，有的是看人家底财大而故意提升成分的。在侵犯的方法上，有的是进行了斗争或被扫地出门，有的是被迫献田献财的。因此，在进行纠正补偿时根据不同情况处理，对现在还能维持中农生活者，着重是在政治上的纠正；对生活无法维持者，则必须进行适当的补偿，帮助其解决生产资料与生活资料，对于扫地出门者的房子，尽可能地退回原住宅。在调剂土地时，主要采取"抽多补少，抽肥补瘦"的方法，使各阶层的土地在数量与质量上大体平均。[1]

---

[1] 《胶东区党委工作团在牙前县郭城区结束土改初步总结》（1949 年 3 月 31 日），《山东党史资料》1989 年第 3 期。

表一：胶东牙前县郭城区山东村结束土地改革时各阶层土地占有情况[①]

成分	户数	%	人口	%	地亩	%	每人平均亩数	每人平均产量
地主	4	3.3	21	4.58	60.7	3.41	2.89	388
富农	4	3.3	19	4.15	58.5	3.29	3.08	384.4
中农	88	72.7	336	73.36	1379.95	77.52	4.1	508.4
贫农	25	20.6	82	17.9	280.88	15.78	3.42	486.4

因为吸取了平分土地运动中打乱平分容易出现"左"的偏差的教训，各地结束土地改革进行土地调剂时，主要是以村为单位，采取抽补的方式进行。晋冀鲁豫解放区武安县什里店（即十里店）就是一个具体的例子。

什里店全村有 423 户，1427 人，平均每人 3 亩 2 分地。共有土地 4500 多亩，总产量为 4300 多石。该村平分土地后的土地情况如表二所示。[②]

表二：武安县什里店村平分土地后的土地情况

成分	每人占有土地（亩）	每人平均产量（石）	各阶层人口总数（人）
老中农	3.52	3.44	524
新中农	3.7	2.875	450
贫农	2.72	2.51	447
富农	1.16	1.54	4
地主	2.20	1.89	2

---

① 《胶东区党委工作团在牙前县郭城区结束土改初步总结》（1949 年 3 月 31 日），《山东党史资料》1989 年第 3 期。

② 《什里店民主填补经验》，《人民日报》1948 年 4 月 14 日。

从表二看，该村只有老中农的土地和平均产量高于村里的平均数，占地面积约高于 16%，产量约高于 13%。但老中农只占全村人口的 1/3，总体上讲，该村的土地分配是比较均匀的。因此，需要填补的对象不多，幅度也不是很大。

那么，什里店村是怎样进行填补的呢？上级派来的土改工作队一部分人认为应采取陕甘宁边区绥德县黄家川村的办法，因为晋冀鲁豫中央局机关报《人民日报》刚刚报道了黄家川平分土地的办法，而且这种办法是得到毛泽东推荐的。但另一部分工作队员提出不同意见，他们认为，什里店与黄家川不同的是，这里的地主、富农的平均土地比贫农还要低，已不可能从他们那里得到土地，如果要平均分配，必定触动许多中农的土地。还有的人提出，为了不触动中农的土地，就把村里的公共土地和绝户地拿出来分给少地的贫农就行了。经过讨论，工作队统一了认识，最后决定填补不是将少地户（即"窟窿户"）的土地面积和产量提高到全村的平均水平，而是提高到老中农以外的平均水平。按照这个标准，将老中农以外的全村人口占有土地的常年产量定为人均 2 石 7 斗 2 升。

这个标准制定出来之后，下一步是确定哪些人属于低于这个标准的，工作队决定采取重新划阶级时采取的办法：自报公议。每 10 户农民组成的一个小组召开小组会，到会的人都可以提出自己是"窟窿户"，各组将"窟窿户"的名单交到几个小组片，由片开会讨论名单，对名单进行公议，审定名单，将其中不合条件者去掉，合条件而未自报者则添上，然后将分片"窟窿户"名单交村贫农团审核。贫农团在审核名单之后将之公布，并听取各户意见，最后，由村农民代表大会根据群众的意见，讨论并批准正式名单。结果，全村有 70 户贫农、

20 户新中农、14 户老中农、1 户地主和 1 户富农需要填补，约占全村户数的 25%。

名单确定后，由"窟窿户"自报需要填补的土地数，贫农团对自报情况进行审议，初步确定全村需要填补的土地为 130 亩。

地主、富农的土地早已分了，这些"窟窿户"不够的土地从何而来？全村公产地、移民地、绝户地以及党员主动拿出来的土地加起来后，仍差八九十亩地。这时，能拿出的土地都拿出来了，唯一的土地来源就只有让部分中农拿出一些土地了。但是，中农的利益已明确规定不能侵犯，怎么办？于是，工作队同中农协商，动员他们自动捐出一部分土地。被动员自动捐出土地的中农的条件，是平均每人占有土地的常年产量在 3 石 6 斗以上，即超过全村平均产量 1/3 以上者，并且明确提出是自动捐献，绝不强迫。

经过协商动员，共有 26 户中农共拿出了 90 多亩土地，占全村土地的 2%，产量的 2.1%。这部分土地连同原有的公产地等，分给了填补对象。经过填补，什里店村的土地情况如表三所示。

表三：武安县什里店村填补后的土地情况[①]

成分	每人占有土地（亩）	每人平均产量（石）	各阶层人口总数（人）
老中农	3.36	3.31	524
新中农	3.1	2.8887	450
贫农	3.17	2.90	447
富农	2.50	2.40	4
地主	2.90	2.70	2

---

① 《什里店民主填补经验》，《人民日报》1948 年 4 月 14 日。

由此表三可见，通过填补，什里店村各阶级、阶层的土地已趋于合理，贫农人均增加 0.45 亩，老中农人均减少了 0.16 亩，新中农的土地基本上没有变化，地主、富农土地增加较多。对于什里店村的土地填补情况，加拿大记者柯鲁克夫妇在其《十里店——中国一个村庄的群众运动》一书中作了具体而生动的记载。

中共中央华东局结束土地改革试验县滨海区五莲县的做法是，在开展确定地权的宣传之后，确定土地的调剂标准和范围，规定主要是这样几部分土地需要调出：地主、富农多余的土地；干部多占的土地；分配过于不公的土地；积极分子过去多得的土地；富裕中农过多的土地；未分的公地等。并规定干部、积极分子多得的土地和富裕中农过多的土地，最高可保留全村平均数以上 1/3，最低不低于本阶层土地的平均数，采取说服但自愿的方式使其拿出土地，但多得过多的土地原则上要拿出来，富裕中农则必须完全出于自愿。地主多余的土地在保留其相当于全村贫雇农土地的平均数后，拿出分配给少地的贫雇农，旧式富农保留相当于中农土地的平均数，若该村土地甚少，贫雇农土地问题难以解决，也可以只留给其贫雇农土地的平均数。补进土地的主要对象是少地的贫雇农、贫苦中农、错斗的中农及地主、富农成分的军工烈属，补进的土地最高可达到全村土地平均数，最低不低于全村平均数的 1/3 左右。至于地主、富农斗争过重、土地过少的，补到少于贫雇农平均数或低于全村土地平均数的 1/3 左右，使其能依靠自己的劳动维持生活。

在确定上述抽补原则后，接着开展抽补动员，说明抽补的意义及原则要求，然后由党支部和农会讨论全村应补户数及地亩数，并动员缺地户自报。同时动员土地超过标准的户献出土地，对于那些实在不愿拿出土地的中农绝不勉强。如果动员之后献出的土地仍然不足，再进行动员，然后按照预定的补地原则给缺地户补进土地。

1948年上半年，各解放区基本上都是采取同样的办法，解决了前一阶段土地改革中遗留的问题，彻底完成了土地改革的任务。

鉴于这种情况，1948年5月25日，中共中央发出由毛泽东起草的《一九四八年的土地改革工作和整党工作》的党内指示，要求各中央局、分局将工作方向由土地改革方面转移到团结农村中一切劳动人民，并组织地主、富农的劳动力，为共同恢复和发展农业生产而奋斗的方面去。指示强调：凡属封建制度已经根本消灭，贫雇农已经得到大体上相当于平均数的土地，他们同中农所有的土地虽有差别（这种差别是许可的），但是相差不多者，即应认为土地问题已经解决，不要再提土地改革问题。这类地区的中心任务，是恢复和发展生产，完成建党建政和支援前线的工作。①

根据这一指示精神，已完成土地分配任务的老区和半老区，立即着手进行土地改革的结束工作。同年5月31日，新成立的中共中央华北局在《关于晋察冀与晋冀鲁豫两区合并问题的报告》中提出："老区土地问题基本上已经解决。抽补已经不是主要问题，目前农村的主要问题是如何安置地富，补偿中农，改正错定成分，发土地证，稳定各阶层情绪，将工作方向由土地改革转移到团结一切劳动人民，并争取地主、富农，恢复和发展农业生产，休养生息。"②

土地改革的最后一项工作是确定地权，填发土地证。填发土地证是"为了巩固贫苦农民之既得利益，保护新的私有财产权，使农民认

---

① 《毛泽东选集》第四卷，人民出版社1991年版，第1331页。
② 中央档案馆等：《中共中央在西柏坡》，海天出版社1998年版，第451页。

识自己财产有了法律保障，土地改革已经完成，今后不再变动，稳定各阶层生产情绪，为大生产铺平道路"①。因此，各地对这项工作都极为重视。

在填发土地证前，必须进行土地丈量，评定土地等级。各解放区均对土地丈量和等级评定作出明确规定。如东北行政委员会在《关于颁发地照的指示》中规定：土地必须实地丈量，不可粗枝大叶。丈量出多的土地或黑地，一般归现有土地所有人，不调整重分，只有在个别地区土地分配不太公平合理时，才可采取个别调整的办法，但这种地区也不应提出重新分配土地，以防止平均主义。在评定土地等级时，不能因勤劳细作提高产量或懒惰荒废导致产量降低而提高或降低土地等级。在具体评定时，热河省的做法是先由群众自报、小组讨论再评议，然后由群众大会评定，张榜公布，群众有意见时再加纠正。②

丈量和评定土地等级之后，组织填写土地证。各解放区都十分认真地对待土地证的填写，因为它关系到农民的切身利益，广大翻身农民也只有拿到一张正正规规的、盖着县政府大印的土地证之后，心里才感到踏实，才切实感到自己是土地的主人。对此，晋绥边区行政公署和边区农会临时委员会联合发出的《关于填发土地证的通知》中明确指出：在发土地证之前，要向群众说明发土地证的意义，经过群众讨论，将原有及新土地的旧契一律收回，当众烧毁；在填写土地证之前，必须按户填写草底，经过逐户核对清楚后，用毛笔楷体字正式

①　中央档案馆等：《中共中央在西柏坡》，海天出版社 1998 年版，第 451 页。
②　《热河省发照工作初步总结》（1949 年 3 月 20 日），河北省档案馆：《河北土地改革档案史料选编》，河北人民出版社 1990 年版，第 608 页。

填写，不得使用草字、简字，填写好了后再在全村群众大会上宣布一次。凡与土地相关联的财产，均须在土地证上批注清楚，以防纠纷。土地证由县政府盖印后，召开全村群众大会，正式发给户主，并宣布一切男女老少人口均有土地所有权，土地所有者有自由经营买卖及出租的权利，政府保障任何土地所有权并不受任何人侵犯。以后遇到土地纠纷，均依政府盖印的土地证为准，任何原有私契一律作废，不再生效。

确定地权，颁发土地证，最为群众欢迎。前面提到的五莲县在确定地权后，该县后栓子村一位丈夫准备去支前的贫农妇女高兴地说："咱男人去支前，咱很高兴，他也高兴，任务一定完成下来，过去八路军来给了俺土地，这回确定地权又补给了地，俺写信给前方，他也回了信，今后咱穷人万不能忘本。"红杏沟村一位新中农说："我过去得的新地不敢多施肥，这回确定地权是真事，今后不管什么地都要多施粪，帮助前方打胜仗。"过去被错斗的中农更是高兴，他们说："以前我像老鼠掉在面缸里，出来也白了毛，这回老少爷们从泥水里把 我拉出来，赶忙又一把拉到炕头上，真没想到这样快。"地主富农们也说："过去俺看着干部就害怕，这回懂得干部按政策办事了，今后有话都可以说。""大伙这样宽待我，不说是个人，就是个驴也要转变了。"①

到 1948 年秋，各解放区的老区和半老区基本完成了土地改革。

---

① 《中共华东中央局土改工作团关于五莲县结束土改工作的总结》(1949 年 3 月 14 日)，山东省档案馆、山东省社科院历史所：《山东革命历史档案资料选编》第二十二辑，山东人民出版社 1986 年版，第 286—287 页。

八、新区政策调整

　　1947 年秋，人民解放战争进入战略反攻阶段，将战场引向国民党统治区。随着大片新解放区的开辟，这些地区一度进行急性土改，引发了许多问题。老区土改纠"左"的过程中，中共中央和毛泽东在反复征求意见的基础上，决定新区暂停土改，转而实行减租减息。

1. "村村点火、处处冒烟"

　　1947 年秋，刘伯承、邓小平率领晋冀鲁豫野战军主力十万人，经过千里征战，来到了大别山，创建新的根据地，揭开了中国人民解放军战略大反攻的序幕。

　　大别山地区在土地革命时期和抗日战争时期都是中共重要的根据地，部队刚到这里时，原以为老区的群众会出来欢迎和提供帮助，但没想到老百姓见到解放军后，非躲即藏。原因是共产党的军队几进几出，每次离开这里后，国民党都要实行残酷的烧杀政策，群众对这次共产党重来心中没有底，不知共产党什么时候又会撤走。加之国民党在大别山地区强化保甲制度和党团组织，进行特务统治，使群众不敢接近解放军。有的部队进山后，白天黑夜行军找不到一个向导。只要两个老百姓在一起，就互相推托说不知道道路。这样严重的状况是干部战士们从未遇到过的。虽然来大别山之前，部队带了些金子和晋冀鲁豫边区的票子，但是用不出去，买不来东西。

这时，刘邓大军面临的第一个问题是如何立住脚。为了生存，只能采取红军时期的老办法——打土豪，没收地主的财物以解决部队的急需。正好此时中共中央公布了《中国土地法大纲》，建议各解放区实施这一纲领，开展土地革命。在接到中共中央关于贯彻土地法大纲指示的当天，邓小平就起草了《中原局关于放手发动群众创建大别山解放区的指示》，在经中共中央批准后，于10月12日下发到所有部队和地方党委，要求坚决反对右倾现象，把土地改革作为创建根据地的有力武器，在有初步工作基础的地区，立即放手发动群众，分浮财，分土地，在5个月内完成土地改革。该指示还建议从每个纵队抽调1000—2000名干部和老解放区翻身农民战士，训练5—7天后，组成若干工作队，直接参与和领导土地改革，以解决地方干部严重不足的困难。

在贯彻《中国土地法大纲》、推动土地改革的过程中，由于战争环境，敌我拉锯剧烈，加之群众对根据地能否巩固还存在疑虑，还在等待和观望；而当时的战争形势又迫切要求迅速完成土地改革，以争取群众支持战争。在这种情况下，容易产生急躁情绪和过激的斗争方式。中原局的指示发到各地后，"不少地方的干部为了急于发动群众，扩大土地改革区域，完成土改任务，提出了'一手拿枪，一手分田，打到哪里，分到哪里'和'村村点火，处处冒烟，走一处，点一处'

等过激口号。"① 中原新区的土地改革与老区一样，也出现了"左"倾现象。

有的地方在"贫雇农打江山坐江山"的思想支配下，土地改革中将中农撇在一边，甚至侵犯中农的土地财产；有的地方只图快分地，在地上插一牌子，就算分地了，而不管地主、富农是否真正打倒；也有的地方群众并未发动，而由工作队包办代替，表面上地主、富农的土地到了农民手中，但农民担心地主反攻倒算，白天分了地，晚上又偷偷将地送回去，改成租佃关系；有的地方虽然分了土地，但由少数所谓"勇敢分子"所霸占，实际上这些人不少是流氓分子或与地主有联系的分子，而大多数贫雇农没有分到，或分得的是很坏、很少的土地，或者农民只敢要弱小地主、富农的土地，而不敢要有势力的地主、富农的土地。虽然组织了农会，但由于群众没有真正觉悟与发动，农会很快被流氓、地主的狗腿子所把持，与地主勾结，进行假斗争。这样，农民没有翻身，地主、富农与新政权对抗，土地改革任务并未完成，根据地也就难以巩固。

打土豪、分浮财的办法虽然痛快，在短期内解决了部队的吃穿问题，并为一些群众所欢迎，但容易发生不分真土豪还是假土豪乱打一通的问题，分浮财也常常是少数"勇敢分子"分的多，真正穷苦的群众反而分的少，而且在分完地主、富农的浮财后，负担就转嫁到了中农身上。中农负担不起，又将一部分负担转嫁到贫农身上。结果，中农的利益受损，贫农也没得到实际好处。中原局副书记李雪峰在给刘少奇的报告中曾这样说："在分浮财的地方缺乏组织，阶级阵营不清，

---

① 任涛：《邓小平在中原》，中央文献出版社 1993 年版，第 159 页。

形式是一村一村地辗转去分，实际是吃大户，叫做'噙'。好处是满足了群众一些要求，启发了群众进一步分地的要求。但流氓、地富狗腿子及伪装分子大批混入，浪费很大。这村打那村，引起群众之间的纠纷。"[1] 在打土豪、进行急性土改的过程中，还发生了乱打乱杀的现象。

打土豪、分浮财的结果，没有从根本上发动群众，反而造成社会动荡，农民并未真正翻身，新建立的政权也极不巩固。在桐柏解放区有的地方，土改工作组进村两三天就建立起贫雇农小组，由于工作粗糙，基本群众没有发动，结果不少贫雇农代表或者是地主和伪保甲人员操纵的流氓、地痞充当，或者是伪保甲人员摇身一变而成。土地改革中普遍存在急于求成的情绪，提出要"五天分浮财，半月分土地"，对地主、恶霸、伪保甲人员不加区别一律斗争，有的地方干部甚至提出"有大打大，无大打小""第一要枪，第二要钱，第三要命"的错误口号，造成地主纷纷逃亡，甚至拉起武装或投靠地方反动武装与新政权为敌。如泌阳县在解放3个月后，逃窜的地方反动武装竟由2个团扩充到3个团，人数由2000人增加到3000人。新野县原有地主民团1000余人，在国民党军队对解放区进行"扫荡"时，变成了2000多人。这其中固然有敌人的欺骗煽动和威逼利诱，但土地改革中过"左"的一些做法也不能不说是一个重要因素。[2]

后来，桐柏区党委检讨说："提出打土豪、分浮财，半年之内赤化桐柏。强调快，一个干部一天走马分浮财二十余村。强调反右，反

---

[1]　李雪峰：《关于大别山及淮西情况给刘少奇的报告》，1948年1月18日。

[2]　中共河南省党史工作委员会：《桐柏解放区革命史》，河南人民出版社1990年版，第42—43页。

尾巴主义，认为此地群众比华北强，不用思想发动，把表面轰轰烈烈的现象看成群众运动的高潮（如分浮财时乱抢，部队每次出发，有一大群人跟在后边，到外村去分浮财）。把假斗争认为是群众自动性强（如某村群众半路拦住一个通讯员，硬叫他领导分浮财，一时传为美谈，其实是该村群众事前布置的一套假斗争，以免外村群众来乱抢乱分）。而演变的结果，打土豪分浮财形成村与村的斗争。甲村没收乙村，乙村没收丙村。有一农民出去分浮财，回去一看，他自己的浮财也被分了，两相比较，反而吃亏，于是再出发去分浮财。"[①]

与此同时，陈赓、谢富治率晋冀鲁豫野战军一部挺进豫西之后，也搞起了急性土改。1947 年 9 月 13 日，陈谢大军刚刚解放豫西重镇灵宝，兵团前委就在陕县大营村召开扩大会议。会议由前委副书记谢富治主持，参加者有部分前委委员，陕县、灵宝、阌乡三个县委的负责人及从老解放区随军进入豫西参加土改的五个干部大队的负责人。会议的中心是传达全国土地会议精神，制订土地改革计划，结合整党，快速完成平分土地。

会议开始时，谢富治就明确表示，这次在豫西新区搞土地改革，就是同土地革命时期打土豪、分田地一样那样搞。看见谁的房子好，谁家的门口拴有大骡子、大马，不用问，他就是地主，搞他就是了。会议提出的口号是："放手点火，彻底消灭地主阶级，解决一切无地、少地农民的土地问题，实现耕者有其田。"会议认为，进入新区进行土地改革的总任务就是点火。这一把火如果不能迅速点起来，根据地就不能创建，继续打胜仗也就成了问题。参加会议的一位负

---

① 刘统:《中原解放战争纪实》，人民出版社 2003 年版，第 412 页。

责人在会议作总结时还这样说："蒋管区的农民苦大仇深，群众就像一堆干柴，一点就着。各土改基点应尽快发动群众，平分土地，做到村村点火，处处冒烟。"会议决定以灵宝为土地改革重点县，其他县也确定了一些基点作为土地改革试点，并要求用 15 天的时间完成土地改革试点。

大营会议之后，豫西新区土地改革在群众没有充分发动的情况下仓促启动，并用所谓的"走马点火"的方法，即一天跑几个村子，马不停蹄抄地主的家，没收其粮食、财物，走到哪里就将火烧到哪里，进行快速土地改革，结果发生了乱打乱杀现象。几个土地改革重点村在十几天的时间里，被打死者数十人。栾川县庙子村的土地改革工作队进村的第一天，就召开群众大会，领着那些敢抄、敢拿、敢打的"勇敢分子"，将地主家的粮食、家具、钱财没收一空，所有财物，谁拿归谁，结果，贵重财物多被少数投机分子所得。有的地方，部队干部把东西挨家挨户地送到贫雇农家里，但部队一离开，往往又被地主夺去。

在土地改革中已经出现"左"的倾向的情况下，领导土地改革的兵团前委负责人还主观地认为"广大农民早已达到完全成熟的程度，无须酝酿，无须启发诱导，只要抓住他们没有饭吃的要求，一号召穷人起来分地主的粮就会立即行动起来。这真是万事俱备，只待东风"[1]，要求土地改革运动要一气呵成，更大胆地放手，更猛烈地把运动推向前进，再大干 15 天，全部完成土地改革任务。栾川县县长邓一川给地委写信，要求对土地改革中过"左"的做法予以纠正，却被

---

[1]　中共三门峡市委党史地方史志办公室：《三门峡革命史》，当代中国出版社 2001 年版，第 323 页。

视为"右倾"，在地委的《点火通讯》上加以通报批评。

这样一来，"点火抄家"之风在豫西新区迅速蔓延，表面上运动轰轰烈烈，实际上群众并未真正发动，即使那些分了地的地方，也有不少是由地富领导的假分地或少数"勇敢分子"分得了斗争果实，广大贫雇农并没有分到土地和浮财。也有的地方勉强分了土地和浮财，但农民不敢要，以致出现了"白天分果实，夜晚送原主"的现象。

西北新解放区，也出现类似的情况。陕西韩城县 1948 年 3 月解放后，提出"快定快分"的口号，结果是贫雇农并没有分到多少果实，而"扫地出门"，乱打乱斗那一套"左"的东西却很快传开，弄得不少人恐慌逃跑，造成很不好的影响。这时，革命形势很好，随着人民解放战争的节节胜利，靠近陕甘宁解放区陇东一带的人民，一向受到极其反动的军阀马步芳的统治，当年红军西征时曾吃过马家军的大亏。但现在的形势完全不同了，"听说八路军共产党，都争着来掩护。甚至过去一些反共分子，也帮助我掩护人员，极力表示好感。这种情形，确为前所未有的革命形势。"但是，在如此大好形势下也隐藏着另一种危机。陕西的西府（关中西部）地区因距离陕甘宁解放区比较远，解放军去了以后，群众热烈欢迎，情绪安定；可是离解放区近的黄龙地区，群众反而存在恐慌，特别是中农以上的农村阶层，担心解放军来了之后在土地改革斗争中动刑，传言说共产党要开展清算斗争，要组织"棒子队""石头队"打杀地主、富农。"这其中，虽不免有特务故意散布谣言，但老区'左'倾的偏向，却大大地影响了新区群众，那也是无法否认的事实。"[1]

---

① 习仲勋：《关于新区工作问题的报告》（1948 年 7 月 15 日），《中国土地改革史料选编》，第 524 页。

2. 停止土改、减租减息

这时，毛泽东在考虑如何纠正土地改革中的"左"倾错误，使土地改革工作走上正轨。1948 年 1 月 14 日，他就新解放区的各项政策问题致电邓小平，征询邓小平的意见。电报中毛泽东一共提出了六个问题：（一）新区是否应当分两种区域，一种可以迅速建立巩固根据地的，一种要经过长期拉锯战才能建立巩固根据地的，对两种区域的工作是否采取不同的政策？（二）新区土地改革是按《中国土地法大纲》平分，还是对富农及某些弱小地主暂时不动？新区中富农及弱小地主态度如何？（三）是否有开明绅士同我们合作？（四）是否有许多知识分子和我们合作或表示中立？（五）各阶层商人态度如何？我军是否可以避免向新区工商业资本家进行筹款？如何筹款？方式如何？（六）如何处理国民党政府、党部、三青团①和各种人员？其中是否有些人是可以争取的？如何处理保甲长？②

邓小平在接到毛泽东的电报后，于 1 月 15 日和 22 日两次回电，介绍了大别山根据地的特点：经过两个时期，这里的地主、富农已经有了很丰富的政治警觉和反革命经验，无论在苏维埃时期还是在抗日战争时期，他们对农民及革命分子的压迫都很残酷，普遍采取自首政策，充分利用叛徒，消灭我之游击战争和党的组织。基本群众则经过多次失败教训，不敢轻易起来，但起来后则很有力量。

---

① "三民主义青年团"的简称。国民党控制的青年组织。1938 年 4 月国民党临时全国代表大会决定成立，同年 7 月组成中央团部。下设支团部、区团部、分团部、区队、分队各级组织。并建立"青年服务队"等各种外围组织。1947 年 9 月，国民党六届四中全会决定，将三青团并入国民党。

② 《毛泽东文集》第五卷，人民出版社 1996 年版，第 17 页。

邓小平对大别山地区的土地改革情况作了如实汇报："地方干部大部质量不强，能力太弱，能够坚决执行党的路线（特别是走贫雇农路线）的固不缺人，但做坏事的的确不少。我们最近到立煌检查工作，该县进行土地革命，敌情并不严重，但工作坏，在分浮财中贫雇农几乎没有分到什么东西。实行所谓'积极分子'分果实，使果实落到流氓、地痞、地主狗腿子手里，最好的东西被本地干部吞了，许多斗争果实存在区村，每天开大锅吃饭，部队干部经常还要吃好的，穿好的，逐渐浪费了。另一方面，实际还要向贫农要粮、要鞋、派差事、派慰问品，提拔坏人当干部，田还没有分（少数分了是假的），强迫命令的方式。"①

针对大别山地区的特点和土地改革中存在的问题，邓小平认为，在土地改革中应分两种地区，采取不同的政策。在巩固区可以进行土地改革，满足贫农要求的政策。为达到此点，富农的粮食、耕牛、农具、土地、埋藏现金，必须拿出分配，才能解决贫雇农的困难。但可坚持对弱小地主的衣物、家具在分配时，留出自用的部分（农民在分配时，多一扫而光）。对中农由于干部成分不纯，或掌握不住政策，仍有侵犯富裕中农的事实，应予纠正。对中农最大的问题是平分土地。在新区一般采取中农不动的政策为好。不是强制地打乱平分，使中农不满。事实上，初期分配的土地，问题必多，将来还要经过一次、两次复查，即使需要彻底平分，那时再做也比现在引起中农不满为好。在游击区，一时期内还谈不上平分土地，但应深入宣传土地法大纲。我在游击战争中，坚决执行打土豪、分浮财、组织秘密贫农

---

① 《邓小平致毛主席电》（1948 年 1 月 15 日），转引自任涛：《邓小平在中原》，中央文献出版社 1993 年版，第 161 页。

团、耐心团聚群众的政策。对一般的小地主、富农应该暂时不动，但对其中的反动分子，则坚决打击没收。

在收到邓小平第二封电报的当天，毛泽东就新区土地改革的有关问题起草了一封给华东野战军负责人粟裕的电报。电报稿中提出，土地改革工作不能性急，应按照消灭敌人武装力量的情况、领导土地改革干部的多少强弱、群众的觉悟程度与组织程度，决定土地改革工作的速度。如果通过积极努力，工作得法，不犯大的错误，能够在 3 年以内大体完成土地改革，就是极伟大的成绩。新区没收分配土地应分两个阶段：第一阶段没收分配地主的土地，中立富农，富农土地原则上不动。在没收地主土地时，还应当分别大、中、小，地主中的恶霸与非恶霸，采取不同的待遇。组织以贫农为主体，除地主、富农以外一切农民参加的农民协会，而不另组贫农团。第二阶段，平分一切封建阶级的土地，富农的土地此时才动。

毛泽东强调，在群众觉悟程度有很大区别的新区与老区，《中国土地法大纲》的应用必须有所区别，在新区土地改革中，不能一切区、乡同时动手，而应先从一两个区做起，做出成绩，取得经验，影响他区群众后逐步推广。新区也应当分两种地区，第一种是基本巩固的地区，应当开仓济贫，斗恶霸，分大地主的浮财，组织农会、政府、民兵、游击队，逐步发展到没收分配地主阶级的土地，进行土地改革。第二种是敌人还可能再来并将久占的地区，这种地区，只能向群众做宣传，开仓济贫，分发一部分浮财，寻找积极分子，成立秘密精干的党的组织与群众组织及游击队，并教育群众准备敌人再来时的应付办法，而不可进行土地改革。

这份电报稿写好之后，毛泽东并没有马上发出。为了慎重起见，他决定征求刘少奇在这个问题上的意见。2月3日，毛泽东致电刘少奇，提出《中国土地法大纲》的实施，应当分三种地区采取不同的策略。对于大反攻之后开辟的新区，由于群众尚未发动，国民党和地主、富农的势力还很大，一切尚无基础。因此，不应当企图一下子实行《中国土地法大纲》，而应当分两个阶段实行。第一阶段，中立富农，专门打击地主。在这个阶段中，又要分为宣传，做初步组织工作，分大地主浮财，分大、中地主土地和照顾小地主等项步骤，然后进而分配地主阶级的土地。同时，应当组织贫农团作为领导骨干，还可组织以贫农为主体的农会（可称为农民协会）。第二阶段，将富农出租和多余的土地及其一部分财产拿来分配，并对前一阶段中分配地主土地尚不彻底的部分进行分配。第一阶段，大约须有两年时间；第二阶段，须有一年时间。①

过了两天，毛泽东又致信刘少奇，要他对给粟裕的指示"先加审查提出意见"。2月6日，他再次致电邓小平并刘邓野战军后方指挥所及陈赓、谢富治、粟裕、陈士榘、唐亮，征询他们对新解放区土地改革的斗争策略和组织形式的意见，并指出："土改时间问题，我在几个月前觉得可以快些，后来得到陈（赓）、谢（富治）在陕（县）、灵（宝）、阌（乡）区的经验及晋绥、陕甘宁等老区经验，觉得不能过于性急，应以条件成熟为原则。"②

2月8日，邓小平复电毛泽东，表示同意毛泽东给粟裕电报的内容，认为新区必须树立两个观念："（一）根据地之确立与土改之完成

---

① 《毛泽东选集》第四卷，人民出版社 1991 年，第 1278 页。
② 中共中央文献研究室：《毛泽东年谱（1893—1949）》下卷，人民出版社、中央文献出版社 1993 年版，第 277 页。

要经过相当长的过程，绝非一年半载所能达到。（二）斗争策略上应分阶段、分地区地逐步深入，开始应缩小打击面，实与农民有利，否则必犯急性病和策略上的错误。"邓小平还提出，大别山根据地在新区，除了分为两个阶段外，还应分为两种区域，即可以巩固的区域和游击区域。在可以巩固的区域，树立贫雇农骨干，组织贫农团，将所有地主的财产及富农多余的土地、财物全部交给贫雇农（下中农也得到一部分），贫雇农积极性大大提高。但应修正几点：（一）中农打乱平分应绝对采取自愿原则，不要勉强。（二）现在的贫农团已经保证了贫农在农村的领导骨干作用，即应迅速扩大为农民协会，吸收中农入会和个别中农积极分子加入领导机关。在尚无工作的此类新区，亦可不先组织贫农团，而先组织农民协会，但必须保证贫农的领导。（三）暂时不斗富农底财。（四）使地主，特别是小地主能够生活，不要一扫而光。①

毛泽东收到邓小平的复电后，很赞许他这种实事求是的精神，立即将电报转发各地，认为"大别山经验极可宝贵，望各地、各军采纳应用"，并强调土地改革分阶段、分地区"极为必要"。

在征求各方面的意见后，毛泽东将他给粟裕的电报作了修改，并以《新解放区土地改革要点》为题于 2 月 15 日作为党内指示下发。指示的主要内容是：新区进行土地改革"不要性急，应依环境、群众觉悟程度和领导干部强弱决定土地改革工作进行的速度。不要企图在几个月内完成土地改革，而应准备在两三年内完成全区的土地改革"。新区土地改革应分两个阶段：第一阶段，打击地主，中立富农；第二

---

① 《邓小平关于新区土地改革问题的报告》（1948 年 2 月 8 日），中央档案馆：《解放战争时期土地改革文件选编（1945—1949）》，中共中央党校出版社 1981 年版，第 231 页。

阶段，平分土地，包括富农出租和多余的土地在内。总的打击面，一般不能超过户数的 8%，人口的 10%。区别巩固区和游击区。在巩固区逐步进行土地改革；在游击区只做宣传工作和隐蔽的组织工作，分发若干浮财，不要公开成立群众团体，不要进行土地改革，以防敌人摧残群众。反动分子必须镇压，但是必须严禁乱杀，杀人愈少愈好。要严格注意保护工商业。

2 月 13 日、3 月 7 日，中共中央中原局副书记李雪峰两次就新区土地改革策略问题及淮西新区工作经验向毛泽东作报告。李雪峰在报告中提到："大地主及与保甲统治有关的地主、恶霸，多与蒋匪结合，破坏土地改革，利用本庄本姓，自动分粮，挑拨外来与本地贫雇农，组织中农会、假农会，利用狗腿子流氓破坏贫农团。在战争时逃亡了的乡长、保长随土匪回来，土豪被打击了的，准备向蒋区逃跑，被杀了的保长不埋，等着报复。而肉头地主、一般地主与富农，即使被分浮，则也个别被杀了的，其家人不敢报复。群众在斗争时，一般也愿加以区别。"毛泽东对这段话特地加按语说："必须加以区别，缩小打击面，杀人愈少愈好，只杀少数最反动分子，严禁乱打乱杀。"[①] 可见，毛泽东对新区一度出现的乱打乱杀问题是极为重视的，也是坚决反对的。

按照中共中央和毛泽东有关新区土地改革的指示方针，各新区对前一阶段土地改革工作中的经验教训进行了认真的总结，研究了纠正"左"倾错误的办法和措施。

3 月 8 日，邓小平代表中原局向毛泽东和中共中央作了《关于进

---

① 《李雪峰关于淮西区两个月工作经验的报告》（1948 年 2 月 27 日），《解放战争时期土地改革文件选编（1945—1949)》，第 270 页。

入大别山后的几个策略问题》的报告，检查了大别山地区在土地改革等问题上的"左"倾急性病的各种表现及其危害："不分阶段不分地区对大、中、小地主及富农一齐动手，致树敌太多，增加了许多障碍，反于人民不利"；"在实际斗争中相当普遍地采取了拒绝中农的态度，甚至打击到富裕中农，其结果使贫雇农更加孤立，易受摧残，甚至影响到贫雇农不敢起来"；"没有明确的工商政策，税收过重"；"不是估计哪些是巩固区，哪些是游击区而有重点地分布力量，规定不同的策略步骤"等。毛泽东对邓小平这种勇于自我批评的精神十分赞赏，他将邓小平的电报转发给各中央局、分局、前委负责人，指出："有了这样的自我检讨，就有使广大干部逐步学会党的策略观点与政策观点的可能；而没有全盘的策略观点与政策观点，中国革命是永远不能胜利的。"[①]

4 月 25 日，邓小平在豫陕鄂干部会议上作了《跃进中原的胜利形势与今后的政策策略》的报告，讲到了战争、土地改革、整党、工商业政策和杀人五个方面的问题，重点在于纠正"左"的错误。关于土地改革，邓小平强调了它的重要意义，认为不进行土地改革就不能长期支持战争，革命也不会成功，但他同时认为，土地改革不是空喊几句口号就能完成的，它牵涉到许多政策问题需要解决。他强调，现在防止的主要倾向是"左"。这种倾向表现在土地改革划阶级中，把地主、富农同样对待，侵犯中农，对中农采取拒绝态度；新区工作中犯急性病，打击面宽，工商业政策"左"。现在如果不克服"左"的偏向，就不能把土地改革搞好，就不能把根据地的经济

[①] 转引自中共中央文献研究室：《邓小平传（1904—1974）》上，中央文献出版社 2014 年版，第 713—714 页。

建设好。①

　　随后，邓小平对中原各解放区特别是豫皖苏和豫陕鄂两大区的土地改革情况作了全面了解和调查。此时，中原全区有 4500 万人口，其中为人民解放军基本控制的区域大约有 2000 万人口，游击区约有 1000 万人口，没有到过解放军的崭新区约 1500 万人口。在控制区和游击区中，实行了分田的只有 400 万人口，其余的地区大都只分了浮财。邓小平在调查中了解到，各区土地改革中"左"的倾向大约持续了两个月的时间，从 1948 年 1 月开始相继得以纠正，其中大别山地区因为环境不许可，实际上已经停止了土地改革，但干部的思想没有打通，有抵触情绪，直到三四月间这种状况才有了改变。各区在纠正"左"倾错误后，群众反映良好。大别山在停止土地改革、制止乱打乱杀和乱没收后，逃亡的地主、富农纷纷回乡；豫西、豫皖苏内地的地主武装也逐渐减少，集市开始恢复，社会秩序也在走向安定。陕南的群众说："我们不是马上要地，土地哪个不想要，只是不敢分，只要你们不走，不再受国民党拉丁、派款的压迫，两年内，我们就可以把土地赎回来。"②

　　通过调查研究，邓小平感到，在新区马上进行分浮财、分土地是不适宜的，新区党的主要精力应放在发展农业生产、稳定社会秩序、动员群众支持战争上。5 月初，他在给毛泽东的一份报告中提出，当前中原局的工作，应将重点放在财经工作方面，至于土地改革工作，则可推迟到今冬明春再逐步进行。5 月中旬，邓小平又召集中原局和陕南、豫西两区的负责人开会，讨论今后的工作方针。会议一致认

---

　　① 《邓小平文选》第一卷，人民出版社 1994 年版，第 104 页。

　　② 任涛：《邓小平在中原》，中央文献出版社 1993 年版，第 196—197 页。

为，新区实行打土豪、分浮财，过早进行土地改革害处很大。今后这两区不应再分浮财、打土豪，就连地主也暂时不要打。要打的只是那些首恶分子、大恶霸、最严重的反革命分子和最反动的乡、保长，以建立反蒋反胡（宗南）的统一战线。

这期间，毛泽东在经过长途跋涉后来到了晋察冀解放区平山县。通过从陕北到河北一路的调查了解及各解放区的情况汇报，毛泽东对新区土地改革工作如何进行的考虑逐渐成熟。5月24日，他就新区农村工作的策略问题致电邓小平："新解放区必须充分利用抗日时期的经验，在解放后的相当时期内，实行减租减息和酌量调剂种子口粮的社会政策和合理负担的财政政策，把主要的打击对象限于政治上站在国民党方面坚决反对我党我军的重要反革命分子，如同抗日时期只逮捕汉奸分子和没收他们的财产一样，而不是立即实行分浮财、分土地的社会改革政策。""在一两年甚至三年以后，在大块根据地上，国民党反动派已被消灭，环境已经安定，群众已经觉悟和组织起来，战争已经向遥远地方推进，那时就可进入像华北那样的分浮财、分土地的土地改革阶段。这一个减租减息阶段是任何新解放地区所不能缺少的，缺少了这个阶段，我们就要犯错误。"①

毛泽东认为，过早地分浮财，只是少数"勇敢分子"欢迎，基本群众并未分得，因而会表示不满，而且社会财富迅速分散，于军队亦不利。同时过早地分土地，使军需负担过早地全部落在农民身上，不是落在地主、富农身上。不如不分浮财，不分土地，在社会改革上普遍实行减租减息，使农民得到实益；在财政政策上实行合理负担，使

① 《毛泽东选集》第四卷，人民出版社1991年版，第1326—1327页。

地主、富农多出钱。这样，社会财富不分散，社会秩序较稳定，利于集中一切力量消灭国民党反动派。

5月25日，中共中央发出了《一九四八年的土地改革工作和整党工作》的党内指示，提出进行土地改革必须具备如下三个条件：第一，当地一切敌人武装力量已经全部消灭，环境已经安定，而非动荡不定的游击区域。第二，当地基本群众（雇农、贫农、中农）的绝大多数已经有了分配土地的要求，而不只是少数人有此要求。第三，党的工作干部在数量上和质量上，确能掌握当地的土地改革工作，而非听任群众的自发活动。如果某一地区在上述三个条件中有任何一个条件不具备，就不应当将该地区列入1948年进行土地改革的范围。

该指示明确指出，华北、华东、东北、西北各解放区的接敌区域和中原局所属江淮河汉区域的绝大部分地区（即大反攻以来的新区），因为尚不具备第一个条件，即不应当列入1948年的土地改革计划内。1949年是否列入，还要看情况才能决定。在这类地区，应当充分利用抗日战争时期的经验，实行减租减息，酌量调剂种子、粮食的社会政策和合理负担的财政政策，以便联合或中立一切可能联合或中立的社会力量，帮助人民解放军消灭一切国民党武装力量和打击政治上最反动的恶霸分子。在这类地区，既不要分土地，也不要分浮财，因为这些都是在新区和接敌区的条件之下，不利于联合或中立一切可能联合或中立的社会力量，完成消灭国民党反动力量这一基本任务的。

7月17日，中共中央又作出《关于南方各游击区暂不实行土改的指示》，认为这些地区"应执行减租减息的社会政策及合理负担的财政政策，以便联合及中立一切可能的社会力量，争取游击战争的胜利；不应过早实行分配土地的政策，致使自己陷于孤立"①。

新区由实行土地改革到实行减租减息，是一个重大的政策转变，它对于稳定新区的社会秩序，防止和纠正"左"的错误的发生，并最终保证土地改革的胜利起到了重要作用。

按照中共中央的指示精神，各新解放区都相继决定停止土地改革，改为实行减租减息。1948年6月6日，中原局作出了由邓小平起草的《关于执行中共中央土改和整党工作指示的指示》（即"六六指示"）。这个文件全面总结了一年来新区工作的经验教训，强调指出："为了不重复错误，有效地团结一切社会力量反对美蒋，更早地完成全部解放中原人民的任务，全区应即停止分土地，停止打土豪、分浮财，停止乱没收，禁止一切破坏，禁止乱打人、乱抓人、乱杀人等现象。"②

中原局还对不同地区的工作方针和策略作出了不同的规定：

——在控制区，凡是没有分土地的地方，立即停止分配土地的宣传，进行减租减息、合理负担的宣传，并立即着手调查研究，创造典型，积累经验，在各区范围内制定统一简明的减租减息及合理负担的法令和进行步骤，并以此训练干部、教育群众，准备在秋后至明春形成一个广泛的减租减息群众运动。在已经分了的地方，分清真分还是假分，真分的确定地权、财权不再变动；假分的说服群众自愿改为租佃关系，实行减租减息。

——在游击区，则应在团结一切社会力量、对敌斗争为主的方针下，坚决进行反抓壮丁、反掠夺、反保甲特务统治的斗争，保护基

---

① 《解放战争时期土地改革文件选编（1945—1949）》，第387页。
② 《解放战争时期土地改革文件选编（1945—1949）》，第374页。

本群众和各阶层的利益，并按照环境及群众要求，适当地进行减租政策。

——在崭新区，解放军进入之后，应采取更宽泛的统一战线政策，团结一切社会力量，切不可打倒一切，使自己孤立起来。在社会政策上，不打土豪，不分浮财，不作经济上的没收。在执行减租减息政策时，也应经过宣传组织，政府颁布正式法令等步骤，不可毫无准备地贸然进行。

毛泽东对中原局的这个文件给予了很高的评价，认为这是对中共中央 5 月 25 日指示中规定的新区工作原则的具体化。6 月 6 日，他为中原局的指示加写了一段有关人民解放军进军中原所取得的伟大成就的文字。6 月 28 日，他又在写给刘少奇、朱德、周恩来的信中建议将中原局指示发给中原局以外各中央局、分局、前委，并在信中说："有了中原局这个文件，中央就不需要再发这类文件了。"

与此同时，其他解放区也把他们关于新区土地改革的意见报告了中共中央。华东局提出，他们准备在新解放区实行减租减息，对大地主和重利盘剥者进行废债，发展生产，实行合理负担。在此基础上，进行建党、建政（权），建立贫农团与农会组织，准备将来进行土地改革的必要条件。至于接敌区与游击区，一律不进行土地改革，应视情况进行减租减息或仅作反对国民党捐税、征粮和抽丁的斗争。①

7 月 15 日，西北局书记习仲勋向中共中央提交了《关于新区工作问题的报告》，向中共中央反映了一个以前不曾注意到的情况，即国民党统治区"一般农民生活，并不如我们原来所想象的那样穷困，

---

① 《华东局关于执行中央一九四八年土改整党工作计划的计划》（1948 年 7 月 12 日），《中国土地改革史料选编》，第 518 页。

所想象的那样无法生活下去"，因此，更需要在开辟新区时制定正确的政策。他说，新解放区不应过早地提出土地问题。现在新区以至国民党统治区的地主、富农，主要不是怕分地，而是怕乱杀、乱打、乱斗，怕乱"扫地出门"，不少地主故意把自己的土地拿出分配，只要不打死不乱斗。在这种情况下，政府对于地主自动献出的土地，应当接收，调剂给无地农民。否则地主不安，担心随时被斗争。在新解放区一般应实行减租减息，即使在靠近边区的地方，也要看群众觉悟程度如何再决定土地改革与否。①

新区停止打土豪、分浮财，不进行急性土地改革后，很快安定了各阶层的情绪。贫农的顾虑消除了，中农放心了，地主、富农也大大减少与新政权的直接对抗，逃亡在外的地主、富农相继回家。皖西宿松县团山村的地主回家后对农民说："我愿将多余的土地山林拿出来分给农民，保证不做坏事。过去我们只怕打杀，早知如此公平合理，谁跑在外边受罪呢？你们真是救命恩人。"②

1948 年 8 月 18 日，中共中央中原局发布经中共中央修改后的《减租减息纲领》，正式在中原新区实行减租减息政策。

关于减租，《减租减息纲领》规定：所有地主、旧式富农及一切公田、学田、祠堂、庙宇、教会所租之土地，不论任何租佃形式，一律实行"二五减租"，即按原租额减去二成半；地租一律于产物收获后交纳，禁止预收地租，尤不得索取其他一切劳力或财物的额外剥削；陈年欠租一概免交；所有押租押金，一律取消；减租后应确实保障佃权。

---

① 《中国土地改革史料选编》，第 524 页。

② 刘统：《中原解放战争纪实》，人民出版社 2003 年版，第 414 页。

关于清债减息，《减租减息纲领》规定：过去农民向地主、旧式富农所借旧债，一律按月利分半计算清债。其多年债款，应照下列原则清理之：利倍本（即借本 100 元已还息达 100 元者）停息还本；利二倍于本（即借本 100 元已还利息达 200 元者）本息停付。旧债清偿后，其抵押债务之土地应即交还农民。农民与农民间（指贫农、中农间，包括富裕中农在内）债务，由农民自行处理之。

为了配合减租减息政策的实行，中原局机关报《豫西日报》于 8 月 24 日发表了经中原局常委讨论、又经中共中央修改的社论《停止新区土改实行减租减息》。社论说：中原新解放地区停止土地改革，而改为减租减息，是实行土地改革的准备工作在中原大部分地区尚未充分进行的缘故。如果急于进行土地改革，对多数农民好处并不多，对整个社会生产更无好处。社论明确指出，凡是在抗战时期或在人民解放战争初期经过减租减息、反奸清算之老解放区仍须继续进行土地改革；凡是去年在大进军后的新解放地区，则应停止土地改革，改为减租减息。

中原局的《减租减息纲领》发出后，新区急于土地改革的急性病很快扭转过来了，但对于这一政策，仍有一部分干部不了解或有抵触情绪。与此同时，有的地方又出现了右的倾向，强迫农民把前一阶段已经分给农民的土地退还地主，解散农会，甚至有人认为实行减租减息也没有必要。更有的地方专门组织有地主参加的"和平救国会"，向地主道歉，要地主回来"造福桑梓"。针对这种情况，中原局于 9 月 9 日发出《关于发动群众贯彻减租减息政策的指示》（又叫"九九指示"），明确指出：目前主要危险仍是"左"倾急性病及由此而来的强迫命令、包办代替作风，对此必须坚决纠正。同时必须防右，划清思想界限，坚决克服无纪律、无政府状态，有效地组织群众斗争，发展人民革命力量。该指示进一步明确了开展减租减息的方针政策和具体步骤，要求在较巩固的大块根据地坚决地实行减租减息。

与此同时，其他解放区也发布了类似的文件，以指导新区的减租减息运动。

减租减息是新解放区土地改革运动中一个承前启后的阶段。在发动减租减息之前，在防匪自卫、清算恶霸、合理负担的口号下，进行清（土）匪反（恶）霸，打击散布在广大乡村的最反动恶霸分子和地主阶级中的当权派，指导乡村政权逐渐转移到群众手中，安定社会秩序。在经过这一步骤之后，及时转入减租减息。中原解放区减租减息的具体做法是：首先选择几个有代表区村作为重点，创造经验。在这些试点村，通过宣传发现积极分子，解决群众迫切需要解决的问题，初步处理主要抵抗分子，慑服一般地主，然后在群众中酝酿串联，与地主开展说理斗争，进行减租减息。在重点区村减租减息斗争取得胜利之时，便在其他的区村扩大宣传，酝酿斗争，成立乡、区、县的农民协会作为领导减租减息运动的合法机关，然后由农民协会选择训练先进区、乡的积极分子，培养区、乡干部或派到其他的区、乡帮助发动群众进行减租减息。这样，减租减息运动便在解放区迅速铺开。

减租减息政策虽然还不是消灭封建剥削，但严重地削弱了封建剥削。新区实行减租减息政策后，反动保甲制度被废除，农民协会得以建立并成为动员和组织农民的机关，农村的恶霸基本被打倒，地主、富农开始向农民低头，初步摧毁了地主阶级在农村的实际统治，树立了农民的政治优势。通过减租减息斗争，农民的政治觉悟有了提高，在斗争中产生了一批积极分子，有的积极分子还入了党、当上了农村干部，为下一阶段的土地改革奠定了阶级基础和做了干部准备。

3. 部分新区完成土改

在中原、西北新区开展减租减息的同时，华北、东北新区具备土地改革条件的地区，则开展了土地改革。这两地的土地改革主要分为两种情况：一是山西晋中地区实行过所谓"兵农合一"地区的土地改革；二是城市郊区的土地改革。

"兵农合一"是山西军阀阎锡山为解决其支持战争的兵源补充和军需粮棉，巩固其反动统治而推行的一套制度。其主要内容是：（一）强制编组出兵。规定18岁至47岁的男子一律以村为单位，编成3—6人组成的兵农互助小组，其中1人当常备兵入伍服役，其他人在家种地或做工，称为国民兵，每人交6石粮、10斤皮棉，负责养活常备兵家属。（二）强制划领"份地"。在不废除原地主土地所有权的前提下，将全村土地使用权打乱搭配分成若干"份地"，每份"份地"包括水旱平坡搭配均匀的土地30亩至60亩不等，每一个国民兵领一份为主耕，不具备国民兵条件的妇女及老幼做助耕，与主耕者合种一份"份地"。（三）强制负担。每份"份地"规定交纳给政府和负责常备兵家属的生活费用数额，一般达到收获量的70%。阎锡山的这套反动制度，抗日战争胜利前曾在晋南农村实行过。日本投降后，阎锡山抢占太原，控制了同蒲路沿线，便在其统治区（主要是晋中地区）强制推行。

1948年3月至6月，人民解放军相继发动临汾战役和晋中战役，解放了除太原、大同以外的同蒲路沿线全部地区。1948年6月18日，中共中央华北局发出《关于晋中工作的指示》，提出：在阎锡山长期实行"兵农合一"的地区，农民除向民主政府缴纳一定数额外，废除向阎锡山政府缴纳的一切捐税；农民向地主缴纳的地租，可根据情况及农民的要求，不缴或减缴；过去债务利息，可减少到不超过年利一分五厘。至于何时在这些地方进行土地改革，则须研究当地情形及大多数农民的要求后再来决定。①

1948年8月20日，新成立的晋中行署在《关于晋中新解放之"兵农合一"区土地青苗暂行处理办法》中，曾提出"在我调剂过土地的地区（按：本意是指原属解放区，经过了土地改革，后被阎锡山强占的地区）宣布地归原主"。由于政策界定不明确，使农民对共产党的土地政策发生误解，而地主、富农却以为这下可获得原来的土地。8月25日，华北局在获悉这一文件的内容后，发出了《关于在同蒲沿线新巩固区实行土改等问题的意见》，要求"在同蒲线新收复各地区，除接近太原之战区外"，"应考虑在今冬实行土地改革"，并明确指出："如果暂维阎逆'兵农合一'所造成的土地关系，则不利于缺乏劳力的贫苦农民；如果实行地归原主，则有利于地主旧富农，而不利于原来无地少地之贫雇农民。"②

随后，中共中央派出调查组，对山西新区由于实行"兵农合一"制度而造成的土地占有关系的变化情况进行调查。在此基础上，中

---

① 中共山西省委党史研究室：《山西新区的土地改革》，山西人民出版社1995年版，第69页。

② 中共山西省委党史研究室：《山西新区的土地改革》，山西人民出版社1995年版，第78页。

共中央于 10 月 9 日作出《关于晋南、晋中新区收复区实行土地改革的指示》，同意了华北局的意见，并提出除对现在尚未失去土地的中农，允许其保留稍多于平均数之土地外，原则上实行平分土地，并认为"兵农合一"的制度是极不合理而又极不利于农民的，但在客观上却为实行土地改革做了若干准备。

11 月 15 日，中共晋中区党委发出《关于新区土地改革的决定》，规定在土地关系已被"兵农合一"制度彻底打乱的地区，只实行按人口平均分配的原则即可；在"兵农合一"的制度虽已实行，但不十分彻底，或实际上仍保留旧有土地关系的地区，则实行"中农不动两头动"的办法，没收地主的封建财产和征收旧式富农财产的封建部分实行平均分配。晋中区党委还规定，对于地主埋藏在地下的元宝、白洋等，一面宣布其为非法，一面应鼓励其自动拿出，政府保留其本人一份，并劝其转为投资有利国计民生的工商业，其余的则归农民合理分配。如系大宗的金银，则除了合理分配给农民一部分外，应收归国家银行所有，不得分配。如地主不愿自动拿出，也只能延长时间，切实调查，严禁挖掘底财，以防止乱打乱杀。新式富农和富裕中农，只允许在其本人自愿的原则下抽出多余的土地，其他财产则一概不许侵犯。①

1948 年 12 月中旬，晋中区党委召开扩大干部会议，布置新区土地改革工作。1949 年 1 月上旬，全区组织了 4000 余名干部、教员、学生组成的土改工作队，浩浩荡荡地开赴新区农村发动土地改革。1949 年 3 月，人民解放军准备发动对太原的总攻击，晋中地区担负

① 中共山西省委党史研究室：《山西新区的土地改革》，山西人民出版社 1995 年版，第 93 页。

起繁重的支前任务，加之渡江战役在即，晋中解放区抽调了大批干部南下开辟新区。这样，土地改革第一线的领导骨干减少，影响了土地改革工作的进度和质量。3月底，晋中区党委乃决定暂停土地改革。此时，晋中新区约有63%的地区进行了土地改革，另有25%的地区进行了土地调剂。其余的地区决定暂不土地改革，执行谁种谁收。晋中新区的土地改革虽然到新中国成立后才最后完成，但这一时期的土地改革，彻底摧毁了阎锡山的"兵农合一"制度，广大农民分得了土地和其他生产、生活资料，如晋中二分区贫雇农在土地改革中得到土地 91693 亩，牲口 270 头，衣物 29225 件，大、中型农具 2951 件，房屋 7485 间。[1] 即使未进行土地改革的地区，由于废除了苛捐杂税，实行谁种谁收，农民生活也有较大改善。

自人民解放军进入战略反攻以来，解放区的面积不断扩大。特别是 1948 年年底至 1949 年年初，人民解放军取得了辽沈、淮海、平津三大战役的胜利，东北全境宣告解放，长江以北的中原、华东地区和华北地区除少数敌人的据点外也全部解放。这些新解放的地区，主要是城市和交通干线的四周，包括一部分收复区。这些地区，孤立于农村之中的敌占城市被解放后，敌人的武装力量已经被消灭，环境已经安定，因其靠近解放区，受解放区的影响大，群众的觉悟较高，大多数群众有分配土地的要求，加之有的地方本来就曾是解放区，进行过土地改革。因此，这些地区一解放，农民就强烈要求进行土地改革，消灭封建剥削制度。地主、富农也知道土地改革是大势所趋，不如中原新区的地主那样对土地改革激烈抵抗，他们中甚至有一部分人认为

---

① 中共山西省委党史研究室：《山西新区的土地改革》，山西人民出版社 1995 年版，第 35 页。

迟分不如早分。因此，这些地区解放之后立即开始了土地改革。

东北新解放区，包括沈阳、长春两大城市郊区，以及吉林、辽北、安东、辽宁、辽西、热河等省一部分地区，共约有 700 余万人口，3000 余万亩土地。辽沈战役尚未结束时，中共中央东北局就于 1948 年 11 月 12 日作出《对新区土改的指示》，要求尽快解决新区土地问题。

为了搞好新区土地改革，东北各省土地改革之前各新区一面发动农民开展反奸特反恶霸斗争，一面对土顽散匪开展军事清剿，稳定社会秩序，为土地改革创造条件。

由于吸取了土改复查和平分土地运动时出现"左"倾错误的教训，东北、华北在新区土地改革中都作了明确的政策规定。如中共中央东北局明确指出：新区总的打击面不得超过人口的 10%，大中地主、恶霸、富农在没收其土地财产后，按平分原则分给其同样一份，给予生活出路。小地主及旧富农只征收多余的土地、耕畜、农具和粮食，一律不挖底产，不赶大院。中农绝对不得侵犯，对缺少土地、耕畜的中农，分给其应得的一部分。禁止打人，除特务、恶霸分子及封建头子外，不得乱加扣押，个别罪大恶极须处死者，须经县政府批准。绝对不许斗争工商业者。

东北各省均严格执行了东北局的政策规定，各地的打击面一般未超过 10%，如辽北省以区为单位按人口计算，开原县的打击面最高为 8.4%，怀德县各区平均为 9.6%。东北各省均采取了自下而上发动群众与自上而下政府颁布法令相结合，并抽调大批经过土地改革的农村干部在进行短期训练后，开赴新区发动土地改革。东北有土地改革任务的六省二市参加新区土地改革的有 5000 余人，如辽宁省抚顺县集中县、区干部和积极分子 250 人，举办了土改训练班，学习中共中央有关土地改革的文件和东北局有关土地改革的指示，经过 7 天的学习培训之后，才同中共辽宁省委派来的工作队一起进入重点村，深入进行试点工作。由于在土地改革中做到了充分了解和掌握政策，从而保证了土地改革工作的顺利进行。至 1949 年春耕前，东北新区的土地改革基本结束。

平津战役之后，华北全境解放。此时，华北全境约有 1500 万人口的新区需要进行土地改革。华北的新区实际上分两种地区。一种是纯新区，即从未进行过土地改革的地区，如大城市的四郊或重要铁路线的沿线，这些地方抗战胜利后即被国民党占领直到解放。这类地区的特点是土地高度集中，封建势力、国民党匪特有基础，地主气焰尚高，地主、富农对土地改革在思想上、行动上皆有准备，转运资财、疏散土地，对生产不积极，大吃大喝。但这里的贫苦农民因受老解放区土地改革影响较大，迫切要求土地，对进行土地改革情绪很高也很有信心。

另一种是恢复区，即原本是解放区，后被国民党军队占领，平津战役前后重获解放的地区。这类地区，过去曾经进行过减租减息和反奸清算，有的在"五四指示"后还进行过土地改革。在恢复区，土地基本上已经分散，但由于过去的土地改革和减租减息是战前匆忙进行的，"封建消灭不彻底，地富仍占有较多较好土地。封建势力仍有基础，武装匪特活跃，阶级斗争尖锐，阶级仇恨深刻，过去曾发生赤白对立对杀的情况"。"在实行'五四指示'，土改复查中，有不少地方曾发生地富扫地出门，侵犯中农利益，错'搬石头'，打击了干部。地区变质后，发生地富倒算，被侵犯中农报复等。恢复后又发生干部多占果实，地富还乡等，情况最为复杂。"① 但这类地区群众觉悟较高，要求分房子斗财产，复仇清算，解决过去土地改革中分配不公的问题。

针对这种情况，华北局认为，"由于老解放区已经消灭了封建势力，农民已经分到了土地，这就深刻地影响了并继续影响着新解放区各阶层人民。因此，把减租减息作为过渡到平分土地政策的办法，在这些地区已无必要。"② 华北局据此于 1949 年 10 月 10 日作出《关于新区土改决定》，决定除绥远全省暂不实行平分土地外，其他各省新区及恢复区一律在 1949 年冬至 1950 年春完成土地改革的任务。同时，在对待地主富农问题上，该决定采取了比《中国土地法大纲》宽松得多的政策。如在没收地主阶级的土地及其封建财产，征收旧式富农多余的土地及其财产的封建部分，分配给无地少地的农民的同时，须留给旧式富农与地主和农民同样的一份土地和财产，不许再用"扫地出门"的办法；对于为群众所公认的真正的开明绅士，应予以适当的照顾；对于还乡的地主、富农均应分给和农民同样的一份土地与财产；察北等地地主、富农之成群牛羊，可不分配；各地区地主、富农用进步方式经营之果园、农场，仍归原主经营，不没收，不分配。华北局还明确规定地主、富农在城市或农村的原有工商业，包括已转入工商业的财产在内，以及与工商业相关联的厂址、店铺、作坊、住房、工具、现金等财产及手工工具，均不得没收。地主、富农自动交出的底

---

① 《中国的土地改革》编辑部等：《中国土地改革史料选编》，国防大学出版社 1988 年版，第 602 页。

② 中国社会科学院、中央档案馆：《中华人民共和国经济档案资料选编（1949—1952）——农村经济体制卷》，社科文献出版社 1992 年版，第 153—155 页。

财应留给其本人一份，不得随意挖地主、富农的底财，以防乱扣、乱杀，等等。

华北各地在实行土地改革时，根据不同的情况采取了不同的政策。以河北省为例，该省在新区的做法是充分发动群众，土地改革与建立党和群众组织、肃清匪特伪政权残余势力相结合，要求不但要完成分配土地的任务，而且要彻底消灭封建，摧毁伪村政权，镇压匪特，扶植基本群众的优势。凡解放之后地主、富农土地疏散者不予承认（如转移给无地少地农民，其土地不超过全村平均数者不再变动，超过部分收回并偿还付出代价），然后根据"中间不动两头平"的政策，进行平分。在恢复区则首先集中打击封建反动阶级与罪大恶极、群众痛恨的奸匪恶霸分子，对群众内部问题则不算旧账；对一般伪军、伪组织人员，如需处理者，须政治与经济分开，个人与家庭分开；对过去被"扫地出门"现又还乡的地富，予以安置，并分其一部分土地财产，使其能生产生活；对党员、干部多占果实，土地分配不公的问题，在整党训干、提高党员、干部觉悟基础上妥善解决。①

华北新区在土地改革之初，一些干部就新区土地改革实行对地主、富农宽大的政策不理解，甚至有抵触情绪。他们有的说："过去对老区那样严，现在新区就这样宽，这不是迁就封建吗？"也有的说："这不动（按：指不动地主的果园、工商业等），那不动，群众能发动起来吗？""一般的不打可以，有的地主不打不行。""不打杀，解决不了问题。"② 在这种思想支配下，一些地区也曾出现对地主乱扣、乱斗和侵犯中农的现象。为此，华北局于 1949 年年底作出了《关于重申

① 《中国土地改革史料选编》，第 604 页。
② 《中国土地改革史料选编》，第 610 页。

正确执行土改政策中几个具体问题的规定》，再次强调土地改革中坚决反对乱打、乱扣和一律"扫地出门"的做法，底财一律不追不挖，对地主和旧式富农的城乡工商业一律不得没收，对"中间不动两头平"的土地分配政策不准修改，不得阳奉阴违，不能无条件地充分满足贫雇农的要求。随后，各地均按照这些政策规定开展新区的土地改革。

华北各省人民政府为顺利完成新区土地改革工作，都进行了较充分的准备工作。自 1949 年 9 月开始，各省均先后召开了各级干部会议、各界人民代表会议和农民代表会，有些地区还举办干部训练班，传达和讨论土地改革政策。河北省通县（今属北京市）等三个专区，参加土地改革会议的干部即达 2 万人以上。察哈尔省训练了 2.5 万多个村干部。经过这样大规模的干部训练后，已使广大干部和人民群众充分了解土地改革政策。当土地改革运动开始后，各地一般都进行了重点试验工作。至 1949 年 11 月，各地实验工作大致结束。12 月，土地改革运动即全面开展。至 1950 年春耕前，华北新区 33500 多个村中，已完成土地改革的有 25500 多个，占新区总村数的 76%（其余的 7950 多个村，主要是由于遭到严重的灾情而未完成土地改革）。至此，华北新区的土地改革基本完成。

1949 年上半年，河南全省解放。这年夏天，新成立的河南省人民政府决定在许昌专区宝丰、郏县、襄城、鲁山、临汝、禹县、叶县 7 个县开展土地改革工作，以积累大规模土地改革的经验。这 7 个县自 1948 年秋起曾接连经过了清匪、反恶霸和减租运动，农村中土匪、恶霸的封建统治势力已被基本上打垮；地主阶级的封建剥削，经过减租运动后，已有不同程度的削弱；广大农民经过一年多的斗争，政治觉悟已普遍提高，同时各地建立了农民协会的组织，农会会员已占全人口的 40% 左右。经过实际运动的锻炼和考验，各地培养出了大批具有斗争经验的农村干部，并普遍建立了农村中的人民民主政权。90% 以上的村庄，均建立了共产党的组织，共产党员大多是立场坚定、工作积极、为广大农民群众所拥护的农民领袖，为农民运动的领导核心。河南省人民政府根据以上情况，认为该地已经具备了进行分配土地的条件，便适时地提出了实行分配土地、彻底消灭农村中的封建剥削制度的方针。

河南这 7 个县的土地改革工作启动后，首先召开了县的各界人民代表会议及县、区、乡各级农民代表会议，讨论并通过分配土地的政策和各项具体实施步骤。运动开始后，各地大体上都经过了以下几个工作步骤：第一，广泛宣传土地改革政策，具体调查各村阶级关系和土地分布状况。第二，为整顿农民队伍，按照"依靠贫雇农，巩固团结中农"的方针，深入发动广大农民，健全与整顿乡村农民协会、乡村政权及民兵等组织。第三，划分阶级，开展说理斗争。为了使阶级划得正确，各地首先采取诉苦挖穷根的方式，启发农民的阶级觉悟，分清阶级界限；然后召开划分阶级的群众大会，采取"自报公议、三榜定案"的方法，进行反复讨论评定，最后交由区人民政府批准执行。第四，分配土地。各县分配土地已经完毕的村庄，即进行健全农村各种组织，颁发土地证，确定地权，使农民及时地转入大生产运动。到 1949 年冬，这几个县的土地改革顺利完成。[①]

1950 年春，经过中央人民政府政务院的批准，河南又在 36 个县开展土地改革工作。在实行土地改革以前，这些地区都进行了一次大

---

① 《河南许昌专区七个县土地改革工作基本完成》，《人民日报》1950 年 4 月 2 日。

规模的减租减息运动，以提高农民的觉悟，进一步组织和训练农民队伍；同时大规模地、反复地训练干部。仅信阳专区和许昌专区的许昌、舞阳、郾城、长葛、鄢陵、临颍 6 县，就训练了土地改革工作干部 1.2 万人。其中大约 1/5 到 1/4 是新的知识分子干部，其他为有相当农村工作经验的老干部和在反霸减租中成长的农民干部。

由于河南省在反匪反霸、减租的农民运动中曾发生过一些乱打乱杀、侵犯中农利益等"左"倾偏向，该省在训练土地改革干部时就着重地注意肃清干部思想上的"左"的残余，同时也防止了可能发生的右的偏向。在学习土地改革政策时，一般干部，特别是农民干部对不乱打乱杀、不侵犯中农、不没收地主工商业等接受较为容易。但对于"不挖地财和不分浮财"的规定，他们就不易想通。他们有的说："河南的地主太便宜了。"为了打通干部思想，各地采用典型事例给广大干部算账的办法，以充分的事实说明：没收了一家地主的浮财，结果其他地主偷着把果树砍掉，衣服埋掉，家具也烧毁了，而农民无非能分一两件破衣服，分了一两条板凳，所得无几。如果不动地主的浮财，不仅减少了破坏，使社会财富很少受损害，而且大大减少了运动的阻力。干部们从这样的具体事例当中，逐渐认识到为了减少破坏、避免引起混乱、减少阻力，不没收地主浮财的政策是必要的。他们说："不能因为捉虱子烧了棉袄。"

划定阶级成分是进行土地改革的重要环节。河南在土地改革中划分阶级主要分为四个步骤，即讲解、划分、评定和批准。划阶级时允许地主申诉，没收、征收和分配土地中，均召开乡农民代表会议，使农民懂得没收和征收的政策，即：要什么，不要什么。河南这次土地改革中，提出了"五要、五不要"的口号。"五要"是要土地、农具、耕畜、农村中的房屋和多余的粮食。"五不要"是不动工商业、不挖底财、不分浮财、不乱打乱杀和不侵犯中农利益。没收、征收时，河南各地一般都按各户地主不同情况分别对待，对一般地主用协商、谈判、自报公议等方式解决；对少数坚决抗拒、暗中破坏土地改革的地主，人民法庭依法惩处；对开明的地主就适当地优待和照顾。由于政策明确，方法得当，经过 4 个月的时间，这 36 个县的土地改革基本完成。[①] 这样，连同原已完成土地改革的 7 个县，在《中华人民共和国土地改革法》公布前，河南全省共有 43 个县、1600 万人口的地区完成了土地改革。

---

① 陈笑雨：《河南土地改革工作经验》，《人民日报》1950 年 7 月 16 日。

主要参考文献

[1]《毛泽东选集》第一至四卷，人民出版社 1991 年版。

[2]《毛泽东文集》第四、五卷，人民出版社 1996 年版。

[3]《毛泽东文集》第六卷，人民出版社 1999 年版。

[4] 中共中央文献研究室：《周恩来传（1949—1976)》，中央文献出版社 1998 年版。

[5] 中共中央文献研究室：《建国以来毛泽东文稿》第一册，中央文献出版社 1987 年版。

[6] 中共中央文献研究室：《建国以来毛泽东文稿》第二册，中央文献出版社 1988 年版。

[7] 中共中央文献研究室：《毛泽东年谱（1893—1949)》下卷，人民出版社、中央文献出版社 1993 年版。

[8] 中共中央文献研究室：《毛泽东传（1893—1949)》，中央文献出版社 1996 年版。

[9] 中共中央文献研究室：《毛泽东传（1949—1976)》，中央文献出版社 2003 年版。

[10]《刘少奇选集》上卷，人民出版社 1981 年版。

[11]《刘少奇选集》下卷，人民出版社 1985 年版。

[12] 中共中央文献研究室：《刘少奇年谱》下卷，中央文献出版社 1996

年版。

[13] 中共中央文献研究室：《刘少奇传》下，中央文献出版社1998年版。

[14]《周恩来选集》上卷，人民出版社1980年版。

[15] 中共中央文献研究室：《周恩来传（1898—1949)》，人民出版社、中央文献出版社1989年版。

[16]《朱德选集》，人民出版社1983年版。

[17]《任弼时选集》，人民出版社1987年版。

[18] 中共中央文献研究室：《任弼时传》，中央文献出版社、人民出版社1994年版。

[19]《董必武选集》，人民出版社1985年版。

[20]《邓小平文选》第一卷，人民出版社1994年版。

[21]《陈云文选》第一卷，人民出版社1995年版。

[22] 中央档案馆：《中共中央文件选集》第十六至十八册，中共中央党校出版社1992年版。

[23] 中共中央文献研究室：《建国以来重要文献选编》第1册，中央文献出版社1992年版。

[24]《中国的土地改革》编辑部等：《中国土地改革史料选编》，国防大学出版社1988年版。

[25] 中央档案馆：《解放战争时期土地改革文件选编（1945—1949)》，中共中央党校出版社1981年版。

[26]《土地改革手册》，华东人民出版社1950年版。

[27] 晋绥边区财政经济史编写组、山西省档案馆：《晋绥边区财政经济史资料选编——农业编》，山西人民出版社1986年版。

[28] 晋绥边区财政经济史编写组、山西省档案馆：《晋绥边区财政经济史资料选编——金融贸易编》，山西人民出版社1986年版。

[29] 辽宁省档案馆等：《东北解放区财政经济史资料选编》第一、三辑，黑龙江人民出版社1987年版。

[30] 山东省档案馆、山东社科院历史所：《山东革命历史档案资料选编》，第十七辑至二十三辑，山东人民出版社 1984 年版。

[31] 中央档案馆等：《中共中央在西柏坡》，海天出版社 1998 年版。

[32] 中共山东省委党史研究室：《解放战争时期山东的土地改革》，山东人民出版社 1993 年版。

[33] 黑龙江省档案馆：《黑龙江革命历史档案史料丛编——土地改革运动》，1983 年编印。

[34] 太行革命根据地史总编委员会：《太行革命根据地史料丛书之五——土地问题》，山西人民出版社 1985 年版。

[35] 中共山西省委党史研究室：《山西新区土地改革》，山西人民出版社 1995 年版。

[36] 中央档案馆、河北省社会科学院：《晋察冀解放区历史文献选编（1945—1949)》，中国档案出版社 1998 年版。

[37] 河北省档案馆：《河北土地改革档案史料选编》，河北人民出版社 1990 年版。

[38] 中共朔州市委党史研究室：《西雁北土地改革》，2001 年 12 月编印。

[39] 中共吕梁地委党史资料征集办公室：《晋绥革命根据地资料选编》第一至五辑，1983 年编印。

[40] 安徽省财政厅、安徽省档案馆：《安徽革命根据地财经史料选》，安徽人民出版社 1983 年版。

[41] 中国社会科学院、中央档案馆：《中华人民共和国经济档案资料选编（1949—1952)——农村经济体制卷》，社科文献出版社 1992 年版。

[42] 中共河北省委党史研究室：《冀南历史文献选编》，中共党史出版社 1994 年版。

[43] 中共河北省委党史研究室：《冀东土地制度改革》，中共党史出版社 1995 年版。

[44] 杜润生：《中国的土地改革》，当代中国出版社 1996 年版。

[45] 董志凯：《解放战争时期的土地改革》，北京大学出版社1987年版。

[46] 农业部农村经济研究中心当代农业史研究室：《中国土地改革研究》，农业出版社2000年版。

[47] 薄一波：《七十年的奋斗与思考》上卷，中共党史出版社1996年版。

[48] 薄一波：《若干重大决策与事件的回顾》上卷，中共中央党校出版社1991年版。

[49] 《邓子恢文集》，人民出版社1996年版。

[50] 《邓子恢传》编辑委员会：《邓子恢传》，人民出版社1996年版。

[51] 《黎玉回忆录》，中共党史出版社1992年版。

[52] 《胡乔木回忆毛泽东》，人民出版社1994年版。

[53] 《习仲勋文选》，中央文献出版社1995年版。

[54] 《陈丕显文选》第一卷，中共党史出版社2000年版。

[55] 邱新野：《我的回忆》，中共阜新市委党史研究室，1996年编印。

[56] 《景晓村纪念文集》，中共党史出版社1997年版。

[57] 李晓黎：《中共渤海区地方史》，中央文献出版社2000年版。

[58] 朝阳市史志办公室：《热河风云——解放战争时期的中共热辽地委》，辽宁民族出版社2001年版。

[59] 中共聊城地委党史资料征集研究委员会：《鲁西北革命史》，山东大学出版社1991年版。

[60] 山西省史志研究院等：《晋绥革命根据地史》，山西古籍出版社1999年版。

[61] 中共山西省委党史研究室：《太岳革命根据地简史》，人民出版社1993年版。

[62] 太行革命根据地史总编委员会：《太行革命根据地史稿》，山西人民出版社1987年版。

[63] 齐武：《一个革命根据地的成长》，人民出版社1957年版。

[64] 齐武：《晋冀鲁豫边区史》，当代中国出版社1995年版。

[65] 冀鲁豫边区革命史工作组：《冀鲁豫边区革命史》，山东大学出版社1991年版。

[66] 中共山东省委党史研究室：《中共山东地方史》，山东人民出版社1998年版。

[67] 山西省史志研究院：《中国共产党山西历史（1924—1949)》，中央文献出版社1999年版。

[68] 李昌远：《彭真与土改》，人民出版社2002年版。

[69]《彭真传》编写组：《彭真年谱》上卷，中央文献出版社2002年版。

[70] 程中原：《张闻天传》，当代中国出版社1993年版。

[71] 中共河南省委党史工作委员会：《桐柏解放区革命史》，河南人民出版社1990年版。

[72] 中共三门峡市委党史地方史志办公室：《三门峡革命史》，当代中国出版社2001年版。

[73] 中共唐山市委党史研究室：《冀东革命史》，中共党史出版社1993年版。

[74] 临沂行政公署出版办公室：《忆沂蒙》，山东人民出版社1983年版。

[75] 刘统：《东北解放战争纪实》，人民出版社1997年版。

[76] 刘统：《中原解放战争纪实》，人民出版社2003年版。

[77] 任涛：《邓小平在中原》，中央文献出版社1993年版。

[78] 朱建华等：《东北解放区财政经济史稿》，黑龙江人民出版社1987年版。

[79] 高克亭：《我的革命生涯》，山东人民出版社2000年版。

[80] 李新：《回忆流年——李新回忆录续编》，北京图书馆出版社1998年版。

[81] 张永泉：《第三次国内革命战争时期的土地改革》，杭州大学出版社1994年版。

[82]［美］韩丁著，韩冬译：《翻身——中国一个村庄的革命纪实》北京

出版社 1980 年版。

[83]〔美〕杰克·贝尔登著，邱应党等译：《中国震撼世界》，北京出版社1980 年版。

[84]〔加〕伊莎贝尔·柯鲁克、〔英〕大卫·柯鲁克著，安强、高建译：《十里店——中国一个村庄的群众运动》，北京出版社 1982 年版。

[85]《人民日报》《东北日报》《晋绥日报》《大众日报》《新华日报》（太行版）《新华日报》（太岳版）《解放日报》《晋察冀日报》《中共党史资料》《山东党史资料》《吕梁党史资料》《党史文汇》等报刊相关资料。

责任编辑：王世勇

图书在版编目（CIP）数据

土地改革运动史（1946—1948）/ 罗平汉 著 . —北京：人民出版社，2018.8
（2023.11 重印）

ISBN 978 - 7 - 01 - 019299 - 4

I. ①土⋯　II. ①罗⋯　III. ①土地改革 - 史料 - 中国　IV. ① D651.1

中国版本图书馆 CIP 数据核字（2018）第 092755 号

土地改革运动史（1946—1948）

TUDI GAIGE YUNDONGSHI（1946—1948）

罗平汉　著

人民出版社 出版发行

（100706　北京市东城区隆福寺街 99 号）

北京中科印刷有限公司印刷　新华书店经销

2018 年 8 月第 1 版　2023 年 11 月北京第 2 次印刷

开本：710 毫米 × 1000 毫米 1/16　印张：27.5

字数：330 千字

ISBN 978 - 7 - 01 - 019299 - 4　定价：112.00 元

邮购地址 100706　北京市东城区隆福寺街 99 号

人民东方图书销售中心　电话（010）65250042　65289539